武汉企业蓝皮书

武汉企业发展报告
（2021）

主　编　杨卫东　高义琼
副主编　陆永初　甘德安　汪海粟　孙　思

WUHAN UNIVERSITY PRESS
武汉大学出版社

图书在版编目(CIP)数据

武汉企业发展报告.2021/杨卫东,高义琼主编.—武汉:武汉大学出版社,2022.9
武汉企业蓝皮书
ISBN 978-7-307-23210-5

Ⅰ.武⋯ Ⅱ.①杨⋯ ②高⋯ Ⅲ.企业发展—研究报告—武汉—2021
Ⅳ.F279.276.31

中国版本图书馆 CIP 数据核字(2022)第 132825 号

责任编辑:徐胡乡   责任校对:李孟潇   版式设计:马 佳

出版发行: **武汉大学出版社**   (430072 武昌 珞珈山)
        (电子邮箱:cbs22@whu.edu.cn 网址:www.wdp.com.cn)
印刷:武汉中科兴业印务有限公司
开本:787×1092   1/16   印张:23.25   字数:548 千字   插页:2
版次:2022 年 9 月第 1 版   2022 年 9 月第 1 次印刷
ISBN 978-7-307-23210-5   定价:56.00 元

前　　言

　　《武汉企业发展报告（2021）》是"武汉企业蓝皮书"系列的第 6 本，由武汉企业联合会、武汉企业家协会，江汉大学武汉研究院以及北京德成经济研究院三方联合完成。本书仍延续了前作的基本体例，采用多视角的方法分类研究武汉企业，侧重调查研究，每一类企业都是在充分了解企业发展情况的基础上，结合宏观形势与微观数据分析作出的深入研究与探讨，为企业适应当前大环境的改变而实施战略性调整提供思路与借鉴。

　　撰写单位简介：

　　武汉企业联合会、武汉企业家协会（简称武企联、武企协）分别成立于 1982 年、1984 年，是经武汉市民政局核准注册登记的社会团体法人，是中国企业联合会、中国企业家协会和湖北省企业联合会、湖北省企业家协会的团体会员。

　　武汉研究院是江汉大学以学校人文社科研究机构为主体，整合学校及武汉地区研究资源成立的新型综合性智库。研究院立足于武汉中长远发展战略需求，聚焦武汉经济、社会、文化、城建、生态文明建设发展，选取宏观性、战略性和前瞻性问题展开深入研究，力争为武汉建设与发展提供有价值的决策咨询参考。研究院开放办院，追求研究的独立性、客观性与科学性，以研究课题为纽带汇聚国内外研究力量，努力贴近武汉，研究武汉，服务武汉发展。

　　北京德成经济研究院（简称德成智库）是顺应国家打造新型特色智库的战略而创办的民间智库；是院士领衔、多名大学校长、知名教授及世界 500 强企业高管及优秀 80 后教授、博士组成的高端智库；是为政府与企业提供研究、咨询与培训的智库，更是注重调研、用数据说话、具有国际化视野及跨学科研究优势的智库。

目　　录

总　论　篇

研　究　报　告

调 研 报 告

案 例 分 析

理 论 文 章

附　　录

总 论 篇

序　论

一、2020年中国经济概况

2020年全球经济严重衰退。各国不同程度的防疫政策也对经济发展起到抑制作用。经济停摆、失业率飙升，2020年全球经济总量同比下降3.6%，多国GDP跌幅创下历史纪录（如图1.1.1所示）：美国2020年全年GDP同比下降3.5%，是自2009年全球金融危机后十多年来首次出现下降，这也是自1946年以来GDP下降最迅猛的一次。日本2020年GDP同比下降4.8%，同样也是2008年全球金融危机后的首次负增长。其中，占国内经济比重50%以上的消费同比下降5.9%，创1995年之后最大降幅。

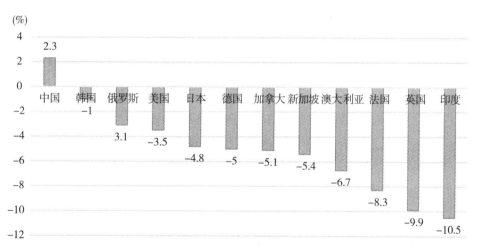

图1.1.1　2020年全球主要经济体GDP增速图

（数据来源：根据公开资料整理绘制）

面对严峻复杂的国内外环境，特别是新冠肺炎疫情的严重冲击，我国经济总体保持稳定运行，在防控疫情的前提下经济实现恢复性增长。2020年，国内生产总值101.6万亿元，相较于2019年增长2.3%，成为全球主要经济体中唯一实现经济增长的国家。在疫情肆虐、国际经济发展整体萧条的形势下，我国经济能取得这样的成绩着实不易。回顾2020年，我国宏观经济主要表现出以下几方面特点：

（一）GDP 总量稳中有进

如图 1.1.2 所示，我国自进入"新常态"发展以来，经济总体增长速度逐步放缓，2020 年即使没有疫情，GDP 年增速也极大可能跌破 6%。受疫情影响，一季度经济出现负增长，二季度之后逐渐提升，四季度基本恢复到了疫情前的水平，同比增速高达 6.8%。从环比增速来看，疫情前的几年每季度环比增速约 1.5%，2020 年四个季度环比增长率分别为-9.3%、10.1%、3.1%和 3.2%。环比增速不断加快显现出我国经济的韧性与活力，经济总体稳中向好的基本面没有改变。

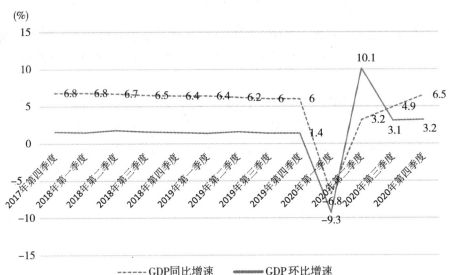

图 1.1.2 疫情前后我国宏观经济发展走势图
（数据来源：根据公开资料整理绘制）

（二）第三产业比重持续加重

疫情对各行各业都产生了不同程度的影响，对于服务业的影响尤为突出。2020 年全年第三产业增加值增长 2.1%，四个季度分别增长-5.2%、1.9%、4.3%和 6.7%。其中，信息服务业、金融业发展形势较好，尤其是在特殊时期特殊环境下产生的在线办公、在线教育、远程诊疗、网络游戏等产业模式发展势头迅猛，而传统服务产业受疫情冲击较大。

总的来看，第三产业在 GDP 总量中的占比仍保持了上升趋势。2020 年第三产业增加值 55.4 万亿元，占 GDP 的比重为 54.53%（如图 1.1.3 所示），比上年度上升 0.2 个百分点，连续 9 年第三产业增加值超过了第二产业。第三产业对经济增长的贡献率为 48.4%，连续 6 年是经济增长最大动能。

（三）投资稳步回复

2020 年，全国固定资产投资 51.9 万亿元，比上年增长 2.9%。其中，基础设施投资增长 0.9%，制造业投资同比下降 2.2%，房地产开发投资增长 7.0%。从三次产业投资来看，第二产业投资增长 0.1%，第三产业投资增长 3.6%，第三产业投资显著快于第二产业。从分行业来看，对于高技术产业投资进一步加大，相较于 2019 年增长 10.6%。2020年固定资产投资增速如图 1.1.4 所示。

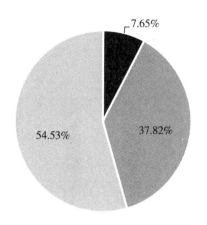

7.65%

54.53%　　37.82%

■ 第一产业　　▩ 第二产业　　▨ 第三产业
图 1.1.3　2020 年产业结构
（数据来源：根据公开资料整理绘制）

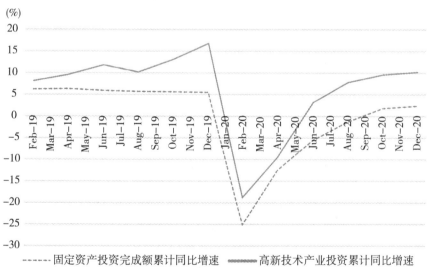

- - - - 固定资产投资完成额累计同比增速　　——— 高新技术产业投资累计同比增速
图 1.1.4　2020 年固定资产投资增速
（数据来源：根据公开资料整理绘制）

（四）消费仍是拉动 GDP 增长最大的动力

受疫情影响，居民收入增幅降低，消费倾向也随之下降，这也直接导致消费需求恢复放缓。如图 1.1.5 所示，2020 年，全年社会消费品零售总额 39.2 万亿元，同比下降

3.9%，较上年同期下降11.9%，单月消费增速直到8月才逐渐恢复到2019年同期水平。

尽管如此，最终消费支出占GDP的比重仍然达到54.3%，消费仍是拉动GDP增长最大的动力。四季度社会消费品零售总额增长了4.6%，社会消费品零售总额同比增长4.6%，增速比三季度加快了3.7%；最终消费增长拉动经济增长2.6%，环比增长1.2%。消费对经济增长的拉动作用在逐季增强。

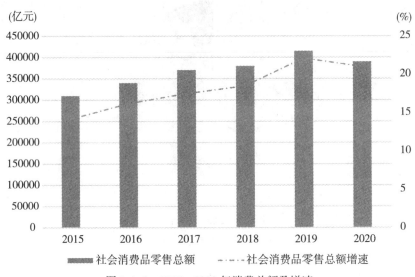

图1.1.5 2015—2020年消费总额及增速

（数据来源：根据公开资料整理绘制）

（五）进出口平稳增长

虽然疫情给全球贸易带来巨大的负面影响，但是我国全年进出口总值、出口总值双双增长并创历史新高，连续7年成为全球最大出口国。

2020年，中国货物贸易进出口总值46462.6亿美元，同比增长1.5%，继续保持全球货物贸易第一大国地位。其中，出口25906.5亿美元，同比增长3.6%。出口明显好于预期的主要原因在于：一是对外出口防疫物资快速增长，全年口罩带动纺织品出口同比增长29.2%，医疗器械出口同比增长40.5%，这两类商品拉动我国整体出口增长1.8个百分点。二是替代出口效应。得益于我国疫情防控成效以及完备的产业链和强大的制造优势，在疫情的大环境影响下，一些国家不得不中断的订单被我国获得。2020年，进口总额20556.1亿美元，同比下降1.1%。贸易顺差5350.3亿美元，比上年扩大27.1%，净出口对经济增长的贡献达到约15%。

二、2020年武汉经济分析

疫情的发生，阻断了武汉原有发展较好的势头。接近3个月的经济停滞，让武汉的发展面临着前所未有的挑战。2020年，武汉市实现地区生产总值15616.06亿元，相较于2019年下降了4.7%。第一产业增加值402.18亿元，同比下降3.8%；第二产业增加值5557.47亿元，同比下降7.3%；第三产业增加值9656.41亿元，同比下降3.1%。三次产业结构由2019年的2.3：36.9：60.8调整为2.6：35.6：61.8。第一季度地区生产总值断崖式下跌40.5%，消费、投资和进出口等指标全部负增长。全年固定资产投资比上年下降11.8%。其中基础设施投资下降16.7%，民间投资下降18.8%，工业投资受冲击最大，1—2月降幅达83.2%，而去年同期工业投资则是快速增长了14.7%。

虽然疫情带来的影响很大且持久，但武汉市整体恢复较快。在解除交通管控一个月之后，武汉全市1万多家"四上"企业实现"应复尽复"，1326个亿元以上重大项目全面复工。2020年上半年，武汉市经济逐步克服了疫情冲击带来的不利影响，实现了稳步复苏，二季度部分指标实现了与上年同期基本持平。重点行业逐步回暖，全市38个行业大类中，12大重点行业增加值增速与一季度相比"11快1缓"。其中烟草制品业增长10.6%，增速高于全市规模以上工业30.7个百分点；计算机通信和其他电子设备制造业、电力热力生产和供应业、石油煤炭及其他燃料加工业、医药制造业、黑色金属冶炼和压延加工业5个行业增加值分别下降11.8%、13.3%、16.2%、17.4%和19.0%，降幅均小于全市规上工业。同时，完成进出口总额1037.90亿元，比上年同期增长3.1%，由一季度下降16.1%转负为正。其中，进口额531.20亿元，增长22.1%，比一季度增长5.3个百分点；出口额506.70亿元，下降11.4%，降幅收窄27.0个百分点。进入下半年，无论是投资还是企业经营都逐渐回归正轨：7月，固定资产投资额比上年同期增长5.7%，比6月份提高25.8个百分点，是2020年以来当月增速首次由负转正；规上工业增加值比上年同期增长1.0%，比6月份提高3.3个百分点，是2020年以来首次实现正增长。

武汉在这次疫情"大考"中的表现可圈可点，在较短时间内能够重振自身发展势头，展现出较高的韧性，一方面是党中央及社会各界全力支持的结果；另一方面也是武汉自身具备较强硬实力与基础的原因。目前，武汉市已经形成完备的产业体系、日益完善的基础设施，拥有雄厚的科技人才资源优势以及超特大城市人口规模和市场优势，经济基础好、潜力足，为城市经济长期向好、恢复性增长提供了坚实保障。

武汉是全球大学生人数最多的城市，早年实行的"大学生留汉计划"作用逐渐显现。2020年武汉市新增留汉大学生30.20万人，其中研究生2.39万人，占比7.91%；本科生16.54万人，占比54.77%。大量高学历年轻人的涌入，势必会增加对于消费、投资和买房的刚性需求。2020年，武汉新建商品房成交20.12万套，面积2214万平方米。其中，新建商品住房成交17.54万套，面积1961万平方米，虽较2019年下降约16%，但仍居全国城市住房销量第一位。

此外，武汉注重产业调整与升级、不断优化产业布局，为武汉市奠定了良好的产业基础，这也是武汉在此次疫情中能够快速复苏的关键原因。长期采取的大力发展高新技术产业、打造完整产业链的发展战略为武汉带来了很多发展机遇。产业政策的落地吸引了一大批龙头企业的入驻，如小米、华为、科大讯飞等民企先后在武汉设立了研发中心。2018年武汉新增高新技术企业709家，2019年新增881家，2020年新增1842家，总数量达到6259家。2020年武汉市高新技术产业增加值4023.10亿元，占全市GDP比重25.8%，比上年提高 0.1 个百分点。

三、武汉经济横向比较

相较于其他城市，疫情对武汉经济造成了更多的负面影响。然而即使在停摆将近 3 个月的情况下，武汉市在 2020 年全国城市 GDP 排名中，相较于 2019 年只下降了一位，仍位于前十（见表 1.1.1）。武汉也是 GDP 排名前十中，唯一出现 GDP 负增长的城市。事实上，在 2020 年 GDP 排名前 100 的城市中，也只有 6 个城市出现了负增长。

表 1.1.1 **2020 年全国 GDP 前十城市排名**

GDP 排名	排名变化	城市	GDP（亿元）	GDP 增长率（%）	2019 年 GDP 增速（%）
1	—	上海	38701	1.7	6.0
2	—	北京	36103	1.2	6.1
3	—	深圳	27670	3.1	7.6
4	—	广州	25019	2.7	2.7
5	—	重庆	25003	2.9	15.9
6	—	苏州	20171	3.4	2.9
7	—	成都	17717	4.0	10.9
8	↑1	杭州	16106	3.9	13.9
9	↓1	武汉	15616	-4.7	7.4
10	↑1	南京	14818	4.6	9.6

（数据来源：根据公开资料整理绘制）

从上表可以看出，受疫情影响，除了广州与苏州之外，其他城市的 GDP 增速都不同程度地受到了影响。尽管如此，GDP 总量前 7 名的城市排名顺序相较于去年未发生变化。2019 年排名第八与排名第九的武汉和杭州在 2020 年互换了位置，2019 年排名第十的天津首次掉出了前十排行榜，被南京超越。

相较于其他城市的低速增长，武汉市在 GDP 总量缩水的情况下，仍能闯进前十榜单，且与第八名杭州差距非常小，主要还是因为武汉自身的底子相对较好，在"十三五"期间均保持着较高的增长率，并且通过布局新产业、培育新动能，产业结构不断调整（见表1.1.2），城市发展势头迅猛。"十三五"期间，武汉市产业结构不断优化升级，第三产业比重相较于"十二五"末期增加了 10% 以上，增幅在十所城市中仅次于成都。

表 1.1.2 **全国部分城市产业结构变化表**

	2015 年产业结构（%）			2020 年产业结构（%）		
	第一产业	第二产业	第三产业	第一产业	第二产业	第三产业
上海	0.44	31.81	67.75	—	—	73.1

续表

| | 2015 年产业结构（%） | | | 2020 年产业结构（%） | | |
	第一产业	第二产业	第三产业	第一产业	第二产业	第三产业
北京	0.6	19.7	79.7	0.4	15.8	83.8
深圳	0.1	41.1	58.8	0.1	38.6	61.3
广州	1.3	31.6	67.1	1.1	27.3	71.6
重庆	6.7	44.9	48.4	7.2	40.0	52.8
苏州	1.5	50.1	48.4	1.0	46.5	52.5
成都	3.5	43.7	52.8	3.7	30.6	65.7
杭州	2.9	38.9	58.2	2.0	29.9	68.0
武汉	3.3	45.7	51.0	2.6	35.6	61.8
南京	2.4	40.3	57.3	2.0	35.2	62.8

（数据来源：根据公开资料整理绘制）

　　尽管武汉市产业结构不断优化，但与其他城市相比，尤其是与一线城市相比，第三产业还有较大的提升空间。从 2020 年的情况来看，第三产业占比武汉市只能排到第 7 位，低于与武汉 GDP 规模相近的成都、杭州、南京；从第三产业绝对数值来看，十所城市中武汉市仅高于南京市。

　　投资是拉动经济发展的重要驱动力之一。从固定资产投资的情况来看（见表 1.1.3），武汉市受疫情影响较大，是十个城市中唯一出现投资负增长的城市。

表 1.1.3　　　　　　　　　　全国部分城市投资情况表

| | 全社会固定资产投资速度（%） | | | | |
	总增速	国有经济	第一产业投资	第二产业投资	第三产业投资
上海	14.0		109.8	16.5	9.0
北京	2.2		-22.8	28.0	1.0
深圳	8.2		3.5	0.9	9.4
广州	10.0	27.4	337.2	-1.1	11.8
重庆	3.9	29.5	25.8	5.9	2.7
苏州	6.6		126.3	27.4	-1.1
成都	9.9	26.3			
杭州	6.8	-18.5	160.9	6.2	6.8
武汉	-11.8	-17.2	-15.2	-20.2	-8.8
南京	6.6	-2.6	621.0	10.8	5.5

（数据来源：根据公开资料整理绘制）

值得注意的是，疫情后十个城市中几乎都加大了对于第一产业的投资力度，其中五个城市第一产业投资额度较之 2019 年至少翻了 1 倍，最高的甚至翻了 6 倍。第一产业是国民经济平稳增长的基石，在疫情带来的诸多不确定因素的影响下，通过发展第一产业，确保物资供应、稳定产业链是政府为保障民生所采取的重要策略。

四、武汉企业研究

（一）2021 年武汉企业研究

1. 武汉企业取得的成绩

国有企业：2020 年，武汉市属国企取得不错的成绩。一是积极应对疫情，发挥"保城市运转，保民生供应，保重点工程，保社区稳定"的主力军作用；二是积极推进复工复产，积极履行社会责任，为中小企业解困发行专项债、绿色债、超短融、中期票据等融资工具，降低融资成本、缓解融资压力、加大展期降息力度，为企业疫情防控和复工复产及时"输血"、缓解压力、提供保障；三是分类推进市属国企重组整合，并以聚焦主业、优化配置、放管结合、龙头带动为原则，经过重组合并后，总资产超过 3000 亿元的有 2 户企业，超过 2000 亿元的有 1 户，1000 亿元以上的有 2 户，1000 亿元以下的企业有 5 户，完成了武汉市国资国企改革发展"十三五"规划中，资产总额过 1000 亿元的企业达到 4 户的目标。

民营企业：2020 年以来，武汉市认真贯彻落实国家、省决策部署，多措并举助力中小企业应对疫情冲击，从金融纾困、税收优惠、社保减免、降成本及市场对接服务方面积极为中小民营企业减税降费降成本。据统计，全年共减税降费 513.7 亿元，减免租金 7.71 亿元，减免水电气 11.12 亿元。设立了 1000 亿元额度的纾困专项贷款，成立市融资担保公司，建立风险补偿资金池，全年发放纾困贷款 743 亿元，贴息 5.78 亿元，新型政银担发放担保贷款 31.89 亿元，疫情防控重点保障企业专项再贷款 218.11 亿元，应急资金发放 31.89 亿元。

在各项纾困政策的支持下，2020 年武汉市民营企业发展取得了较好的成绩。当年武汉民营经济增加值占武汉市 GDP 比重达 40.3%，民营市场主体占武汉市市场主体总数达 96.18%；民营主体从业人数达 248.15 万人，占全市总就业人数 41.1%；全年规模以上高新技术产业增加值 4023.10 亿元，占 GDP 比重 25.8%，比上年提高 0.1 个百分点；全年专利授权量 86379 件，比上年增长 46.60%；发明专利授权量 18553 件，比上年增长 26.49%；PCT 国际专利申请量 1566 件，比上年增长 12.74%。

高科技企业：2020 年，武汉市共计 3100 家企业通过高新技术企业认定，其中重新认定 1258 家，新认定通过 1842 家，数量增幅达到 41.7%；高新技术产值超过 200 亿元的工业企业为 7 家，存续时间在近十年以内（即在 2011—2020 年登记）的企业共计 3975 家，占比 64.8%；规上高新技术产业增加值占湖北全省的比重，由 2016 年的 42.79% 上升至 2020 年的 46.99%。

上市公司：截至 2021 年 12 月 31 日，武汉市共有 A 股上市公司 71 家，总市值

8455.74 亿元，同比分别增加 9.23% 和 5.73%；上市公司数量和总市值的省内占比分别为
59.66% 和 50.16%。其中，市值超百亿的上市企业已达 24 家，超过一半的企业（37 家）盈
利过亿元，提供就业岗位过万的上市企业 9 家，市值同比涨幅超 50% 的公司有 11 家，研
发支出占营业收入比例超 10% 的有 15 家，超 5% 的有 29 家。

新创企业：2021 年，新创企业 13.18 万户，增长 39.32%；新登记个体工商户 13.72
万户，增长 49.95%。政府为新创企业提供更好的创业环境，也进一步优化流程、压缩时
限，同步压缩银行开户办理时间，将企业开办时间控制在 3 个工作日以内；市级集中采购
电子交易平台建成，实现政府采购招标、投标、评标等全流程电子化，政府采购实现"零
跑腿"、信息透明公开。

2. 武汉企业存在的问题

国有企业：一是市属国企的资本布局，大多集中在城建和公共服务领域，战略性新兴
产业、高新技术产业领域分布较少，部分企业处于产业链、价值链的中低端，市场竞争
力、影响力不强；二是多数产业集团规模实力有限、盈利能力较弱，离行业领先、全国驰
名还有较大差距，产业支撑能力、示范带动能力、品牌影响力难以显现；三是 2020 年重
组，是政府主导的重组，国企债务、股权纠纷问题并没有得到有效解决，此外，重组设定
的第二步没有走完，希望通过重组打造重量级的产业公司，但没有真正的龙头企业；四是
在外部董事聘任问题上，既没有明晰聘外部董事的主体、来源、任职管理体系的构建，也
没有建立合理有效的薪酬激励约束机制。

民营企业：一是总量规模较小、占比较低的状况并没有改变，占当年 GDP 的比重为
40.3%，在五个副省级城市中处于最低水平。二是运行成本高企不下，包括社保缴费率、
土地、电价成本、物流成本都居高不下，民企土地资源极少。三是创新投入强度不足、活
力不足，除了少数科技型民营企业和大型民企，大部分民营企业都属于传统产业，缺少技
术创新研发投入。四是民营企业三次产业结构比例与武汉市 GDP 产业结构比例不协调，
第二产业比重过大，第三产业占比过小；民企二产高于三产近 10 个百分点，民营企业产
业结构高度化落后于全市产业结构高度化水平。五是商业模式存在问题，这从中国独角兽
数量可以看出，中国独角兽企业总数在逐步增加，但武汉榜上企业数量一直徘徊在四五
家。六是民营企业融资难、融资贵与融资慢的问题没有得到解决。七是营商的软环境不
好，排在全国城市十名之外。八是民营企业人才匮乏，由于武汉国企强大、民企处于弱
势，各类优秀人才很难到民企，到了民企也不稳定，流失严重。

高新技术企业：2020 年武汉市 6131 家高新技术企业"火炬计划"报表数据显示，武汉
高新技术企业上市挂牌共计 335 家，数量较 2019 年减少 14 家，仅占全部火炬计划高新技
术企业的 5.5%，低于 2019 年的 8.2%。武汉 335 家上市挂牌高新技术企业中，其中股权
托管交易中心 133 家（较 2019 年减少 6 家），创业板 18 家（减少 3 家），中小板 8 家（持
平），新三板挂牌 142 家（减少 11 家），主板 25 家（新增 1 家），香港及境外上市 4 家（新
增 2 家），科创板 4 家（新增 2 家）。武汉作为科技大市，高新技术企业反而在逐步下降。

上市公司：一是武汉企业资本市场结构呈倒三角特征，主要是在主板市场，而在创业
板、科创板拓展不足；二是规模偏小，武汉 71 家上市公司中，市值在 500 亿元以上的数
量占比仅为 2.82%，超 65%（47 家）的上市公司市值在 100 亿元以下；三是 71 家 A 股上市

公司，传统产业偏多，高新与服务产业偏少，科创板上市公司数量仅 7 家，远低于对比城市中的深圳、广州、杭州和成都，平均市值仅为全国科创板平均市值的 67.82%；四是区域分布不合理，东湖高新区"一主引领"，上市公司数量高达 32 家，其他 14 个区分 39 家；五是财务能力有待提高，上市公司对资金的运作能力还偏弱，大多仍采取的是低风险、低收益的财务结构。此外，上市公司的营运能力还有待提高。

新创企业：一是疫情多点散发对产业链稳定运行造成冲击，下游需求减弱，中游上游连续生产型企业存在库存积压风险；二是在疫情常态化形势下，运营成本上升，最突出的是新创企业面临人力资本流失，拉高了新创企业人力成本，特别是快销企业、餐饮企业以及占地面积较大的制造企业成本，还有诸如水电费、燃料费、设备损耗折旧等各类运维成本；三是整体投资环境的恶化，进一步加剧了新创企业融资难的困境；四是由于疫情导致市场份额逐渐被抢占，面对海外市场，武汉企业存在出口能力不足的问题；五是数字经济人才缺口较大，高层次人才严重不足；六是新创企业在流通、执行政策方面，存在企业与政府多方制约；七是疫情常态化引发的财政困难，使很多新创企业失去政府财政支持，打击了新创企业的积极性。

(二)"十三五"期间，武汉企业发展的回顾与反思

1. 成绩

国有企业："十三五"期间，国企资产总额提升了约 1.1 倍，净资产提升约 1.05 倍，营业收入总额与利润总额分别提升了 51% 与 25%，年均增长率超过 10%。此外，为了响应中央精神，并完成加快完善企业法人治理结构、优化薪酬决定机制等目标，市国资委陆续出台了《武汉市国有企业规范董事会建设实施方案》《市委办公厅市政府办公厅关于进一步完善市属国有企业法人治理结构的实施意见》等政策与文件。

民营企业：从 GDP 占比看，"十三五"期间，武汉市民营经济增加值 GDP 占比持续上升，但增长率有所下降，总体在 42% 左右摆动；从市场经济主体看，"十三五"期间，武汉市场经济主体数持续上升，增幅达 40%，年增长率过 10%；从吸纳就业人数看，民营经济主体从业人数占比从 40.72% 上升到 41.1%；从技术创新看，从 2016 年的 195 户到 2020 年的 687 户，增幅达 352%，年均 70%。

高新企业："十三五"期间，武汉高新技术企业发展迅猛。从数量来看，由 2016 年的 2177 家攀升至 2020 年的 6259 家，增幅达 187.5%，在全国 15 个副省级城市中的排名始终位列前 5 名；从增速来看，增幅达到 41.7%；从规上高新技术产业增加值看，占 GDP 的比重从 19.72% 持续增加至 25.82%。

上市企业："十三五"期间，从市值看，从 2016 年年底的 5511.83 亿元上升至 2000 年的 7997.21 亿元；从数量看，从 2016 年的 53 家上升至 2020 年的 65 家；从股本扩张能力看，呈现稳定上升趋势，每股资本公积金平均值从"十三五"初期的 1.95 上升至"十三五"末期的 2.53。

新创企业："十三五"期间，从新创企业规模看，增长率达到 74.96%；从专利授权总量看，达到 58923 件，发明专利授权 4667 件，PCT 国际专利授权量 1389 件，处于全国十大创新城市的前列；从"创谷"建设看，基本建成 10 个"创谷"，正在建设 3 个"创谷"，新

增固定投资约 613 亿元；新(改)建实体空间 659 万方，新建孵化器(含加速器)48 家，新建众创空间 42 家，引进培育企业(团队)2300 余家，设立创投基金 100 余亿元，引进了一大批高层次人才；从大学生创业规模看，截至 2020 年，新建大学生实习实训基地 302 家、就业见习基地 102 家。

2. 不足

国有企业：一是当前大多数市属国企还未真正建立现代企业制度，没有独立的法人地位，很难形成一般企业所具有的自主经营、激励机制与约束机制；二是企业领导班子没有配齐，董事会、监事会配备不健全的情况仍然存在；三是混合所有制改革推进缓慢，不够重视、比例极低。

民营企业：一是规模依然很小。到"十三五"末期的 2020 年，武汉民营经济总量规模较小，占当年 GDP 的比重为 40.3%。二是运营成本依然很高。包括社保缴费率较高、用电成本高、物流成本高、减免税费政策落实不到位。三是创新投入强度不足。从德勤高科技高成长中国 50 强五市企业数分布看，武汉高科技民营企业在全国的比重在下降。四是产业结构不合理。武汉民营企业三次产业结构比例与武汉市 GDP 产业结构比例不协调，第二产业比重过大，第三产业占比过小。五是商业模式创新不足。"十三五"期间，武汉独角兽企业从 2017 年占 5 席，到 2020 年仅有 3 家。六是融资难依然没有解决，并越来越恶化。2017 年，银行贷款近 90% 的贷款贷给了国有控股企业，到 2018 年 6 月末，95% 的新增贷款贷给了国有控股企业。七是营商软环境完善任重道远。从营商软环境指数来看，武汉在全国排名第 22 位；从商务成本指数来看，在全国排名第 23 位；从基础设施指数来看，在全国排名第 9 名。

高新企业："十三五"期间，武汉高新技术企业上市挂牌登陆资本市场融资的情况不尽如人意，无论是数量还是比重，一直处于波动下降状态，其上市挂牌的企业数量在不断减少，占比由 2017 年的最高值 12.5% 降至 2020 年的 5.5%；私营企业数量处于优势，且地位不断加强和稳固。

上市企业：一是规模竞争力长期不足。截至"十三五"末，武汉市共有 64 家上市公司，数量占全国的比重仅为 1.55%；从总市值来看，武汉上市公司总市值不足 1 万亿，占全国的比重不足 1%，仅为全国上市公司平均市值的 61.63%；缺乏大型领军龙头上市公司，至今没有一家市值过千亿的上市公司。二是上市公司分布过度集中在制造业和东湖新技术开发区。三是业务转型较慢。"十三五"末的 2020 年，武汉市上市公司分布在第二产业的市值占比高达 65.05%，第二、三产业产值占 GDP 的比重分别为 35.6% 和 61.8%，武汉市建筑业和批发零售业上市公司市值占比明显高于其他城市。四是财务能力有待提高。大多数上市公司仍采取的是低风险、低收益的财务结构，运营能力较差，"十三五"期间呈明显下降趋势。

新创企业："十三五"期间，武汉市新创企业发展不足，一是表现在科技创新引领辐射能力不强，对科技创新资源的吸引力、承载力、集聚力不够强，带动省内、辐射省外、融入全球科技创新方面作用尚未发挥；二是表现在科技成果转化体制机制不顺畅，"政产学研金服用"一体化高效协同体系尚不完善；三是表现在战略科技力量培育不够，国家实验室、高水平实验室、重大科技基础设施建设等高层次顶尖级科技创新平台明显不足；四是表现在创新投入及人才不足，与副省级城市相比，R&D 经费投入强度较低，且呈现负增长的趋势。

（三）促进武汉企业发展的几点建议

1. 大力落实国务院"稳经济"的战略

一是要站在民营中小企业的视角，落实国务院为稳经济大盘、保民生、促就业提出的各项举措，让企业 100% 知晓。学习抗疫的大数据与 AI 方式，简化流程，把补贴、退税的钱直接打到公司账上；把缓交房租等信息直接通知到公司；把公司可以享受哪些政策、如何申请等信息直接发到公司邮箱或 APP 上去；不要填的表一概不填，必须填的表必须简化。

二是给予民企参与新投资的机会。包括参与新一代公共基础设施，包括城际铁路、地铁、地下管线的建设机会；参与新一代互联网，包括教育、医疗、文化设施等建设的机会；参与新消费，包括养老、健康、旅游、文化、休闲、医疗、卫生、教育、二胎经济、银发产业建设的机会；参与向内发展、中西部发展建设的机会。除铁公基建设外，可以参与水电暖气的管网陈旧老化、道路狭窄、断头路、老旧小区停车难、汽车站、垃圾清运等改造工程的机会；参与以县城为重要载体的城镇化建设的机会；参与拓展新功能、培育专业功能县城，发展农产品县城的机会；给予包括在贷款、多层次资本市场、并购、IPO、发债等方面的机会；把民营企业纳入国家战略和各地经济社会发展规划中，对民间资本采取一视同仁的立场。

2. 按市场经济运行规则，进一步加大市属国企重组

一是市属国企重组后要进一步理顺产权关系，减轻企业负担；二是要细化授权经营方式、监管方式、目标责任、考核评价等；三是探索组建国有资本运营公司的思路，应因企施策，应有利于增加新的融资渠道，有利于打破行业界线，有利于完善三个层次的国有资产管理体制；四是要明确外聘董事的主体、原则、来源，加强外部董事任职管理体系构建，建立合理有效的薪酬激励约束机制。

3. 大力推行民企参与国企混改战略

一是优化调整国企股权结构，支持民营企业入股。全面放开商业一类企业，让其充分参与市场竞争。国有企业通过公开挂牌方式出售股权或在法律允许的范围内协议转让股权，也可通过增资扩股的方式，实现有限责任公司的混改。允许民营资本可以控股目标公司，而目标公司的国有股东只能通过持股的方式按照公司章程的规定行使表决权，为了防止国有资产的流失，建立约束机制，对于重大事项需经全体股东一致表决通过，日常经营事项由经理层决定。

二是通过民企参与国企混改，改变公司的股权结构，允许民企控股。为提高企业的决策效率，由执业经理人负责公司的经营管理和市场的运作，从而把握住瞬息万变的市场机遇，获取商业上的利益。同时，公司通过科学的绩效考核方式考核管理人员和技术人员，建立能上能下、优胜劣汰的用人机制，使得企业充满活力，适应市场环境的变化。通过股权结构的优化调整，能够最大限度上确保国有资产的保值增值，分享红利。

三是推动具备条件的国有企业集团整体上市，成为公众公司。发挥国有控股上市公司资源整合优势，推进商业类企业主营业务资产、功能类和公共服务类企业竞争性业务资产上市，提高证券化水平。通过国企混改，广泛吸纳民营资本，转变国企原有的行政化色彩的管理模式，以市场为导向，制定公司新发展战略，确定主营业务方向，将民企的活力注入企业中，发挥好国有资本与非国有资本的作用，将企业做大做强。

四是鼓励民营企业进入垄断性行业与公用事业行业；大力推行 PPP 制度；保证国资、民资平等权益；政府要提供民营经济参与国企混改的负面清单；维护民营企业参与国企混改各相关者利益；既不能把混改变成民营企业的绞肉机，也不能把混改变成国有资产流失的新通道，更不能借助混改侵犯利益相关者及民企员工的权益。

4. 大力推进数字化战略

一是要借助数字化战略帮助企业实现跨界发展，延伸产业链、供应链、服务链、信用链、资本链、价值链；还可以进入新的产业，获得新的技术，形成新的业态，构建新的商业模式、组织模式与管理模式。二是制定数字化转型战略。包括梳理公司战略和管控模式，分析公司各业务板块的业务流程和业务模式，制定符合企业经营管理现状和需要的数字化转型战略，对于指导企业数字化转型具有重要意义。三是依次做好数字化转型。要认识到数字化转型要从信息的数字化、流程的数字化到业务的数字化转型；要稳健地推进信息数字化，通过数字化改变企业的组织形式、业务流程、商业模式，创造新价值。四是要坚持投资数据人才。数字化转型的关键资源是人才，不仅需要数字化转型的技术人才，需要熟悉数字化产业政策和产业生态知识的人才，还需要具有构建数字化商业模式和数值化经营、打造数字化产品和服务的能力的人才。但数字化转型需要的人才，永远是企业不能全部具有的。除引进与共享外，培养数字化转型人才也是重要路径之一。

5. 走专精特新之路

一是突出创新。高度重视创新，坚持技术与市场结合进行有效创新，用创新引领发展；围绕新一代信息技术与实体经济，制造出两者深度融合的创新产品。二是要战略聚焦。聚焦制造业的弱项；专注并深耕，专注主业集中度、深耕特定领域，进行战略性坚守，形成一种竞争优势；聚焦《工业"四基"发展目录》所列重点领域，从事细分产品市场属于制造业核心基础零部件、先进基础工艺和关键基础材料。三是要差异发展。走出拼价格、同质化、处于产业链低端的困境；立足差异化，坚持特色化；为大企业、大项目和产业链、供应链关键环节提供零部件、元器件、配套产品和配套服务。四是要夯实管理。以精细化管理为目标，以抓管理促经营为导向，逐步加强和完善战略管理、组织管理、人力资源管理、财务管理、运营管理、风险管理、文化管理；在从采购、生产到交付这一流程中，实现数字化管理。五是要用足政策。包括政府工信、科技、财政等部门出台了若干相关扶持政策，各大金融机构也有诸多优惠服务。但不少企业对政策关注不够，了解不多，导致了不必要的损失。建议各相关企业安排专兼职人员对接政府部门和金融机构，吃透政策，用足政策，助力企业发展。六是要拥抱资本。资本市场对于专精特新企业已经创造了很好的条件。未来，国家将通过大力改革新三板、新四板为中小企业发展的不同阶段都提供进入资本市场机会。登陆资本市场后，企业可以获得丰富的融资方式和渠道。

6. 借助金融创新发展新民营经济

一是完善多层次资本市场，有效匹配上市公司融资需求。持续大力推动优质企业加快上市步伐，分层次、分批次对接多层次资本市场。针对企业在境外、主板、创业板、科创板、新三板以及区域股权市场挂牌上市等多方面的政策，进行系统梳理和优化整合，落实主体关系，统一协调各项政策落实到位。

二是进一步发展政府引导基金和产业基金，引导社会资本和民间资本投资，推动战略性新兴产业发展壮大。通过并购金融、电商金融、租赁金融以及互联网金融等来实现优势互补，"抱团取暖"加大资金支持力度，大力发展股权融资，合理扩大债券市场规模，提高企业直接融资水平。

三是要加大金融服务民营经济力度。增加小微企业融资应急资金规模，将资金支持范围扩大至中型制造业企业；设立轻资产科技型企业信贷风险分担资金，通过"助保贷"形式，缓解互联网经济、软件和信息服务以及其他领域轻资产科技型企业融资难问题；引导金融机构对我市信息技术、生命健康、智能制造等战略性新兴产业和传统产业技术改造等重点领域实施差异化优惠利率；实施差异化的贷款利率、投联贷、银税贷、政府采购贷、核心企业上下游企业贷、循环贷款、年审制贷款等创新金融产品，缓解民营企业融资压力。

四是突破体制障碍和区划限制，支持行业龙头通过并购、重组等形式，整合上下游的产业链，推动武汉市九大支柱产业、六大战略性新兴产业、五大未来产业的"965"产业集群发展；释放龙头企业在协作引领、产品辐射、技术示范、知识输出和营销网络等方面的核心作用，推动我市产业品牌提升和行业知识扩散，带动产业链上下游中小企业发展，推动区域经济发展。

五是以并购重组为纽带，按照"聚焦主业、功能相近、以资产资本为纽带"原则，深化市属国资国企改革；大力推动市属国有企业绩优子公司独立上市以及上市公司优质资产分拆上市，提高国有资产的证券化率和流动性；降低国资持股比例，引入民营股东，发挥国有资本的杠杆效应；推进国有控股上市公司员工持股，打造利益共同体，进一步激发员工积极性和企业活力。

7. 进一步改善营商环境

一是对国企、民企各类市场主体一视同仁。凡是国有经济可以享受的政策对民营经济一律同等适用，凡是单独针对民营经济的限制性规定一律予以废止。要改善目前政府采购的现状。改变过高的、不切实际的资质要求和不公平的评分标准，若让民营企业无法公平参与市场竞争，其直接的结果就是公平竞争环境遭到破坏。在政府采购活动中，严格执行国家和省市相关法律法规，去除一切歧视民企公平参与竞争的条款。加强对政府委托的第三方的监督和考核机制，监察部门依法对民营企业投诉、举报比较集中的第三方进行调查，若发现有违法违规、破坏营商环境的问题绝不姑息，依法查处。

二是进一步降低成本。要进一步降低企业用地成本、水电气及物流成本；要进一步减免民营企业税费，促进民营企业减负前行；要降低制度性交易成本，进一步清理、精简涉企行政审批等事项，清理规范涉企行政事业性收费。

三是要多管齐下，解决民企融资难、融资贵、融资慢的问题。要完善信用体系。通过政府引导，完善征信和担保、再担保体系建设，发展第三方征信、信用评级等机构，降低银行等金融机构获取民营企业信用信息的成本。此外还要推动担保、风险补偿体系建设，继续通过中小企业发展专项资金支持中小企业融资担保代偿补偿工作，开展贷款风险补充，降低金融机构为民营企业贷款的风险。另外，还要完善多层次资本市场，鼓励中小微企业在创业板、"新三板"、区域性股权交易市场等多层次资本市场挂牌（上市）融资，拓宽民营企业融资渠道。要鼓励银行设立为民营企业服务的专营机构，缩短企业融资链条，为民营企业"量身定制"融资产品，降低企业融资成本；可以发展"园区贷""集合贷"，将经营状况良好、成长能力较强的民营企业组合在一起，集合发债，提高融资效率。

四是要坚持平等保护，营造市场化、法治化、国际化营商环境。依法平等保护各类市场主体，支持大中小企业融通发展，加强对中小企业和中小投资者的保护，注重股东特别是中小股东权益保护，促进公司治理规范化。加强涉企案件经济影响评估，严格规范"查、扣、冻"措施，严禁超标的查封、乱查封，能"活封"的不"死封"，最大限度降低对企业合法、正常生产经营的不利影响。支持、监督政府依法行政，妥善审理涉及政府招商引资、特许经营、财产征收征用案件。禁止违反法定权限、条件、程序对市场主体的财产和经营者个人财产实施查封、冻结和扣押等强制措施。实施查封、扣押、冻结等措施，应当严格区分公司法人与股东个人财产、涉案人员违法所得与家庭合法财产等，不得超权限、超范围、超数额、超时限查封、扣押、冻结，对调查属实的及时依法调整或者解除相关措施。

研究报告

武汉国有企业发展报告(2021)[①]

2020 年是"十三五"规划的收官之年，也是"十三五"最困难的一年。面对严峻复杂的国内外环境，特别是新冠肺炎疫情的严重冲击，宏观经济困难加大，增长势头进一步放缓，尤其是第一季度，GDP 同比下降 6.8%。但随着国内疫情形势得到控制，复工复产稳步推进，工业生产与投资率先走出疫情阴影，第二、三、四季度的 GDP 增速分别为3.2%、4.9% 及 6.5%，这也使得我国是 2020 年全球唯一实现正增长的主要经济体。

全国国有及国有控股企业(以下简称国有企业)虽然也受到了不小的冲击，总的来看，其抗压能力最强，经济运行表现出回稳向好的趋势，2020 年营业收入总额为 632867.7 亿元，实现营业总收入同比增长 2.1%。其中，中央企业营业总收入 353285.6 亿元，同比下降 1.9%；地方国有企业营业总收入 279582.1 亿元，同比增长 7.5%。利润总额 34222.7亿元，同比下降 4.5%，其中中央企业 21557.3 亿元，同比下降 5.0%；地方国有企业12665.4 亿元，同比下降 3.6%。尽管受疫情影响，这个成绩相较于往年并不那么突出，但是从 2020 年整年的表现来看，国有企业处于稳步回升的状态。通过分析 2020 年各月累计的营收与利润同比增长情况可以看出(如图 2.1.1 所示)，营业收入指标从 3 月开始逐渐回暖，在 10 月份超过 2019 年同期水平。利润方面，一季度相对于 2019 年同期减速较大，4 月到达最低点后开始快速回暖，最终 2020 年全年利润总额水平恢复到 2019 年的95.5%。而从单月的同比增长速度来看(如图 2.1.2 所示)，5 月份国有企业营业收入与利润总额已经恢复到了 2019 年同期水平的 98.6% 与 94.5%，从 6 月开始逐渐超越上一年同期水平。尤其是在利润方面，下半年基本保持着超高的增长速度，复工复产等一系列利好措施发挥了作用。因此从整体上我们可以看出，国有企业仍然保持着良好的发展态势，稳中向好的基本面没有改变。

在资产负债率方面，由表 2.1.1 可知国有企业去杠杆工作成效明显，在过去几年总体呈现出下降的趋势。2020 年全国国有企业资产负债率 64.0%，较去年同期提高 0.2 个百分点；中央企业资产负债率 66.7%，同比减少 0.3 个百分点；地方国有企业资产负债率62.2%，同比提高 0.6 个百分点。负债率的不断下降，意味着国有企业的资产质量和效益在稳步提升，也说明在发展形势严峻的 2020 年，国有企业坚持降杠杆、减负债的原则向内使劲，在大环境不利的情况下仍具有较强韧性的特点。

---

① 撰写人员：江汉大学武汉研究院杨卫东教授、江汉大学武汉研究院王鹏助理研究员。特别感谢武汉市国资委汪慧处长、易皓岚科长、史鹏主任提供的帮助。

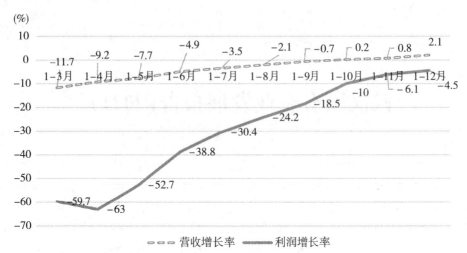

图 2.1.1　2020 年全国国有企业各月累计营业收入与利润同比增长速率图

（数据来源：根据公开数据整理）

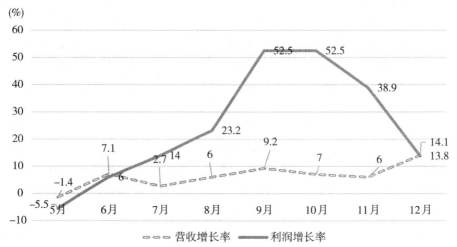

图 2.1.2　2020 年全国国有企业各月营业收入与利润同期增长速率图

（数据来源：根据公开数据整理）

表 2.1.1　　　　　　　　　　　**2015—2020 年国有企业负债率变化情况表**

	2015 年	2016 年	2017 年	2018 年	2019 年	2020 年
国企负债率(%)	66.3	66.1	65.7	64.7	63.9	64.0
央企负债率(%)	68.0	68.6	68.0	67.7	67.0	66.7
地方国企负债率(%)	64.4	63.3	63.5	62.3	61.6	62.2

（数据来源：根据公开数据整理）

　　回顾 2020 年国有经济的总体发展，国家国资委党委委员、秘书长、新闻发言人彭华岗谈到，尽管受疫情多方面的影响，过去一年中央企业经济运行大落大起、波澜起伏，最终的结果从数字来看还是不错的。在效益方面，不仅实现全年正增长，企业对于投资和研发投入也稳步加大，为今后的发展打下良好的基础。在带动复工复产、促进供应链和产业链稳定等方面发挥了重要作用，进一步彰显了国民经济作为"稳定器""压舱石"的责任担当。

全国国有企业对于稳定国民经济发展起到了非常重要的作用，从不同层级的国有企业来看，其抗击疫情等外部风险打击的能力也各不相同。而在此次疫情中，武汉市属国有企业所受到的影响也远比全国其他国有企业要大得多。2020年对于武汉市及市属国企来说是非常特殊的一年，在与疫情搏斗的过程中，我们既看到了国有企业在保障民生稳定社会方面做出的突出贡献，同时也看到市属国有企业仍然存在着一些突出问题。

一、2020年武汉市国有企业发展情况概述

（一）疫情应对

在这次疫情中，武汉国有企业发挥了"保城市运转，保民生供应，保重点工程，保社区稳定"的主力军作用。在实施交通管控期间，组织公交集团等交投运输企业共投入保障运输车辆5.9万台次，以党员下沉基层为基础，在保障民生稳定社会方面展现出了主力军应有的担当。除了积极调动企业员工下沉社区，武商、中百总共1006家超市门店营业保供，投放爱心蔬菜包384万份、政府平价储备肉9502吨；水务集团日均供水量279万吨，燃气集团日均调进天然气683万立方米、供气673万立方米。原航发集团、地产集团积极参与火神山、雷神山和方舱医院建设。市国资委鼓励市属国有企业积极参与抗疫，共组织3次抽调市委机关及34家市属企业15822名党员干部职工，参与全市10个城区81个街道677个社区的防疫防控工作。

（二）推进复工复产

在复工复产阶段，市国资委及市属国有企业积极履行社会责任，为中小企业解困。帮助企业争取国家、省市各类政策补贴及贷款融资优惠政策，支持国资公司、城投集团等发行专项债、绿色债、超短融、中期票据等融资工具，降低融资成本、缓解融资压力、加大展期降息力度，为企业疫情防控和复工复产及时"输血"、缓解压力、提供保障。

市国资委组织印发《武汉市国资委关于疫情防控期间减免中小企业房租有关事项的通知》，强化对所属各级子企业房租减免事项的管理监督，建立穿透式工作传导机制，各负其责、形成合力，确保减免租金工作依法依规、落实到位，截至2020年年底已减免中小企业房租5.31亿元；供水、供气价格按基准价下调10%，免收车辆高速公路通行费，为中小民企"输血"58亿元。

（三）分类推进市属国企重组整合

为了响应《国有企业改革三年行动计划（2020—2022）》等系列国企改革文件，市委、市政府出台了市属出资企业整合重组实施方案。本次重组以聚焦主业、优化配置、放管结

合、龙头带动为原则，坚持市场化改革方向，创新企业运作模式，集中整合优质资源，将31家市属国企重组为12家，为推动国有资本做强做优做大，提高国有资本运行效率打好坚实基础。

2020年12月，武汉市获批成为区域性国资国企综合改革试验区。获批的原因除了武汉是中部地区中心城市之外，更重要的是因为武汉自身国有经济基础相对较好、改革意愿强烈、改革创新氛围浓厚，并承担着服务相关国家战略和区域发展战略的使命。在这样的背景下，市国资委全面落实《武汉市国企改革专项行动实施方案》，积极引进战略合作者，推进市属国企与中石油集团、中国电子、中国铁投、长江生态环保集团等开展战略合作；通过央企"云招商"，签约37个央企合作项目，总金额1887亿元；同时推进市场化体制机制创新，激发企业内生动力。在市国资委的引导下，商贸集团下属中百集团推行职业经理人改革，实施经营层整体市场化选聘，企业经营业绩大幅提高。市政府与市国资委着力深化央地合作、增强科技创新力量，发挥国资国企在助力武汉建设国家中心城市、疫后经济社会恢复发展中的主力军作用。

从最近几年的发展形势来看，武汉市国资委一直在对其监管的市属国有企业进行资产重组，在"十三五"期间，市属企业一直处于调整的过程中，企业类型与数量也在不断改变。尤其是在2020年有了较大调整，原有的一级市属国有企业减少至12户。具体的合并重组情况见表2.1.2。

表2.1.2　　　　　　　　　　**2020年市属国企重组合并情况**

现企业名称	原有企业
武汉市公共交通集团有限责任公司	无变化
武汉产业投资发展集团有限公司	由武汉工业控股集团有限公司(以下简称工业控股)、长江云通集团有限公司(以下简称长江云通)、武汉科技投资有限公司(以下简称武科投)、武汉人才市场有限公司(以下简称武汉人才)4家企业及武汉国有资产经营有限公司(以下简称国资公司)相关产业投资类资产合并组成
武汉金融控股集团有限公司	无变化
武汉交通工程建设投资集团有限公司	无变化
武汉农业集团有限公司	由原武汉农业集团有限公司(以下简称农业集团)、武汉林业集团有限公司(以下简称林业集团)、武汉林业发展有限责任公司(以下简称林业发展公司)和武汉农村综合产权交易所有限公司(以下简称农交所)4家企业合并组成
武汉商贸国有控股集团有限公司	由武汉商贸国有控股集团有限公司(以下简称商贸控股)、武汉国有资产经营有限公司(以下简称国资公司)及市属相关商贸物流资产及股权合并组成

续表

现企业名称	原有企业
武汉地铁集团有限公司	无变化
武汉旅游体育集团有限公司	由武汉旅游发展投资集团有限公司(以下简称旅发投集团)、武汉体育发展投资有限公司(以下简称体发投公司)、武汉旅游集团股份有限公司(以下简称武旅股份)3家企业和全市相关旅游体育资源合并组成
武汉城市建设集团有限公司	由武汉地产开发投资集团有限公司(以下简称地产集团)、武汉中央商务区投资控股集团有限公司(以下简称商务区集团)、武汉建工(集团)有限公司(以下简称建建集团)、武汉园林绿化建设发展有限公司(以下简称园发公司)和武汉市工程咨询部(以下简称工程咨询部)5家企业合并组成
武汉生态环境投资发展集团有限公司	由武汉航空港发展集团有限公司(以下简称航发集团)、武汉碧水集团有限公司(以下简称碧水集团)、武汉环境投资开发集团有限公司(以下简称环投集团)3家企业合并组成
武汉市城市建设投资开发集团有限公司	无变化
武汉港航发展集团有限公司	无变化

(资料来源:由武汉市国资委提供资料整理绘制)

在企业数量方面,2020年武汉市国资委监管企业共有企业1037户,其中,一级企业12户,二级企业206户,三级企业464户,四级企业269户,五级企业82户,六级企业4户,其占比如图2.1.3所示。从最近几年企业层级与数量的变化来看,总体表现出中间层级企业数量占比高,且比例不断加大的趋势,五、六级企业的数量逐步减少,七级企业逐渐消失。

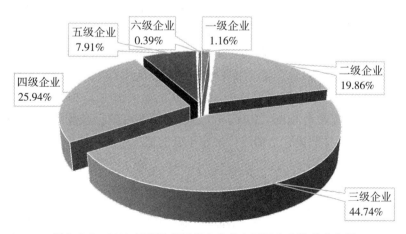

图 2.1.3　2020年武汉市国有企业各个层级企业数量分布图
(数据来源:由武汉市国资委提供资料整理绘制)

同时，总体数量处于逐年上升趋势。从企业的资本布局结构来看，大多数集中在城建和公共服务领域，战略性新兴产业、高新技术产业领域分布较少，部分企业处于产业链、价值链的中低端，市场竞争力、影响力不强，这也导致武汉市国有企业的负债率相较于地方国有企业的平均水平较高。

2020 年经过重组合并后，在总体资产规模保持稳定增长的同时，单个企业的资产规模体量巨大，总资产超过 3000 亿元的有 2 户企业，超过 2000 亿元的有 1 户，1000 亿元以上的有 2 户，即资产规模在 1000 亿元以上的企业有 5 户，完成了武汉市国资国企改革发展"十三五"规划中，资产总额过 1000 亿元的企业有 4 户的目标。① 但是从整体上来看，多数产业集团规模实力有限、盈利能力较弱，离行业领先、全国驰名还有较大差距，产业支撑能力、示范带动能力、品牌影响力难以显现。

二、武汉市国有企业经济指标分析

(一) 武汉市国有企业经济指标概述

截至 2020 年 12 月，武汉市国有企业总资产规模为 15032.67 亿元，相较于 2019 年增长 10.64%；② 在净资产方面，2020 年总值为 4469.98 亿元，同比增长 6.70%；负债资产为 10562.69 亿元，增长 12.9%，负债率为 70.26%，相较于去年提升了 1.3 个百分点，超过了 70% 的警戒线；累计实现营业收入 1513.65 亿元，同比下降 13.3%；利润总额 81.28 亿元，同比下降 30.3%；净利润 56.41 亿元，同比下降 32.5%；上缴税费 85.72 亿元，同比下降 16.1%。

1. 武汉市国有企业资产规模分析

如图 2.1.5 所示，2015—2020 年，武汉市国有企业资产规模增速时有起伏，总体保持较高增速增长，只有 2020 年净资产增速相对较慢，低于总资产增速，这也使得当年的资产负债率水平相对较高。尤其是与全国地方国有企业的负债率相比，高出接近 8 个百分点，市属国企对于企业去杠杆降低风险的工作仍需加大力度。

总的来看，在过去的几年中，除了 2015 年和 2018 年外，净资产增长率均低于总资产增长率。以 2020 年的数据来看，武汉市属国有企业在负债资产规模不变的情况下，要使负债率降低 1 个百分点，净资产需要达到 4688.09 亿元，相较于 2019 年，增长率需要达到 11.90%（2019 年净资产为 4189.297 亿元）。如果武汉市国有企业的负债率降到全国地方国有企业的水平，同样假设在负债资产规模不变的情况下，净资产需要达到 6419.13 亿

---

① 武汉市人民政府门户网站（wuhan.gov.cn），http://www.wuhan.gov.cn/zwgk/xxgk/ghjh/zzqgh/202003/t20200316_970694.shtml，下同。

② 由于企业增减变动以及股权变化等客观因素影响，不同期间纳入武汉市国有企业总范围的企业不完全相同。本报告中涉及的同比增长相关数据，均由本期汇总范围内企业本年数据与同口径上年同期数据对比计算得出。

元，相较于 2020 年的水平应提高将近 2000 亿元，显然，这在短期内是难以实现的。

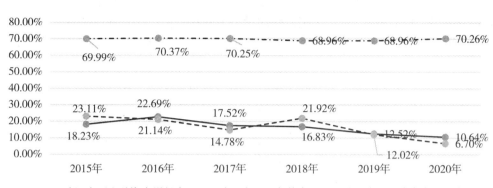

图 2.1.4　2015—2020 年武汉市国有企业资产规模变化图
（数据来源：根据武汉市国资委提供数据整理）

2. 武汉市属国有企业盈利能力分析

受疫情的影响，2020 年全国经济发展形势放缓，第一季度各行各业几乎全面停摆，尽管随着后续复工复产，发展形势逐渐恢复，但 2020 年全年市属国有企业的营业收入与利润总额均出现了负增长，尤其是利润总额，相比去年下降超过三成（如图 2.1.5 所示）。12 户一级市属国有企业中，5 户企业出现营业收入下降，8 户企业出现较大的利润下降，其中 4 户企业亏损。

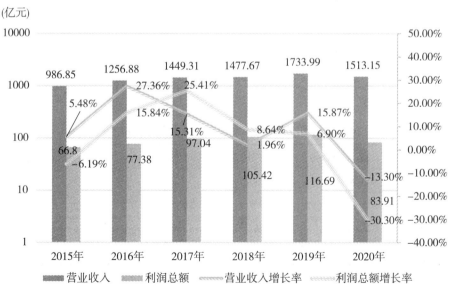

图 2.1.5　2015—2020 年武汉市国有企业营业收入、利润总额增长图
（数据来源：根据武汉市国资委提供数据整理）

出现利润下降的原因有以下几个方面：首先，在疫情期间，国有企业充分发挥了稳定社会、保障民生的职能。在两个多月的交通管控期间，武汉市属国有企业不计成本承担着防疫任务，包括派遣医疗人员，承担医院建设，采购和运输医疗物资，保障医疗用品和生活必需品生产和运输，对参与防疫工作的人员按国家规定给予临时性工作补助等，加大了企业的支出与成本。其次，在复工复产阶段，市属国企及其下属企业不仅在产业链还未完全恢复的状态下率先复工复产，同时主动减免商户房租，并在保证供应的前提下，降低能源、交通等公共产品和服务价格，并且推出多项免费服务。这些举动直接或间接地影响了国有企业的营收及利润。最后，疫情对经济发展带来的负面影响是长期深远的，不仅仅影响消费和服务业，它还会通过交通物流、地产销售等环节传递向制造业、建筑业。即使是在下半年全国疫情得到有效遏制的情况下，这些产业因为各方面原因也很难快速恢复到疫情之前的状态。比如房地产业，一方面，疫情影响企业投资信心，导致房地产企业投资放缓、工地开工受阻，进而影响地产投资。另一方面，疫情影响了居民的正常社会活动，导致居民购房活动放缓，影响房地产销售。2020 年 1—12 月，武汉市存量房成交 90815 套，同比减少 16.37%，新建房销售 224735 套，同比减少 5.94%；而在交通物流方面，以地铁出行量为例，2020 年全年相较于 2019 年下降了 49%，即便是在 2020 年下半年，出行量平均仍比 2019 年同期下降了超过 20%。如前文所述，市属国企资本布局大多数集中在城建和公共服务领域，因此受疫情带来的长期负面影响较大，企业营收与利润下滑较大。

（二）与全国及湖北省属国有企业的比较

1. 与全国国企（央企、地方国企）比较

"十三五"期间，2016—2019 年武汉市属国有企业的经济指标从总体上来看，虽然体量相对小很多，但在增速上要略优于全国国有企业及地方国有企业，尤其是在营收这一指标上，2019 年增长速度是全国国企及地方国企的 2 倍甚至更多，而 2020 年，在全国国企及地方国企营业收入保持低速增长的情况下，市属国企营收出现了较大幅度的负增长。这主要是因为受疫情影响，市属国企中作为盈利主要来源的多户企业营业收入出现了不同程度的下降。

表 2.1.3　　　　**2020 年全国国企及武汉市国有企业主要经济指标对比**

	营业收入（亿元）	增幅（%）	利润总额（亿元）	增幅（%）	负债率（%）
全国国有企业	632867.7	2.1	34222.7	−4.5	64.0
中央企业	353285.6	−1.9	21557.3	−5.0	66.7
地方国有企业	279582.1	7.5	12665.4	−3.6	62.2
武汉市国有企业	1513.65	−13.3	81.28	−30.3	70.26

（数据来源：根据公开资料整理）

在利润方面，2016—2019 年，武汉市属国企总体上与全国国企保持相同的增速，略高于地方国有企业。2020 年，尽管全国国企、央企、地方国企都出现了不同程度的逆增长,但下降幅度都较小。相比之下,武汉市属国企的增速下降幅度较大,相较于去年减少了将近1/3。从内部具体的情况来看,12户市属国有企业中,8户企业利润增速出现下滑,其中有4户企业利润亏损。

2. 与湖北省属国有企业比较

2020年,湖北省373户国资监管企业资产总额40568.35亿元(包括武汉),同比增长9.64%;所有者权益总额13652.68亿元,同比增长4.7%。其中,19户省出资企业资产总额12520.68亿元,同比增长8.39%;所有者权益总额3940.24亿元,同比增长3.71%。2020年,湖北国资监管企业累计实现营业总收入3727.81亿元,同比增长0.3%,实现正增长。省出资企业累计实现营业总收入1240.97亿元,同比增长9.65%。在利润方面,湖北省地方国有企业累计实现利润总额180.49亿元,其中12月份盈利108.23亿元;省出资企业累计亏损10.78亿元,全年亏损规模逐步收窄,过半企业实现盈利。

从表2.1.4中我们可以推算出,武汉市属国有企业的资产规模约占湖北省地方国有企业的37%,其增速高于全省地方国企的平均水平,也比省属国有企业高出2个百分点;在营业收入方面,尽管受疫情影响,市属国企出现负增长,但其营业收入规模仍约占到了全省地方国有企业营收的40.6%,市属国企营业收入大幅下降也导致全省地方国企营收增速放缓,较上年增长0.3%。省属国企增速较快,但其绝对值相较于市属国企差距较大;在利润方面,尽管省属国企营收有较快增长,但未能带动利润上升,反而出现了较大下滑,总体上看处于亏损的状态。武汉市属国企利润总额约占全省地方国企规模的45%。尽管市属国企利润也出现了较大幅度的下滑,但相比省属企业仍然表现出较强的韧劲。

表2.1.4 **2020年湖北省国企及武汉市国有企业主要经济指标对比**

	资产规模 (亿元)	增幅 (%)	营业收入 (亿元)	增幅 (%)	利润总额 (亿元)	增幅 (%)	负债率 (%)
湖北省地方国资监管企业①	40568.35	9.64	3727.81	0.3	180.49	—②	66.35
湖北省国资委出资企业③	12520.68	8.39	1240.97	9.65	-10.87	—	62.85
市属国企	15032.67	10.64	1513.65	-13.3	81.28	-30.3	70.26

(数据来源:根据公开资料整理)

3. 与全国部分城市市属国有企业比较

为了能够更加清楚地了解武汉国有企业在全国的发展水平,我们将武汉市属国企各方面的指标与深圳、青岛、成都、西安、杭州、厦门以及南京市属国企进行了对比,具体情况见表2.1.5。

---

① 指湖北省内全部地方国有企业。数据来源于湖北省人民政府网站:http://www.hubei.gov.cn/zwgk/hbyw/hbywqb/202103/t20210311_3387181.shtml。

② "—"表示未获取到该项指标,下同。

③ 指由湖北省国资委出资监管的19户企业。数据来源于湖北省人民政府国有资产监督管理委员会网站:http://gzw.hubei.gov.cn/zfxxgk/fdzdgknr/tjxx/2021_tjxx/202108/t20210813_3701666.shtml。

表 2.1.5　　　　　　　　　九城市属国有企业经济指标排名情况

排名	资产总额①	营业收入②	利润总额③	营收增速④	利润增速⑤
1	深圳	厦门	深圳	厦门	厦门
2	广州	深圳	厦门	青岛	成都
3	成都	杭州	成都	杭州	西安
4	杭州	成都	杭州	成都	青岛
5	武汉	西安	南京	西安	南京
6	厦门	武汉	西安	深圳	深圳
7		南京	武汉	南京	武汉
8				武汉	

（数据来源：根据公开资料整理⑥）

　　相较于其他城市，武汉在疫情期间停摆的时间更长，受到的冲击与影响也更大更久，这直接导致了武汉市属国企相较于其他城市国企在各类指标的对比中排名均靠后。对比 2019 年的排名情况可以看到，在资产规模方面，成都、杭州市属国企超越了武汉市属国企；营收方面，武汉市属国企被成都、西安市属国企超过；利润方面，南京、西安、成都三市市属国企超越了武汉市属国企。特别是在营收与利润方面，在对比的几所城市市属国企当中，只有武汉市属国企出了现负增长。

三、疫情下的国有企业思考

（一）国企是政府调节市场的工具

　　国企作为政府调节市场的工具，具备以下几项功能：政治服务功能、经济服务功能以及公共服功能。而这些功能在疫情的影响下又被放大。

　　国有企业是由国家出资的企业，企业必然受政府直接或间接的支配性影响，按政府要求办事，而承担维护社会稳定、贯彻中央精神、意识形态宣传等工作是其政治服务功能之

---

① 缺少青岛、西安、南京市属国企资产总额数据。
② 缺少青岛、广州市属国企营业收入数据。
③ 缺少青岛、广州市属国企利润总额数据。
④ 缺少广州市属国企营业收入增速数据。
⑤ 缺少广州、杭州市属国企利润总额增速数据。
⑥ 相关资料通过各地市国资委网页获得，或存在统计口径不一致的情况，因此文中不公布具体数据，只进行定性分析。

一。自疫情暴发以来，各地国企秉承"疫情就是命令，防控就是责任"的精神，严格落实省市疫情防控部署，细化疫情防控方案，并动员各级党组织、广大党员、干部职工通过实践贯彻中央精神，充分认识国有企业在做好疫情防控工作中的责任和担当，积极投身抗疫服务，以实际行动为夺取这场斗争的胜利做出了应有贡献。

国企经济服务的功能主要体现在三个方面：宏观经济的稳定功能，社会经济的先导功能，国家经济的营利功能。政府维护宏观经济稳定的方法，通常是用货币、利率、税收和国企等工具进行干预调控，而通过国企干预经济是最为便捷、轻车熟路的管理方法。尤其是在疫情发生的特殊时期，国有企业一手抓抗疫，一手抓经营，全力稳生产、稳经营、稳市场，带动上下游产业和中小企业协同发展，在应急处理、医疗援助、复工复产、稳定产业链供应链等方面起到了带头引领作用。

2020年疫情暴发以来，中共中央政治局针对疫情防控、疫情后的复工复产等工作召开了多次会议，如2月12日会议上提出的"要在确保做好防疫工作的前提下，分类指导，有序推动央企、国企等各类企业复工复产"。4月17日会议提出的"要保持我国产业链供应链的稳定性和竞争力，促进产业链协同复工复产达产"以及"要着力帮扶中小企业渡过难关，加快落实各项政策，推进减税降费，降低融资成本和房屋租金，提高中小企业生存和发展能力"等，对于这些精神的响应，都需要依靠国有企业来率先执行。

在这次疫情中，国企表现突出，有效地发挥了政府调节市场工具的作用，这是值得充分肯定的。但我们也需要保持清醒的头脑，工具只是在调控中才能发挥作用，政府不能每时每刻都用有形的手去调控，大多数时候应该让市场无形的手发挥作用。因此不能无限制地发展国有企业，危机消除后，国企应该在既定的功能划分范围内开展工作，让出足够的市场空间，使民营企业和多种所有制企业能自由竞争、自由发展。

(二)国企的属性首先是企业

尽管国有企业具有各种功能，但它首先是企业。2020年9月27日，国务院国有企业改革领导小组第四次会议及全国国有企业改革三年行动动员部署电视电话会议召开，会议要求"国有企业首先必须发挥经济功能，创造市场价值"。会议是对全国国有企业的要求，应该包括商业一类、商业二类和公益类。只有满足市场需求且持续盈利的企业才能"发挥经济功能，创造市场价值"。竞争是市场经济的重要特征，国有企业要想做强做优做大，必须通过引入竞争性原则加快推进国有企业核心竞争力的形成，依靠自身的竞争力赢得市场地位。国有企业要强化市场属性，不断坚持以市场作为导向，突出建设企业主业，做精、做专、做强、做大企业主业。尤其是商业类国企，必须把追逐利润列为重要经营目标。

我们有时忘了国企也是企业，只要政府需要，不讲条件，不谈成本，不管国企功能属性，一律让国企作贡献。例如，武汉市政府让国企减免中小企业房租5.31亿元；供水、供气价格按基准价下调10%，免收车辆高速公路通行费等措施，使武汉国企损失了58亿元的利润。把企业的利润直接等同政府财政资金，这种做法并不合理。

现代经济学理论认为，企业的本质是"一种资源配置机制"，是为了降低交易成本而成立的组织。同时，企业是市场的主体，通过竞争创造市场价值，如果我们无视国企的企业性质，国企就不可能实现良性循环，就会不断积累坏账，直至倒闭。

2015 年 9 月，中共中央国务院印发了《关于深化国有企业改革的指导意见》，提出了实行分类改革、分类发展、分类监管、分类定责、分类考核，提高改革的针对性、监管的有效性、考核评价的科学性的意见。

从调研的情况来看，武汉市国资委对市属国有企业的绩效考核，主要是通过经营业绩考核和综合绩效考核两种方式。经营业绩考核充分考虑了市属国企的实际情况，不仅对企业进行了细致分类考核，并且考核的针对性已经精确到每一家国有企业。但在综合绩效考核方面，市国资委对其出资的国有企业都使用同一种评价体系，并没有按照企业所属类别进行分别考核。商业类企业和公益类企业因其经营方针不同，属于不同类别的企业，关于绩效考核评价指标及其权重也应有所不同。而在实际考核中，所有企业在考核评价中的指标和权重是一样的，使得商业二类企业和公益类企业被要求与商业一类企业有一样的盈利能力。如何真正实现国企的企业定位，如何按不同企业类别实行分类管理，这是我们需要解决的课题。

(三)疫情下的国企垄断不能常态化

为了应对突如其来的疫情，政府紧急动员国企冲锋陷阵，旨在确保经济稳定、社会稳定、民生稳定，促进社会主义市场经济健康发展。在疫情期间，各行各业的国有企业起到了排头兵的作用，承担了大量社会责任，在救援中发挥着"总后勤部"的公共服务功能，对于稳定社会、保障民生有着至关重要的作用，也正是在这样的背景下，国企在许多领域形成事实上的市场垄断。

首先，应对疫情紧急开展的重大项目，全部交由国企承担。这里不仅包括雷神山、火神山和众多的方舱医院，还包括许多国有医院的改造。作为一种应急措施和权宜之计是有一定道理的，尽管国企总包以后，实际的施工主力都是外包的民企。

其次，疫情初期，医疗物资极其缺乏，多家央企紧急转产医疗物资，如口罩、防护服等，他们争分夺秒、日夜奋战，仅用 9 天完成国务院联防联控机制下达任务。

最后，管控期间，如何保证城市的正常运转、人们生活的基本需求，国企发挥了重要作用。石油石化企业抢调资源，疫情期间 5 万多座加油站正常营业，通信企业服务不断线、电力企业供应不掉闸。尤其涉及民生日常生活的必需品，如粮油、蔬菜、鱼肉、果鲜等，从组织货源、组织装卸、组织运输，到保证价格不涨、质量不降、供应不断，国企都发挥了主渠道的作用。

国企在抗疫中的作用通过媒体的宣传，形成一种舆论导向："国企最可靠""国企最有效率""国企必须是市场的主体"，这是值得引起高度警惕的。其实，这一次抗疫中，民企和多种所有制企业都立下了不可磨灭的功劳。最先在全世界组织医疗物资的是它们，最先自觉组织各类自愿者队伍的是它们，将物品送到各部门和居民手中并解决"最后一公里"难题的也有它们，民企与市场有天然的联系，民企在市场组织商品的能力比国企甚至比政府还要大，而它们却没有成为媒体报道的主流。

众所周知，在各种原因引起的经济危机中，市场机制会在部分领域失灵，需要国企作为政府看得见的手，去弥补市场的缺陷，这是凯恩斯的主张。但这种主张具有明显的阶段性,只限于经济危机时期。我们绝不能将它变成常态化,危机过后,国企不可仍然占据垄断地位、控制市场、主导市场,而应退回到市场普通一员的位置,参与市场竞争,只有这样,中国特色的社会主义市场经济才能蓬勃发展。

四、2015—2020 年武汉市国有企业综合分析

(一)主要发展情况

我国经济进入 L 型发展新常态是 2015 年,这一年经济增速跌破7%的大关,并且之后再也没有回复到7%的水平。在增长速度换挡期、结构调整阵痛期、前期政策消化期"三期叠加"的环境下,国企却一枝独秀,始终保持领跑地位。和民企相比,2015—2020 年是国企发展的最好时期之一。为什么此时国企能较好、较快发展?我们希望通过对这一时期的国企数据分析,较客观地总结它的优势、劣势和需要改进的相关问题。

1. 经济指标

2015 年作为"十二五"的最后一年,是一个特殊的时间节点。当年市国资委 21 户出资企业资产总额 7195 亿元、净资产 2159 亿元,分别是"十一五"期末的 2.5 倍和 3.4 倍;2015 年实现营业收入 987 亿元、利润 67 亿元,分别是"十一五"期末的 1.8 倍和 2.4 倍。而以 2020 年作为"十三五"的节点来看,相较于 2015 年,资产总额提升了约 1.1 倍,净资产提升约 1.05 倍,营业收入总额与利润总额分别提升了 51%与 25%。可以看到,在资产规模方面,无论是资产总额还是净资产都保持了较为稳定的增速,年均增长率超过 10%,"十三五"期间的增长幅度与"十二五"期间基本保持一致。但从企业的盈利能力来看,2020 年相较于 2015 年增长的速度相对较小。这主要是因为 2020 年受疫情影响,市属国企的营业收入与利润出现大幅下降,2020 年营收与利润增长率不仅是"十三五"期间最低,也是五年中唯一出现负增长的年份。

为了剔除疫情等非常态因素带来的负面影响,更加客观地反映市属国有企业在"十三五"期间的发展情况,我们以 2015—2019 年的发展平均增长率对 2020 年的经济指标进行了测算。这一时期,总资产、净资产、营业收入以及利润总额的平均年增长率分别为16.56%、17.56%、15.13%及 14.88%。按照这个增长速度,推算出来的 2020 年的资产总额、净资产、营业收入以及利润总额分别是 2015 年末的 2.2、2.3、2.0 和 2.0 倍。可见,如果不是疫情影响,市属国有企业在"十三五"期间的发展水平与"十二五"期间相比,除了净资产增速相对较慢外,其他方面没有太大变化,总体保持着稳步增长的态势。对标《武汉市国资国企改革发展"十三五"规划》①中的各项目标,截至 2020 年年底,武汉市国有企业完成情况见表 2.1.6。

---

① 武汉市人民政府门户网站(wuhan.gov.cn),http://www.wuhan.gov.cn/zwgk/xxgk/ghjh/zzqgh/202003/t20200316_970694.shtml。

表 2.1.6   "十三五"末期武汉市国有企业经济指标对标分析

指标名称	规划目标	实际值完成率	测算值完成率
总资产(亿元)	18000	83.51%	85.98%
净资产(亿元)	4500	99.33%	107.73%
营业收入(亿元)	2000	75.68%	99.82%
利润总额(亿元)	150	57.15%	89.37%
		实际增长率	测算增长率
总资产增长(%)	20.13	10.64	16.56
净资产增长(%)	15.82	6.70	17.56
营收增长(%)	15.17	−13.3	15.13
利润增长(%)	17.49	−30.3	14.88

(数据来源:根据公开资料整理)

根据《武汉市国资国企改革发展"十三五"规划》,"十三五"期间,武汉市国有企业总资产、净资产、营业收入以及利润总额的目标年均增长率分别为 20.25%、27.93%、12.61% 以及 19.07%,从实际的完成情况来看,2020 年武汉市国有企业上述四项指标均未达成目标,实际完成率分别为 83.51%、99.33%、75.68% 以及 57.15%。考虑到突发的疫情对企业发展产生了非常大的负面影响,我们仍然用 2020 年的预测值来进行对标。四项指标的完成情况都在 85% 以上,其中净资产超过预期,营业收入完成率为 99.82%,与 2000 亿元的目标差距非常小,利润完成了目标的近 90%。

总的来看,如果剔除疫情的影响,武汉市属国企在"十三五"期间的发展情况与规划目标是比较相近的,虽然有 3/4 的指标未达到预期,但也在可以接受的范围内(该规划指标的制定偏高)。市属国企乃至全国国有企业能够在宏观经济进入"新常态"发展阶段仍能保持较高的发展势头,主要有三方面原因:

首先,国有企业受到空前的重视。社会各界为了响应国家"做强做优做大国有资本"的号召,对于国有企业的发展总是"开绿灯",给予最大的支持。比如银行,对于国有企业甚至通过降息让利"求"其贷款。在"十三五"期间,银行贷款结构的较大变化是从民企流向了国企。央行公布的截至 2016 年的信贷投向结构数据显示,从存量信贷占比来看,2016 年国有企业占 54% 的企业贷款份额,民企占比 34%;从增量信贷来看,2016 年国有企业新增贷款 6.9 万亿元,占 78% 的新增企业贷款,而民企新增贷款仅为 1.5 万亿,只占新增贷款的 17%。2020 年,中央国企与地方国企合计拥有 175 万亿元的银行授信额度,而相比之下,对于民企的银行授信额度仅有 19 万亿元,约为国企授信额度的 1/9。国有企业的融资环境良好,在银行的支持下,企业规模也稳步增长。

其次,政府对于基建建设的大力投入也是国有企业快速发展的重要原因。2015—2017年,我国基建投资处于高速增长期,年均增速约 15%。基建投资在经济增长中的作用也不断提升,2017 年基建投资 GDP 占比为 20.8%,达到最高点。为了稳定对于基建的投资增长速度，政府不得不继续加杠杆，通过地方债、城投债、银行贷款、专项债等多种方式加大融资力度。2015—2020年，地方债务总量逐年上升(如图2.1.6所示)，且增长速度不断加快。2013年政府债务审计中提出，地方政府性债务中有86.77%投向了基建相关项目，且在随后几年中该比例仍在上升。作为政府的工具，基建项目被国有企业垄断，政府通过负债获得的绝大多数资本全部投向了国有企业，成为国有企业重要的经济增长点。

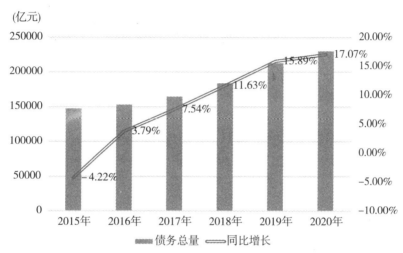

图2.1.6　2015—2020年地方债务总量与增长速度

(数据来源：根据公开资料整理)

另外，国有企业的高增长也与房地产市场的快速发展密切相关。从20世纪90年代末开始，我国房地产市场进入加速发展阶段，经过这么多年的发展，房地产项目是最保值、增值最快的"理财产品"的观念已经根深蒂固，这也引得不少不以房地产为主业的国有企业利用先天的优势以及充裕的资金开展相关业务，尽管随着国家宏观政策的调控，在"十三五"期间房地产业发展相对放缓，但房地产业是许多国企盈利的重要组成部分的格局仍未改变，借助房地产业的东风也是国有企业快速发展的重要原因。

最后，随着城市化的快速发展，地价也飞速上涨，这给国有企业创造了极大的利润空间。一些国有企业凭借出售自身土地来维持企业的营收与利润，实现企业整体向上发展。

2. 体制机制建设

"十三五"期间，市国资委及市属国企开展了一系列改革工作。作为市国资委来说，为了响应中央精神，并完成加快完善企业法人治理结构、优化薪酬决定机制等目标，在"十三五"期间，陆续出台了《武汉市国资委出资人监管权力和责任事项清单》《武汉市国有企业规范董事会建设实施方案》《武汉市属国有企业外部董事管理暂行办法》《市国资委出资企业工资总额管理办法》《市委办公厅市政府办公厅关于进一步完善市属国有企业法人治理结构的实施意见》《市出资企业负责人薪酬管理暂行办法》及《市出资企业负责人经营业绩考核办法》等政策与文件。

对于市属国企来说，部分企业尝试在体制机制上实现董事会、经营层的权责适度分离改革，制定了董事会与经营层的权责清单，明确了各自的职责。探索董事会对经营层授权经营管理，授予经营层一定范围的自行决策权利，同时建立辅助决策机制，形成多维度专家库，在公司重大决策中引进外部专家任用机制。通过外派董监事参加企业的股东会、董事会，以持股比例多少行使表决权，参与到权属企业的经营管理中。此外，为了培养人才、引进人才，释放员工的积极性与主动性，部分企业也在薪酬制度的改革上作出探索。如尝试将一部分企业销售收入转化为研发基金及人才基金，用以弥补国企相对民企薪酬较低而无法吸纳优秀人才、激发现有员工动力的劣势；有的企业尝试采用总经理市场化招聘，对于下属员工也采用公开招聘的方式，对应聘人员严格筛选。通过这样的方式招聘社会各层级人员，从海归研究生到其他集团董事长，引进人员的学历背景丰富多元，并且降低了集团管理层的平均年龄。同时充分实行能上能下机制，对于未能按照集团规定完成目标的人员严格按照公司章程进行处理，切实做到对未完成任务的干部进行降职处理，人事改革成效显著。

尽管在"十三五"期间，武汉市属国有企业的体制机制改革取得了一定的成效，但一些遗留问题仍未解决，同时在这个过程中产生了一些新的矛盾。遗留问题中，最为突出的就是当前大多数武汉市属国有企业还未真正建立现代企业制度，即未真正做到产权明晰、权责明确、政企分开、管理科学。国有企业本身没有独立的法人地位，目前很难形成一般企业所具有的自主经营、激励机制与约束机制，也很难界定企业负责人的地位；此外，企业领导班子没有配齐，董事会、监事会配备不健全的情况仍然存在。

在"十三五"期间，我们对 10 多户市属国有企业进行过调研，多数企业希望对薪酬制度的改革作进一步探索，目前尚未建立起完善的差异化业绩薪酬机制，除了少数上市公司外，中长期激励机制普遍缺失，企业领导人员的年薪制存在事实上的平均主义，工资总额并没有真正与效益挂钩。另外，国有企业在薪酬管理上采取"穿透式"管理的方式值得商榷，所谓"穿透式"管理，就是将国企中凡有联系的各类企业纳入统一管理，这意味着要把国企中各级企业的工资总额进行统一管理，无论下级企业是不是国有独资，甚至连民企控股的企业也做同样要求。这种做法不仅与授权经营管理的原则不符，同时也不利于混合所有制企业的发展，阻碍混合所有制改革工作的推进。对国企管理人员而言，目前尚未形成市场竞争机制，管理人员仍然由组织部任命，而不是由市场选择。国企员工名义上都是合同制，但十年以后就需签无固定期限合同，加上劳动仲裁和法院都会从保护员工利益出发，制止企业开除或裁减职工，因此，职工能进不能出，缺乏竞争意识，导致国企员工的积极性、主动性不足。

3. 混合所有制改革

混合所有制改革，可以说是一个老生常谈的问题。自党的十五大以来，中共中央出台了一系列推动混合所有制发展的政策与文件。尤其是在近十年，国家对于推进混合所有制发展的力度不断加大。2013 年 11 月，党的十八届三中全会《中共中央全面深化改革若干重大问题的决定》中，第一次明确提出"积极发展混合所有制经济"，强调"国有资本、集体资本、非公资本等交叉持股、相互融合的混合所有制经济，是基本经济制度的重要实现形式"。2015 年 8 月，中共中央、国务院印发《关于深化国有企业改革的指导意见》指出："以促进国有企业转换经营机制，放大国有资本功能，提高国有资本配置和运行效率，实现各种所有制资本取长补短、相互促进、共同发展为目标，稳妥推动国有企业发展混合所有制经济。"2017 年 10 月党的十九大再次强调"深化国有企业改革，发展混合所有制经济"，强调把国有企业培育成具有竞争力的世界一流企业，将对混合所有制企业的要求提到了一个新的高度，不单单是发展混合所有制企业，而且要发展成国际化的一流企业。2019 年 11 月国资委出台的《中央企业混合所有制改革操作指引》第一次系统说明了混改具体实施操作的六大核心步骤，并对一些以往界定较为模糊的关键性政策进行了说明。2020 年 6 月，在全面深化改革委员会第十四次会议上审议通过了《国企改革三年行动方案（2020—2022 年）》，并指出"今后 3 年是国企改革关键阶段，要坚持和加强党对国有企业的全面领导，坚持和完善基本经济制度，坚持社会主义市场经济改革方向，抓重点、补短板、强弱项，推进国有经济布局优化和结构调整，增强国有经济竞争力、创新力、控制力、影响力、抗风险能力"。2020 年作为国企改革三年行动启动之年，国企混改、重组整合、国资监管体制改革等方面都进入快速推进、实质进展的新阶段。这一系列的政策文件都表明，未来国有企业改革的重点就是混合所有制改革工作。而相较于相对混改程度更高、发展体系更加完善的央企，地方国有企业的混改工作将会是重中之重，省会城市也势必会成为国有企业推进混改的重要阵地。

为了响应中央精神，武汉市国资委近年来也相应地制定了一系列文件，如《市国资委所出资企业混合所有制改革操作指引》《市委市政府关于深化国有企业改革的实施意见》等。在市国资委的积极引导下，2015 年，武商集团在武汉市级国资系中率先推出股权激励计划：8 名公司高管，及由技术骨干、子公司的店长、经理组成的 206 名核心员工，获得公司按 6.4 元/股的价格定向增发的超过 2000 万股的限制性股票。同年，武商集团推出员工持股计划，参加对象除公司部分董事、监事、高级管理人员外，还包括普通员工。武商集团 2016 年年报显示，上述持股员工群体已成为公司第三大股东；2019 年，武汉中商集团与居然之家重组上市，并登陆深交所 A 股市场，是武汉市国有企业推进、探索混改工作的里程碑。

尽管在外部环境的影响下，武汉市国有企业混合所有制改革取得了一定的成绩，但从多次调研的情况来看，积极主动推进混合所有制改革工作的意愿在市属国企领导班子中并不普遍，有的领导甚至坦言，在其任期内是不会推进混改工作的。2018 年，我们专题调研了 10 户武汉市国有企业，有 1 家对混改企业的统计为 0，2 家混改企业占比为 1.56%和5.88%，另外有 4 家企业没有对混改企业进行统计，或把所有多元的有限责任公司当做混合所有制企业。由此可见：（1）国企对混合所有制改革没有热情，很不重视；（2）国企混改的比例极低。关于这一点，我们对武汉市国有企业 2017 年的数据进行过分析，情况大体一致。2017 年，全市国有全资企业占比 53.72%，国有绝对控股企业占比 23.37%，国有实际控股企业占比 11.03%，三项相加，国有实际控制的企业占 88.12%。这种情况在"十三五"期间一直延续，没有改变。总之，在"十三五"期间，武汉市国有企业的混改工作是落后的，究其原因如下：

首先，虽然中央对国有企业混合所有制改革工作非常重视，但没有形成完善的推进制度。过去改革强调各地因地制宜，主动探索各种改革模式，现在则强调顶层设计，地方没有主动作为的积极性。虽然在媒体上也有宣传混改的文章，但武汉市政府并未将混合所有制改革作为企业的硬性考核指标，加上企业内部的分配制度与企业效益并不挂钩，使企业从源头上丧失了推进混改的动力。其次，虽然表面上看，混改一直是中央倡导的国有企业改革的重要内容，但是在实际过程中，混合所有制改革是巡视组检查企业的重点内容。这种检查并不是针对混改推进力度的查验，而是聚焦在混改过程中，国有资产是否流失、是否存在利益输送、混改程序是否合规等方面。一旦发现问题，无论是对企业还是企业领导班子都会产生不小的影响。因此，结合上述原因，国企领导班子对于混合所有制改革的意愿并不强烈。

(二)关于武汉市国有企业发展的思考

1. 关于重组与合并

在"十三五"期间，武汉市国有企业改革项目开展不多，但重组的工作却没有停止过，或者说用国企重组代替了国企改革。2016 年，一级企业由 22 户调整至 19 户。原武汉港务集团有限公司及武汉新港建设投资开发集团有限公司合并纳入武汉港航发展集团有限公司。原武汉农业集团与武汉市农业投资公司合并重组形成新的武农集团。2018 年，原汉正街控股集团从市国资委分离划入长江新城管委会，一级企业数量由 19 户减至 18 户。2019 年，市委市政府将一些市属部门企业脱钩改革划入市国资委，使国资委一级企业增加到 27 户。2020 年 9 月，武汉市启动新一轮国企改革重组。此次重组工作动作较大，通过内部重组，一级企业数量减至 12 户，在产业投资、农业、生态、旅游、商贸、城建等领域组成了超大规模的企业。本轮合并重组旨在进一步优化国有资本布局，突出企业主责主业，健全激励容错机制，促进国有资产保值增值，营造培育一流企业家的氛围，打造一批在国内外具有竞争力的一流企业。从重组合并的思路来看，是"统一分类，突出主业"，将原有从事相同或者相近业务范围的相关企业"合并同类项"，是在"物理"方面形成的融合。

通常企业的合并重组都是通过市场交易实现的，是一种市场行为。由于武汉市国企的股权都隶属于市政府，通过内部的划转是交易成本最低的方式，这在理论上是可行的。但是，如果操作不科学，考虑不周密，可能会付出更大的成本。

首先，企业合并重组的基础工作是理顺企业的股权、债务和体制机制，目的是增强竞争实力而不是单纯做大规模。这次重组后，将 21 户企业重组成 6 家。使市属一级国有企业压缩为 12 户，其中资产规模超过 3000 亿元的有 2 户，1000 亿元资产规模以上的共有 5 户。遗憾的是，重组的基础工作却做得不够，真正需要政府解决的债务问题、股权纠纷问题没有破解。例如，市委、市政府重组生态集团的思路是先将航发集团直接更名为生态集团，然后"将碧水集团、环投集团整体划入生态集团。后期通过资本注入及资本公积转增资本等方式，将生态集团注册资本扩大至 50 亿元"①(目前注册资本是 10.25 亿元)。可是已经两年过去，此事落实不力。"后期"的时间没有界定，谁负责操作"资本注入"也没有规定。

又如，生态集团的负债很重。截至 2021 年 6 月末，全口径债务余额 560.69 亿元，资

---

① 武办文〔2020〕31 号《关于重组武汉生态环境投资发展集团有限公司的实施方案》。

产负债率高达 72.45%，它不仅高于全市国企资产负债率 3.49 个百分点（2019 年），也高于资产负债率警戒线 2.45 个百分点，更高出全国地方国有企业负债率 10 个百分点以上（2019 年）。从债务余额分类看，政府债务 164.07 亿元，政府隐性债务 81.49 亿元，其他政府性债务 133.95 亿元，三项相加，政府性债务占比达 67.68%，可见，主要是政府让企业垫资做了工程却没有给钱。既然政府希望企业做大做强，就有责任对平衡资源的项目方案进行研究和协调，安排一定的地方政府债券资金或财政专项资金等，解决集团资产负债率居高不下的问题，让生态集团轻装上阵。

另外，在重组中有些企业的股权没有理清，带来较大隐患。市委市政府明确了商贸集团重组的步骤：（1）将国资公司更名为商贸集团；（2）适时将武汉金融控股（集团）有限公司所持有的商贸控股 51% 股权无偿划转至市国资委，再由市国资委将持有的商贸控股股权整体划转至商贸集团；（3）适时将商贸集团主业以外的资产划转至武汉产业投资发展集团有限公司。① 此次重组的设想不仅要把国资公司和商贸控股的商业资产整合到一起，而且要把全市的商贸物流资产整体整合到商贸集团，同时把非商贸的资产转到产投集团。但至今重组没有走第二步。我们有理由担心，该重组会没完没了地推延，最后不明不白地停止。

停止将是最不负责任的选择，它所产生的问题比未重组更严重。以商贸控股为例，以前虽然将它的 51% 股权划拨到金控集团，但市委市政府明确背书，证明商贸控股是独立法人实体，不是金控的子公司。而现在商贸控股的 49% 划给了商贸集团，51% 仍在金控集团，理论上，金控可以与商贸控股公司并表，而商贸集团则不能并表。商贸控股变成一种被撕裂的状态：商贸集团管班子，金控集团管资本。因此，商贸集团的重组只是名义上的重组，商贸控股的所有资产变动都必须经金控集团同意。如果这个问题不解决，美好的重组设计将成为水中月、镜中花。

其次，这一次重组有一个鲜明的特色目标，即打造全市重量级的产业公司。这是市委市政府最真实的意图。武汉国有企业这些年虽然发展较快，但是在每一个行业都做得不大，没有真正的龙头企业。因此，本次重组，市委市政府下了很大决心，根据武汉国企实际情况，将若干行业内的国有资产分类集中，组成有实力的产业集团公司。这样的设计初衷当然是好的，但是在实践中很难操作。因为，被重组的企业在过去的市场经济中都往往不是在一个行业而是多个行业发展，并逐步形成自己的一定特色，很多既定的主业被重组到一个特定的产业公司后，被规定为辅业，在"聚焦主业""突出主业"的要求下，有的优势很难发挥，形成尴尬的局面。

例如，重组成立生态集团从战略上无疑是对的，符合中央"大力推进生态文明建设"的重大战略决策；从市场趋势看，前景也很好，理论上有利于提升全市生态环境综合发展能力。但是武汉国企中以生态环境为主业的板块既小又弱，重组的分量远远不够，非生态产业的板块大大高于生态产业板块。据生态集团 2020 年的财务统计，市政集团的营业收入占整个集团的 91.03%，利润总额占整个集团的 159.93%！换言之，在整个集团中，生态环境产业的份额几乎到了忽略不计的地步。如果我们一味强调产业特色，要求公司"聚

---

① 见武办文〔2020〕31 号《关于重组武汉商贸集团有限公司的实施方案》。

焦主业"，可能会极大地阻碍市政产业的正常发展，并影响生态集团的生存。商贸集团的重组也有类似问题，武汉国资公司是商贸集团的主要部分，（占比）虽然控股武商、中百两家商业上市公司，但它更擅长国有资本运作，历史上，武汉国有资产经营公司是全国最早成立的国有资本运营公司，在全国开创了国有资本运营的经验，《经济日报》曾连篇推介武汉国有资产管理模式，湖北省委省政府专门在武汉开现场推介会。尽管后来根据要求国资公司在不断朝产业公司方向发展，但资本运营的特性一直保留，直到并入商贸集团以后，它仍然受命融资近40亿元，收购华工科技19%的股权，使武汉商贸集团成为华工科技第一大股东。目前商贸集团名义上是一个产业集团，但从现有资产分布和企业股权结构来看，主要实行的是国有资本运营(投资)公司管理模式，如果按照只能发展商业的规定，它的专长就会受到很大限制，它的人才也难尽其用。

严格地说，2020年的国企重组工作只进行了第一步，还有很多后续工作没有做。我们建议，下一步可以从以下三个方面推进：

第一，理顺产权关系，减轻企业负担。这里涉及一些计划的调整，例如"适时将武汉金融控股(集团)有限公司所持有的商贸控股51%股权无偿划转至市国资委，再由市国资委将持有的商贸控股股权整体划转至商贸集团"的想法是很难实现的。虽然国资委是金控集团的出资人，由于金控发行了海外债，一旦它的资产出现大的变动便会影响相关信用。即使是债卷到期后也不可能无偿划转股权到国资委。首先，金控集团到期还款后有没有实力可以不续发？通常还旧债续新债已经成为现有公司运作的固定模式；其次，金控集团不只有美元债这一个债，还有n个债，比如：scp、中票、永续中票、公司债、永续公司债、疫情防控债等，任何无偿划转股权的事情都会影响它的信用。因此，只要公司在正常运营，"适时"将永无期限。可见，"无偿划转"是重组中的死结。但我们可以换一个思路，即将"无偿划转"变为"有偿置换"。我们知道，武汉市国资委是全市国有资产的出资人，完全有能力在全市范围内用更大更优的资产将商贸控股的51%股权置换出来。或者通过融资的方式，将商贸控股的股权买回来。虽然这些操作会比行政划拨复杂得多，但它更符合重组方案制定的基本原则，即"坚持市场原则、依法依规。坚持市场在资源配置中的决定性作用和更好发挥政府作用，确保重组合乎法律法规、遵循市场规律，不留风险隐患"。[1] 只有这样的方案不会给市场带来负面影响，更有利于企业的发展。关于政府拖欠的企业债务问题，本来就是政府的责任，要想企业在市场上快速发展，政府必须建立对企业还款的硬约束机制，不拖企业后腿。

第二，要进一步完善对重组集团的授权经营和监管方式。重组方案明确市国资委代表市政府依法对重组集团履行国有资产出资人职责，"按照国有资产经营管理的有关政策法规，对国有资产经营情况进行监管，制定经营业绩目标责任，组织考核评价，负责确定公司负责人薪酬"。[2] 这里涉及授权方式、监管方式、目标责任、考核评价等。这些都应该有细化的配套政策。

第三，探索组建国有资本运营公司的思路。产业公司不是重组合并的唯一选择，应因

---

① 见武办文〔2020〕31号《关于重组武汉商贸集团有限公司的实施方案》。
② 见武办文〔2020〕31号《关于重组武汉商贸集团有限公司的实施方案》。

企施策，条件成熟的可以组建国有资本运营公司。组建国有资本运营公司可以从理论和实践上解决目前重组中遇到的一些难题：（1）有利于增加新的融资渠道，以市场运作方式化解企业间相互羁绊的产权关系。虽然当下国企融资的环境是宽松的，但也有很多高压线过不去。国企的贷款、融资规模是一定的，很难有大的突破。如果将现有的若干集团的股权授予国有资本运营公司管理，可以在国有资产总量不变的情况下，合规打通融资的新途径，使融资规模大幅度扩大。当年，我们成立武汉国有资产经营公司时，就是将全市24家股份公司的国家股授予该公司管理经营，他们正是利用这些股权进行融资，开展资本营运的。用这样的方式会使国有资本的空间倍增，可以用市场解决行政重组中的产权纠缠难题。（2）有利于打破行业界限，更加灵活自主地服务市政府的战略目标。在国有资本营运公司体系架构中，原产业公司的功能不变，仍然按照原来设计的思路在各自的行业领域大显身手；而国有资本营运公司则可以根据市场需要和政府要求，发起各类产业基金，利用社会资本，运用市场的力量推动相关产业的发展。如市政府"十四五"时期五个中心的打造涉及各行各业，需要众多的人才支持，需要庞大的资金支持，还需要各类的风险投资机构和风险投资基金的支撑，这类经营活动往往不适宜产业集团，而以资本运作为特点的营运公司则如鱼得水，应成为市场上的生力军。（3）有利于完善三个层次的国有资产管理体制，夯实"管资本为主"的职责任务。十八届三中全会决定明确提出："改革国有资本授权经营体制，组建若干国有资本运营公司，支持有条件的国有企业改组为国有资本投资公司。"需要指出的是，国有资本运营公司或投资公司与产业公司是性质不同的公司，前者是以资本形态运作的公司，后者是产业形态运作的公司，在国资委—运营公司—权属企业的三层次国有资产管理体制中，前者为第二层次，后者为第三层次。即由国资委以管资本方式管国有资本运营公司，运营公司则以股权的方式管权属企业（包括产业集团）。

十八届三中全会决定提出"以管资本为主加强国有资产监管"。这既是对各级国资委职责的定位，也是对国企管理思路的调整。实现以管资本为主的转变，其前提是完善三个层次的国有资产管理体制。首先，国资委以股东的身份管国有资本运营公司（投资），管股权变动，管资本收益，管公司重大事项的决策，同时受上级党委的委托，管党的工作。其次，国有资本运营公司（投资）主要履行投资人的职责，开展各类投资，并依照投资比例，对企业进行管理。最后，国有权属企业原则上不设国有独资公司，在现代企业制度的框架下独立自主运作。这样的管理体制，既保证了政企的分开，又可以通过资本运营，成为宏观调控的重要工具。

综上所述，组建国有资本运营公司（投资），既是中央的战略决策，也是实现国有资本管理的关键一环。同时它还可以解决目前重组中的种种难题，调动社会资本为我市五个中心的打造服务，具有一举数得之效，是国资管理改革的必由之路。

2. 关于外部董事制度

（1）外部董事制度的产生

20世纪初，美国首次出现外部董事制度。在董事会决策失控及股东会表决逐渐走向形式化的双重危机下，为解决公司"内部人控制"问题，维护小股东及公司整体利益，外部董事制度随之产生。20世纪60年代左右，英美法系国家逐步通过实行外部董事制度，使得公司治理模式得到改善，实现了企业运行效率的极大提高，自90年代起被其他国家所借鉴。

自 20 世纪 90 年代初起，中国国有企业逐步开始改革，以建立现代企业制度为目标，探索符合我国国情的企业运行模式，并由此逐步形成以董事会为中心的现代化企业治理结构。进入千禧年后，为了更好地规范董事会建设试点工作，进一步加强和完善董事会治理体系，独立董事制度被引入国企当中。随后，国资委向国务院提出在国有大型企业建立国有独资公司和完善董事会试点工作，得到了国务院的同意。2004 年 6 月 7 日，国务院国资委发布《关于中央企业构建和改善国有企业董事会试点工作的通知》，自此我国外部董事制度被正式确立。12 月 22 日，国资委明确规定了董事会试点企业关于外部董事的聘用条件、任职规则、权利义务行使规则、考核与评价机制。这项制度的确立，意味着外部董事制度的地位得到很大程度地提高，是国有企业董事会治理结构改革的一项重大突破。

2005 年 4 月，国务院在关于国有企业董事会建设中明确规定要"以建立健全国有大公司董事会为重点，抓紧健全法人治理结构、外部董事和派出监事会制度"。同年 10 月，国资委开始正式启动规范董事会试点工作，以宝钢集团为代表开启了正式试点工作。2005 年 12 月，国资委开始尝试由外部董事担任董事长的模式，强化外部董事主体地位，主要从已退休人员中返聘回国有企业担任外部董事。2006—2011 年，国务院国资委先后挑选了三批国有企业作为完善董事会结构的试点企业。国有企业董事会改革的试点工作从 2005 年 6 月的 11 家企业，截至 2011 年年底已经拓展为 42 家，至此，试点工作的国有企业在由国资委监管下的 118 家中央企业中占比达到 34%，外部董事制度的发展取得了较大进展。截至 2021 年，中央企业在集团层面实现董事会应建尽建，其中 82 家建立了外部董事占多数的董事会，96.9%符合条件的子企业建立了董事会，其中 78.8%的子企业实现外部董事占多数。

"十三五"期间，国务院国资委加大改革力度，国有企业董事会结构得到较大改善。2016 年 7 月，国资委下发修订后的《中央企业外部董事及董事评价暂行办法》，修订后的评价暂行办法增加了关于外部董事的特别规定，确定了外部董事的评价规则。2019 年 3 月，国资委第 4 次会议审议通过《关于加强中央企业外部董事履职支撑服务的工作方案》，健全了国资监管机构与中央企业外部董事之间的联动工作机制，双向联动工作机制使得外部董事履职积极性大幅提高，对企业也拥有愈加强烈的归属感。在中国国有企业董事会治理过程中，国有企业逐步实现了从"管理模式"到"治理模式"的转变，外部董事制度的逐步推进对于促进国有企业的发展起到了较大的作用。

在国务院国资委的影响下，全国各地方国有企业也逐渐采用了外部董事制度，湖北省国资委与武汉市国资委也于 2014 年及 2019 年先后出台了《湖北省国资委出资企业外部董事管理暂行办法(试行)》《武汉市市属国有企业外部董事管理暂行办法》以及一系列配套文件。然而尽管外部董事制度经过了多年发展，在有些方面仍存在不尽合理的地方和缺陷。

(2)外部董事制度存在的问题及原因

由于各地对外部董事的认识不同，产生的结果也不尽相同。我们曾非正式地与武汉市若干位外部董事进行过交谈，感到外部董事们对现状基本不满意。从目前来看，外部董事只具有象征性意义，对国有企业董事会建设无法起到积极作用。

主要问题有以下几个方面：

一是外部董事的身份定位不准。关于公司董事,大概有几种类别:执行董事、非执行董事、独立董事等,所谓外部董事,就是非本公司职员的董事,与非执行董事、独立董事相同。外部董事制度本意在于避免董事成员与经理人员的身份重叠和角色冲突,保证董事会独立于管理层进行公司决策和价值判断,更好地维护股东和公司利益。为此,在董事会的设计中,外部董事需要达到一半以上。但是,武汉的外部董事在企业董事会中只有1~2名的份额,占少数,而且,外部董事不应在公司上班,以独立于公司管理层,而武汉的外部董事像执行董事一样在公司上班,并未实现身份的独立。

二是选聘制度有待完善。外部董事的选聘机构一般是公司董事会,国有公司的出资人为国资委,通常应该由国资委选聘,但武汉国有企业的外部董事则是由市委组织部选定。例如,某公司的外部董事来源于国有公司的原负责人和年近58岁的企业高管,他们是市管的正局或副局干部。虽然他们都在企业治理方面有着丰富经验,也有较强的管理能力,但如何充分发挥他们的作用以及如何加强对他们的管理至今没有提到议事日程。我们知道,国外的外部董事都是公司董事会在市场上选聘的,外部董事在业内有较高的声誉,他们的行为方式受到市场的制约。而我们的外部董事大部分由退居二线的企业干部组成,多被作为一种养老的过渡方式,他们基本的心态是"不求有功但求无过"。在管理方面,他们成了一块无人负责的地带。

三是管理制度存在缺陷。为了强化董事决策的责任,现在有一项终身追责的制度,凡是企业决策经实践检验是失败的,无论事后多长时间,对参与投票决策的人都要进行追究。有一位担任外部董事的人曾经介绍他参与董事会投票的心理轨迹:在表决中他常常选择投弃权票,因为担心终身追责,不愿意投赞成票;因为公司党委会必须置于董事会之前开,既然党委会已经通过,也不便投反对票,故多选择弃权票。从某种意义上看,这种管理制度导致了外部董事制度的名存实亡。

四是缺乏合理的考核与激励约束制度。当前,国有企业外部董事的薪酬是由国资委统一发放,这样做是为了确保外部董事在履行职权时保持其独立性,与企业之间不产生任何经济上的往来,能不受制于任职企业,充分发挥董事作用。但这样一来,也导致外部董事自身的利益没能与企业的利益挂钩,自身的归属感、融入感的欠缺,使得行使职权的动力不足。

武汉外部董事的薪酬是一个固定的标准,尽管国资委针对董事有很多考核指标,但这些指标并不与薪酬挂钩,外部董事的工作能力、敬业精神与薪酬无关。外部董事在既无激励也无约束的制度下履职,是不可能达到预定目标的。

(3)外部董事制度完善建议

为了解决以上这些问题,需要完善以下几个方面的工作:

一是明确选聘外部董事的主体。应该明确选聘外部董事的原则:谁出资谁选聘、谁选聘谁负责。外部董事不能作为党政干部管理,组织部应该把选聘权归还国资委,保证国资委全面行使国有资本管理的职能。

二是扩大外部董事的来源,丰富人才类别。外部董事不能成为企业合并重组中安排富余人员和临近退休人员的收容所。在外部董事选聘方面,应吸纳各类优秀人才,从而在企业经营决策上能够与内部董事形成优势互补,使国有企业董事会结构得到完善。结合这一目标，国资委要建立企业董事人才库，对外部董事来源进行拓宽。常态化的开展外部董事选聘工作，结合企业情况进行董事人才选配，能够推动企业董事队伍的建设，为企业科学战略决策制定提供保障。在实践工作中，确保董事信息得到保护的同时，应建立外部董事档案，通过业绩公开和评价为国有企业选聘董事提供参考。

三是加强外部董事任职管理体系构建。(1)要保证每一个董事会中外部董事的人数占多数，保证董事会的独立性、科学性不受公司"内部人"左右。(2)外部董事可在 2~3 家公司同时担任非执行董事，不长期在一个企业上班，避免成为"内部人"。(3)严格外部董事制度考核方式与评价标准，规范外部董事权责体系，确保外部董事能够真正做到参与企业内部治理环节，为监管职能发挥奠定扎实基础。在外部董事业绩考评方面，应制定详细工作细则，从公司治理、资产监管、发展建议提出等各方面设立量化分析指标，使董事业绩得到全面、科学评估，为外部董事续聘或更换提供依据。

四是建立合理有效的薪酬激励约束机制。将评估结果与薪酬分配制度结合在一起，采取短期和长期相结合的激励方式，能够促使外部董事在任期内认真开展工作，对所做的决策负责。在短期管理中，可以根据季度考核评估结果采取评价公示、季度奖金发放等方式加强激励，使表现优异的董事能够获得荣誉和一定物质激励，使表现不佳的董事得到相应处罚。对因为制定错误决策而导致企业受到严重损失的，应采取组织处理等措施进行责任追究，以促使外部董事严格按照要求行使职权。从长期激励角度来看，可以根据年度考评结果给予股权期权等奖励，吸引优秀人才主动担任企业外部董事，成为推动国有企业改革发展的重要力量。

3. 关于混合所有制改革

十八届三中全会指出，混合所有制经济是基本经济制度的重要实现形式。2020 年 6 月出台的《国企改革三年行动方案（2020—2022 年）》为今后的混合所有制改革工作指明了方向。武汉作为第二批国企综合改革试验区城市之一，今后对于混改的工作，要进一步解放思想，营造宽松的软环境。不仅要重视"混"的力度，更要兼顾"改"的效果。让各类企业深度融合，产生"1+1>2"的效果。目前，不少企业领导对混改工作的推进心有余悸，主要是对混合所有制改革的认识不清。

第一，不清楚混改的目的。中央决定对混改的目的有清晰的表述："积极发展混合所有制经济。……有利于国有资本放大功能、保值增值、提高竞争力，有利于各种所有制资本取长补短、相互促进、共同发展。"但是，很多国企领导者和政府相关部门领导者把这个表述误读了，将"有利于国有资本放大功能"联想成增强国有控制力，以为混改就是要增强国有控制力。因此，凡是混改都强调国有控股。其实，放大功能和增强控制力是两个不同的概念。放大国有资本功能是指在市场中的作用扩大，如 100 万国有资本只能干 100 万的事情，如果混改后变成 200 万、300 万，其作用、功能就会相应扩大 2~3 倍，甚至更多。控制力不是合力，而是绝对的指挥力、调度力、影响力，如果强调控制力，混改就可能变成新一轮的"公私合营"运动。众所周知，国企的盈利能力一直低于民企，放大国有资本功能最好的办法不是由国有控股，而是由民企操盘。只有这样才能实现"有利于各种所有制资本取长补短、相互促进、共同发展"的混改目标。在国有控股或由国有控制的混合所有制企业中，民营资本之所长显然是难以发挥的，这是由国有体制和国企制度决定的。

第二，不清楚混改的原则。混改是为了实现双赢，而不是零和游戏。但是在许多国企和政府人员的潜意识中却总有国有优先或国有例外的观点。无视公平公正、按股行权的混改基本原则。这种现象主要表现在以下几个方面：一是在资产评估中的不公。民企的资产总要压低一点，国企的资产总要抬高一点，尤其是在当前的政治和市场气候下，多是民企主动找国企合资，国企处于明显的优势地位，谈判一般不会很平等。二是企业章程制定的不公。《公司法》对公司具有一般的指导作用，但是真正对公司有约束作用的是公司章程。章程可以不完全按照《公司法》制定，而是由双方协商制定，这样给了国企以大欺小、以强欺弱的规章依据。三是股权行使的不公。关于对公司的控股，有三个不同的概念：67%、51%和第一大股。按照《公司法》规定，真正对公司有绝对控制权的需要占有67%的股份，因为若干重大事项须经2/3股权表决通过才能生效，因此，除章程另有规定外，67%的股份可以控制公司一切决定；而51%的股权虽然具有控股地位，可以控制企业的大多数事项，但不能决定一切；第一大股东有较大的话语权，实际影响则根据占股比例的多少而定。但是，我们看到很多例外的情况，在国有是小股东时，通过章程可以限制民营行使控股的权力，而一旦国有作为第一大股东，不仅要合并企业报表，甚至还要纳入国企管理体系，混合企业的"三重一大"必须按国企规定的决策制度实行。这种行为与"所有制中立"精神是背道而驰的。混改必须坚持按股行权、各类股权平等的原则。

第三，不清楚巡查的重点。近年来，全国各地都开展了对国有企业的巡查工作，这对促进国企改革和规范国企管理是十分有意义的。从党的十八大以来，各地国资委积极响应中央号召，都把国有企业改革的重点放在混合所有制的改造上，可是五年过去了，混改的进展不大，这与对国企巡查的重点不清楚有关。巡查的目的是检查国企对政府和中央的政策和目标的完成情况，因此，国企是否开展了混合所有制改革应该是巡查的重点之一，但是，在实际操作中，混改往往成为巡查国有资产流失的重点。在许多巡查工作者看来，国企与国企之间的交往虽然也有利益之分，但都在一个大锅里，而国企与民企之间的交往则是国与民的关系、公与私的关系，凡有交易，锱铢必较，秋毫之末，一查到底。因此，这是一件非常矛盾的事情：同是中央的要求，一方面要求国企加大混改力度；另一方面又加大了查处混改的力度。两个互相抵触的工作放在同一个时点，只能产生两个结果，一是混改停滞不前，二是混改变形走样。

加快推进国有企业混合所有制改革的关键是解放思想、转变观念，采取有效的措施。首先，市委正式出台大力推进混改的文件，以正视听，为混改撑腰，为混改护航。其次，规范混改的政策、制度和程序，使混改有规可循。当然，这些政策、制度和程序不能太复杂，应以规范、简化为原则，以促进混改为宗旨。最后，对各级国企下达混改硬性指标。从调研的情况来看，有些企业负责人认为虽然中央对混改很重视，但是到地方后，却不了了之，市国资委对于混改的推进也没有直接的考核。既然混改没有硬性要求，加上混改的大环境也不好，谁还有积极性去探索混改呢？武汉在2000—2006年曾开展过大规模国企改革运动，取得了很好的成绩，我们相信将那些行之有效的做法用于混改工作中，一定可以在武汉掀起混改的高潮。

武汉市民营企业发展报告（2021）[①]

　　民营经济是社会主义市场经济的重要组成部分，也是稳定就业和推进技术创新的重要主体，国家税收的重要来源，经济持续健康发展的重要力量，企业家成长的重要平台。当前，受新冠肺炎疫情和俄乌战争影响，国内外经济形势更趋复杂严峻，存在很多不稳定性、不确定性、不安全性因素，经济全球化遭遇逆流，世界进入新的动荡变革期。从外部形势看，全球通胀、供应链短缺、国际局势等问题短期内难以完全解决，经济复苏和增长仍面临不确定性。从内部形势看，我国经济发展面临需求收缩、供给冲击、预期转弱等压力。在这一背景下，应牢牢坚持"两个毫不动摇"[②]，推动民营企业在稳增长和稳就业方面发挥重要作用。

　　本报告共分为四个部分：第一部分是武汉市民营企业基本情况。该部分从民营企业总量规模、结构分布、营收、利润、纳税、吸纳就业、创新、融资情况及入围榜单等方面梳理了武汉市民营企业基本情况：（1）从总量上看，民营经济增加值占 GDP 的比重四成以上，民营经济主体占武汉市市场主体总数的 96.18%。（2）从结构上看，民营企业的产业布局还有待优化。2020 年武汉市百强民营企业主要集中于服务业及综合类、制造业、建筑业等行业，产业分布中第二产业比重较大，产业优化升级还应继续加强。（3）就业方面，民营企业仍是吸纳就业的主力军，2020 年民营经济主体从业人数为 248.15 万人，占全市总就业人数的 41.1%。（4）创新方面取得的进步为武汉建设具有全国影响力的科技创新中心，创造热带雨林式创新生态奠定了坚实的基础：2020 年武汉市规模以上私营高新技术企业无论是企业数、从业人员还是总产值都呈现上升趋势，规模以上私营工业企业科技活动同比均有增加。（5）政府对民营企业融资的支持力度较大，采取"政府搭台、银企对接、政策引导、市场运作"方式，提高企业生存和发展能力，加快推动武汉疫后重振。

　　第二部分是武汉市与七市民营企业发展的比较。该部分主要从企业规模、商业模式、民营上市企业、物流竞争力、营商环境、高科技高成长公司等方面，将武汉市民营企业与深圳、广州、成都、杭州、长沙、郑州和合肥七市进行比较分析。通过比较发现：武汉市

---

　　① 本报告由北京德成经济研究院甘德安教授负责提供研究思路，北京德成经济研究院孙丽副教授与江汉大学商学院李丹青副教授撰写，甘德安教授负责补充、完善。

　　② 两个毫不动摇：毫不动摇巩固和发展公有制经济，毫不动摇鼓励、支持、引导非公有制经济发展，保证各种所有制经济依法平等使用生产要素、公平参与市场竞争、同等受到法律保护。

民营经济总量规模较小、占比较低；大型民营企业规模还有待提升；商业模式创新不断涌现，但独角兽企业数量偏少；民营上市企业数量少、规模小；武汉市物流竞争力较强；武汉民营企业营商环境持续优化；高科技高成长公司发展势头良好。

第三部分是"十三五"期间，武汉民营企业发展的回顾与反思。"十三五"期间武汉民营企业规模在扩大、数量在增加，但规模扩大有限，数量增加有限；武汉民营企业运行成本高企不下；创新投入强度及创新活力均不足；民营经济三次产业结构比例与 GDP 产业结构比例不协调，第二产业比重过大，第三产业占比过小；创新商业模式取得一定的成绩，但在商业模式创新大潮中，逐步停滞不前；民营企业融资难、融资贵与融资慢的问题没有好转；营商环境在不断优化，但优化的步伐比较缓慢；民营企业引进和吸纳的高素质专业人才占全市高层次人才的比重较小。在指出问题的基础上，该部分对武汉民营企业发展不足的原因进行了反思：核心问题是制度问题，其次是营商环境问题，此外还有政府政策向国企倾斜的问题，武汉经济发展的历史文化路径依赖问题等；当然也包括武汉民企自身治理、管理及企业主自身素质问题。

第四部分是稳经济政策下的武汉民营企业发展的对策建议。该部分在分析 2020 年疫情对经济社会带来的冲击基础上，提出稳经济政策下武汉市民营企业发展的思路：包括大力落实国务院 10 万干部大会战略；帮助民营企业应对疫情转危为机；大力推行民企参与国企战略；大力推进数字化战略；引导民营企业走专精特新之路；借助金融创新发展新民营经济；进一步改善营商环境等。

一、武汉市民营企业基本情况

2020 年武汉市民营经济在国际市场波动、疫情零星散发、房地产风险加大等经济下行压力下，聚精会神抓好自身发展，不断提高核心竞争力，民营经济发展在小幅波动中呈现上升之势。2020 年武汉市民营经济增加值 6294.31 亿元，占武汉市生产总值的 40.3%；2020 年年末武汉市市场主体 141.32 万户，比上年增长 8.6%，全年新登记市场主体 18.65 万户。民营经济主体 135.92 万户，同比增长 8.57%，新增民营经济主体 15.32 万户。民营经济主体占武汉市市场主体总数的 96.18%。由此可见，民营经济成为促进市场主体增长的绝对主力，说明武汉民营企业发展的活力增强，是武汉经济发展中最活跃的力量。

（一）民营企业总量规模情况

1. 民营经济增加值占 GDP 比重超四成

由表 2.2.1 可知，2020 年武汉市民营经济增加值 6294.31 亿元，同比减少 9.61%；2020 年武汉市民营经济增加值占武汉市生产总值的 40.3%；2016—2019 年此比重呈 U 形发展，先有小幅度下降后上升，基本稳定在 42% 左右，2020 年有所下降。

表 2.2.1　　　　　　**2016—2020 年武汉市民营经济增加值及占比情况**

年份	民营经济增加值（亿元）	同比增长（%）	占 GDP 比重（%）
2016	5070.60	8.89	42.5
2017	5614.25	14.56	41.5
2018	6370.17	13.46	42.7
2019	6963.61	9.32	42.9
2020	6294.31	-9.61	40.3

（数据来源：湖北省统计年鉴）

由图 2.2.1 可知，2016—2019 年武汉市民营经济增加值持续上升，但增长率有所下降；2020 年武汉市民营经济增加值有一定幅度下降，同比减少 9.61%。

图 2.2.1　2016—2020 年武汉市民营经济增加值及同比增长情况

（数据来源：湖北省统计年鉴）

2. 民营经济主体占比超过 96%

由表 2.2.2 可知，2020 年年末武汉市市场主体 141.32 万户，比上年增长 8.6%，全年新登记市场主体 18.65 万户。民营经济主体 135.92 万户，同比增长 8.57%，新增民营经济主体 15.32 万户。其中，私营企业约 56.12 万户，同比增长 9.6%，新增私营企业4.87 万户；个体工商户 79.8 万户，同比增长 7.69%，新增个体工商户 9.15 万户。民营经济主体占武汉市市场主体总数的 96.18%。

表 2.2.2　　　　　　　**2016—2020 年武汉市民营经济主体及占比情况**

年份	民营经济主体 （万户）	同比增长率 （%）	新增民营经济主体 （万户）	民营经济主体占市场 主体之比(%)
2016	94.51	13.31	11.1	95.67
2017	103.43	9.44	8.92	96.52
2018	112.7	8.96	9.27	96.65
2019	125.19	11.08	12.49	96.2
2020	135.92	8.57	15.32	96.18

（数据来源：武汉市工商行政管理局政务公开信息及武汉市国民经济和社会发展统计公报）

由图 2.2.2 可以看出，2016—2019 年，武汉市民营经济主体数持续上升，同比增长率呈现 U 字形趋势，新增民营经济主体也是先下降后上升的 U 字形趋势；2020 年同比增长率有所下降。

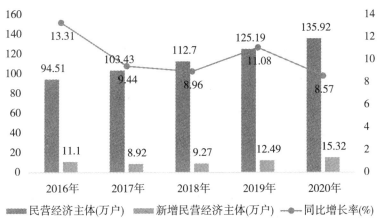

图 2.2.2　2016—2020 年武汉市民营经济主体及新增主体情况

（数据来源：武汉市工商行政管理局政务公开信息及武汉市国民经济和社会发展统计公报）

由图 2.2.3 可知，2016—2020 年，武汉市民营经济主体占市场主体之比小幅度上升，2019 年有小幅度下降，2020 年与 2019 年相比差异不大，平均占比约 96.24%。

由表 2.2.3 可知，2020 年民营经济主体中私营企业约 56.12 万户，同比增长 9.5%，新增私营企业 4.87 万户；个体工商户 79.8 万户，同比增长 7.93%，新增个体工商户 5.86 万户。

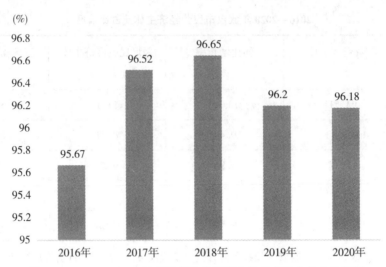

图 2.2.3　2006—2020 年武汉市民营经济主体占市场主体之比情况

（数据来源：武汉市工商行政管理局政务公开信息及武汉市国民经济和社会发展统计公报）

表 2.2.3　　　　　　2016—2010 年武汉市私营企业与个体工商户数量及增幅情况

年份	民营企业 （万户）	同比增长率 （%）	新增民营企业 （万户）	个体工商户 （万户）	同比增长率 （%）	新增个体工商 户（万户）
2016	34.24	20.99	5.94	60.27	9.36	5.16
2017	38.71	13.05	4.47	64.72	7.38	4.45
2018	44.04	13.77	5.33	68.66	6.09	3.94
2019	51.25	16.37	7.21	73.94	7.69	5.28
2020	56.12	9.5	4.87	79.8	7.93	5.86

（数据来源：武汉市工商行政管理局政务公开信息及武汉市国民经济和社会发展统计公报）

　　由图 2.2.4 可知，2016—2019 年，私营企业及个体工商户数量均持续上升，其中私营企业数增长率先下降后上升，2020 年有大幅下降，平均增长率约为 14.74%。2016—2020 年，武汉市个体工商户数量增长率呈下降趋势，平均增长率约为 7.69%。

（二）民营企业结构分布情况

1. 行业分布

　　2021 年武汉市百强民营企业榜单是以 2020 年企业营业收入总额为依据，由市工商联完成。入榜民企集中于服务业及综合类、制造业、建筑业等行业，其中服务业及综合类企业 38 家，占比 38%；制造业企业 34 家，占比 34%；建筑业及房地产企业 28 家，占比 28%。由表 2.2.4 可知，与 2019 年武汉市民营百强企业相比，制造业、服务业及综合类企业数量有所增加，建筑业及房地产业企业数量有所下降。

图 2.2.4　2016—2020 年武汉市私营企业与个体工商户数量及增幅情况

（数据来源：武汉市工商行政管理局政务公开信息及武汉市国民经济和社会发展统计公报）

表 2.2.4　　　　　　　**2016—2020 年武汉市百强民营企业行业分布情况**　　　（单位：个）

行业	2016 年	2017 年	2018 年	2019 年	2020 年
制造业	26	35	33	31	34
建筑业及房地产业	24	28	37	33	28
服务业及综合	50	37	30	36	38

（数据来源：2017—2021 年武汉民营企业 100 强分析报告）

由图 2.2.5 所示，2016—2020 年武汉市百强民营企业中制造业企业呈现先大幅度上升又小幅下降再上升的波浪式发展趋势；建筑业及房地产业企业呈现先上升后又下降的趋势；服务业及综合类企业 2017 年呈现大幅度下降后又小幅度逐渐上升趋势。

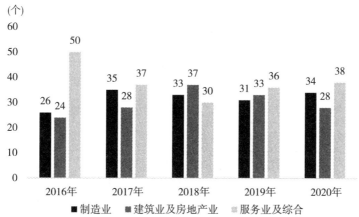

图 2.2.5　2016—2020 年武汉市百强民营企业行业分布情况
（数据来源：2017—2021 年武汉民营企业 100 强分析报告）

2. 产业分布

2021 年武汉市民营企业 100 强榜单显示，榜单中入围企业均为第二和第三产业企业，其中第二产业企业 62 个，第三产业企业 38 个，两产业比例大约为 1.6：1；与 2020 年榜单相比，第二产业比例有所下降。

表 2.2.5　　　**2016—2020 年武汉市百强民营企业产业分布情况**　　　（单位：个）

产业	2016 年	2017 年	2018 年	2019 年	2020 年
第二产业	50	63	70	64	62
第三产业	50	37	30	36	38
两产业比例	1：1	1.7：1	2.3：1	1.8：1	1.6：1

（数据来源：2017—2021 年武汉民营企业 100 强分析报告）

由表 2.2.5 可知，2016—2020 年，武汉市百强民营企业中第二产业企业 2017 年先增长随后两年下降；第三产业企业 2017 年先下降随后两年上升；两产业比例 2017 年先上升随后两年下降。综上可以看出，在武汉市民营企业产业分布中，第二产业比重较大，产业优化升级还应继续加强。

（三）民营企业营收、利润及纳税情况

1. 民营企业百强营收及资产持续上升

作为武汉市民营经济的龙头骨干，百强民营企业在经营生产中持续凸现出良好的抗压能力和发展韧劲。2020 年，受疫情影响，武汉市国民生产总值有所下降，而百强民营企业的营业收入总额依然保持了正增长。由表 2.2.6 可知，榜单中百强民营企业营收总额首次突破万亿元大关，达到 10221.35 亿元，同比增长 6.3%，增长率与 2019 年的增幅（14.78%）相比有大幅度下降；资产总额达到 9663.01 亿元，同比增长 1.51%，增长率与 2019 年的增幅（5.81%）相比有所下降。

表 2.2.6　　　　**2017—2020 年武汉民营企业 100 强营收及资产情况**　　　（单位：亿元）

项目	2017 年	2018 年	2019 年	2020 年	2020 年增幅
营收总额	7077.75	8052.42	9615.56	10221.35	6.30%
资产总额	6918.69	7805.57	9519.28	9663.01	1.51%

（数据来源：2018—2021 年武汉民营企业 100 强分析报告）

从营收规模来看，九州通、卓尔控股两家企业营收总额双双迈上千亿元台阶，23 家企业营收规模超过 100 亿元，18 家企业营收规模在 50 亿~100 亿元，榜单其余 59 家企业营收规模在 50 亿元以下。华大生物、武汉协卓、君与美电子、高德红外等企业营收实现

了翻番及以上增长。这既因为其体量相对较大，规模优势强，有较好的抗风险能力和出色的稳定性，也因为在产业链、供应链上处于核心关键位置，拥有良好的竞争能力和人才、技术及资源优势，还有的抓住了疫情期间抗疫物资急需的商机。与此同时，龙头骨干民营企业积极发挥在区域或行业内的优势，卓尔控股、良品铺子等与小微企业开展供需互动对接活动，畅通产业循环、市场循环，助力疫后经济复苏。

2. 民营百强企业整体利润下滑，制造业逆势大增

2020 年，武汉百强民营企业利润总额为 448.03 亿元，同比增长 30.18%，税后净利润为 362.69 亿元，同比增长 37.14%，两者增幅均为营收总额增幅（14.78%）的 2 倍多，呈现高质量发展特征。其中利润增长的有 67 家，净利润增长的有 66 家，华星光电的利润总额从上年度的 490 万元激增至 6.81 亿元，同比增长近 139 倍。制造业 50 强表现更为抢眼，其利润总额为 104.55 亿元，同比增长 82.12%，税后净利润总额同比增长 83.61%。2021 年，武汉百强民营企业整体利润出现了下滑，而"制造业 50 强"逆势大增，利润总额为 154.93 亿元，同比增长 25.27%，税后净利润总额同比增长 24.79%，两个同比增加率均远超同年营收增长率（6.30%）。

3. 民营企业百强纳税有大幅度下降

由图 2.2.6 可知，2016—2019 年民营企业百强纳税整体呈现上升趋势，但 2020 年大幅度下降。2021 年，民营企业百强纳税总额达到 296.33 亿元，同比减少 19.34%，下降幅度较大，这可能与疫情期间的减税政策有关。但纳税过亿元的企业仍有 51 家，在增长企业财富的同时，也为社会创造了巨大财富。

图 2.2.6　2016—2020 年武汉市民营企业 100 强纳税总额及同比增长率情况

（数据来源：2018—2021 年武汉民营企业 100 强分析报告）

（四）民营经济主体吸纳就业情况

民营企业历来都是吸纳就业的"蓄水池"。在疫情期间，民营企业充分发挥其作用，成为"六稳""六保"的生力军。2021 年，百强民营企业员工总数为 506468 人，比上年度增长 1.12%；"制造业 50 强"员工总数为 139663 人，比上年度增加 5.24%。

由表 2.2.7 可知，2020 年武汉市从业人员总数为 603.79 万人，民营经济主体从业人数为 248.15 万人，占全市总就业人数的 41.1%。2016—2020 年，武汉市民营经济主体从业人数从 224.09 万人增加到 248.15 万人，占比从 40.72% 上升到 41.1%。

表 2.2.7　　　　　　2016—2020 年武汉市民营经济主体从业人数及占比情况

年份	从业总人数（万人）	民营经济主体从业人数（万人）	占比（%）
2016	550.37	224.09	40.72
2017	564.08	228.40	40.49
2018	610.72	246.11	40.30
2019	623.13	259.56	41.65
2020	603.79	248.15	41.10

（数据来源：武汉市统计年鉴）

由图 2.2.7 可知，2016—2020 年，武汉市民营经济主体从业人数持续上涨，2020 年从业人数有所下降。同比增长率也有较大幅度上升，最高增幅为 2018 年的 7.75%；2019 年增长率有小幅度下降，2020 年呈现负增长率，这与疫情有直接关系。

图 2.2.7　2016—2020 年武汉市民营经济主体从业人数及增幅情况
（数据来源：武汉市统计年鉴）

由图 2.2.8 可知，2020 年私营企业从业人员数为 114.23 万人，同比减少 4.2%；个体工商户从业人员数为 133.92 万人，同比减少 4.56%。2016—2020 年，武汉市私营企业与个体工商户从业人员的变化趋势与民营企业整体变化趋势基本一致，从业人数稳步上升，唯 2020 年有所下降。私营企业从业人员的年平均增长率为 3.95%，个体工商户从业人员的年平均增长率为 0.81%。

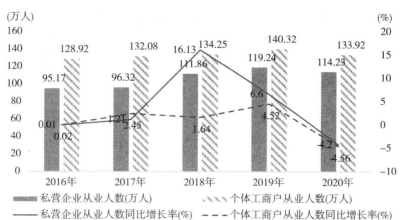

图 2.2.8　2016—2020 年武汉市私营企业与个体工商户从业人数及增幅情况

（数据来源：武汉市统计年鉴）

（五）民营企业创新情况

2021 年武汉市规模以上高新技术产业增加值达到 4786.11 亿元，比 2016 年的 2348.69 亿元增长 203.78%；高新技术产业增加值占 GDP 比重达到 27.39%，比 2016 年增长 7.09 个百分点。2020 年全年规模以上高新技术产业增加值 4023.10 亿元，比上年下降 0.2%，占 GDP 比重 25.8%，比上年提高 0.1 个百分点。全年专利授权量 86379 件，比上年增长 46.60%；发明专利授权量 18553 件，增长 26.49%。每万人发明专利拥有量 60.20 件。PCT 国际专利申请量 1566 件，增长 12.74%。

1. 规模以上高新技术产业私营工业企业主要指标

由表 2.2.8 可知，2020 年武汉市规模以上高新技术产业私营企业总数达到 687 户，同比增长 30.36%；从业人员 7.68 万人，同比增长 21.33%；总产值 1161.39 亿元，同比增长 8.39%，占武汉市规模以上高新技术产业总产值的 12.9%；增加值为 236.8 亿元，同比下降 5.86%，占武汉市规模以上高新技术产业增加值的 12.8%。

表 2.2.8　　**2016—2020 年武汉市规模以上高新技术产业私营企业主要指标**

年份	企业数(户)	从业人员(万人)	总产值(亿元)	增加值(亿元)
2016	195	2.42	552.31	122.61
2017	257	2.91	578.96	128.33
2018	408	4.62	908.74	191.49
2019	527	6.33	1071.31	251.54
2020	687	7.68	1161.19	236.80

（数据来源：武汉市统计年鉴）

由图 2.2.9 可以看出，2016—2020 年武汉市规模以上私营高新技术企业无论是企业数、从业人员还是总产值和增加值都呈现上升趋势，其中增加值在 2020 年有小幅度下降。

具体来说，企业数增长速度从 2018 年开始有所提升，增长率基本稳定在 30% 左右；从业人员平均增长速度较快，2019 年增长率高达 37%，2020 年增长率有所下降；总产值持续上升，但增长速度有所放缓；增加值持续增长，但增幅较小，且 2020 年有下降。

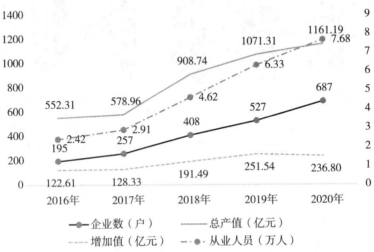

图 2.2.9　2016—2020 年武汉市规模以上高新技术产业私营企业主要指标变化趋势图

（数据来源：武汉市统计年鉴）

2. 规模以上私营工业企业科技活动情况

（1）R&D 活动开展情况

由表 2.2.9 可以看出，2020 年武汉市规模以上私营工业企业有 R&D 活动的企业数为 423 个，同比增长 102.4%，在近五年中增幅最大，占武汉市规模以上工业有 R&D 活动的企业总数的 46.03%，占比持续上升；从事 R&D 的人员数为 8868 人，同比增长 75.57%，在近五年中增幅最大，占武汉市规模以上工业 R&D 人员数的 18.86%，占比持续上升；R&D 经费内部支出为 16.63 亿元，同比增长 73.63%，在近五年中增幅最大，占武汉市规模以上工业企业 R&D 经费内部支出的 8.32%，占比持续上升。

表 2.2.9　　**2016—2020 年武汉市规模以上私营工业企业 R&D 活动开展情况**

年份	R&D 活动企业数（个）	同比增长率（%）	占比（%）	R&D 人员数（人）	同比增长率（%）	占比（%）	R&D 经费内部支出（亿元）	同比增长率（%）	占比（%）
2016	117	53.95	23.68	2597	50.46	7.39	4.65	75.51	3.62
2017	171	46.15	25.95	3659	40.89	9.11	6.09	31.11	4.08
2018	253	47.95	35.73	5420	48.13	11.22	13.48	121.35	7.40
2019	209	17.39	31.71	5051	-6.81	12.23	9.52	-29.38	5.02
2020	423	102.4	46.03	8868	75.57	18.86	16.53	73.63	8.32

（数据来源：武汉市统计年鉴）

从变化趋势来看，2016—2020 年武汉市规模以上私营工业企业 R&D 活动的企业数、人员数及经费内部支出都呈现上升趋势，2019 年出现较大幅度的下降，2020 年又呈现较大幅度上升。其中，2018 年 R&D 经费内部支出同比增长达到 121.35%，2020 年 R&D 活动的企业数同比增长 102.4%。如图 2.2.10 所示。

图 2.2.10　2016—2020 年武汉市规模以上私营工业企业 R&D 活动开展情况

（数据来源：武汉市统计年鉴）

（2）新产品开发及销售情况

由表 2.2.10 可知，2020 年武汉市规模以上私营工业企业新产品开发经费支出为 30.05 亿元，同比增长 32.79%，虽远高于 2019 年的同比增长率，但与 2019 年之前还有较大差距；占武汉市规模以上工业新产品开发经费支出总量的 10.85%，相较于 2019 年 8.6%的占比有所增长，但仍然处于较低水平。新产品销售收入为 140.54 亿元，同比增长 28.09%，虽远高于 2019 年的同比增长率 1.3%，但与 2019 年之前还有一定差距；占武汉市规模以上工业新产品销售收入总量的 7%，占比近几年持续增长，但仍然处于较低水平。

表 2.2.10　**2016—2020 年武汉市规模以上私营工业企业新产品开发及销售情况**

年份	新产品开发经费支出（亿元）	同比增长率（%）	占比①（%）	新产品销售收入（亿元）	同比增长率（%）	占比②（%）
2016	5.47	61.55	3.53	44.4	36.88	3.12
2017	9.6	75.48	5.73	68.42	54.09	3.64
2018	20.68	115.42	9.28	108.31	58.3	5.45
2019	22.63	9.43	8.60	109.72	1.3	5.46
2020	30.05	32.79	10.85	140.54	28.09	7.00

（数据来源：武汉市统计年鉴）

① 是指占武汉市规模以上工业新产品开发经费支出总量之比。

② 是指占武汉市规模以上工业新产品销售收入总量之比。

从变化趋势来看，2016—2020年武汉市规模以上私营工业企业新产品开发经费支出和新产品销售收入呈现逐年上升趋势，同比增长率先呈现上升趋势，2018年达到较高水平之后2019年出现较大幅度下降，2020年有较大提升。如图2.2.11、图2.2.12所示。

图2.2.11　2016—2020年武汉市规模以上私营工业企业新产品开发经费支出情况
（数据来源：武汉市统计年鉴）

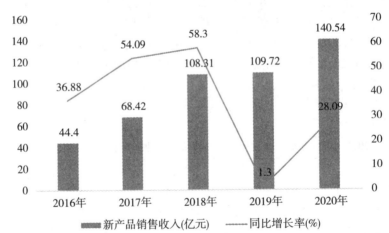

图2.2.12　2016—2020年武汉市规模以上私营工业企业新产品销售收入情况
（数据来源：武汉市统计年鉴）

（3）专利申请数

由表2.2.11可知，2020年武汉市规模以上私营工业企业专利申请数为3384件，同比增长70.22%，是2019年33.6%增长率的2倍多；占武汉市规模以上工业企业专利申请总数的16.68%，占比增长4个百分点，占比呈现逐年上升趋势，2017年已突破10%，2020年突破15%。

表 2.2.11   **2016—2020 年武汉市规模以上私营工业企业专利申请数**

年份	专利申请数(件)	占比①(%)	同比增长率(%)
2016	602	7.06	22.86
2017	975	10.46	61.96
2018	1488	12.7	52.62
2019	1988	12.12	33.6
2020	3384	16.68	70.22

(数据来源:武汉市统计年鉴)

从变化趋势来看,如图 2.2.13 所示,2016—2020 年武汉市规模以上私营工业企业专利申请数从 602 件增长到 3384 件,呈现持续上升趋势,并且同比增长率在 2017 年达到高峰 61.96%之后呈现出下降趋势,2020 年有较大提升。

图 2.2.13   2016—2020 年武汉市规模以上私营工业企业专利申请数

(六)民营企业融资情况

2020 年年末,武汉市金融机构(含外资)本外币存款余额为 33775.87 亿元,比上年增长 8.9%。其中,非金融企业存款 13513.02 亿元;住户存款 11631.53 亿元,增长 12.4%。2020 年年末,武汉市金融机构(含外资)本外币贷款余额为 40825.42 亿元,比上年增长 10.8%。其中,消费贷款 10132.85 亿元,增长 11.2%。金融机构本外币企业贷款 25188.81 亿元,增长 9.7%。截至年末,总部设在武汉的金融机构 31 家,在汉设立或筹建后台服务中心的金融机构 33 家。上市公司 91 家,比上年增加 8 家,其中境外上市公司 20 家,境内上市公司 71 家。

---

①   是指占武汉市规模以上工业专利申请总数的比重。

在 2020 年武汉市金融支持武汉经济社会发展政企银对接会上,湖北省委常委、武汉市委书记王忠林出席会议强调,要认真贯彻落实习近平总书记关于统筹推进疫情防控和经济社会发展的重要讲话精神,全面落实"六稳""六保"要求,采取"政府搭台、银企对接、政策引导、市场运作"方式,更好地尽政府之责、聚金融之力、解企业之难,提高企业生存和发展能力,加快推动武汉疫后重振。截至 2020 年 4 月,武汉市已组建 400 亿元中小微企业纾困专项资金,200 亿元个体工商户纾困专项资金;已为 819 家企业发放贷款 62.7 亿元。在对接会上,相关银行与企业签署信贷支持协议,总金额达 4327.1 亿元。

(七)民营企业入围榜单情况

1. 入围"中国民营企业 500 强"情况

2021 年 9 月,全国工商联发布 2021 中国民营企业 500 强榜单。2020 年,面对复杂严峻的形势和新冠肺炎疫情的严重冲击,民营企业 500 强不断增强企业核心竞争力,主要指标又有新提高。民营企业 500 强入围门槛达 235.01 亿元,比上年增加 32.97 亿元。华为投资控股有限公司以营收 8913.68 亿元,连续六年位居民营企业 500 强榜首。

榜单显示,湖北省 16 家民营企业入围,上榜企业数量居全国第九,继续保持中部第一。但与 2019 年入围 19 家相比,减少 3 家。湖北入围企业营收总额 7096.10 亿元,资产总额 7976.13 亿元。前 100 强中,湖北省两家企业九州通、卓尔控股分列第 65 位、第 71 位,营收均首次破千亿元。

湖北省入围的 16 家企业中有 10 家属于武汉市民营企业,比去年减少 3 家,入围企业名单详见表 2.2.12。由表可知,10 家中国百强民营企业营收全部突破 250 亿大关,其中 3 家超过 500 亿元;超过 1000 亿元的有 2 家,分别是九州通医药集团股份有限公司、卓尔控股有限公司。从行业划分来看,入围企业中,服务及综合类企业 5 家,建筑业 4 家,制造业 1 家。入选的企业行业分布较 2019 年相对集中,但主要集中在传统行业。长期以来,建筑等传统产业一直是武汉的主导产业,在经济转型升级时期,这些产业都遭遇了巨大挑战。九州通、卓尔控股进入榜单前 100 强,其中九州通以营收 1108.5951 亿元居第 65 位,排名比上年下降七位;卓尔控股以营收 1020.8663 亿元居第 71 位,排名比上年下降九位。入围企业中,除了恒信汽车集团、合众人寿保险之外,其他企业排名均有所下降,其中武汉当代科技产业集团排名下降九十六位。

表 2.2.12　　**2021 年武汉市民营企业入围中国民营企业 500 强情况**

排名	企业名称	所属行业	营业收入(亿元)
65	九州通医药集团股份有限公司	批发业	1108.5951
71	卓尔控股有限公司	综合	1020.8663
127	恒信汽车集团股份有限公司	零售业	705.1452
265	山河控股集团有限公司	房屋建筑业	391.3243
344	武汉市金马凯旋家具投资有限公司	综合	309.2297

续表

排名	企业名称	所属行业	营业收入（亿元）
377	新八建设集团有限公司	房屋建筑业	286.4254
386	新七建设集团有限公司	房屋建筑业	281.0571
406	新十建设集团有限公司	房屋建筑业	271.5644
408	武汉当代科技产业集团股份有限公司	医药制造业	211.4402
447	合众人寿保险股份有限公司	保险业	252.2813

（数据来源：根据 2021 年中国民营企业 500 强整理所得）

2. 入围"湖北省民营企业 100 强"情况

2021 年 9 月，2021 年湖北省民营企业百强榜单发布，此榜单以湖北省各民营企业的营业收入为指标进行排序，评选出湖北省实力最强的 100 家民营企业。榜单显示，32 家民营企业营业收入突破百亿元，其中九州通和卓尔控股两家民营企业营业收入突破千亿元大关，营业收入分别为 1108.60 亿元和 1020.87 亿元，这是湖北民营企业首次迈入千亿俱乐部。全省民营企业百强营业收入达 13539.0 亿元，较 2016 年增长 70.1%。从产业结构来看，以摩托罗拉（武汉）移动技术通信有限公司为代表的"光芯屏端网"产业，首次入围10 强，排名第六；制造业继续占据主导地位，共 40 家企业入围，发展势头强劲。近年来，湖北省民营企业 100 强入围门槛逐年增长。2020 年入围门槛达 29.98 亿元，较 2016年增长 66.46%％，总体呈现综合实力明显提升等态势，如图 2.2.14 所示。

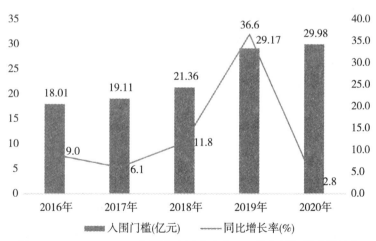

图 2.2.14 2016—2020 年湖北省民营企业 100 强入围门槛及增长率

（数据来源：根据湖北省民营企业 100 强报告整理所得）

从区域分布来看，湖北省 100 强民营企业中，有 65 家位于武汉，即全省接近 2/3 的百强民企集中于省会，上榜数量以绝对优势位居全省第一，凸显了国家中心城市地位，标志着武汉市民营经济发展迈上了新台阶。武汉之外的 35 家百强民营企业中，宜昌市有 7

家企业入围，襄阳市和黄冈市各有 5 家，荆门市有 4 家，黄石市有 3 家，潜江市、孝感市、咸宁市和荆州市四地各有 2 家企业入围。具体分布情况见表 2.2.13。

表 2.2.13　　　　　　　　　　2021 年湖北省民营企业 100 强分布情况

城市名称	企业数量
武汉市	65
宜昌市	7
襄阳市	5
黄冈市	5
荆门市	4
黄石市	3
荆州市	2
孝感市	2
咸宁市	2
潜江市	2
随州市	1
十堰市	1
仙桃市	1

（数据来源：根据湖北省民营企业 100 强报告整理所得）

3. 入围"2020 武汉市民营企业 100 强"情况

2021 年 8 月，由武汉市委统战部、市委宣传部、市经信局、市工商联共同组织，在企业自主申报的基础上，以 2020 年企业营业收入总额为依据，由武汉市工商联完成并发布"2021 武汉民营企业 100 强"榜单。榜单中有 23 家企业 2020 年营收超过 100 亿元，比上年增加 1 家，其中，九州通和卓尔控股已成功站上千亿元台阶。百强民营企业营收总额首次突破万亿元大关，达到 10221.35 亿元，资产总额达到 9663.01 亿元，税收达到296.33 亿元，纳税过亿元的企业有 51 家，在增长企业财富的同时，也为社会创造了巨大财富。2021 年，武汉民企 100 强入围门槛（营收总额）为 16.14 亿元，九州通、卓尔控股与恒信汽车连续四年蝉联三甲。从行业分布看，进入榜单的民营企业集中于服务业及综合类、制造业、建筑业等行业。其中服务业及综合类企业 38 家、制造业企业 34 家、建筑业及房地产企业 28 家。从区域分布看，进入榜单的民营企业呈现相对集中的特征，其中，东湖高新区进入榜单的企业数量最多，达 23 家；新洲区 17 家，其中建筑业类企业达 14家。武汉市发布的民企 100 强榜单，呈现出"整体实力稳步提升，研发投入持续加大，盈利能力有所增强，产业结构不断优化，社会责任担当有为，龙头民营企业发展韧劲强劲"的特点。

二、武汉市与七市民营企业发展的比较

长期以来,武汉民营企业大多属于劳动密集型企业,所从事的行业多为传统产业,企业管理多为家族式管理,主要依赖低工资成本、低环境成本、低资源成本竞争和个体分散竞争,基本处于产业链分工的低端,缺乏核心技术和自主品牌,制约了武汉市经济由粗放型向集约型的转变,也制约了民营经济持续发展壮大和效益的提升。在进行武汉民营企业发展比较时,选取深圳、广州、成都、杭州、长沙、郑州和合肥七个城市。其中,深圳、广州、成都、杭州是与武汉市同属一个层次的副省级城市,但这四大城市 2021 年 GDP 排名都在武汉市前面,① 与这四大城市的对比,更多地看差距;长沙、郑州、合肥是 2021 年中部地区 GDP 过万亿的城市,② 与这三个城市的比较,更多地看被追赶的态势以及武汉在中部地区的地位。

(一)武汉民营经济总量规模较小、占比较低

2020 年,武汉民营经济增加值为 6294.31 亿元,占当年 GDP 的比重为 40.3%,在八市中处于最低水平,见表 2.2.14。

从民营经济增加值的总量来看,武汉市只有 6294.31 亿元,成都、杭州、广州分别达到 8902.8 亿元、9855 亿元、10200.04 亿元;武汉市民营经济增加值约为成都的 70%、杭州的 64%、广州的 62%。

表 2.2.14　　　　**2020 年八市民营经济增加值及其占 GDP 的比重**

城市	2020 年民营经济增加值(亿元)	2020 年 GDP 总量(亿元)	占同期 GDP 比重(%)
深圳③	2509.14 (2019 年第一季度)	5734.03 (2019 年第一季度)	43.76
广州	10200.04	25019.1	40.8
成都	8902.8	17716.7	50.3
杭州	9855	16105.83	61.2
武汉	6294.31	15616.06	40.3
长沙	7857.41	12142.52	64.7
郑州	9506.38	12003	79.2
合肥	5349.7	10045.72	53.3

(数据来源:各市统计公报)

---

①　2021 年 GDP 排名:深圳第三、广州第四、成都第七、杭州第八,武汉第九。

②　长沙、郑州、合肥三个城市 2021 年的 GDP 分别为 13270.7 亿元、12691.02 亿元和 11412.8 亿元,在全国经济百强城市的排名分别为第 15、16 和 19。

③　因找不到深圳 2020 年和 2019 年全年民营经济增加值数据,故使用 2019 年第一季度进行估算。

(二)大型民营企业规模还有待提升

"中国民营企业 500 强"①榜单是了解我国大中型民营企业发展情况的权威渠道。据《2021 年中国民营企业 500 强》显示,2021 年,武汉有 10 个民营企业入围中国民营企业 500 强榜单,数量上远远落后于杭州(36 个)、深圳(29 个)、广州(17 个),但比长沙、合肥、郑州、成都四个城市上榜企业多。

比较地看,武汉市入围中国民营企业 500 强的民企规模还有待提升。从入围企业的总营业收入来看,武汉远远落后于深圳和杭州。武汉市 10 家入围企业的总营业收入为 4897亿元,仅约为深圳(总营业收入为 40014 亿元)的 12.24%、杭州(总营业收入为 29940 亿元)的 16.36%。从入围企业的平均营业收入来看,武汉入围的 10 家企业的平均营业收入为 489.7 亿元,在八市中排名倒数第三,仅高于郑州、合肥入围企业的平均营业收入,见表 2.2.15、图 2.2.15 与图 2.2.16。

表 2.2.15 八市入围 2021 年中国民营企业 500 强情况

城市	入围民营企业 500 强个数	入围企业的营收之和(亿元)	入围企业平均营业收入(亿元)
深圳	29	40014	1379.8
广州	17	9003	529.6
成都	5	4475	895
杭州	36	29940	831.7
武汉	10	4897	489.7
长沙	7	4414	630.61
郑州	4	1752	438
合肥	1	257.6	257.6

(数据来源:2021 年中国民营企业 500 强榜单数据整理)

(三)商业模式创新不断涌现,但独角兽企业数量仍偏少

从民营经济所在行业分布的情况来看,武汉批发零售,租赁和商务服务业,餐饮等传统行业占据了绝大多数,部分采用连锁模式的企业,也是 1 到 N 类型创新模式,颠覆性创新企业罕有。像滴滴出行的共享模式、小米的生态链模式、中粮的产业链模式、腾讯的"社交+"模式、联影医疗和科信美德的核心技术创新模式、爱空间依托互联网技术提升装修行业模式等规模和创新的很少,而上述新经济企业发挥整合效应,迅速成为独角兽或者行业巨头。

---

① "中国民营企业 500 强"是中华全国工商业联合会 2010 年起主办的发布活动,"中国民营企业 500 强"是全国工商联对上规模民营企业调研的基础上,按照年营业收入总额降序排列产生,不是"评选"产生。

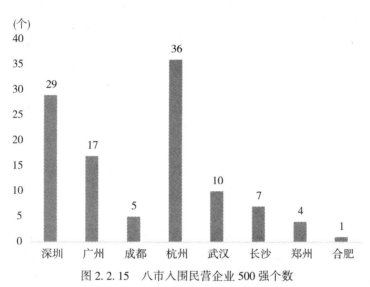

图 2.2.15　八市入围民营企业 500 强个数

（数据来源：2021 年中国民营企业 500 强榜单数据整理）

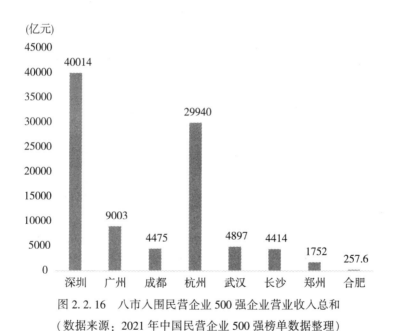

图 2.2.16　八市入围民营企业 500 强企业营业收入总和

（数据来源：2021 年中国民营企业 500 强榜单数据整理）

　　据长城战略咨询发布的《中国独角兽企业研究报告 2021》显示，2020 年中国独角兽①数量达到 251 家，总估值首次超过万亿美元，估值超过（含）100 亿美元的超级独角兽企业

---

　　①　中国独角兽企业标准：（1）在中国境内注册的，具有法人资格的企业；（2）成立时间不超过十年；（3）获得过私募投资，且尚未上市；（4）符合条件（1）（2）（3），且企业估值超过（含）10 亿美元的称为独角兽企业；（5）符合条件（1）（2）（3），且企业估值超过（含）100 亿美元的称为超级独角兽企业。

已达 12 家。武汉共有 3 家互联网"独角兽"企业上榜,按照 2020 年估值排名先后分别是亿伽通(15.5 亿美元)、药帮忙(10 亿美元)、斑马快跑(10 亿美元)。这三家企业中,除了亿伽通是因智能网联生态开放平台和智能化技术上榜,[①] 后两家企业的上榜均离不开新商业模式的加持。

斑马快跑以新能源的低价优势,为用户提供低于市场 20%的服务价格,降低企业运货及用户出行成本。斑马快跑以 B2C 运营模式,改变 C2C 打车软件不安全、不正规的乱象,用斑马纹建立起一个行业内无人能及的品牌壁垒,通过斑马车与斑马司机的统一化管理,为用户提供安全有序的通行服务。斑马快跑 APP 整合巴士、专车、货运等多种出行服务,满足用户多样化出行需求,匹配最佳出行方式。斑马快跑以运营新能源汽车为己任,改变城市空气污染难题,践行经济环保出行生活方式,构建了一个全生态通行平台,为国家带来不可估量的社会效益与环保效益。

药帮忙是小药药自主研发的数字化医药供应链综合服务平台,"药帮忙"依托互联网、大数据、AI 等技术能力,创立"互联网+智慧医药"全新模式,将药企和零售终端直接连接,革除医药流通层层分销的痛点,集药品采购、仓储、销售、物流配送于一体,让药品流通降本增效、基层医药公平可及。目前,"药帮忙"已在全国范围内建成智能化仓储体系,搭建起一整套药品全流程可追溯、可监控的供应链物流管理系统。在上游,"药帮忙"已与辉瑞、罗氏、华润三九、国药集团、云南白药等知名药企达成合作,形成品类齐全、质量放心和价格经济的药品储备。在下游,"药帮忙"供应链接通终端药店和诊所,向基层输出可用于药店进销存、会员管理、营销的智能化管理系统,配合"7 * 24 小时专业服务实时购买""一站式采购闪电配送"高效物流,让偏远地区也能享受和一二线城市同等的优质健康服务。小药药为基层健康构建起数字化健康防护网,也推动医药产业加快数字化升级。

从独角兽企业数量的比较来看,2020 年武汉市独角兽企业数量仅有 3 家,数量上远落后于深圳、杭州和广州。疫情暴发前的 2019 年,武汉市独角兽企业有 4 家,分别是斑马快跑、安翰、卷皮和药帮忙。2020 年,武汉独角兽企业数量出现下滑,既有疫情等因素影响,也与武汉市整体创新创业环境、经济活力等相关。

从潜在独角兽企业[②]来看,截至 2020 年年底,武汉市潜在独角兽企业达到 10 家,在全国排名第 9,与 2019 年相比,武汉潜在独角兽逆势猛增 6 家。与武汉现有独角兽企业数量相比,武汉潜在独角兽企业数量明显更多,见表 2.2.16 与图 2.2.17。

---

① 亿咖通科技是一家领先的汽车智能化科技公司,由中国知名汽车企业家李书福先生与沈子瑜先生于 2016 年共同创立,并在杭州、北京、上海、武汉、大连及瑞典哥德堡设立了分支机构和研发中心。亿咖通致力于持续打造行业领先的智能网联生态开放平台,全面为车企赋能,创造更智能、更安全的出行体验。

② "潜在独角兽"的评价标准则主要包括成立 5 年以内、估值达 1 亿美元的企业;成立 5 年以上,估值在 5 亿美元以上、10 亿美元以下的企业。

表 2.2.16   **2020 年八市独角兽企业和潜在独角兽企业数量比较**

城市	独角兽企业个数	潜在独角兽企业个数
深圳	32	32
广州	10	20
成都	5	11
杭州	22	37
武汉	3	10
长沙	3	3
郑州	1	0
合肥	0	9

（数据来源：长城战略咨询发布的《中国独角兽企业研究报告 2021》）

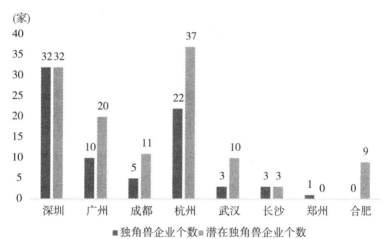

图 2.2.17   2020 年八市独角兽企业和潜在独角兽企业数量比较

（数据来源：长城战略咨询发布的《中国独角兽企业研究报告 2021》）

　　然而，武汉潜在独角兽企业数量与深圳、广州和杭州相比，距离还比较远，拥有较大的追赶空间。武汉市潜在独角兽企业数据量仅在中部城市中具有一定的优势，见表 2.2.17。

表 2.2.17   **2020 年武汉潜在独角兽企业名单**

序号	企业简称	赛道	成立时间	国内排序
1	Today 便利店	新零售	2014	146
2	纽福斯 *	数字医疗	2016	225

续表

序号	企业简称	赛道	成立时间	国内排序
3	敏芯半导体	集成电路	2017	237
4	食享会	新零售	2018	271
5	库伯特*	机器人	2016	311
6	聚芯微电子*	集成电路	2016	318
7	果派联合	数字文娱	2016	351
8	有戏电影酒店*	旅游体育	2017	364
9	华大吉诺因*	数字医疗	2017	375
10	武汉蔚能*	新能源与智能汽车	2020	398

注：*标注的为 2020 年新晋潜在独角兽企业。
（数据来源：长城战略咨询发布的《中国独角兽企业研究报告 2021》）

（四）民营上市企业数量少、规模小

民营企业上市情况是一个地区民营经济综合实力的具体体现，也是衡量地方民营经济发展质量和水平的重要标尺。尽管武汉市多次出台促进企业上市的政策，但总体而言，目前武汉上市企业，特别是民营上市企业呈现出数量较少、规模较小的特点。

从八市民营上市企业的对比来看，截至 2021 年年底，武汉市民营上市企业 43 家，远远落后于深圳（250 家）和杭州（145 家），也明显少于广州（73 家）和成都（62 家）；武汉市民营上市企业数量，高于中部的长沙、郑州和合肥，见表 2.2.18 和图 2.2.18 与图 2.2.19。

表 2.2.18　　　　截至 2021 年底八市民营上市企业数量及市值的对比

城市	民营上市企业数量	民营上市企业总市值（亿元）	上市企业总数量	上市企业总市值（亿元）	民营上市企业数量占比	民营上市企业市值占比
深圳	250	40390.4	372	91656.91	67.20%	44.07%
广州	73	9463.95	131	22513.99	55.73%	42.04%
成都	62	7531.96	98	14256.6	63.27%	52.83%
杭州	145	20717.56	194	33502.74	74.74%	61.84%
武汉	43	4781.73	71	8455.74	60.56%	56.55%
长沙	35	6133.01	65	11663.68	53.85%	52.58%
郑州	16	1436.02	27	2474.91	59.26%	58.02%
合肥	37	6260.48	65	10238.16	56.92%	61.15%

（数据来源：Wind 数据库）

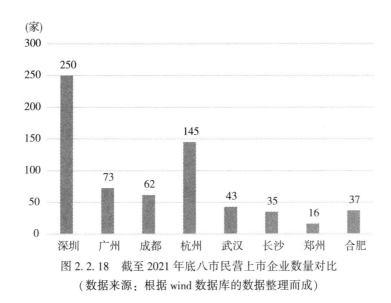

图 2.2.18　截至 2021 年底八市民营上市企业数量对比
（数据来源：根据 wind 数据库的数据整理而成）

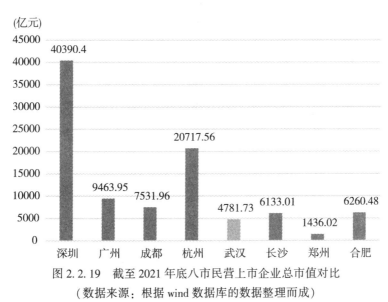

图 2.2.19　截至 2021 年底八市民营上市企业总市值对比
（数据来源：根据 wind 数据库的数据整理而成）

从截至 2021 年年底八市民营上市企业总市值的对比来看，武汉市 43 家民营上市企业总市值为 4781.73 亿元，在八市中仅高于郑州（1436.02 亿元），不仅远远落后于深圳、杭州、广州和成都，也落后于中部的长沙和合肥。武汉市民营上市公司的总市值分别约为深圳的 1/8，杭州的 1/4、广州的 1/2。

（五）武汉市物流竞争力较强

2020 年 12 月 18 日，武汉市委十三届十次全体会议审议通过的《中共武汉市委关于制定全市国民经济和社会发展第十四个五年规划和二〇三五年远景目标的建议》指出，要加快将武汉打造成"五个中心"，其中之一是商贸物流中心。2021 年 2 月 28 日，武汉市人民政府《关于加快打造"五个中心"建设现代化大武汉的实施意见(2021—2025 年)》进一步明确了武汉建设国家商贸物流中心的主要目标:围绕构建新发展格局重要枢纽,以汉口北武汉国际贸易城为核心载体,加快建设国家商贸物流中心。

2021 年 4 月 22 日,中共武汉市委办公厅,武汉市人民政府办公厅印发的《武汉市打造国家商贸物流中心实施方案(2021—2025 年)》明确指出,要坚持新发展理念,以高质量发展为主题,加快建设国际性综合交通枢纽、国家物流枢纽、国家贸易枢纽和国际消费中心城市"三枢纽一中心",畅通国内国际商贸物流大通道,到 2025 年,基本建成服务全国、辐射亚太、链接全球的国家商贸物流中心,重现"货到汉口活""货经汉口活"。

当前,武汉较好的物流网络基础为实现"三枢纽一中心"的宏大目标提供了条件。武汉是国家确定的全国性物流节点、长江中游航运中心,是全国仅有的 3 个(另 2 个为南京、重庆)集陆港型、港口型、空港型、生产服务型、商贸服务型于一体的"五型"国家物流枢纽承载城市,地处国家综合立体交通网两大主轴交汇处,位居中国区域物流格局"五极钻石结构"中心,并于 2020 年获批建设港口型国家物流枢纽,2021 年获批交通强国建设试点,在全国物流枢纽发展格局中具有重要地位。

据同济大学中国交通研究院等对全国 302 个地级及以上城市的物流竞争力进行的量化评价结果,武汉市物流竞争力得分为 40.45,在全国排名第 7,在八市中仅次于深圳和广州,见表 2.2.19。

表 2.2.19 八市物流竞争力比较

城市	城市物流竞争力指数	排名
深圳	55.60	2
广州	55.20	3
成都	40.36	8
杭州	39.10	10
武汉	40.45	7
长沙	33.20	16
郑州	38.70	11
合肥	31.36	17

(数据来源:同济大学中国交通研究院等机构联合发布的《中国城市物流竞争力报告 2021》[①])

2022 年 5 月 6 日,武汉发布了《现代物流业发展"十四五"规划》(以下简称《规划》),明确"十四五"时期纳入全市现代物流业发展重大项目库管理的项目 5 大类共 78 个,规划总投资约 1022 亿元。《规划》提出,到 2025 年,武汉基本建成现代化物流运行体系,社会物流总额达到 5.5 万亿元,物流业增加值达到 2000 亿元,培育壮大国家 A 级物流企业达

---

① 在 2021 年的物流竞争力报告中,主要对全国 302 个地级及以上城市作为主要评价对象,从城市物流吸引力和城市物流辐射度等多个维度出发,制作并发布了中国新一线物流城市名单及 302 城市物流竞争力指数。

到 300 家以上。

作为全国重要的综合交通枢纽，武汉还提出要将交通区位优势加快转化为国内国际双循环枢纽链接优势，《规划》指出，将发挥武汉在国家新发展格局中的战略节点作用，强化区域集散流通能力，结合全市产业布局和空间发展特征，抢抓建设国际性综合交通枢纽城市契机，着力构建中部陆海大通道和航空国际大通道，为打造国内国际双循环战略链接提供支撑。

(六)武汉民营企业营商环境持续优化

营商环境是企业生存发展的土壤。当前，我国经济已由高速增长阶段转向高质量发展阶段，要推动经济高质量发展，不仅需要基础设施等"硬环境"的持续改善，更需要深化体制机制改革创新，在"软环境"上实现新的突破。营商环境是指伴随市场主体开展经济、社会活动整个过程的各种周围境况和条件的总称，通常包括政务环境、市场环境、国际环境、法治环境、企业发展环境和社会环境等。从理论上来说，营商环境是一个系统性的环境，更强调市场化、法治化、便利化、国际化的"软环境"。从实践上来说，营商环境的优劣决定着经济发展的速度和质量，已经成为衡量一个地区发展软实力的重要标志。

《中共中央关于制定国民经济和社会发展第十四个五年规划和二〇三五年远景目标的建议》提出，要持续优化市场化法治化国际化营商环境。在各地陆续发布的政府工作报告中，"大力优化营商环境"均被作为未来五年重点推进的工作之一。

武汉市委市政府一直将打造市场化、法治化、国际化营商环境作为重点工作。2021年，武汉把优化营商环境作为"一把手"工程，以"高效办成一件事"为主线，对标一流减流程，刀刃向内抓改革，真心真情优服务，在营商环境建设中展现新作为、见到新气象。

武汉上线"企业开办全程网上办"系统，全面推行企业开办"2 个环节、1 天办结、0 费用"的 210 标准，提供免费发放印章、电子营业执照等服务，企业发展获得更大包容和更优环境。数据显示，2021 年，武汉新登记市场主体 26.96 万户，同比增长 44.57%，市场主体总量达 157.23 万户，各项主要指标均持续刷新历史最好水平。

在融资渠道方面，2021 年，武汉大力推进"信易贷""银税互动"等信用贷款产品，引导在汉银行机构建立中小微企业贷款审批绿色通道，全市中小微企业平均贷款环节 4.5个、获贷时间 9.3 天。

为了让企业有更好的办事体验感，武汉对标国内先进城市，从申请条件、申报方式、受理模式、审核程序、发证方式、工作机制六个方面，优化再造 240 余项(大项)政务服务事项审批流程。在湖北政务服务网武汉站点"一事联办"专区里，全市 100 余项"一事联办"上线运行，平均每个主题可协同办理 4.11 个事项，办理时限、办理环节、跑动次数压减率都超过 60%。

此外，2021 年，武汉市纪委监委还印发了《关于集中治理庸懒散慢乱浮现象促进干部担当作为的实施意见》，向顽瘴痼疾开刀。市直各部门走进企业、走进生产线，开展一对一调研，跟进解决惠企政策落实。

粤港澳大湾区研究院、21 世纪经济研究院测算了全国 35 个大中城市营商环境指数。该测算涉及 6 个一级指标，包括软环境、基础设施、社会服务、市场总量、商务成本、生态环境。① 据其于 2020 年年底发布的《2020 年中国 296 个城市营商环境评价报告》显示，八市中，深圳、广州、成都、杭州、长沙、武汉 6 市营商环境指数排名位列前十，见表 2.2.20。

表 2.2.20 **2020 年八市营商环境比较**

城市	营商环境指数	排 名
深圳	0.6064	1
广州	0.552	4
成都	0.4896	6
杭州	0.4718	7
武汉	0.4205	10
长沙	0.4225	9
郑州	0.3592	15
合肥	0.346	19

（数据来源：中国社科院财经战略研究院《中国城市竞争力第 19 次报告》）

（七）高科技高成长公司发展势头良好

德勤每年一度的"高科技高成长 50 强"榜单，被称作"全球高成长企业的标杆"，主要对各地营业收入大于 100 万元的企业的营收增长率进行排名。"2021 德勤中国高科技高成长 50 强"榜单显示，上榜 50 强企业的三年营收平均增速达到 2797%，相比 2020 年增长 16%；从行业分布来看，中国高科技高成长 50 强名单中，有 14 家互联网企业，有 13 家软件企业，有 7 家生命科学企业，7 家硬件企业，3 家新媒体企业，3 家消费品与零售企业，2 家通信企业，1 家高端设备企业。

武汉共有 5 家企业入围"2021 德勤中国高科技高成长 50 强"榜单，分别是武汉卓尔数字传媒科技有限公司②、华引芯（武汉）科技有限公司③、武汉滴滴网络科技有限公司④、

---

① 其中软环境指数权重最大，占 25%；市场容量和生态环境各占 20%；社会服务、基础设施分布占 15% 的权重，商务成本占 10% 的权重。

② 卓尔数科是中国专业的营销技术解决方案提供商，基于大数据、人工智能等新一代信息技术，卓尔数科的解决方案可以实现全渠道的数据采集与打通，帮助客户更好地管理数据资产，实现数字化转型。

③ 华引芯是一家高端 LED 芯片定制设计和生产商，注重研发并掌握核心技术的 LED 芯片定制设计和芯片生产，主要面向中高端 LED 芯片市场和特殊照明市场的 LED 芯片业务，为客户提供前沿和适合的 LED 芯片定制设计和照明解决方案。公司致力于成为全球的高端 LED 芯片定制设计厂商和全球一线高端 LED 芯片供应商，打破高端和特殊 LED 芯片市场上欧美和日本厂商的垄断地位。

④ 武汉滴滴网络科技有限公司是一家专注于恋爱相关产品研发的创业公司，致力于让恋爱更加美好。主线产品为"恋爱记"，一款专注于情侣的私密社交应用，2021 年注册用户突破 3000 万。

武汉金豆医疗数据科技有限公司①、武汉库柏特科技有限公司②。这五家公司近三年营业收入增长率分别高达 21123%、1267%、743%、610%、526%，见表 2.2.21。

表 2.2.21　　　　　武汉市入选 2021 德勤中国高科技高成长 50 强的企业

序号	公司名称	所属行业	收入增长率
1	武汉卓尔数字传媒科技有限公司	互联网和相关服务/泛互联网平台服务	21123%
2	华引芯(武汉)科技有限公司	硬件/半导体/元器件	1267%
3	武汉滴滴网络科技有限公司	新媒体/泛娱乐	743%
4	武汉金豆医疗数据科技有限公司	软件/大数据	610%
5	武汉库伯特科技有限公司	软件/泛 AI 软件	526%

（数据来源：2021 年德勤中国高科技高成长 50 强企业统计报告）

比较地看，武汉市近两年入围德勤中国高科技高成长公司 50 强的个数虽然不及深圳、广州，但多于其他五市；较为明显的是，武汉高科技高成长公司发展明显强于中部地区的长沙、合肥、郑州等省会城市，这三个城市从 2016 年到 2021 年，均没有任何一家企业入围高科技高成长公司中国 50 强。见表 2.2.22 与图 2.2.20。

表 2.2.22　　　　　八市 2016—2021 德勤中国高科技高成长 50 强五市企业数

城市	2016 年	2017 年	2018 年	2019 年	2020 年	2021 年
深圳	8	4	4	7	14	7
广州	4	13	8	6	12	15
成都	8	6	8	5	0	0
杭州	2	1	2	2	1	0
武汉	10	6	5	3	2	5
长沙	0	0	0	0	0	0
郑州	0	0	0	0	0	0
合肥	0	0	0	0	0	0

（数据来源：2016—2021 德勤中国高科技高成长 50 强企业统计报告）

---

①　金豆公司是国内新医保科技行业领军企业，致力于构建"医院-医保-患者-药企"四方共赢的医疗体系，综合应用 5G、大数据、人工智能、区块链等技术，围绕"三医联动"即医保体制改革、卫生体制改革与药品流通体制改革联动改革提供业务顶层设计与信息化支撑，以科技赋能打造符合我国多层次医疗保障体系的产品。

②　库柏特成立于 2016 年 5 月，是一家专业从事智能操作系统开发的高新技术企业。公司依托在机器学习、人工智能及智能示教技术方面的自主创新优势和人才优势，专注于先进机器人与智能系统的研发和应用。

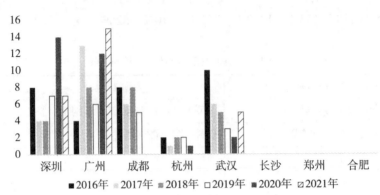

图 2.2.20　八市 2016—2021 德勤中国高科技高成长 50 强五市企业数
（数据来源：2016—2021 德勤中国高科技高成长 50 强企业统计报告）

三、"十三五"期间武汉民营企业发展的回顾与反思

(一)成绩

我们可以从"十三五"民营经济几个主要指标看武汉民营企业发展的特征。

首先，从 GDP 占比看。"十三五"期间，武汉市民营经济增加值 GDP 占比持续上升，但增长率有所下降；特别是受疫情影响的 2020 年，民营经济增加值大幅下降，但总体在 42% 左右摆动。按世界银行标准，民间经济占比达到整个 GDP 的 40%，就是一个有活力的城市。武汉"十三五"期间，民营经济一直超过 40%，可以说武汉经济是一个有活力的经济，但活力不大，也一直在 40% 这个线上下波动。

其次，从市场经济主体看。"十三五"期间，武汉市场经济主体数持续上升，从 2016 年的 94.51 万户，到 2020 年的 135.92 万户，增幅达 40%，年增长率过 10%。其中，私营企业数从 2016 年的 34.24 万到 2020 年的 56.12 万，增幅达 63.9%，年增长率达 12.8%，个体工商户从 2016 年的 60.27 万增加到 2020 年的 79.8 万，增幅达 32%，年均增长率达 6%。如果不是 2020 年疫情的影响，估计"十三五"期间，武汉民营经济增长会更好。

再次，从吸纳就业人数看。"十三五"期间，武汉民营经济主体从业人数，从 2016 年的 224.09 万人增加到 2020 年的 248.15 万人，占比从 40.72% 上升到 41.1%。

最后，从技术创新看。"十三五"期间，民营高新企业企业数，从 2016 年的 195 户到 2020 年的 687 户，增幅达 352%，年均增幅达 70%；从业人数，从 2016 年的 2.42 万人到 2020 年的 7.68 万人，增幅达 317%，年均增幅达 63%；总产值从 2016 年的 552.31 亿元到 1161.19 亿元，增幅达 210%，年均增长 42%。可见高新技术企业成为武汉民营企业增长最快的一个群体，也是改造武汉民营企业产业布局的排头兵。

"十三五"期间，民营企业 R&D 活动企业数，从 2016 年的 117 个到 2020 年的 423 个，占比从 23.95% 到 46.03%，增长 362%，年均增长 72%；研发人员，从 2016 年的 2597 人到 2020 年的 8868 人,增幅达 341%,年均增幅达 68%;研发支出,从 2016 年的 4.65 亿元到 2020 年的 16.53 亿元,增幅达 355%,年均增幅达 71%。

"十三五"期间,武汉规模以上私营工业企业新产品开发及销售,从 2016 年的 5.47 亿元到 2020 年的 30.05 亿元,增幅达 549%;新产品销售收入,从 2016 年的 44.4 亿元到 140.54 亿元,增长 317%,年均增长达 63%;专利申请数,从 2016 年的 602 件到 2020 年的 3384 件,增幅达 562%,年均增长 112%,可见高新技术是带动武汉经济发展的重要引擎。

(二)问题

1. 规模问题

"十三五"期间的 2016 年,武汉市民营经济总量在经济总量 GDP 中的占比落后于全国的平均水平(65%)和湖北省的平均水平(56%),与广州、杭州等沿海经济发达地区比较,总量和 GDP 占比有不小的差距,与成都民营经济总量差距也在逐步拉大。到"十三五"末期的 2020 年,武汉民营经济总量规模较小、占比较低的状况并没有改变,2020 年,武汉民营经济增加值为 6294.31 亿元,占当年 GDP 的比重为 40.3%,在五个副省级城市中处于最低水平。武汉市只有 6294.31 亿元,成都、杭州、广州分别达到 8902.8 亿元、9855 亿元、10200.04 亿元;武汉市民营经济增加值约为成都的 70%、杭州的 64%、广州的 62%。

由于数据收集的困难,我们可以从百强看武汉民营经济与企业发展规模问题。从中国企业 500 强榜单可以看出,2016 年有 9 家、2017 年 11 家、2018 年 9 家、2019 年 13 家、2020 年 10 家,一直在 9~13 家徘徊。这既可看出武汉民营经济发展的规模,也可以看到武汉民营大企业发展的状况。虽然,九州通、卓尔控股、山河建设等 11 家武汉民营企业入选"中国民营企业 500 强",11 家中国百强民营企业营收全部突破 100 亿大关,其中 6 家超过 200 亿元,但排位靠后,九州通(第 240 位)、卓尔控股(第 294 位)、山河集团(第 447 位)还入选了"中国企业 500 强",排名稍有落后。到 2020 年武汉民营企业有 13 家入围,营收全部突破 200 亿元大关,其中 4 家超过 400 亿元;超过 500 亿元的有 3 家,排名年年有所提升。可以看出,武汉民营企业规模在扩大、数量在增加,但规模扩大有限,数量增加有限。

2. 成本问题

整个"十三五"期间,武汉民营企业运行成本居高不下。虽然 2016 年以来武汉市在降成本方面做出了很大的努力,也已取得了初步成效,但在当前经济下行压力还没有根本性改观的情况下,民营企业运行成本仍然较高。

一是社保缴费率较高。"十三五"期间,武汉人工成本大幅增长,企业社保负担相对较重,社保基数不断上调,增幅超过 15%,与成都等同类城市相比,武汉市社保缴费率偏高,企业经营成本上升,盈利空间压缩。

二是民企用地成本低,但能拿到的土地资源少。武汉综合用途地价 2019 年为 9530 元/平方米,不足成都的 64%、杭州的 45%、深圳和广州的 33%;商服用途地价略高于成都,与深圳、广州相比具有较大优势,仅分别约为深圳的 17%、广州的 30%,工业用途地价为 569 元/平方米，仅为深圳的 18%、广州的 41%。然而，低地价却未能为民营企业发展带来优势。调研有关企业反映，目前 50% 的土地指标给大项目，剩下绝大部分用于保障基础设施建设，导致民营企业特别是中小企业发展的土地资源极少。

三是电价比同类城市高。湖北地区资源富集，电力资源也比较丰富，但丰富的电力资源并没有在市场上形成相对低廉的价格，导致武汉企业用电成本居高不下。据 2019 年各地电价统计表示，武汉企业一般商业用电明显高于广州、成都和杭州。据 2021 年各地电价统计表示，武汉企业一般商业用电明显高于对比城市。从一般工商业及其他用电价格看，通过对比分析 2021 年五市电网销售电价表发现，整体而言，武汉的电价最高。从不满 1 千伏、1~10 千伏和 35~110 千伏这三档的电价来看，武汉市的价格都在 0.7 元/千瓦时以上，其他城市都低于 0.7 元/千瓦时，深圳甚至低于 0.6 元/千瓦时。

四是物流成本高于全国平均水平。武汉素有"九省通衢"的美誉，交通四通八达，拥有各种交通运输方式，但武汉物流缺乏多种交通方式有效衔接，工业用地和仓储用地价格较高，导致武汉企业物流成本增加；此外，武汉销往外地的重工业产品较多，这种低价值产品，运输成本反而更高。2021 年，武汉市每单位物流需求所需成本为 0.05298，全国物流每单位物流需求所需物流成本为 0.049，武汉市物流成本比全国平均水平高 6.34%。

五是减免税费政策落实不到位。虽然中央多次号召对企业"减负"，但"雷声大、雨点小"，真真落实到位的很少。如对武汉市战略性新兴产业重点企业的天然气价格补贴政策，因市财政资金不到位而没有落地。

3. 创新问题

一是创新投入强度不足。"十三五"期间的 2016 年，武汉具有 R&D 活动和新产品销售的民营企业占比要低于国有企业。此外，广州、深圳等地 60%~70% 的民营企业都有技术研发投入，投入金额占企业业务成本的比重从 2% 到 15% 不等，平均为 3%~5%，长三角苏杭等地 40%~50% 的民营企业有技术研发投入，而武汉市民营企业有技术研发投入的很少，除了少数科技型民营企业和大型民企，大部分民营企业都属于传统产业，缺少技术创新研发投入，在研发投入上武汉与沿海相比差距较大。

二是创新活力不足。2016 年，武汉市在中国城市创新创业活力 50 强排行榜中位居第 8 名。创新活力指标得分为 14.6，与北京（35 分）、深圳（21.07 分）、上海（19.96 分）等发达城市相差甚远，说明武汉在研发经费投入强度、发明专利申请量和授权量方面还有待加强。此外，武汉市绝大部分专利是由高校、研究院所、大型国企以及少部分大型民企所持有，中小微民营企业仅占小部分。

三是在创业热度指标上，武汉也远远落后于北京、上海、广州、深圳和杭州，说明武汉在"互联网+"指数、新三板上市企业数量、主板上市企业数量方面与以上城市还有较大差距。

四是高科技高成长公司发展势头减弱。"十三五"期间，德勤中国高科技高成长 50 强五市企业数分布看，武汉入榜企业数从 2016 年的 10 家，2017 年 6 家，2018 年 5 家，2019 年 3 家，到 2020 年仅 2 家，可见在"十三五"期间，武汉高科技民营企业在全国比重在下降，在入榜门槛提升的情况下，自身的竞争力没有提升，导致入榜数量减少，也就是说，整个"十三五"期间，武汉民营高科技企业增长力提升不够。

4. 产业结构问题

一是武汉民营经济三次产业结构比例与武汉市 GDP 产业结构比例不协调，第二产业比重过大，第三产业占比过小。2016 年，武汉市三次产业结构之比为 3.3：43.9：52.8，民营经济增加值总量 4971 亿元，民营经济三次产业结构之比为 7.23：51.11：41.66。民营经济第二产业高于第三产业近 10 个百分点，与武汉市 GDP 产业结构相比，民营经济第三产业在民营经济中的占比低于全市第三产业在 GDP 中的占比 11.2 个百分点，民营经济第一产业占比反而高出全市第一产业占比 5 个百分点，反映出民营经济产业结构高度化落后于全市产业结构高度化水平，也侧面体现出民营经济产业结构中低水平产业要素、低附加值产业等占比要高于全市产业平均水平。

以武汉某工业城区为例，民营企业大多集中在批发零售业及科学研究和技术服务业，其中民营批发零售企业大多围绕武钢、石化产业链，经营业务单一，主要是为驻区央企提供相关生产资料或销售产成品，处于驻区央企产业链的下游。区财政收入中 93% 来自重化工业，其中 78% 来自钢铁及其上下游产业；六大国企工业总产值占全区工业总产值的 91%；六大国企税收占全区百强企业税收的 64%。二产比重大、三产比重小，国企老大、民企低端。

由于数据收集的难度，我们可以从武汉民营企业进入中国民营企业 500 强榜单看武汉民营企业的产业布局。从 2017 年发布的中国民营企业 500 强榜单看，建筑业占 5 家，综合类占 2 家，批发业 2 家，保险和医药制造业各 1 家。新民营经济中的"新"在这 11 家企业中少有体现。从 2018 年发布的中国民营企业 500 强榜单看，武汉市入围中国民企 500 强中，建筑业占 5 家，综合类占 2 家，批发业 3 家，医药制造业、汽车制造业、炼焦和核燃料加工业各 1 家。入选的企业行业分布更广泛，但还主要集中在传统行业；从 2020 年中国民营企业 500 强榜单看，建筑业占 5 家，综合类占 2 家，批发业 2 家，零售业、医药制造业、房地产业、保险业各 1 家。入选的企业行业分布更广泛，但还主要集中在传统行业。2021 年，武汉市百强入榜民企集中于服务业及综合类、制造业、建筑业等行业，其中服务业及综合类企业 38 家，占比 38%；制造业企业 34 家，占比 34%；建筑业及房地产企业 28 家，占比 28%，入榜企业均为第二和第三产业企业，其中第二产业企业 62 个，第三产业企业 38 个，两产业比例大约为 1.6：1。

可见，决定武汉民营企业产业布局的，一是武汉地理环境与历史文化。武汉地处国家地理中心位置，九省通衢，交通发达，自古是货物的重要集散地，商贸物流企业也始终占有较大份额，与商贸物流相配套的产业也发展起来了，比如，汽车零部件、食品及服装加工等传统制造业。

二是武汉是工业设计之都、桥梁之都。在国家工业化带动城镇化的进程中，设计建造业发展带动了民营建筑行业的发展，所以，"十三五"期间，武汉民营建筑企业一直在榜单中占有 5 个席位，但这些民营建筑企业大多属于劳动密集型企业，主要依赖低工资成本、低环境成本、低资源成本竞争和个体分散竞争，基本处于产业链分工的低端，缺乏核心技术和自主品牌，制约了武汉市经济由粗放型向集约型的转变，也制约了武汉民营建筑企业转型升级。

三是武汉具有科技优势。拥有 69 所普通高校、106 所各类科研机构、59 名两院院士、

20 个国家级实验室、20 家国家级工程(技术)研究中心,高校毕业生人数全国第一,科教综合实力全国第三。130 万在校大学生,全球规模第一。武汉的智力资源和人力资源已成为武汉市最重要的战略资源。"十三五"期间,武汉的高新技术企业发展迅猛。从数量上看,由 2016 年的 2177 家攀升至 2020 年的 6259 家,增幅达 187.5%,在全国 15 个副省级城市①中的排名始终位列前 5 名。②从增速来看,2016—2019 年增速一直缓慢下降,2020年才止跌回升,增幅达到 41.7%。整个"十三五"期间,武汉高新技术企业数量年均增速维持在 30% 以上,凸显了武汉高新技术企业强劲的发展势头。

四是武汉国有企业强势发展,产生挤出效应,导致武汉民营企业在许多产业得不到发展。政府重视大型国有企业集团而忽视中小新民营经济产业聚集,重视硬环境建设而忽视软环境打造。

5. 商业模式问题

据近几年的《中国独角兽企业发展报告》可知,2017 年中国独角兽企业共 164 家,其中武汉占据 5 席;2018 年中国独角兽企业数量达到 202 家,武汉共有 5 家互联网"独角兽"企业上榜;2019 年中国独角兽企业数量达到 218 家,武汉共有 4 家上榜;2020 年中国独角兽企业数量达到 251 家,武汉市独角兽企业数量仅有 3 家上榜,数量上远落后于深圳、杭州和广州。可见武汉民营企业在"十三五"期间开始创新商业模式,也取得一定的成绩,但在商业模式创新大潮的竞争中,逐步停滞不前。

6. 融资问题

"十三五"期间,民营企业融资难、融资贵与融资慢的问题没有得到好转。虽然政府一直在呼吁要解决民营企业融资难、融资贵、融资慢的问题,但情况仍不见好转。

"十三五"期间的 2017 年,银行贷款余额近 90% 的贷款贷给了国有控股企业,到 2018年 6 月末,95% 的新增贷款贷给了国有控股企业。而在"十二五"期间的 2013 年,民营贷款余额占到全市贷款余额的 50% 左右,民营企业对经济的贡献不断增长,但金融机构给予的支持规模和力度却大幅下降。

民营企业融资贵,主要指的是民营企业的融资成本一直居高不下。从融资利率来看,在民营企业的贷款利率上,银行等金融机构普遍采用基准上浮 20%,甚至到 30%。此外隐形成本,如登记费、公证费、财务顾问费、资产评估费、担保费等也是一笔巨大的开支。如此一来,民营企业融资成本普遍在 10% 以上,远超过企业的一般毛利率。据武汉企业家访谈调研表明,民营企业融资成本普遍高于国有企业 30% 左右。

民营企业融资慢,主要指的是民营企业融资耗费的时间长、效率低。由于大部分民营企业财务制度不健全,甚至存在虚假做账的问题,在评估和审核方面,银行往往会花费大量的时间和精力,对企业的资信进行调查和审核,这必然延长了融资的时间,无法满足企业实时的资金需求。

"十三五"的最后一年,即 2020 年,因疫情影响,民营企业生存环境每况愈下,政府

---

① 哈尔滨、长春、沈阳、大连、南京、杭州、宁波、厦门、济南、青岛、武汉、广州、深圳、成都、西安。

② 2016—2020 年,武汉在全国 15 个副省级城市排名分别为第 4、第 4、第 4、第 5 和第 5 名。

也为加快推动武汉疫后重振，组建 400 亿元中小微企业纾困专项资金，200 亿元个体工商户纾困专项资金，为 819 家企业发放贷款 62.7 亿元。在对接会上，相关银行与企业签署信贷支持协议，总金额达 4327.1 亿元。

7. 营商环境问题

其实，营商环境的问题，主要就是民营企业的营商环境问题。"十三五"期间，武汉民营企业营商环境在不断优化，但优化的步伐比较缓慢，在全国营商环境的整体格局下，还是处于 8 到 12 位之间。2017 年、2018 年，武汉市营商环境连续两年在全国 35 个城市中排名第 10，2019 年排名第 12，2020 年排名第 10。从"十三五"期间营商环境指标全国排序可以看出，武汉营商环境虽然在改善与努力，但是这种努力远远没有发生根本性的变化。

可以说，影响民营企业发展的更多是营商环境中的软环境、生态环境、商务环境及基础设施等。从软环境指数来看，深圳为全国第 1，广州第 3，杭州第 6，成都第 7，而武汉在十名之外，为第 13 名。从生态环境指数来看，武汉得分为 0.541，在全国排名第 22 位，在五市中仅比成都得分 0.503 稍高，低于深圳、广州和杭州的得分。这说明武汉市的生态环境还需要持续优化。从商务成本指数来看，武汉在该项的得分为 0.644，在全国排名第 23 位，从基础设施指数来看，武汉在该项的得分为 0.332，在全国排名第 9 名。

"十三五"期间，虽然武汉先后出台了"新 56 条""黄金十条""汉十条"等一系列优惠政策，但由于缺乏配套细则，实际执行中没有把实惠落到民企身上。如"新 56 条"鼓励民营企业参与交通运输、市政工程、水利工程、能源电力、电信、战略性新兴产业、商贸物流、金融服务、社会事业、国有与集体企业改革重组，从表面上看放开了民营企业的投资领域，但实质上放开程度依然非常有限。特别是出于思维惯性和对国有企业的保护，相关部门通过设立相关条件或者规章制度造成大量隐形门槛，如本地民营企业的名优产品进入不了政府采购目录，享受不到同等的"国民待遇"；通过设置投资额度、相关资质限制性条件等，让一些有竞争力的民营企业无法进入；有些领域进入条件虽然平等了，但要素保障和政策享受仍不平等；有些部门虽然列出了合作项目，但没有合理的回报方案和合作方式等，在一定程度上影响了民营企业的投资热情。同时，民营企业扶持政策的创新性不够，干货不多，激励性不强。

8. 人才问题

"十三五"期间，武汉民营企业引进和吸纳的高素质专业人才占全市高层次人才的比重较小。过去政府人才激励政策主要是向国有企事业单位引进高层次人才为导向，各种专项人才补贴和人才称号都是以此为导向，导致少有高层次人才到民营企业。由于缺乏高素质人才，民营企业在研发创新投入和产出方面与沿海城市甚至中西部同类城市有较大差距。在深圳，90% 的研发人员在企业；申请的专利 90% 来自企业；90% 以上的重大科研项目、发明专利来源于龙头企业。高价值专利为企业发展提供强力支撑，企业发展反过来又推动专利的涌现。而武汉超过半数的专利技术来自高校以及国有企业，武汉高层次人才大多深居高校或国有企业。一项对武汉市民营企业的调查结果显示，有 52.5% 的企业认为缺乏专业技术人才，有 38.5% 的企业认为熟练工人较少，而有 17.5% 的企业认为一般员工较少。

(三)反思

"十三五"期间，武汉民营企业发展不足，或许有许多原因，但我们认为首先是制度问题，特别是国企与民企不公平的制度设计问题；其次是营商环境问题；再次是政府政策向国企倾斜扶持问题；最后是武汉经济发展的历史文化的路径依赖问题。当然，也包括武汉民企自身治理、管理及企业主自身素质问题。

从制度设计看民企发展不足的问题，第一个是国进民退问题，导致武汉民营企业的产业结构不合理、产业结构二产偏重，二产中劳动密集型的二产偏重。国企垄断的行业太多，民企在国企垄断行业上下游发展也受到阻碍。

"十三五"期间，武汉民企在发展方面与国企存在权利不平等、机会不平等、规则不平等等问题，不能平等受到法律保护，在政府资金安排、土地供应、税费减免、资质许可、标准制定、项目申报、职称评定、人力资源政策等方面，也不能平等对待民营企业市场主体。从我们的调研中，可以看到制度设计对民企的不公平状况。其中，25.77%的民企要"保证市场主体权利、机会的平等"，25.06%的民企要"加强保护市场主体合法权益"。

第二个是营商环境的问题。在民企发展方面，与深圳、广州、杭州等副省级城市相比，武汉政府政策出台滞后，出台政策比较粗放，好的政策执行得不算太好。从市场环境指数看，深圳是0.8102，广州是0.6489，杭州是0.4876，武汉则是0.4210。武汉民企强烈要求进一步改善营商环境。其中，64.06%的民企要"简化行政审批手续"，62.11%的民企要"建立一站式政务服务平台"，44.02%的民企要"提升政府办事效率"。

第三个是政策扶持的问题。除了前面提到的政府产业政策外，金融政策，也就是民营中小企业的融资难、融资贵与融资慢的问题，还包括，政府的行政干预与税负偏重。此外，还存在歧视性政策，比如，在招标投标和政府采购中，应当公开透明、公平公正、依法平等对待各类所有制和不同地区的市场主体，但是依然存在以不合理条件或者产品产地来源等对参与企业进行限制或者排斥。

借助混改发展民企，不仅发展政策促进力度远远不足，存在制度歧视，也有方式创新不足，即不能通过出资入股、收购股权、认购可转债、股权置换等多种方式，参与国有企业改制重组以及企业经营管理；未出台通过市场化方式，允许民企参与以公共服务、高新技术、生态环保、战略性产业为重点领域的政策文件；未出台支持民营经济在企业集聚、产业集群方面的政策文件。

"十三五"末期的疫情对武汉民营企业具有毁灭性的打击，但武汉出台了一系列的纾困政策起到一定的积极作用，事实上，许多纾困政策，本身就是营商环境优化过程中必须做的，包括延续或出台社保减免，企业纾困专项贷款，继续免征小规模纳税人增值税，加大信贷支持。

武汉民营企业发展也有历史惯性、路径依赖与计划经济的影响。武汉经济的基因是一个混合型的基因，既有武汉开埠的市场经济的基因，也有张之洞治鄂与20世纪50年代大力发展国有企业的基因。1661年的汉口开埠，渐次由内陆型的封闭性城市向开放性的国际性城市迈进；而1889年张之洞治鄂，应该是武汉现代化发展的重要界标，通过创办汉阳铁厂、湖北枪炮厂、大冶铁矿、机器厂、湖北纺纱局,加上第一个五年规划形成了武汉的国有经济的路径依赖等,导致武汉缺乏企业家创业、创新精神。

自身管理问题也是一个方面。武汉民企"一股独大"的企业治理,随意性的企业管理,模仿国企的组织架构,难以招聘到优秀人才,并造成优秀人才严重流失,小富则安、小成则傲的个人修养,都是武汉民企不能做大做强的自身原因。

四、稳经济政策下的武汉民营企业发展的对策建议

(一)2022年疫情带来的冲击

2022年的疫情,不仅对宏观经济产生巨大影响,对产业链产生影响,也对供应链产生影响,这三点对武汉民营企业发展的影响也是巨大的。

从投资与消费视角看,2022年4月,全国新增人民币贷款比3月份减少2.48万亿元,降幅79%;比去年同期减少0.83万亿元,降幅56%。居民贷款减少2170亿元,同比少增7453亿元;社会融资规模增量为9102亿元,比上年同期少9468亿元,较去年同期腰斩。各地财政收入也集体下降,深圳下降44%,杭州下降37%,苏州下降50%,南京下降55%。汽车产销量双双"腰斩",为近十年来同期月度新低。

从房地产销售来看,今年全国房地产销售均进入负增长时代,全国商品房销售均显示出量价齐跌的特征;百强房企销售额下降60%;2022年3月,全国商品房销售额累计同比由2月的-19.3%进一步下滑至-22.7%;10大房企欠债高达10万亿,达到政府一年的财政收入。

疫情导致跨国公司撤离而对产业链产生冲击。根据官方估算,全部外商投资企业吸纳的直接就业人数超过4500万,更不要说靠着外资生存的无数供应厂商、上下游企业,估计影响人数以亿计。

疫情对供应链也产生了巨大影响。员工平均工作时间减少,带来生产效率的下降;40.3%的企业表示物流基层操作员工方面存在用工紧张。

"动态清零"政策必然推高物流企业经营成本。流通环节的效率下降将会影响企业库存,造成产成品和原材料库存的堆积,会消耗企业的现金流,从而制约生产部门的产能利用率。据媒体报道,上海封城期间,以前从上海到武汉物流费是3000元,现在要40000元到50000元。疫情影响由"点"到线及"面",指数级放大,影响时间越长,影响范围就越大。

(二)大力落实国务院10万干部大会战略

5月23日国务院常务会议及5月25日下午国务院10万人大会,决定实施六个方面33项措施,涵盖财政、金融、稳产业链供应链和有效投资、保能源安全等领域,并针对民生、纾困企业出台多项增量政策。

具体包括:发专项债;发放居民消费鼓励金;增值税率下调1~3个百分点;启动新基建(侧重铁公基的基);个税、企业所得税,暂停半年;就业率作为考核硬指标;房贷、

消费贷全年延期偿还；3 万亿退税；中小微企业社保、养老缓交等。

但从《武汉市 2020 年中小企业惠企政策落实情况调查问卷》(简称《调查问卷》) 可以看出，好的政策，不一定得到完全期待的效果。

在四项惠企政策中，大约 10% 的企业对降成本及金融扶持政策并不知晓；有 15% 到 20% 的民营中小企业没有得到税收和降成本政策的实惠；约 36% 的企业没有获得金融惠企政策的帮扶。从便利度来看，至少 10% 的民企认为税收政策不便利 (90%)，17% 的企业认为降成本政策不便利，22% 的企业认为金融政策不便利。影响企业税收、社保及降成本政策获得感的主要原因有：企业不在政策优惠的范围内 (46.91%)，企业获取信息渠道不畅通、缺少政企沟通交流平台 (37.05%)，缺乏政策匹配、找到适合企业政策的成本高 (28.79%)，政策不明确、申请手续过于复杂、可操作性不强 (24.34%)。小规模企业 (20 人以内) 的政策知晓率、获得感和便利度均最低。不同行业的企业享受的惠企政策类别存在明显差异。国有企业对政策知晓率、获得感和便利度的评价都明显优于民营企业。

就促进企业健康发展方面，《调查问卷》对政府的期盼主要集中在以下五个方面：一是希望政府出台更多的优惠政策，加大对企业、尤其是中小民营企业的扶持力度，同时希望政策能够切实落地；二是进一步减轻税费，减少企业税费压力；三是希望政府扩宽融资渠道，给予融资上的政策支持，并简化企业贷款流程；四是希望政府简化办事程序，提高办事效率；五是希望进一步优化营商环境，建立公平的市场准入机制，让各市场主体能够公平参与竞争。

为此，在落实 5 月 23 日国务院常务会议的决议时，我们应站在民营中小企业的视角，让民营中小企业 100% 的知晓、简化流程。应该学习抗疫的大数据与 AI 方式，把补贴、退税的钱直接打到公司账上；把缓交房租等信息直接通知到公司；把公司可以享受哪些政策，如何申请直接发到公司邮箱或 APP 上去；不要填的表一概不填，必须要填的表简化。

(三) 帮助民营企业应对疫情转危为机

疫情及抗疫政策导致中国经济的巨大危机，而中央政府也在为稳经济大盘、保民生、促就业提出六个方面 33 项举措，给武汉民营企业提供了新的机遇。

机遇之一：当前中国经济发展呈现"新三架马车"特征。一是新投资，主要是深度城市化、新一代公共基础设施，包括城际铁路、地铁、地下管线；新一代互联网、教育、医疗、文化设施等。二是新消费，包括养老、健康、旅游、文化、休闲等；医疗、卫生、教育、二胎经济、银发产业。三是"新一带一路"，即向内发展：中西部发展。

机遇之二：构建全国大市场。构建全国大市场，可以起到定规则、搞基建、提质量、保公平、促规范的作用。定规则就是进一步完善产权保护、市场准入、公平竞争与社会信用制度的建设；搞基建，就是要降低物流成本、完善公共资源全国交易平台；提质量，就是要健全商品和服务质量体系、完善标准和计量体系；保公平，就是严抓腐败，制定统一的市场标准；促规范，就是要反垄断、反不正当竞争。

机遇之三：抓住新基建的"五新"机遇。一是在新领域发展自己，除铁公基外，还要关注水电暖气的管网陈旧老化，道路狭窄，断头路，老旧小区停车难，汽车站，垃圾清运；二是在推进以县城为重要载体的城镇化建设中抓住机会；三是在拓展新功能，主要是培育专业功能县城，发展农产品县城中抓住机会；四是探索新方式，要在包括贷款、多层次资本市场、并购、IPO、发债等方面抓住机会；五是在基建有一定收益的项目上，要抓住对民间资本采取一视同仁的机会。

机遇之四：就是跟进武汉"965"产业新布局。参与9大支柱产业，即光芯屏端网、汽车制造和服务、大健康和生物技术、高端装备制造、智能建造、商贸物流、现代金融、绿色环保、文化旅游；谋划6大新兴产业，即网络安全、航空航天、空天信息、人工智能、数字创意、氢能；愿景要规划5个未来产业，即电磁能、量子科技、超级计算、脑科学和类脑科学、深地深海深空谋划。

(四)大力推行民企参与国企战略

武汉经济结构的现状，就是国有企业这条腿太长，民营企业这条腿太短。虽然国有企业虽然促进了武汉经济的发展，但是同时也阻碍了民营企业发展。如果把众多产业看成高速公路，把不同类型的企业看做在高速公路上行驶的不同车型，国有企业与民营企业相当于两类车。现在，大部分好的高速公路行驶的是国有企业这类车，这些车中不少是老爷车，机制旧、耗油多、污染大、速度慢，堵在高速公路的入口处，导致民营企业的车进入不了高速公路。

毫无疑问，武汉要大力发展民营经济，但武汉特有的强大国有企业与计划经济的惯性，学宁波、温州走纯民营企业发展的路径是不可能的，最可行的路径就是"国民共进"，国有企业与民营企业共同发展，这就是要借助混改发展民营企业。

我们以为，要发展混合所有制经济，一是通过民企参与国企混改，改变公司的股权结构，允许民企控股，由执业经理人负责公司的经营管理和市场运作。二是推进商业类企业主营业务资产，功能类和公共服务类企业竞争性业务资产上市，提高证券化水平。通过国企混改，转变国企原有的行政化色彩浓厚的管理模式，将民企的活力注入企业中，发挥好国有资本与非国有资本的作用，将企业做大做强。三是鼓励民营企业进入垄断性行业与公用事业行业。大力推行PPP制度，保证国资、民资平等权益，政府要提供民营经济参与国企混改的负面清单，要维护民营企业参与国企混改各相关利益者。既不能把混改变成民营企业的绞肉机，也不能把混改变成国有资产流失的新通道，更不能借助混改侵犯利益相关者及民企员工的权益。四是民营企业要积极参与国企混改。民企参与混改，不论是国企控股还是参股，对民营企业都是一个不错的选择。这样可以获得部分国企身份，可以以较低成本获得资金，比较容易获得项目，在竞标中较容易中标；可以学习国企管理的经验，降低运营、管理成本；可以较容易获得人才，而且人才不太容易流失。

(五)大力推进数字化战略

如今是一个"数字化转型"的时代。数字化转型成功可以帮助企业实现跨界发展，延伸产业链、供应链、服务链、信用链、资本链、价值链；可以进入新的产业，获得新的技术，形成新的业态，构建新的商业模式、组织模式与管理模式。如果说，当前世界是不确定性的，那么现在最确定的是数字化趋势是最大的机遇；数字化从需要30~50年完成，现在或许就是 10 年。如果说，"十三五"期间，数字化是让企业活得更好，而"十四五"期间，数字化则是企业生存的关键。武汉每一个民营企业都必须要不同深度地推进数字化战略。具体来说，

一是要形成数字化思维。数字化，首先是理念的转变，这是行动的开端。与其说数字化转型是一场技术革命，不如说是一场认知革命。思想必须走在行动的前面，实现数字化转型需要有数字化思维。政府主管经济部门与企业从上至下都要认识到数字化转型的重要性，要明确数字化转型的战略方向，制定相应的时间表和路线图，使其与公司发展战略紧密匹配。

二是制定数字化转型战略。梳理公司战略和管控模式，分析公司各业务板块的业务流程和业务模式，制定符合企业经营管理现状和需要的数字化转型战略，对于指导企业数字化转型具有重要意义。要把握投入产出的适宜性。对很多中小企业来说，适用的技术是符合企业实际的，既要考虑企业能力与技术的适用性，也要考虑数字工具的性价比，即注重投入产出效果，争取以最小的投入获得最佳回报。

三是依次做好数字化转型。政府要制定政策，促进产业链供应链的数字化协同，要积极发挥龙头企业在数字化转型中的带动作用，以数字技术和数据要素驱动产业链供应链的集成协同，引导中小微企业积极主动参与龙头带动的产业链供应链数字化改造，依托全链条数字化系统促进大中小企业协同融通发展，积极发挥互联网平台企业的赋能整合作用，为大中小企业协同发展提供高效的系统解决方案，夯实全产业全流程的数字基础设施网络，推进行业数据便利化流动和信息共享，为增强产业链现代化水平和供应链柔性化程度提供重要的支撑。企业也要认识到，数字化转型要实现从信息的数字化、流程的数字化到业务的数字化转型；要稳健地推进信息数字化，通过数字化改变企业的组织形式、业务流程、商业模式，创造新价值。

四是要坚持投资数据人才。数字化转型的关键资源是人才。不仅需要数字化转型的技术人才，需要熟悉数字化产业政策和产业生态知识的人才，还需要具有构建数字化商业模式和数值化经营、打造数字化产品和服务能力的人才。但数字化转型需要的人才，永远是企业不能全部具有的。除引进与共享外，培养数字化转型人才也是重要路径之一。政府要委托第三方加大鼓励中小微企业积极开展员工数字化技能培训，提升企业全体员工的数字技能素质，提升基层员工的参与度，同时缓解企业对数字化高技能人才的依赖，及时帮助员工掌握必备的数字化技能，使其适应新业务业态模式的涌现。

（六）引导民营企业走专精特新之路

2021 年 7 月 30 日，中共中央政治局召开会议，明确指出发展专精特新中小企业，开展补链强链专项行动，加快解决"卡脖子"难题。这标志着促进专精特新中小企业发展上升到国家层面。2019—2021 年，工信部三批次共计评选出超过 4900 家专精特新"小巨人"企业，涵盖制造业中各个"补短板、锻长板"的关键细分领域。2022 年准备再培育国家级"小巨人"企业 3000 家以上，带动培育省级"专精特新"中小企业达到 5 万家以上，使"专精特新"中小企业群体不断壮大。

关于专精特新企业的扶持，武汉政府也出台新的政策。政府希望每年挖掘和培育发展一批市场前景好、创新能力强、发展潜力大、综合效益高、核心竞争力强的"专精特新"中小企业，分批次建立1000家左右市级"专精特新"中小企业培育库。经过精准培育和服务，引导、支持和推荐在库企业成长为省级、国家级、重点专精特新"小巨人"企业、隐形冠军企业、单项冠军企业、领航企业，充分发挥企业的创新主体作用，推动产业链转型升级，促进我市中小企业高质量发展。所以，武汉民营企业要抓住国家与武汉的专精特新政策发展自己。

武汉民营企业走专精特新道路要从四个方面着力：一是着力专业化，"专"是基础也是核心，只有专注和深耕于某个领域，进而在深挖市场需求潜力中做大做强；二是着力精细化，"精"是专业化中的精，纵向发展、精耕细作；三是着力特色化，"特"是在专业化过程中的特，专是特色化的专；四是着力新颖化，"新"是专业化发展过程中的新。

武汉民营企业如何走上专精特新企业之路？我们以为，一是突出创新。高度重视创新，坚持技术与市场结合进行有效创新，用创新引领发展，围绕新一代信息技术与实体经济，制造出两者深度融合的创新产品。二是战略聚焦。聚焦制造业的弱项，专注并深耕，专注主业集中度、深耕特定领域，进行战略性坚守，形成一种竞争优势，聚焦《工业"四基"发展目录》所列重点领域，从事细分产品市场属于制造业核心基础零部件、先进基础工艺和关键基础材料。三是差异发展。走出拼价格、同质化、处于产业链低端的困境，立足差异化，坚持特色化，为大企业、大项目和产业链供应链关键环节提供零部件、元器件、配套产品和配套服务。四是夯实管理。以精细化管理为目标，以抓管理促经营为导向，逐步加强和完善战略管理、组织管理、人力资源管理、财务管理、运营管理、风险管理、文化管理，在从采购、生产到交付这一流程中，实现数字化管理。五是用足政策。包括政府工信、科技、财政等部门出台了若干相关扶持政策，各大金融机构也有诸多优惠服务，建议各相关企业设置专兼职人员对接政府部门和金融机构，吃透政策，用足政策，助力企业发展。六是拥抱资本。资本市场对于专精特新企业已经创造了很好的条件，未来，国家将通过大力改革新三板、新四板为中小企业发展的不同阶段都提供进入资本市场的机会，登陆资本市场后，企业可以获得丰富的融资方式和渠道。

（七）借助金融创新发展新民营经济

首先，要提高民营企业直接融资水平。新民营经济可以通过并购金融、电商金融、租赁金融以及互联网金融等来实现优势互补，"抱团取暖"加大资金支持力度，大力发展股权融资，合理扩大债券市场规模，提高企业直接融资水平。

其次，金融服务要加大扶持民营企业力度。一是要构建政府主导、金融监督部门牵头、金融机构服务的民营经济机制，提高服务民营经济的内生动力。二是要规定动作做实，自选动作做优。增加小微企业融资应急资金规模，将资金支持范围扩大至中型制造业企业；设立轻资产科技型企业信贷风险分担资金，通过"助保贷"形式，缓解互联网经济、软件和信息服务以及其他领域轻资产科技型企业融资难；引导金融机构对我市信息技术、生命健康、智能制造等战略性新兴产业和传统产业技术改造等重点领域实施差异化优惠利率；规范金融机构收费和放贷行为，全面落实《商业银行服务价格管理办法》，督促银行等金融机构建立收费价目表，在官方网站和营业场所进行常态公示；清理和规范企业融资过程中的中介收费行为，依法严厉查处乱收费和"以贷收费""浮利分费""借贷搭售"等行为。三是要出台实实在在的惠民政策，实施差异化的贷款利率、投联贷、银税贷、政府采购贷、核心企业上下游企业贷、循环贷款、年审制贷款等创新金融产品；鼓励银行机构从自身内部制度入手，创新工作流程，银行机构利用循环贷款、年审制贷款等产品，缓解民营企业融资压力。四是要出台私募基金、创业基金与产业基金政策来促进新民营经济发展。通过私募基金、创业基金与产业基金化解民营经济融资难问题。要营造有利于私募基金促进民营企业发展的环境，制定政府产业基金与私募基金合作促进新民营经济发展的政策。

(八)进一步改善营商环境

首先，国企、民企各类市场主体进入一视同仁。凡是国有经济可以享受的政策对民营经济一律同等适用，凡是单独针对民营经济的限制性规定一律予以废止。要改善目前政府采购的现状。改变过高的、不切实际的资质要求和不公平的评分标准，若让民营企业无法公平参与市场竞争，其直接的结果就是国进民退，公平竞争环境遭到破坏。在政府采购活动中，严格执行国家和省市相关法律法规，去除一切歧视民企公平参与竞争的条款。加强对政府委托的第三方的监督和考核机制，监察部门依法对民营企业投诉、举报比较集中的第三方进行调查，若发现有违法违规破坏营商环境的问题绝不姑息，依法查处。

其次，要进一步降低民企运营成本。要进一步降低企业用地成本、水电气及物流成本；要进一步减免民营企业税费，促进民营企业减负前行；要降低制度性交易成本，进一步清理、精简涉企行政审批等事项，清理规范涉企行政事业性收费。

再次，要多管齐下，解决民企融资难、融资贵、融资慢的问题。要完善信用体系。一是要通过政府引导，完善征信和担保、再担保体系建设，发展第三方征信、信用评级等机构，降低银行等金融机构获取民营企业信用信息的成本。二是要推动担保、风险补偿体系建设，继续通过中小企业发展专项资金支持中小企业融资担保代偿补偿工作，开展贷款风险补充，降低金融机构为民营企业贷款的风险。三是要完善多层次资本市场，鼓励中小微企业在创业板、"新三板"、区域性股权交易市场等多层次资本市场挂牌(上市)融资，拓宽民营企业融资渠道。四是要鼓励银行设立为民营企业服务的专营机构，缩短企业融资链条，为民营企业"量身定制"融资产品，降低企业融资成本；可以发展"园区贷""集合贷"，将经营状况良好、成长能力较强的民营企业组合在一起，集合发债，提高融资效率。

第四，要坚持平等保护，营造市场化、法治化、国际化营商环境。一是依法平等保护各类市场主体，支持大中小企业融通发展，加强对中小企业和中小投资者的保护，注重股东特别是中小股东权益保护，促进公司治理规范化。二是要加强涉企案件经济影响评估，严格规范"查、扣、冻"措施，严禁超标的查封、乱查封，能"活封"的不"死封"，最大限度降低对企业合法正常生产经营的不利影响。支持、监督政府依法行政，妥善审理涉及政府招商引资、特许经营、财产征收征用案件。三是要禁止违反法定权限、条件、程序对市场主体的财产和经营者个人财产实施查封、冻结和扣押等强制措施。实施查封、扣押、冻结等措施，应当严格区分公司法人与股东个人财产、涉案人员违法所得与家庭合法财产等，不得超权限、超范围、超数额、超时限查封、扣押、冻结，对调查属实的及时依法调整或者解除相关措施。

武汉高新技术企业发展报告(2021)[①]

为全面了解武汉高新技术企业发展情况,继《武汉企业发展报告(2020)》[②]对武汉高新技术企业 2019 年度发展情况进行剖析后,基于研究的连续性、系统性和可比性要求,课题组依据武汉市科技局提供的高新技术企业 2020 年"火炬计划"申报数据,以及"新三板"挂牌高新技术企业 2020 年年报披露的数据编制了本年度报告。报告内容包括:一是对武汉高新技术企业"十三五"期间(2016—2020)发展情况进行分析,同时详细剖析 2020 年总体发展情况;二是以武汉在"新三板"挂牌的高新技术企业为样本,从样本企业的基本情况、股东和员工、财务经营状况、技术和无形资产情况进行聚类分析,了解武汉高新技术企业 2020 年发展状况;三是简述武汉市 2020 年助推科技型中小企业发展的科技金融创新工作。

一、高新技术企业认定

根据 2016 年 1 月 29 日科技部、财政部、国家税务总局以国科发火〔2016〕32 号印发修订后的《高新技术企业认定管理办法》规定,高新技术企业是指在"国家重点支持的高新技术领域"内,持续进行研究开发与技术成果转化,形成企业核心自主知识产权,并以此为基础开展经营活动,在中国境内(不包括港、澳、台地区)注册的企业。[③] 该办法对高新技术企业的标准做出了明确规定,具体认定的八项条件如下:

(1)企业申请认定时须注册成立一年以上。(2)企业通过自主研发、受让、受赠、并购等方式,获得对其主要产品(服务)在技术上发挥核心支持作用的知识产权的所有权。(3)对企业主要产品(服务)发挥核心支持作用的技术属于《国家重点支持的高新技术领域》规定的范围。(4)企业从事研发和相关技术创新活动的科技人员占企业当年职工总数的比例不低于 10%。(5)企业近三个会计年度(实际经营期不满三年的按实际经营时间计算,下同)的研究开发费用总额占同期销售收入总额的比例符合如下要求:最近一年销售收入小于 5000 万元(含)的企业,比例不低于 5%;最近一年销售收入在 5000 万元至 2 亿元(含)的企业,比例不低于 4%;最近一年销售收入在 2 亿元以上的企业,比例不低于

---

① 本报告由中南财经政法大学汪海粟教授负责提供研究思路,中南财经政法大学经济学博士、资本市场学院博士后曾维新负责撰写报告。

② 杨卫东,高义琼. 武汉企业发展报告(2020)[M]. 武汉:武汉大学出版社,2021.

③ 科技部 财政部 国家税务总局关于修订印发《高新技术企业认定管理办法》的通知,国科发火〔2016〕32 号,2016 年 1 月 29 日。

3%。其中，企业在中国境内发生的研究开发费用总额占全部研究开发费用总额的比例不低于60%。（6）近一年高新技术产品（服务）收入占企业同期总收入的比例不低于60%。（7）企业创新能力评价应达到相应要求。（8）企业申请认定前一年内未发生重大安全、重大质量事故或严重环境违法行为。

二、武汉高新技术企业"十三五"期间发展情况

（一）高新技术企业数量大幅增长且增速止跌回升

由图2.3.1可知，"十三五"期间，武汉的高新技术企业发展迅猛。从数量看，由2016年的2177家攀升至2020年的6259家，增幅达187.5%，在全国15个副省级城市①中的排名始终位列前5名。② 从增速来看，2016—2019年增速一直缓慢下降，2020年才止跌回升，增幅达到41.7%，整个"十三五"期间，武汉高新技术企业数量年均增速维持在30%以上，凸显了武汉高新技术企业强劲的发展势头。

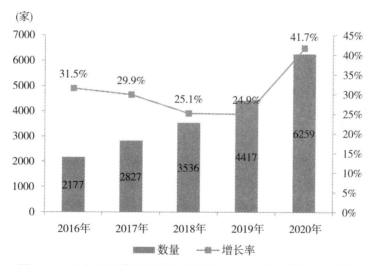

图2.3.1 "十三五"期间武汉市高新技术企业数量及增长率变化③

2020年，武汉市共计3100家企业通过高新技术企业认定，其中重新认定1258家，新认定通过1842家。高新技术企业数量从2019年的4417家增加至6259家（净增1842家），占湖北省高新技术企业的比例首次超过60%，在全国15个副省级城市中的排名与2019年持平，位列第5，但全国城市排名中，由第11位升至第10位。2020年武汉高新技

---

① 哈尔滨、长春、沈阳、大连、南京、杭州、宁波、厦门、济南、青岛、武汉、广州、深圳、成都、西安。
② 2016—2020年，武汉在全国15个副省级城市排名分别为第4、第4、第4、第5和第5名。
③ 数据来源：根据武汉市科技局2016—2020年五年的《武汉科技创新报告》数据绘制。

术企业数量增幅达到 41.7%，显著高于 2018 年的 25.1% 和 2019 年的 24.9%，增速止跌回升。

"十三五"期间，武汉规上高新技术产业增加值从 2016 年的 2348.69 亿元升至 2020 年的 4032.12 亿元，占 GDP 的比重从 19.72% 持续增加至 25.82%，提升明显（如图 2.3.2 所示）。而且，武汉市规上高新技术产业增加值占湖北全省的比重，也由 2016 年的 42.79% 上升至 2020 年的 46.99%。

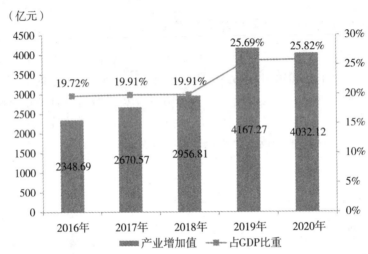

图 2.3.2 "十三五"期间武汉规上高新技术产业增加值及占 GDP 比重①

此外，高新技术产业中的龙头工业企业不断壮大。2020 年武汉市高新技术产值超过 200 亿元的工业企业为 7 家，② 较 2019 年增加 1 家，分别为东风本田汽车有限公司、武汉钢铁有限公司、上汽通用汽车有限公司武汉分公司、摩托罗拉（武汉）移动技术通信有限公司、中韩（武汉）石油化工有限公司、烽火通信科技股份有限公司和鸿富锦精密工业（武汉）有限公司。高新技术企业是发展高新技术产业的基础，持续有力的推动武汉市产业结构不断优化。

（二）半数以上高新技术企业在东湖高新区落户

分析表 2.3.1 可知，从高新技术企业数量上看，整个"十三五"期间前四名都是东湖高新区、洪山区、经开区和武昌区。尤其是东湖高新区拥有武汉半数以上的高新技术企业，作为首批国家高新区以及第二个国家自主创新示范区，目前已形成了光电子信息产业为主导，生物医药、新能源环保、高端装备制造、高技术服务业竞相发展的"131"产业格局，其对高新技术企业形成了强大的集聚效应。洪山区和武昌区通过不断努力，"十三

---

① 数据来源：根据武汉市科技局 2016—2020 年五年的《武汉科技创新报告》数据绘制。

② "十三五"期间，高新技术产值超过 200 亿元的工业企业维持 6～7 家，2016—2020 年分别为 6 家、6 家、7 家、6 家和 7 家。

五"期间高新技术企业在全市的比重处于不断提升态势，洪山区高新技术企业占比由2016年的7.4%升至2020年的8.7%，武昌区也由4.8%升至5.3%。武汉经开区高新技术企业的比重则有所下降，由2016年的6.8%降至2020年的5.5%。

表2.3.1　　　武汉各区"十三五"期间高新技术企业数量占比分布情况①

序号	辖区	2016年	2017年	2018年	2019年	2020年
1	江岸区	4.6%	4.2%	4.3%	4.4%	4.2%
2	江汉区	3.3%	3.3%	3.0%	3.0%	2.8%
3	硚口区	2.0%	2.2%	1.9%	2.2%	2.1%
4	汉阳区	1.9%	2.0%	2.1%	2.0%	2.3%
5	武昌区	4.8%	5.1%	5.5%	5.5%	5.3%
6	青山区	2.9%	2.6%	2.6%	2.4%	2.1%
7	洪山区	7.4%	7.5%	8.4%	8.7%	8.7%
8	蔡甸区	1.5%	1.8%	2.0%	2.3%	2.6%
9	江夏区	3.2%	2.8%	2.9%	3.3%	3.3%
10	东西湖区	4.9%	4.5%	4.5%	4.5%	4.9%
11	黄陂区	2.2%	2.3%	2.0%	2.1%	2.1%
12	新洲区	1.1%	1.4%	1.5%	1.4%	1.4%
13	东湖高新区	53.5%	54.7%	53.6%	52.6%	52.6%
14	武汉经开区	6.8%	5.7%	5.8%	5.5%	5.5%
	合计	100%	100%	100%	100%	100%

(三)上市挂牌高新技术企业数量和比重持续下降

纵观"十三五"期间，武汉高新技术企业上市挂牌登陆资本市场融资的情况并未尽如人意。由表2.3.2可知，除2017年较2016年在上市挂牌企业数量及占比有明显提升外，2017—2020年，无论是数量还是比重，一直处于波动下降状态。尤其是在武汉高新技术企业数量不断快速增加(由2016年的2000多家增至2020年的6000多家)的情况下，其上市挂牌的企业数量却在不断减少，占比由2017年的最高值12.5%降至2020年的5.5%。作为企业直接融资重要渠道的资本市场，近年来以注册制改革为龙头，资本市场进行了系列改革，为科技新创企业创造了诸多便利，武汉的高新技术企业应抓住这一波改革机遇，根据自身情况，适时登陆新三板(北交所)、科创板、创业板等，借助资本市场发展壮大。

---

① 数据来源：根据武汉市科技局2016—2020年五年的《武汉科技创新报告》数据编制。

2020 年武汉市 6131 家高新技术企业"火炬计划"报表数据显示,① 武汉高新技术企业上市挂牌共计 334 家,数量较 2019 年减少 15 家,仅占全部火炬计划高新技术企业的 5.4%,低于 2019 年的 8.2%。武汉 334 家上市挂牌高新技术企业中,其中股权托管交易中心 133 家(较 2019 年减少 6 家),创业板 18 家(减少 3 家),中小板 8 家(持平),新三板挂牌 142 家(减少 11 家),主板 25 家(新增 1 家),香港及境外上市 4 家(新增 2 家),科创板 4 家(新增 2 家)。此外,武汉还有一家原新三板挂牌的高新技术企业微创光电(430198. BJ),在 2021 年 11 月成功登陆新设立的北交所。

表 2.3.2　　　　　武汉市高新技术企业"十三五"期间上市挂牌情况

上市板块	2016 年	2017 年	2018 年	2019 年	2020 年
主板	14	20	27	24	25
香港及境外上市	3	5	4	2	4
创业板	15	20	19	21	18
科创板	——	——	——	2	4
中小板	6	8	8	8	8
新三板	176	211	197	153	142
股权托管交易中心	46	82	126	139	133
上市挂牌总计	260	346	381	349	334
占当年全部火炬计划企业比重	11.90%	12.50%	11.1%	8.2%	5.5%

(说明:科创板于 2019 年设立,北交所于 2021 年设立,中小板 2021 年与深圳主板合并)

(四)所属技术相对集中于计算机软件和信息技术等领域

"十三五"期间,武汉高新技术企业所属技术领域排在前四的始终为计算机软件产品、其他高技术、其他电子信息技术和先进制造技术设备(如图 2.3.3 所示)。计算机软件产品领域的企业比例不断上升,从 2016 年的 20.5% 升至 2020 年的 26.5%,其他三大领域的企业比例较为稳定。

2020 年武汉市 6131 家高新技术企业"火炬计划"报表数据统计显示(见表 2.3.3),武汉高新技术企业涉及技术领域 47 个(与 2019 年相同)。所属领域主要集中在计算机软件(1624 家,占比 26.5%)、先进制造技术设备(529 家,占比 8.6%)、电子信息技术(531 家,占比 8.7%)、光电子(178 家,占比 2.9%)、生物技术(174 家,占比 2.8%)、高效节能(161 家,占比 2.6%)、仪器仪表(154 家,占比 2.5%)和医药卫生(141 家,占比 2.3%)等领域(见表 2.3.3),这和国家火炬计划项目以及国家战略新兴产业基本保持一致。

---

① 截至 2020 年,武汉高新认定企业 6259 家,其中部分企业因自身原因并未填写 2020 年火炬计划企业申报表,故样本总量为填报了火炬计划信息的 6131 家,下同。

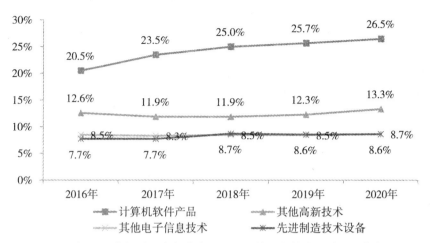

图 2.3.3 "十三五"期间武汉高新技术企业所属前四大技术领域企业数占比(%)

表 2.3.3　　　　　　　**2020 年武汉高新技术企业技术领域分布**

技术领域	企业	占比	技术领域	企业	占比
计算机软件产品	1624	26.5%	大气污染防治设备	43	0.7%
其他高技术	818	13.3%	无机非金属材料	41	0.7%
其他电子信息技术	531	8.7%	其他光机电一体化技术	39	0.6%
先进制造技术设备	529	8.6%	计算机外部设备	32	0.5%
光电子元器件及其产品	178	2.9%	轻工食品	28	0.5%
其他生物技术产品	174	2.8%	环境监测仪器	28	0.5%
高效节能	161	2.6%	复合材料	27	0.4%
仪器仪表	154	2.5%	机电基础件	19	0.3%
医药卫生	141	2.3%	其他航空航天产品	18	0.3%
机电一体化机械设备	132	2.2%	固体废弃物处理设备	16	0.3%
其他新材料技术	132	2.2%	广播电视设备	13	0.2%
其他环境保护技术	130	2.1%	其他核应用技术	9	0.1%
计算机网络产品	128	2.1%	能源、矿产资源的勘探	8	0.1%
新能源	117	1.9%	航空机械设备及地面装置	7	0.1%
通信设备	111	1.8%	航天器	5	0.1%
医疗器械	96	1.6%	噪声振动、电磁辐射和放射性污染防治设备	4	0.1%
水污染防治设备	89	1.5%	大型工程、海底设施基础	3	0.05%
农林牧渔	89	1.5%	运载火箭	3	0.05%
有机高分子材料及制品	88	1.4%	应用卫星	3	0.05%

续表

技术领域	企业	占比	技术领域	企业	占比
信息处理设备	83	1.4%	其他地球空间海洋工程	2	0.03%
电子计算机	79	1.3%	空间环境要素探测设备	2	0.03%
金属材料	76	1.2%	同位素及应用产品	1	0.02%
微电子、电子元器件	66	1.1%	固体地球观测设备	1	0.02%
监控设备及控制系统	53	0.9%	**总计**	**6131**	**100%**

(五)高新技术企业中私营企业数量占优与盈利能力堪忧并存

整体来看,"十三五"期间,武汉高新技术企业中私营企业数量处于优势,且地位不断加强和稳固。按照企业在工商行政管理部门登记注册类型①进行统计(见表2.3.4),私营企业的比重由2016年的28.8%不断增加至2020年的42.3%,而国有及集体企业、外商投资企业、港澳台投资企业的数量虽有少量增加,但所占比重逐年下降,分别由2016年的5.4%、3.4%、1.6%下降至2020年的2.93%、1.6%和0.8%。

2020年,武汉市6131家高新技术企业中,私营企业为2594家(占比42.3%),国有及集体企业共计180家(占比2.93%),外商投资企业97家(占比1.6%)、港澳台投资企业50家(占比0.8%)。对比2019年注册类型占比情况,可知私营企业占比提升了6个百分点(数量增加1042家),而国有及集体企业占比则下降0.6个百分点(数量增加30家),外商投资企业占比下降0.5个百分点(数量增加8家),而港澳台投资企业虽然占比略微下降0.1个百分点(数量增加11家)。

表2.3.4　　武汉市高新技术企业注册登记类型"十三五"期间变化情况

登记注册类型	2016年		2017年		2018年		2019年		2020年	
	企业数	占比(%)	企业数	占比(%)	企业数	占比(%)	企业数	占比(%)	企业数	占比(%)
私营企业	610	28.8	885	32.0	1193	34.7	1552	36.3	2594	42.3
国有企业	113	5.3	129	4.7	139	4.0	148	3.5	178	2.9
集体企业	3	0.1	1	0.04	1	0.03	2	0.05	2	0.03
外商投资企业	72	3.4	74	2.7	90	2.6	89	2.1	97	1.6
港澳台投资企业	33	1.6	31	1.1	34	1.0	39	0.9	50	0.8
股份合作企业	6	0.3	11	0.4	9	0.3	10	0.2	11	0.2
联营企业	7	0.3	4	0.1	5	0.1	5	0.1	7	0.1

① 企业登记注册类型释义详见本报告附录《企业登记注册类型划分》。

登记注册类型	2016 年		2017 年		2018 年		2019 年		2020 年	
	企业数	占比（%）	企业数	占比（%）	企业数	占比（%）	企业数	占比（%）	企业数	占比（%）
有限责任公司	965	45.6	1240	44.9	1543	44.9	1976	46.2	2658	43.4
股份有限公司	301	14.2	379	13.7	414	12.0	439	10.3	488	8.0
其他企业	7	0.3	9	0.3	10	0.3	16	0.4	46	0.8
总计	2117	100	2763	100	3438	100	4276	100	6131	100

由表 2.3.5 可知，2020 年武汉民营高新技术企业虽数量依旧占据绝对优势，实力较 2019 年也有较大提升，但盈利能力方面仍有较大提升空间。首先，从 2020 年营业收入看，私营企业营业收入总和只有国有企业的 33.7%（较 2019 年的 25.3% 有明显提升），为外商投资企业的 138.6%，较 2016 年的 104.1% 也有较大幅度提升。营业收入均值为 2801.9 万元，低于 2019 年的 3655.4 万元，2020 年营收均值也仅为国有企业的 2.3%，外商投资企业的 5.2%，港澳台投资企业的 4.2%。其次，从净利润看，2020 年私营企业净利润总额为 460629.8 万元，是国有企业净利润总和的 51.6%（较 2019 年的 31.7% 增幅明显），是外商投资企业的 134.8%（较 2019 年的 67.6% 有了根本性改变）。但平均净利润不高，仅为 177.6 万元/家，低于 2019 年的 229.1 万元/家，分别是国有企业、外商投资企业和港澳台投资企业平均净利润的 3.5%、5% 和 3%。以上数据表明，作为整体的民营高新技术企业实力尚可，但由于数量庞大，个体间规模和实力存在较大差异。

表 2.3.5　　　武汉市不同属性高新技术企业 2019 年和 2020 年经营情况比较

	企业登记注册类型	私营企业	国有企业	集体企业	外商投资企业	港澳台投资企业
2019 年经营情况（万元，万元/家）	企业数	1552	148	2	89	39
	营业收入总和	5673232.3	22433242.9	737.4	5450784.6	1188785.4
	私营企业/对应表头		25.3%	—	104.1%	477.2%
	营业收入均值	3655.4	151576.0	368.7	61244.8	30481.7
	私营企业/对应表头		2.4%	—	6.0%	12.0%
	净利润总和	355590.5	1120347.3	−192.0	526365.9	109455.5
	私营企业/对应表头		31.7%	—	67.6%	324.9%
	净利润均值	229.1	7569.9	−96.0	5914.2	2806.6
	私营企业/对应表头		3.0%	—	3.9%	8.2%

续表

	企业登记注册类型	私营企业	国有企业	集体企业	外商投资企业	港澳台投资企业
2020年经营情况（万元，万元/家）	企业数	2594	178	2	97	50
	营业收入总和	7268104.5	21543333.8	2142.8	5244641.0	3372546.4
	私营企业/对应表头		33.7%	—	138.6%	215.5%
	营业收入均值	2801.9	121030.0	1071.4	54068.5	67450.9
	私营企业/对应表头		2.3%		5.2%	4.2%
	净利润总和	460629.8	893314.0	−471.3	341608.4	295872.6
	私营企业/对应表头		51.6%	—	134.8%	155.7%
	净利润均值	177.6	5018.6	−235.6	3521.7	5917.5
	私营企业/对应表头		3.5%	—	5.0%	3.0%

（注明：因集体企业只有2家，不具代表性，故不参加与私营企业的比较）

（六）超六成高新技术企业存续时间在十年以内

从"十三五"期间发展情况看，2011年之前成立的高新技术企业比重呈现逐年下降趋势，2011年以后成立的高新技术企业比重则逐年上升，表明武汉新增高新技术企业大多是近十年新设立的。在2020年的6131家高新技术企业统计中，发现存续时间在近十年以内（即在2011—2020年内登记）的企业共计3975家，占比64.8%。2005年及以前成立的企业有1146家，占比18.7%，其中2000年及以前的企业418家，占比6.8%（如图2.3.4所示）。总的来看，武汉市科技型企业的存续时间较长，生命力较强。

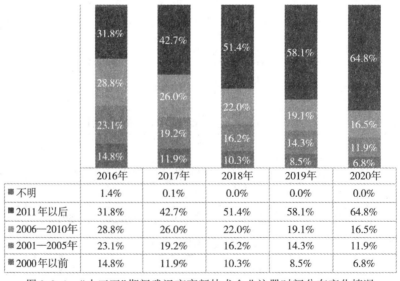

	2016年	2017年	2018年	2019年	2020年
不明	1.4%	0.1%	0.0%	0.0%	0.0%
2011年以后	31.8%	42.7%	51.4%	58.1%	64.8%
2006—2010年	28.8%	26.0%	22.0%	19.1%	16.5%
2001—2005年	23.1%	19.2%	16.2%	14.3%	11.9%
2000年以前	14.8%	11.9%	10.3%	8.5%	6.8%

图2.3.4 "十三五"期间武汉市高新技术企业注册时间分布变化情况

(七)不同规模高新技术企业经营差异明显

课题组依据 2011 年发布的《中小企业划型标准规定》文件,根据营业收入对武汉 2020 年 6131 家高新技术企业进行划分类型,鉴于《中小企业划型标准规定》只有 13 个行业有明确的营业收入标准(见表 2.3.6),因而最终对 5184 家企业依据营业收入划型(其中确定大型企业 321 家,中小微型企业 4863 家(见表 2.3.7),另外 947 家企业无对应行业,无法依据营业收入划型。

表 2.3.6 　　　　　　　　 **中国企业划型之营业收入标准规定①**　　　　　 (单位:万元)

行业	大型	中型	小型	微型
农林牧渔业	20000 及以上	500~20000	50~500	50 以下
工业	40000 及以上	2000~40000	300~2000	300 以下
建筑业	80000 及以上	6000~80000	300~6000	300 以下
批发业	40000 及以上	5000~40000	1000~5000	1000 以下
零售业	20000 及以上	500~20000	100~500	100 以下
交通运输业	30000 及以上	3000~30000	200~3000	200 以下
仓储业	30000 及以上	1000~30000	100~1000	100 以下
邮政业	30000 及以上	2000~30000	100~2000	100 以下
住宿与餐饮业	10000 及以上	2000~10000	100~2000	100 以下
信息传输业	10000 及以上	1000~10000	100~1000	100 以下
软件与信息技术服务业	10000 及以上	1000~10000	50~1000	50 以下
房地产开发经营	200000 及以上	1000~200000	100~1000	100 以下
物业管理	5000 及以上	1000~5000	500~1000	500 以下

表 2.3.7 　　　　　　 **2020 年武汉高新技术企业依据营业收入划型**　　　　 (单位:家)

行业 规模	工业	建筑业	交通运输、仓储和邮政业	零售业	农林牧渔业	批发业	信息传输、软件和信息技术服务业	总计
大型	170	40	3	0	2	0	106	321
中小微型	2140	185	11	10	66	14	2437	4863

由图 2.3.5 可知,武汉中小微高新技术企业数量增长率基本上和总体增长率保持一致,高于大型高新技术企业的增长率,表明武汉的高新技术企业不仅以中小型企业为主,

---

① 由 2011 年 7 月 4 日工业和信息化部、国家统计局、国家发展和改革委员会和财政部联合发布的《中小企业划型标准规定》绘制而成。

而且增加的速度也远高于大型高新技术企业。

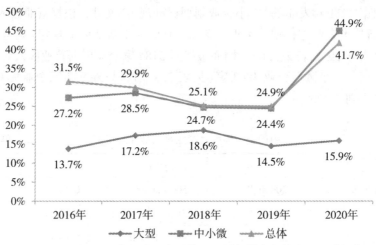

图 2.3.5 "十三五"期间武汉市总体及不同规模高新技术企业增长率

表 2.3.8 不同规模企业上市及经营情况(2020 年)

		大型	中小型
上市及挂牌(家)	主板	14	6
	科创板	2	2
	创业板	8	9
	新三板	7	115
	中小板	6	2
	股权托管交易中心	0	109
	香港及境外上市	3	1
	总计	**40**	**244**
经营情况(万元)	净利润总和	4308069.8	539294.4
	净利润均值	13420.8	110.9

　　分析表 2.3.8 可知,虽然中小型企业相较于大型企业,在数量上占有绝对优势,但 2020 年的经营表现与大型企业相比,差距较大,且差距在"十三五"期间呈现出扩大的趋势。武汉中小型高新技术企业 2020 年净利润总和为 13420.8 万元,是大型企业利润总和(4308069.8 万元)的 12.52%,高于 2019 年(8.3%)和 2018 年(12.3%),但低于 2017 年的 15.3% 和 2016 年的 16.5%;平均净利润为 110.9 万元/家,仅是大型企业(13420.8 万元/家)的 0.8%,略高于 2019 年的 0.7%,但远低于 2016—2018 年的 1.7%、1.4% 和 1.1%。此外,从上市数量及板块情况看,大型企业在主板和中小板上市公司数量多于中小企业,中小企业主要以在"新三板"和股权托管交易中心挂牌交易为主。

（八）高新技术企业营收均值逐年降低且企业间差距不断扩大

营业收入是企业的主要经营成果，是企业取得利润的重要保障，包含主营业务收入和营业外收入，其中主营业务收入是企业从事某种主要生产、经营活动所取得的收入，是营业收入的主体。武汉市 6136 家高新技术企业 2020 年实现营业收入总计 12317.9 亿元，平均每家企业营业收入为 2 亿元(低于 2019 年的 2.6 亿元)。总体来看，在"十三五"期间，随着高新技术企业数量的不断增加，每年营业收入总和也在不断提高，但营业收入均值却呈现逐年下降态势，从 2016 年的 3 亿元/家降至 2020 年的 2 亿元/家,① 表明随着高新技术企业的快速增加，新增企业的质量有所下降(如图 2.3.6 所示)。

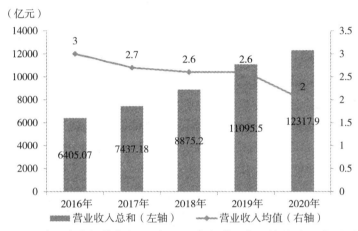

图 2.3.6 武汉市高新技术企业"十三五"期间营业收入情况(亿，亿元/家)

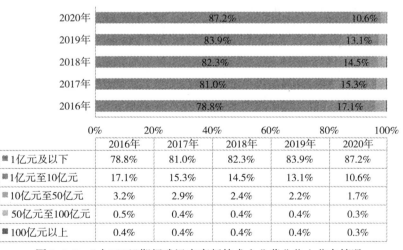

	2016年	2017年	2018年	2019年	2020年
1亿元及以下	78.8%	81.0%	82.3%	83.9%	87.2%
1亿元至10亿元	17.1%	15.3%	14.5%	13.1%	10.6%
10亿元至50亿元	3.2%	2.9%	2.4%	2.2%	1.7%
50亿元至100亿元	0.5%	0.4%	0.4%	0.4%	0.3%
100亿元以上	0.4%	0.4%	0.4%	0.4%	0.3%

图 2.3.7 "十三五"期间武汉市高新技术企业营业收入分布情况

---

① 2020 年营收均值较 2019 年下降明显，由 2.6 亿元/家降至 2 亿元/家，其中有受新冠肺炎疫情冲击的影响。

另由图 2.3.7 可知，随着高新技术企业数量的增加，营收低于亿元的企业占比也在不断提高，由 2016 年的 78.8%增至 2020 年的 87.2%。营收为 1 亿~100 亿元的企业比例则逐年下降，而营收 100 亿元以上的企业数量较少，比较稳定，一直都保持在 0.3%~0.4%的水平。一则反映武汉高新技术企业营业收入绝大部分低于 1 亿元，规模和实力还需提升；二则表明营业收入差距有进一步扩大的趋势。

(九)不同注册类型和不同规模高新技术企业税费贡献差异大

从企业注册类型看(见表 2.3.9)，国有企业及集体企业实际上缴税费总额①及均值贡献都比较大。在税费总额方面，2020 年私营企业税费总额(297692.8 万元)高于港澳台投资企业(131734.1 万元)和外资企业(183513.0 万元)，但在税费均值上，私营企业税费均值(114.8 万元/家)远低于后两类企业。从年度变化看，私营企业实际缴纳税费均值从 2016 年至 2020 年处于下降状态，国有企业则处于波动状态，港澳台投资企业和外资企业缴纳税费均值较为稳定。另外，2020 年受新冠肺炎疫情影响，各类型企业实际缴纳的税费均值都出现较大幅度的下降。

从企业规模看，大型高新技术企业的税费贡献远高于中小型。二者的企业数量比由 2016 年的大约 1∶10 变为 2020 年的 1∶15，但大型高新技术企业实际上缴税费总额在"十三五"期间，大约维持在中小型企业 4 倍以上；实际上缴税费均值都在中小型企业 40 倍以上。

表 2.3.9 不同登记注册类型和不同规模高新技术企业"十三五"期间税费贡献(万元)

分类	2016 年		2017 年		2018 年		2019 年		2020 年	
	实际上缴税费总额	实际上缴税费均值	实际上缴税费总额	实际上缴税费均值	实际上缴税费总额	实际上缴税费均值	实际上缴税费总额	实际上缴税费均值	实际上缴税费总额	实际上缴税费均值
不同登记注册类型高新技术企业										
私营企业	145478.5	238.5	249791	282.2	256774.4	215.2	236569	152.4	297692.8	114.8
国有企业	573125.7	5071.9	595680.5	4617.7	621815.8	4473.5	804666.9	5436.9	442629.8	2486.7
集体企业	4794.8	1598.3	36.6	36.6	6.1	6.1	8.4	4.2	6.2	3.1
外商投资企业	200902.3	2790.3	237763.4	3213	264104.4	2934.5	261045	2933.1	183513.0	1891.9
港澳台投资企业	69629.8	2110	89216.4	2877.9	116959.6	3440	116900.5	2997.4	131734.1	2634.7

---

① 这里的税费总额指企业现金流量表中当期累计实际上缴的各项税费，包括增值税、企业所得税、印花税、城建税、教育费附加、河道基金、消费税、契税、房产税、土地增值税等费用。

续表

分类	2016 年		2017 年		2018 年		2019 年		2020 年	
	实际上缴税费总额	实际上缴税费均值	实际上缴税费总额	实际上缴税费均值	实际上缴税费总额	实际上缴税费均值	实际上缴税费总额	实际上缴税费均值	实际上缴税费总额	实际上缴税费均值
不同规模高新技术企业										
大型	2032590.7	11681.6	2330140.2	11422.3	3033071.6	12533.4	4119527.1	14871.9	2356884.7	7342.3
中小微型	489615.2	290.9	539463.9	249.4	615539.5	228.2	562975.8	167.8	598275.6	123.0
大/中小微	4.2	40.2	4.3	45.8	4.9	54.9	7.3	88.6	3.9	59.7

三、武汉新三板高新技术企业聚类分析[①]

为全面反映武汉科技型企业的基本状况和竞争能力，本报告依据新三板高科技企业因挂牌而公开的信息，从中筛选武汉典型科技型企业进行聚类分析，希望通过资本市场回顾该类企业以技术为核心的无形资产数据，探究其核心竞争能力。

（一）样本企业的选取

"新三板"定位于为创新型、创业型、成长型中小企业发展服务，这类企业普遍规模较小，尚未形成稳定的盈利模式，因而新三板挂牌的公司都属于创新型的中小企业。自2012 年"新三板"扩容以来，尤其是进入 2015 年以来，挂牌交易的企业数量大幅增加。自2018 年以来，中国资本市场进行了系列改革，包括"科创板"设立并实行注册制，"创业板"改革实施注册制、进行退市制度改革等，对公司上市产生了重大影响。新三板也适时推出了改革措施，一是 2019 年 10 月在原来创新层和基础层之外，设立精选层，筛选一批科技创新型的优质中小企业，有效提升融资并购交易效率，全面改善新三板市场整体效益。二是 2020 年 6 月，证监会颁布和实施《关于全国中小企业股份转让系统挂牌公司转板上市的指导意见》（〔2020〕29 号），允许符合条件的新三板公司转至"科创板"和"创业板"上市。三是 2021 年 9 月设立北京证券交易所，将原新三板精选层企业平移至北京证券交易所，并明确规定北交所上市企业必须来源于符合条件的创新层企业，目前北交所 86 家上市企业中，武汉只有微创光电（430198. BJ）1 家。

武汉作为中部区域中心城市，众多符合条件的中小企业成功挂牌交易，截至目前，仍

[①] 该章节所涉及数据均来自新三板公司披露的 2020 年年报，年报从全国中小企业股份转让系统官网（http：//www.neeq.com.cn/）下载；年报缺失数据，通过查询 Wind 数据库或公开转让说明书予以补充。

在新三板正常挂牌交易的企业166家,其中创新层30家,基础层133家。[1] 2020年有园外园(873428)、迈威通信(873461)和赫岩科技(873491)3家企业成功挂牌新三板。课题组以武汉市目前在"新三板"正常挂牌交易的166家公司为基础,结合武汉市2020年认定的6259家高新技术企业,最终选择通过高新技术企业审核认证并仍在新三板正常交易的125家企业作为样本企业(如图2.3.8所示),即武汉新三板挂牌企业中高新技术企业占比75.3%。

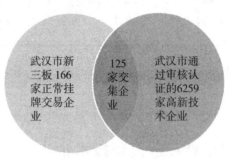

图2.3.8 125家样本企业筛选示意图

(二)武汉典型科技型中小企业发展概况

结合125家样本企业2020年年报和《公开转让股份说明书》披露的信息,课题组从基本情况、股东员工、财务经营情况和技术情况对武汉科技型中小企业发展进行统计分析。

1. 基本情况

(1)成立年份

分析表2.3.10可知,武汉中小型科技企业存续期普遍较长,其中存续期占比最多的是15~20年的企业(即成立时间为2001—2005年),占比41.6%;其次为10~15年的企业,占比29.6%;2000年及以前和2011年及以后成立的企业分别占15.2%和13.6%,这表明武汉科技型中小企业主要以成立十几年的企业为主,发展较为成熟。另外,125家在新三板挂牌的企业没有一家是在2015年及以后年度成立的,反映出武汉新创科技中小企业对登陆新三板融资的兴趣不大。

表2.3.10 武汉新三板高新技术样本企业成立年份分布

	2000年及以前	2001—2005年	2006—2010年	2011年及以后	总计
企业数量	19	52	37	17	125
占比	15.2%	41.6%	29.6%	13.6%	100%

---

① 仅指目前仍在新三板挂牌的企业,不包括已摘牌的企业,原精选层已经平移转为北交所上市。

（2）行业分布

武汉新三板科技型中小企业在行业分布上，软件和信息服务行业的企业较多，有27家企业，占样本企业21.6%。其次为化学原料和化学制品制造业10家（8%），专用设备制造业8家（6.4%）、电气机械和器材制造业、仪器仪表制造业和计算机、通信和其他电子设备制造业各7家（5.6%）。由表2.3.11可知，武汉新三板科技型中小企业分布基本涵盖了主要行业和领域，且相对而言比较集中，主要集中在软件信息服务业和制造业。

表2.3.11　　　　　　　武汉新三板高新技术样本企业行业分布

行业	企业	占比	行业	企业	占比
软件和信息技术服务业	27	21.6%	汽车制造业	4	3.2%
化学原料和化学制品制造业	10	8.0%	研究和试验发展	3	2.4%
专用设备制造业	8	6.4%	铁路、船舶、航空航天和其他运输设备制造业	2	1.6%
电气机械和器材制造业	7	5.6%	农业	2	1.6%
仪器仪表制造业	7	5.6%	金属制品业	2	1.6%
计算机、通信和其他电子设备制造业	7	5.6%	土木工程建筑业	2	1.6%
医药制造业	6	4.8%	商务服务业	1	0.8%
通用设备制造业	5	4.0%	电力、热力生产和供应业	1	0.8%
生态保护和环境治理业	5	4.0%	建筑安装业	1	0.8%
互联网和相关服务	5	4.0%	新闻和出版业	1	0.8%
专业技术服务业	4	3.2%	广播、电视、电影和影视录音制作业	1	0.8%
非金属矿物制品业	4	3.2%	食品制造业	1	0.8%
科技推广和应用服务业	4	3.2%	农副食品加工业	1	0.8%
教育	4	3.2%	总计	125	100%

（3）客户情况

客户集中度指前五大客户销售收入占企业销售收入的比例。客户集中度高，便于企业集中管理，降低交易成本，但过度依赖大客户也会带来一系列潜在风险。武汉125家科技型中小企业2020年客户集中度均值为51.8%，相较于2019年的50%有所反弹，也略高于2018年的51.4%（如图2.3.9所示）。客户集中度在50%以上的企业61家（占比48.8%），其中客户集中度在90%以上的企业有10家（如图2.3.10所示）。总体表明武汉科技型中小企业对主要客户的依赖程度较高，且集中度有反弹提高的趋势。

（4）企业风险分析

企业面临的风险因素往往是影响其存续运营的重要因素，也是其培育竞争力的关键领域。分析科技型中小企业面临的风险，可知影响科技型中小企业发展的重要因素。课题组依据 125 家样本企业 2020 年年报披露的风险因素整理成表 2.3.12。

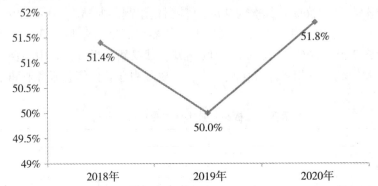

图 2.3.9 武汉新三板高新技术样本企业 2018—2020 年客户集中度均值变化

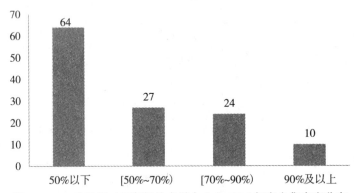

图 2.3.10 武汉新三板高新技术样本企业 2020 年客户集中度分布

表 2.3.12 武汉新三板高新技术样本企业面临风险因素披露情况 (次)

风险因素	企业	风险因素	企业
市场/行业竞争变化的风险	91	营运资金不足、融资渠道单一的风险	18
技术研发、更新和泄密的风险	57	宏观经济形势和波动的风险	13
实际控制人不当控制和内控的风险	47	经营季节性波动的风险	10
产品和业务的风险	41	知识产权受到侵犯、保护和开发不利的风险	8
技术人员流失/不足风险	41	新冠肺炎疫情对公司产生不利影响	8
应收账款回收风险	39	投资风险	5
国家/行业政策变动的风险	35	对政府补助存在依赖的风险	4
税收优惠变动风险	31	汇率波动风险	4
公司管理风险	28	关联交易风险	3
客户集中度过高、客户依赖的风险	27	流动性风险	2

由表 2.3.12 可知,对科技型中小企业而言,影响其经营发展的主要因素可分为外部和内部两部分:外部因素主要是宏观方面的经济态势、市场和行业竞争以及政府当期政策(包括各种税收政策、政府补助政策等)等对企业的运营和发展会产生重大的影响。企业层面的影响因素,主要包括形成其核心竞争力的技术是否面临风险,公司治理和控制人的风险。此外,人才、产品质量也是其发展赖以依靠的重要因素。当然客户过于集中、关联交易、融资渠道不畅以及财务方面的风险(如应收账款回收、汇率波动、债务利息过高等)都会影响科技型中小企业的健康稳定持续发展。另外,由于武汉地区在 2020 年受新冠肺炎疫情的影响较大,部分样本企业在年报中特别披露了疫情会对公司的业务经营、市场拓展及财务表现带来不确定性风险。

2. 控股股东及员工情况

(1)实际控制人和控股股东

"新三板"以民营企业和混合所有制企业为主,企业第一大股东大部分为自然人和公司的创始者。因此存在"企业自然人控股股东=企业实际控制人=创业股东"的内在关联性。在 125 家样本企业中,有 11 家无实际控制人或实际控制人为企业和法人,故只对实际控制人为自然人的 114 家企业进行分析。

①实际控制人持股比例。①

统计发现,新三板企业的实际控制人通过直接和间接持有股份,对企业的持股比例比较高。持股比例在 30%～50% 的企业有 43 家,占比 37.7%,持股比例在 50% 以上的企业占到样本的 49.1%(见表 2.3.13)。总的来看,武汉中小高新技术企业股权比较集中,公司的控制权掌握在创始人或团队中。

表 2.3.13　武汉新三板高新技术样本企业实际控制人持股比例(家,%)

持股比例	≤30%	(30%～50%]	(50%～70%]	>70%	小计
企业	15	43	39	17	114
占比	13.2%	37.7%	34.2%	14.9%	100%

②实际控制人年龄及学历。

年龄和学历是衡量公司的创业人员(即公司实际控制人)的重要特征变量。从年龄看,新三板企业实际控制人年龄以 40～59 岁为主(占比 79.9%),40 岁以下和 60 岁以上比例分别为 3.5% 和 16.7%(见表 2.3.14)。在所有实际控制人当中,骏网科技(872890)实际控制人黄华的年龄最小,为 34 岁;奥杰科技(831179)实际控制人吕宜德的年龄最大,为 74 岁。

---

① 统计中实际控制人既包括单一实际控制人,也包含一致行动人构成的联合实际控制人;持股比例除包含实际控制人直接控制的股份外,也包含通过股权安排间接控制的股份。

表2.3.14　　　　武汉新三板高新技术样本企业实际控制人年龄分布(人)

年龄	30~39岁	40~49岁	50~59岁	60岁以上	小计
人数	4	19	72	19	114
占比	3.5%	16.7%	63.2%	16.7%	100%

从学历看(见表2.3.15)，新三板企业实际控制人以本科学历最多，占比36.8%，其次为硕士，占比30.7%，大专及以下占比21.1%，有博士学位的也有13位。总的来看，高新技术企业的创始股东学历较高。

表2.3.15　　　　武汉新三板高新技术样本企业实际控制人学历分布(人)

学历	大专及以下	本科	硕士	博士	小计
人数	24	42	35	13	114
占比	21.1%	36.8%	30.7%	11.4%	100%

③实际控制人在企业任职及股东关联关系情况。

从企业实际控制人任职情况看，基本都在企业内担任董事长或担任董事长同时兼任其他职务，为101人，占比88.6%。其中企业实际控制人在企业中出任董事长并兼职总经理的人数最多(61人)，其次为仅出任董事长一职(33人)，其他任职情况人数不多(见表2.3.16)。

表2.3.16　　　武汉新三板高新技术样本企业实际控制人企业内任职情况(人)

任职	人数	占比
董事长兼总经理	61	53.5%
董事长	33	28.9%
董事长兼总经理兼法定代表人	2	1.8%
董事长兼总工程师	1	0.9%
董事长兼财务总监	1	0.9%
董事长兼党委书记	1	0.9%
董事长兼总经理兼财务负责人	1	0.9%
董事长兼财务总监兼董事会秘书	1	0.9%
董事	7	6.1%
董事兼总经理	2	1.8%
董事兼总经理兼财务负责人	1	0.9%
副董事长	1	0.9%
无	2	1.8%
总计	114	100%

此外，课题组发现武汉新三板高新技术企业主要股东之间大多存在一定的血缘或姻亲关系，[①] 存在这种关系的企业有 63 家，占 114 家样本企业比例为 55.3%（如图 2.3.11 所示）。表明武汉市科技型中小企业和其他非科技型中小企业一样，家族式、夫妻式的创业特征较为明显。

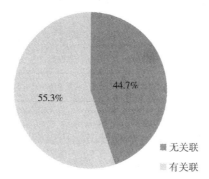

图 2.3.11　武汉新三板高新技术样本企业股东存在血缘或姻亲关联关系情况

（2）员工情况

员工作为劳动力集合的重要组成部分，对企业发展至关重要，员工素质和结构对企业的经营绩效会产生较大影响。武汉新三板挂牌的 125 家高新技术企业截至 2020 年年底共计拥有员工 19012 名，平均每家企业 152 名员工。如图 2.3.12 所示，大部分企业员工人数都在 100 以内（56 家），或在 100~199 之间（44 家）。其中员工最多的企业是亿童文教（430223），拥有 1130 名员工，最少的为不牛电子（872890），仅有 8 名员工。

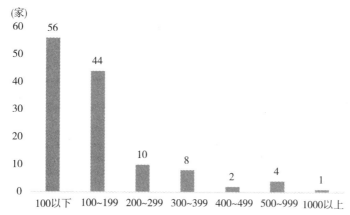

图 2.3.12　武汉新三板高新技术样本企业 2020 年员工数量分布（单位：人）

①员工的学历结构。

学历虽然不等同能力，但很大程度上能反映人的素质。由于新三板企业在年报中披露

---

①　具体包括夫妻、父子/女、兄弟/妹、叔侄、母子/女、舅甥、亲戚、姻亲、岳母与女婿等。

员工学历分布时,分层不尽相同,课题组将员工学历层次分为"高中及以下""专科""本科"和"硕士及博士"四个等级,凡未按上述口径进行员工学历披露的企业排除在样本之外。筛选后剩余样本企业的员工学历分布统计结果见表2.3.17。

表2.3.17　　　**2020年武汉新三板高新技术有效样本企业员工学历结构分布**

学历	高中及以下	专科	本科	硕士及博士	总计
人数	5507	5327	7091	1087	19012
占比	29.0%	28.0%	37.3%	5.7%	100%

　　整体而言,武汉新三板科技型中小企业员工学历以专科及以下为主,其中高中以下占比29%,专科占比28%,二者合并接近六成,本科学历占37.3%(与2019年大致持平),硕士及博士占比5.7%(与2019年持平)。一般而言,具有较高学历,掌握先进方法和管理技巧的高素质员工能够促成企业形成核心竞争力,在一定程度上影响企业的运营绩效。统计结果表明,武汉科技型中小企业的高学历员工较为缺乏,这可能因为:一是"新三板"企业虽然为科技型企业,但大多数企业属于初创型,距离真正的技术导向型企业还有一定的差距,很大一部分员工都是一线生产人员,拉低了员工的整体学历水平;二是"新三板"企业以民营中小企业为主,高学历员工主要集中在研发部门和高管团队,而这部分核心员工在企业中占比并不高。

　　②员工的专业结构。

　　专业结构一般指员工的岗位分工情况,理论上可分为生产人员、技术(研发)人员、管理人员、财务人员和行政人员等。鉴于新三板企业在部门结构设计上存在一定差异,且各企业的生产人员、技术(研发)人员和销售人员人数较多,具有一定代表性,因此着重分析此三类人员。

表2.3.18　　　**2020年武汉新三板高新技术样本企业员工总数及专业结构分布**

(单位:人、家、人/家)

总人数	企业数	平均	销售人员	占比	技术人员	占比	生产人员	占比
19012	125	152	2882	15.2%	6535	34.4%	5760	30.3%

　　由表2.3.18可知,继2017年武汉新三板高新技术企业技术人员比例首次超过生产人员的比例后,2018年、2019年继续这一趋势,2020年技术人员占比34.4%(略高于2019年的34.2%),高于生产人员的30.3%,占比最低的为销售人员(15.2%)。这充分表明,越来越多具有技术背景的员工受到高新技术企业的青睐,武汉科技型中小企业对技术和研发愈发重视,对技术研发人员的需求日益增加。

③核心员工及持股情况。

根据《非上市公司监督管理办法》规定，企业可按照认定程序，由董事会提名并表决确定企业的核心员工。企业的核心员工可以是企业高级管理人员、核心技术人员等。实际上，新三板企业的核心技术人员和高管是交叉的，公司的核心人员可能既是高管，也是核心技术人员。核心员工是企业的核心竞争优势之一，给予其一定股份是留任核心员工的重要手段。经统计，125家样本企业中，核心员工持有公司股份的有20家，占比17.5%。说明已有部分武汉高新技术企业通过员工持股的方式来留住骨干技术人才，但是这类企业并不多。

3. 2020年财务经营情况

（1）营业收入及净利润

以企业2020年营业收入相较于2019年的变化作为衡量企业效益的指标。125家样本企业中，营业收入增加的企业仅46家（占比36.8%），营业收入减少的企业79家（占比63.2%），表明新冠肺炎疫情对武汉新三板高新技术企业的经营影响较大，2020年营收普遍低于2019年。从营业收入变动幅度看，46家营业收入增加的企业平均增幅28.1%，其中增幅最大的企业为日新科技（835679），增幅154.5%；79家营业收入减少的企业平均降幅为30.4%，降幅最大的企业是不牛电子（872890），降幅为95.2%（如图2.3.13所示）。

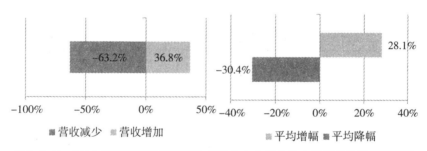

图2.3.13　2020年武汉新三板高新技术样本企业营业收入年度变化及幅度情况

由表2.3.19可知，虽然受疫情影响，大部分武汉新三板高新技术企业的营业收入都有所下降，但2020年还是有65.6%的企业实现了盈利（低于2019年的73.7%），平均盈利1242.5万元/家；43家企业2020年净利润为负，占比34.4%（高于2019年的26.7%），平均每家亏损1258.6万元。

表2.3.19　　　　　　武汉新三板高新技术样本企业2020年净利润情况

净利润	盈利	亏损
企业数（家）	82	43
占比（%）	65.6%	34.4%
平均（万元/家）	1242.5	-1258.6

（2）税费情况

现金流量表中支付的各项税费①能够如实反映企业实际支付税费。为消除企业规模和不同城市样本企业数量差异，用当期支付各项税费与当期营业收入之比作为分析指标。由表 2.3.20 可知，武汉新三板高新技术企业 2020 年的税费/营收比率（5.7%）相较于 2019 年的 6% 降低了 0.3 个百分点，虽然与 2019 年较 2018 年降低 1.4 个百分点相比，下降幅度有所收缩，但科技型中小企业的税负在持续降低，表明政府部门的各种降税减负政策产生的效应在不断的释放。

表 2.3.20　武汉新三板高新技术样本企业 2019—2020 年支付税费与营业收入比率平均值

年度	2019 年	2020 年	变化
支付税费与营业收入比率	6.0%	5.7%	-0.3%

（3）期间费用

期间费用包含销售费用、管理费用和财务费用，分别可以反映企业的营销绩效、运营能力和融资成本情况。单纯的绝对数据意义不大，且受营业收入影响，因此我们使用销售费用率、管理费用率和财务费用率②相对指标来纵向分析武汉新三板高新技术样本企业的期间费用情况。

表 2.3.21　　武汉新三板高新技术样本企业 2019—2020 年期间费用变化情况

年度	2019 年	2020 年	变化
销售费用率	11.1%	11.0%	-0.1%
管理费用率	17.1%	20.2%	3.1%
财务费用率	1.8%	1.8%	0.0%

分析表 2.3.21 可知，武汉新三板高新技术样本企业 2020 年的销售费用率和财务费用率与 2019 年基本持平，而管理费用率（20.2%）较 2019 年（17.1%）大幅度提升 3.1 个百分点。这主要是 2020 年受新冠肺炎疫情的影响，大部分企业的经营活动都受到了影响，业务推广和融资活动都处于收缩状态，而相应的管理成本开支却要承担，使得管理费用率有较大幅度的提高。

（4）研发支出

研发支出是形成企业技术优势和无形资产的重要源泉，也是衡量科技型企业的一个重

---

① 现金流量表中企业当期累计实际支付各项税费，包括增值税、企业所得税、印花税、城建税、教育费附加、河道基金、消费税、契税、房产税、土地增值税等费用。

② 销售费用率、管理费用率和财务费用率分别由销售费用、管理费用和财务费用比上营业收入计算得出。

要指标。为此我们计算了武汉新三板高新技术样本企业的平均研发金额及研发投入强度,① 见表2.3.22。

表2.3.22　武汉新三板高新技术样本企业2019—2020年研发费用情况(%, 万元/家)

年份	2019年	2020年	变化/增幅
研发投入强度	12.9%	12.6%	-0.3%
研发支出均值	681.0	626.1	-8.1%

国际上一般认为,研发经费强度在1%以内的企业难以生存,达到2%则勉强维持,5%以上的企业才具备竞争力。② 受疫情影响,2020年一季度,武汉的经济生活处于停滞状态,后面三个季度才慢慢恢复,因而武汉高新技术样本企业的研发活动也受到影响,2020年平均研发投入强度和研发支出均值都低于2019年。2020年平均每家企业投入研发资金626.1万元,较2019年681万元/家,下降了8.1%。研发投入强度为12.6%,低于2019年的12.9%,但远高于5%的水平,说明武汉新三板高新技术企业在技术研发方面具备了一定竞争能力。

(5)政府补助

政府补助作为引导和扶持中小企业成长的政策性工具,在中小企业培育和发展方面发挥了重要作用。一般指企业从政府无偿取得的货币性资产或非货币性资产,主要包括财政拨款、财政贴息、税收优惠和无偿划拨的非货币性资产等,但不包含政府作为企业所有者投入的资本。在典型中小企业政府补贴数据统计中,发现政府补助项目主要为科研课题、人才引进、技术创新等方面的奖励,其次为一些专项补助。

由表2.3.23可知,政府补助已成为武汉新三板高新技术样本企业可以享受到的"普惠政策",125家样本企业中有124家获得不同类型的政府补助,覆盖率达到99.2%,平均每家企业补贴为137.4万元,但企业之间存在较大差距,获得补贴最多的为日新科技(835679),2020年获得补助2528.4万元,获得政府补助最少的中创融科(872593),仅为0.24万元。

表2.3.23　武汉新三板高新技术样本企业2020年政府补助情况(万元)③

政府补助	覆盖率	总额	均值	最大值	最小值
武汉	99.2%	21359.1	172.3	2528.4	0.24

(注:已剔除无政府补助的武汉科锐(839993))

---

① 研发投入强度是研发支出与营业收入的比例。
② 汪海粟,寇垠,等.中国创业板上市公司无形资产蓝皮书2012—2013[M].北京:中国财政经济出版社,2014:133.
③ 补助覆盖率指有政府补助的企业与样本企业之比。

由表 2.3.24 可知，政府补助金额前五名企业是后五名企业的 541 倍，研发强度（6.6%）与后五名（6.7%）大致持平，表明政府补助对中小企业增加研发投入并无正向影响。另外，获得补助前五名企业支付的税费总额虽然是后者的 23.2 倍，但税费总额与营业收入比（3.9%）却与后五名（4.1%）水平大致持平，表明企业获取政府补助金额的多少和其税费贡献之间也没有太大的关联性，即政府补助并不一定能提升科技型中小企业自身的造血能力，让企业经营更佳从而贡献更多的税费。上述分析表明，已经成为高新技术企业普惠政策的政府补助措施需要对其效果进行评估，以便对高新技术企业的发展起到更好的促进作用，而非"大水漫灌"，最终没有太大成效。

表 2.3.24　　**2020 年不同分组企业政府补助金额与税费、研发强度对比（万元）**

	政府补助总额	支付税费总额	税费总额/营业收入	研发/营业收入
前五名	6708.9	6395.4	3.9%	6.6%
后五名	12.4	275.3	4.1%	6.7%
前五/后五	541.0	23.2		

（注：表中数据已剔除无政府补助的企业）

（6）间接融资

企业为实现自身发展需要，除通过多层次资本市场直接融资外，还可以通过银行、小额担保公司、民间借贷、融资租赁等方式来筹集所需资金。经统计，2020 年 125 家样本企业中有 100 家企业以固定资产抵押或应收账款担保或信用贷款的方式通过银行借贷融资，共支付贷款利息 13.4 亿元。另外，还有部分企业通过小额贷款公司和融资租赁筹措资金，表明当前银行贷款融资仍然是武汉科技型中小企业最主要的间接资金来源。

4. 技术和无形资产

科技型中小企业一般是"轻资产"运营，其核心竞争力在于其拥有的技术和无形资产，前面论述样本企业形成核心竞争力面临的风险因素时，发现技术研发、更新和保护是提升企业竞争力面临的主要问题之一，这表明技术类无形资产对高新技术企业十分重要。为详细了解科技型中小企业的技术情况，课题组将从样本企业拥有的常规无形资产（专利技术、软件著作权、商标）和非常规无形资产（资质等）进行统计分析。

（1）专利

专利是企业技术和研发实力的集中体现，分为发明、实用新型和外观设计三种类型，[1] 其中以发明专利"含金量"最高。从专利覆盖率[2]看，125 家样本企业中有 121 家拥有已授权专利，专利覆盖率为 96.8%。

---

　　① 发明，是指对产品、方法或者其改进所提出的新的技术方案；实用新型，是指对产品的形状、构造或者其结合所提出的适于实用的新的技术方案；外观设计，是指对产品的形状、图案或者其结合以及色彩与形状、图案的结合所作出的富有美感并适于工业应用的新设计。

　　② 专利覆盖率指拥有已授权专利或正申请专利的企业与样本企业之比。

表 2.3.25　　　　　　　　武汉新三板高新技术样本企业已授权专利情况

		发明	实用新型	外观设计	总计
已授权专利	数量	2037	2818	1155	6010
	占比	33.9%	46.9%	19.2%	100%

由表 2.3.25 可知,从已授权专利看,样本企业中以实用新型专利为主(46.9%),其次为发明专利(33.9%)和外观设计专利(19.2%)。考虑到发明专利的技术含量最高,审核最严格,最能体现一个企业的技术水平,从这一点看,武汉新三板高新技术企业的技术水平还有进一步提升的空间,应更多追求重大技术突破,获得更多的发明专利,而非侧重实用新型专利。

(2)著作权

著作权可大致分为软件著作权和作品著作权。软件著作权是指软件开发者或其他权利人依据有关著作权法律的规定,对于软件产品所享有的各项专有权利,包括发表权、开发者身份权、使用权、许可权和获得报酬的权利等。软件著作权毫无疑问是企业一项重要的技术类无形资产,尤其对于信息技术行业的企业竞争优势的形成极为重要。而作品著作权也是权利人智慧和知识的结晶,受到法律保护,合理规范的运营能够为权利人产生收益和获取竞争优势。

由表 2.3.26 可知,武汉新三板高新技术企业的软件著作权覆盖率(72.8%)远低于专利覆盖率(96.8%),这和软件著作权具有行业依赖性有关。拥有软件著作权的 91 家样本企业共拥有 3034 项,平均每家 33.3 项。其中软件著作权最多的企业是光谷信息(430161),拥有 196 项,永力科技(830840)等 10 家企业只拥有 1 项软件著作权。

相较于软件著作权,拥有作品著作权的高新技术企业数量则少很多,只有 24 家,覆盖率仅为 19.2%。这主要与高新技术企业的行业分布有关,作品著作权主要集中在文化、教育、出版等行业,而这些行业的企业往往较难通过高新技术企业的认证,因而高新技术企业中拥有作品著作权的较少。24 家企业共计拥有作品著作权 7342 项,主要是由属于文化、体育和娱乐业的亿童文教(430223)和博润通(831252)两家公司拥有,分别拥有 3186 项和 3938 项,剩余 22 家企业共拥有 218 项。

表 2.3.26　　　　　　　　武汉新三板高新技术样本企业软件著作权情况

	企业数	覆盖率	总量	均值	最大值	最小值
有软件著作权企业	91	72.8%	3034	33.3	196	1
有作品著作权企业	24	19.2%	7342	305.9	3938	1

(注:最小值为剔除没有著作权企业后的数据)

(3)商标

商标权属于企业的一项常规无形资产,是公司信息传递的一个重要信号,对于公司知名度的提高和市场拓展起着重要作用。面对激烈的市场竞争,承载企业品牌知名度和美誉度的商标就成为了企业提升竞争力的重要力量。[①]

表 2. 3. 27 　　　　　　　　武汉新三板高新技术样本企业商标权情况

有商标企业	样本	覆盖率[②]	总量	均值	最大值	最小值
120	125	96%	3636	30. 3	892	1

（注：最小值为剔除没有商标企业后的数据）

　　分析表 2. 3. 27 可知，样本企业整体商标覆盖率为 96%，仅 5 家企业没有注册商标，可能是拥有企业的标志，但并未向商标局申请。样本企业共计持有 3636 项已授权商标，平均 30. 3 项/家，主要是亿童文教(430223)拥有 892 项商标，拉升了整体平均值。剔除亿童文教后，119 家企业拥有商标 2744 项，均值为 23 项/家。由图 2. 3. 14 可知，对于大部分企业而言，都只有几项商标(10 项以内的企业 75 家，占比 62.5%)，并不是商标越多越好，企业申请海量商标可能仅是为了保护自己的核心商标，避免被其他人"钻空子"，从而影响到企业主商标的使用和品牌价值。

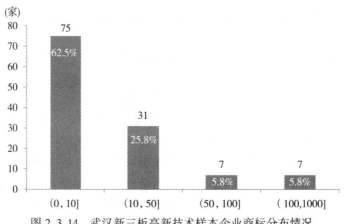

图 2. 3. 14 　武汉新三板高新技术样本企业商标分布情况

（4）资质

　　资质是政府或其他权威组织为维护市场秩序、调整市场结构和影响市场资源配置，而在特定行业、特定时间和特定范围内对符合规定条件的组织或个人的行为进行许可的证书或证明文件，一般可归为准入类资质(如政府注册登记、政府许可证、特许经营权等)、能力类资质(政府专业能力认证、行业协会登记证书等)和荣誉类资质(公司获奖证书、产

---

　　① 　商标权是指商标主管机关依法授予商标所有人对其注册商标依法享有的权益，一般包括排他专用权(或独占权)、转让权、许可使用权、继承权等。商标(Trademark)是自然人、法人或者其他组织对其生产、制造、加工、拣选或者经销的商品或提供的服务项目上使用的，能与他人的商品或服务区别开的可视性标志，包括文字、图形、字母、数字、三维标志和颜色组合，以及上述要素的组合。

　　② 　拥有授权商标的企业与样本企业之比。

品/智能/环境认证证书等)三类。① 经过长期的经营活动，我国企业形成了各种资质。如建筑承包一级资质、三级甲等医院等，且国内已有关于资质有条件的交易案例。资质已经成为企业一种重要的资产。

表 2.3.28 　　　　　　　武汉新三板高新技术样本企业资质情况

有资质企业数	样本	覆盖率②	总量	均值	最大值	最小值
123	125	98.4%	1863	15.1	104	1

(注：最小值为剔除没有或未披露资质信息企业后的数据)

统计结果见表 2.3.28，资质覆盖率(有资质企业与样本企业之比)为 98.4%，123 家企业共计拥有 1863 项资质，平均每家 15.1 项，最多的企业是亿童文教(430223)，拥有 104 项；荆楚网(830836)只拥有 1 项资质。

(三)研究小结

通过对在新三板正常挂牌交易的 125 家武汉高新技术企业 2020 年各指标的详细分析，相较于以前年度《武汉高新技术企业发展报告》的研究结论，本年度可以得到以下新发现：

一是不同以往年度，2020 年受新冠肺炎疫情的影响，整个城市一季度几乎停摆，各类企业活动均暂停，二三四季度才慢慢复工复产，因而武汉科技型中小企业均受到不同程度的冲击。大部分企业的营业收入较 2019 年下滑严重，盈利的企业数量较 2019 年也有所减少。研发费用、销售费用等企业运营发展所需的相关支出几乎没有增长，而管理费用则增长明显，说明企业的管理成本较疫情前有较大幅度提升。持续的疫情防控工作和态势，对企业当下和未来的发展都产生了极大的不确定性影响，建议科技型企业调整状态，向数字化转型，抓研发、抢市场，力争将社会危机转化为公司的发展机遇。

二是基于无形资产具有行业偏向性的特点，极个别企业拥有巨量无形资产能对整个行业群体的无形资产特征产生影响。比如文化、体育和娱乐业的亿童文教(430223)，拥有 3186 项作品著作权、117 项软件著作权、892 项商标、104 项资质、597 项专利(其中发明 7 项，实用新型 59 项，外观设计 541 项)，其业务主要覆盖图书出版、玩教具和网络培训服务等领域，行业和业务属性使其在作品著作权和商标方面积极申请并获得了大量授权，对于整体武汉高新技术企业而言，要解析群体的技术水平，就必须消除这种企业的影响才能探究真实情况。

四、武汉市 2020 年科技金融发展概况③

支持和促进科技型中小企业创新发展是全面建设创新型国家战略的题中之意，各地政

① 汪海粟，方忠秀，等. 中国创业板上市公司无形资产蓝皮书 2009—2011[M]. 北京：中国财政经济出版社，2012：105.
② 有已授权或正申请状态商标权的企业与样本企业之比。
③ 该部分内容涉及数据和资料来自武汉科技局发布的《2020 年武汉科技创新报告》。

府积极布局金融支持科技创新工作,着重解决科技型企业所需发展资金,为此推出各种举措。课题组在《武汉企业发展报告(2017)》中详细介绍了武汉市科技创业投资引导基金的设立背景及运营情况。[①] 并在《武汉企业发展报告(2020)》中详细报告了引导基金2019年的运营情况。基于研究的连续性要求,本报告将继续介绍该基金2020年的运营情况,以及武汉市在促进科技型中小企业发展上的其他金融创新工作。

(一)武汉科技创业投资引导基金2020年运营情况

2020年,武汉市科技创业投资引导基金继续加大宣传力度,征集合作机构,大力引进各地知名创投机构参与设立各类子基金,有力地推进了投贷联动、科技成果转化等重点工作,助力科技型中小企业创新发展和升级。截至2020年年底,已累计设立母、子基金49只,基金目标总规模达到了368.31亿元,总投资额超41亿元,主要投向高端装备制造、生命健康、信息技术等战略新兴产业领域。此外,引导基金还进一步加深和各银行的合作力度,探索设立了"投贷联动基金",为被投企业提供持续稳定的信贷支持。

(二)抓住资本市场改革机遇,大力培育后备上市企业

随着我国新一轮资本市场全面深化改革的推进,包括科创板设立、创业板试点注册制、北交所的设立并实施注册制等利好改革措施不断出台,我国多层次资本市场体系逐渐完善。武汉市有关部门抓住这一历史机遇,完善创业支持和服务体系,加强科技企业上市培育力度,积极推荐选送上市后备企业。2020年度武汉市上市后备"金种子"企业中科技型企业约占八成,有47家武汉市科技企业入选湖北省"科创种子"企业库。

(三)稳步推进科技信贷工作,缓解科技企业融资难题

2020年武汉市中小企业受到疫情的重大打击,武汉市科技局针对疫情产生的影响,及时发布应对政策《关于应对新冠肺炎疫情 支持科技型企业保证保险小额贷款有关政策措施》,不仅简化了业务流程,而且延长融资政策支持期限,以促进科技型中小企业复工复产。2020年新增保证保险贷款140笔,新增发放贷款金额3.09亿元,贷款余额4.16亿元,其中用于支持高新技术企业、战略新兴产业领域的企业合计占比超过80%。2020年全年有160家企业(较2019年增加62家)获得了2272.51亿元的科技型企业保证保险贷款(简称"科保贷")融资补贴。2020年,武汉全市科技型企业贷款余额2503.23亿元,同比增加5.67%。

(四)积极开展科技金融对接服务,促进高质量发展

2020年,武汉市科技局积极举办和参加各类科技金融活动,为科技型中小企业和金融机构牵线搭桥,助力经济高质量发展。一是积极参加"滴灌行动",聚集金融中介机构、金融产品和服务,围绕科技企业、科技成果和科技人才量身定制"纾困融资"金融产品。二是与武汉农商行达成了战略合作协议,向武汉市重点建设项目和科技型企业提供超300

---

① 详见杨卫东,等. 武汉企业发展报告(2017)[M]. 武汉:武汉大学出版社,2018:147-153.

亿元的综合授信贷款额度。三是参与组织"湖北·高质量发展资本大会",对新资本时代下如何助力科创企业发展等议题进行了交流和举措征集,以便在日后工作中更好地了解科创企业的实际需求,提供更加精准的政策支持。

附录　企业登记注册类型划分

企业(单位)登记注册类型是以在工商行政管理机关登记注册的各类企业为划分对象,以工商行政管理部门对企业登记注册的类型为依据,将企业登记注册类型分为内资企业、港澳台商投资企业和外商投资企业三大类。内资企业包括国有企业、集体企业、股份合作企业、联营企业、有限责任公司、股份有限公司、私营企业和其他企业;港澳台商投资企业和外商投资企业分别包括合资经营企业、合作经营企业、独资经营企业和股份有限公司等。

国有企业:企业全部资产归国家所有,并按《中华人民共和国企业法人登记管理条例》规定登记注册的非公司制的经济组织。不包括有限责任公司中的国有独资公司。

集体企业:企业资产归集体所有,并按《中华人民共和国企业法人登记管理条例》规定登记注册的经济组织。

股份合作企业:以合作制为基础,由企业职工共同出资入股,吸收一定比例的社会资产投资组建,实行自主经营,自负盈亏,共同劳动,民主管理,按劳分配与按股分红相结合的一种集体经济组织。

联营企业:两个及两个以上相同或不同所有制性质的企业法人或事业单位法人,按自愿、平等、互利的原则,共同投资组成的经济组织。联营企业包括国有联营企业、集体联营企业、国有与集体联营企业和其他联营企业。

有限责任公司:根据《中华人民共和国公司登记管理条例》规定登记注册,由两个以上、五十个以下的股东共同出资,每个股东以其所认缴的出资额对公司承担有限责任,公司以其全部资产对其债务承担责任的经济组织。有限责任公司包括国有独资公司以及其他有限责任公司。

股份有限公司:根据《中华人民共和国公司登记管理条例》规定登记注册,其全部注册资本由等额股份构成并通过发行股票筹集资本,股东以其认购的股份对公司承担有限责任,公司以其全部资产对其债务承担责任的经济组织。

私营企业:由自然人投资设立或由自然人控股,以雇佣劳动为基础的营利性经济组织。包括按照《公司法》《合伙企业法》《私营企业暂行条例》规定登记注册的私营有限责任公司、私营股份有限公司、私营合伙企业和私营独资企业。

其他企业:上述企业之外的其他内资经济组织。

合资经营企业(港或澳、台资):港澳台地区投资者与内地企业依照《中华人民共和国中外合资经营企业法》及有关法律的规定,按合同规定的比例投资设立、分享利润和分担风险的企业。

合作经营企业(港或澳、台资):港澳台地区投资者与内地企业依照《中华人民共和国中外合作经营企业法》及有关法律的规定,依照合作合同的约定进行投资或提供条件设立、分配利润和分担风险的企业。

港澳台商独资经营企业：依照《中华人民共和国外资企业法》及有关法律的规定，在内地由港澳台地区投资者全额投资设立的企业。

港澳台商投资股份有限公司：根据国家有关规定，经原外经贸部依法批准设立，其中港、澳、台商的股本占公司注册资本的比例达 25% 以上的股份有限公司。凡其中港、澳、台商的股本占公司注册资本的比例小于 25% 的，属于内资企业中的股份有限公司。

其他港澳台商投资企业：在中国境内参照《外国企业或个人在中国境内设立合伙企业管理办法》和《外商投资合伙企业登记管理规定》，依法设立的港、澳、台商投资合伙企业等。

中外合资经营企业：外国企业或外国人与中国内地企业依照《中华人民共和国中外合资经营企业法》及有关法律的规定，按合同规定的比例投资设立、分享利润和分担风险的企业。

中外合作经营企业：外国企业或外国人与中国内地企业依照《中华人民共和国中外合作经营企业法》及有关法律的规定，依照合作合同的约定进行投资或提供条件设立、分配利润和分担风险的企业。

外资企业：依照《中华人民共和国外资企业法》及有关法律的规定，在中国内地由外国投资者全额投资设立的企业。

外商投资股份有限公司：根据国家有关规定，经原外经贸部依法批准设立，其中外资的股本占公司注册资本的比例达 25% 以上的股份有限公司。凡其中外资股本占公司注册资本的比例小于 25% 的，属于内资企业中的股份有限公司。

其他外商投资企业：在中国境内依照《外国企业或个人在中国境内设立合伙企业管理办法》和《外商投资合伙企业登记管理规定》，依法设立的外商投资合伙企业等。

武汉市上市公司发展报告(2021)^①

引　言

资本市场发展的快慢与一个地区经济发展有着密切的关系，上市公司作为资本市场的主要组成部分，其发展壮大有利于优化区域融资结构，促进直接融资与间接融资的良性互动，有效提升区域经济主体的融资能力和效果，为当地经济的可持续发展打下坚实的基础。可以说，上市公司发展情况是一个地区综合经济实力的具体体现，也是衡量地方发展质量和水平的重要标尺。

党的十八大以来，以习近平同志为核心的党中央高度重视资本市场改革发展。2019年2月，习近平总书记在中共中央政治局第十三次集体学习时强调，要建设一个规范、透明、开放、有活力、有韧性的资本市场，完善资本市场基础性制度，把好市场入口和市场出口两道关，加强对交易的全程监管。2020年10月，党的十九届五中全会通过《中共中央关于制定国民经济和社会发展第十四个五年规划和二〇三五年远景目标的建议》，为开启全面建设社会主义现代化国家新征程指明了方向、提供了科学有力的指导。其中明确提出，"全面实行股票发行注册制，建立常态化退市机制，提高直接融资比重"，这为"十四五"时期资本市场改革发展稳定提出了明确目标和具体要求。

武汉市委、市政府一直以来高度重视资本市场的发展，相继出台了《武汉市人民政府关于促进武汉金融业加快发展的意见》(2008)、《武汉区域金融中心建设总体规划(2014—2030年)》(2014)、《关于支持金融业发展的政策措施》(2015)、《市人民政府关于加快推进企业上市工作的实施意见》(2018)、《武汉市挂牌企业奖励细则》(2019)、《武汉市加快区域金融中心建设若干支持政策》(2021)、《市人民政府关于进一步深化科技金融改革创新的实施意见》(2021)、《武汉市政府投资管理办法》(2022)等，这些政策的出台实施促进了武汉资本市场的和谐有序发展，为打造资本市场"武汉军团"，助力开创中部崛起新局面提供了机遇。

本报告分三部分，第一部分在简要介绍武汉上市公司发展历程的基础上，重点分析武汉市上市公司发展历程及其在全国、全省的地位；武汉市上市公司发展的基本情况(包括板块分布、市值分布、行业分布、区域分布、上市公司属性等)；以及武汉市上市公司取

---

① 本报告由江汉大学商学院李丹青副教授牵头并主笔，江汉大学管理科学与工程方向研究生贾瑞、会计学专硕刘红祥参与了撰写工作；其中部分研究是《武汉市民营企业参与国有企业混合所有制改革的现实困境与对策建议研究》(2020年科研启动费005号)课题的阶段性成果。

得的成绩。

第二部分是比较部分。该部分主要从基本情况和财务能力两个方面将武汉市 A 股上市公司与深圳、广州、成都、杭州、长沙、郑州、合肥七市的 A 股上市公司进行对比。选择深圳、广州、成都、杭州这四大城市与武汉进行对比，主要是因为 2021 年这四大城市的 GDP 排名均在武汉前面，因此，与这些城市对比，更多地看武汉市上市公司发展的不足；选择长沙、郑州、合肥这三大中部城市与武汉进行对比，主要是因为 2021 年这三大城市的 GDP 均超过 1 万亿，与它们对比，更多的是看武汉在中部的地位与被追赶的态势。

第三部分是"十三五"期间武汉上市企业发展的回顾与反思。在这部分，纵向对比了武汉市近六年上市公司的发展情况，进而分析武汉市上市公司存在的不足，如上市公司数量偏少、规模偏小，缺乏大型领军龙头企业，竞争力长期不足，产业和行业分布均不够合理，整体财务能力偏弱等结论。

第四部分是对策建议。基于武汉市上市公司发展现状和问题，提出要充分挖掘和调动企业上市积极性，优化后备上市资源；抢抓科创板战略机遇，推动上市板块持续扩容；借助资本市场，深入推动武汉市国资国企改革；持续优化营商环境，营造良好的创新创业氛围等。

一、武汉市上市公司现状

(一)武汉上市公司发展历程及在全国、全省的地位

1. 发展历程：主要经历三大阶段，30 多年来发展迅速

20 世纪 90 年代初，沪深交易所相继成立，中国资本市场开始进入新的发展阶段。1990 年 12 月 19 日，中安(600654.SH)率先在上海证券交易所挂牌上市，为武汉市也是湖北省第一家上市公司，由此揭开了武汉市资本市场的发展序幕。得益于武汉市自身较好的经济基础，清晰的发展战略，加之中国资本市场规模的不断扩大，直接融资功能不断升级，武汉资本市场在过去近三十年间得到了快速发展。武汉上市公司的发展历程大致可以分为以下三个阶段：

第一阶段：从 20 世纪 90 年代开始后的十年。这是武汉上市公司发展的初创期，也是武汉资本市场发展的"黄金期"。特别是 1996—1998 年这三年，每年都有 5 家公司成功上市。短短十来年时间，武汉市共有 20 多家企业在主板成功上市。截至 2021 年年底武汉市共有 43 家主板上市企业，其中约一半是在 90 年代上市的。其中人福医药、居然之家、长江证券等都是武汉市市值排名前十的企业。

第二阶段：2004 年年初到 2019 年。2004 年 5 月 17 日，深交所设立中小企业板获得证监会的正式批复，代表我国多层次资本市场建设又向前迈出了一大步。在此背景下，2004 年当年全国共有 38 家中小板企业成功上市，约占全年沪深两市挂牌总量的 39%。2007 年 8 月 17 日，三特索道(002159.SZ)成功上市，成为武汉市第一家挂牌中小板的企业。此后一直到创业板成立的两年多时间里，武汉市另有武汉凡谷、光迅科技 2 家企业成

功挂牌中小板。

2009 年，证监会批准深圳证券交易所设立创业板，这对我国多层次资本市场的建立以及资本市场逐步走向完善均具备重大意义。2009 年 10 月 30 日，首批获批的 28 家创业板公司集体上市。武汉的中元股份(300018. SZ)是其中之一，也是武汉市第一家成功挂牌创业板的公司。自 2009 年 10 月 30 日至 2019 年 6 月，这 10 年间，武汉市共有 26 家公司成功上市，其中仅有 5 家在主板上市，其他 21 家全部在中小板或创业板上市。

2015 年发布的《武汉区域金融中心建设总体规划(2014—2030 年)》以及 2016 年制定的《武汉市金融业发展"十三五"规划》均提出，到 2020 年，全面建成中部地区区域性金融中心，以及以科技金融为重点的全国性专业金融中心、全国性金融后台服务基地等战略目标，为未来几年资本市场指明了方向，明确了发展目标，部署了发展举措。

第三阶段：2019 年以来。2019 年 6 月 13 日，备受关注的我国资本市场新兵科创板正式开板，标志着在上海证券交易所设立科创板并试点注册制正式落地。设立科创板的主要目的是增强资本市场对实体经济的包容性，更好服务于具有核心技术、行业领先、有良好发展前景和口碑的企业。7 月 22 日，科创板正式开始开市交易，首批共有 25 家上市公司集中挂牌交易。武汉市从事食品制造业的嘉必优(688098. SH)于 2019 年 12 月 19 日成功挂牌科创板，是武汉市首家挂牌科创板的企业。截至 2021 年年底，武汉市共有 7 家企业在科创板上市。

随着我国全国中小企业股份转让系统(简称"全国股转系统"，俗称"新三板")的建立，我国场外股权转让制度也处在不断修改与完善的进程中。自 2013 年正式揭牌运营以来，新三板已发展成为资本市场服务中小企业的重要平台。2016 年，新三板初步划分为创新层、基础层，2020 年设立精选层，建立了"基础层、创新层、精选层"层层递进的市场结构，可以为不同阶段、不同类型的中小企业提供全口径服务。

2021 年 9 月 2 日，习近平主席在 2021 年中国国际服务贸易交易会全球服务贸易峰会上指出，将继续支持中小企业创新发展，深化新三板改革，以新三板精选层为基础组建北京证券交易所，推动完善中国特色多层次资本市场体系，在新三板前期改革探索的基础上，进一步提升精选层的法律地位和市场功能，突破体制机制上的发展瓶颈，建设一个为创新型中小企业量身打造的交易所，探索新三板支持服务中小企业科技创新的普惠金融之路。

截至 2021 年 12 月 31 日，武汉市共有 43 家主板企业(含 7 家原中小板上市企业)、20 家创业板企业、7 家科创板企业、1 家北创上市，全市合计 A 股上市公司 71 家。此外，武汉市有 7 家 H 股上市公司，3 家纳斯达克上市公司。

在上文简要介绍武汉市上市公司发展历程的基础上，下面部分重点分析武汉市 A 股上市公司现状，主要内容包括武汉市上市公司在全国、全省的地位，以及板块分布、市值分布、行业分布、区域分布、上市公司属性、研发投入、市值涨跌等。

除特殊说明外，本报告上市公司所有数据均来自 Wind 数据库，所有数据截止时间为 2021 年 12 月 31 日。

2. 在全国及全省的地位：市值全国占比不足 1%，省内占比接近 50%

截至 2021 年 12 月 31 日，全国共有 A 股上市公司 4681 家，合计总市值为 917996.42

亿元，平均市值为 196.11 亿元。湖北省共有上市公司 119 家，总市值为 16859.09 亿元。武汉市共有上市公司 71 家，总市值 8455.74 亿元，上市公司数量和总市值的国内占比分别为 1.52% 和 0.92%；省内占比分别为 59.66% 和 50.16%。由此可知，无论是国内占比还是省内占比，武汉市上市公司的总市值占比均低于数量占比，这说明武汉市上市公司个体平均规模相对较小。由表 2.4.1 可知，武汉市上市公司平均市值 119.09 亿元，仅为全国上市公司平均市值规模 196.11 亿元的 60.73%，为湖北省上市公司平均市值 141.67 亿元的 84.06%。

表 2.4.1　　　　　　　　武汉市上市公司数量和市值与全国、全省的对比

地区	上市公司数量	数量占比(%)	上市公司市值(亿元)	市值占比(%)	平均市值(亿元)
全国	4681	—	917996.42	—	196.11
湖北省(国内占比)	119	2.54%	16859.09	1.84%	141.67
武汉市(国内占比)	71	1.52%	8455.74	0.92%	119.09
武汉市(省内占比)	71	59.66%	8455.74	50.16%	119.09

(二)武汉市上市公司基本情况

1. 板块分布：倒三角结构突出，产业多元化布局有待优化

截至 2021 年 12 月 31 日，武汉市 A 股上市公司共计 71 家，其中在主板上市的有 43 家，占比 60.56%；在创业板上市的有 20 家，占比 28.17%；在科创板上市的有 7 家，占比 9.86%，这七家公司分别是嘉必优、兴图新科、科前生物、路德环境、四方光电、菱电电控和中科通达，均为民营上市公司。在北证上市的公司有 1 家，为微创光电。武汉市资本市场结构主要呈现出倒三角特征，企业在利用创业板、科创板和北证上市融资方面，还有较大的发展空间。

图 2.4.1　武汉市上市公司各板块数量

从市值占比来看，主板 43 家上市公司的总市值 5977.1 亿元，占比 70.69%；创业板上市公司总市值 1991.56 亿元，占比 23.55%；科创板上市公司总市值 474.74 亿元，占比 5.61%；北证上市公司 1 家，市值为 12.34 亿元，占比 0.15%。

从平均市值来看，主板上市公司的平均市值为 139 亿元，是全市平均水平 119.09 亿元的 1.17 倍；创业板、科创板和北证上市公司的平均市值为 99.58 亿元、67.82 亿元和 12.34 亿元，分别是主板上市公司平均市值的 83.63%、56.95% 和 10.36。

表 2.4.2　　　　　　　　　　武汉市上市公司板块分布情况

板块	上市公司数量(家)	占比(%)	总市值(亿元)	占比(%)	平均市值(亿元)
主板	43	60.56	5977.10	70.69	139.00
创业板	20	28.17	1991.56	23.55	99.58
科创板	7	9.86	474.74	5.61	67.82
北证	1	1.41	12.34	0.15	12.34
合计	71	100	8455.74	100	119.09

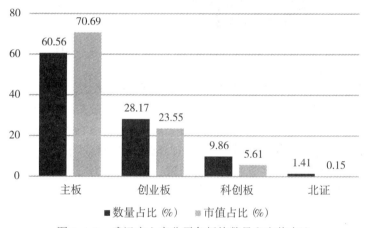

图 2.4.2　武汉市上市公司各板块数量和市值占比

2. 市值分布：百亿以下企业占六成，高市值企业数量较少

武汉市 71 家上市公司中，市值在 500 亿元及以上的只有高德红外、宏发股份 2 家，平均市值额 562 亿元，数量占比仅为 2.82%，但市值占比达 13.29%；市值在 200 亿~500 亿元、100 亿~200亿元的公司分别有 13 家和 9 家，数量占比分别为 18.31% 和 12.68%。值得注意的是，武汉市超 65%(47 家)的上市公司市值在 100 亿元以下，平均市值仅为 48.16 亿元。

表 2.4.3　　　　　　　　　　武汉市上市公司市值分布情况

市值分布	家数	数量占比	市值(亿元)	市值占比	平均市值(亿元)
市值 500 亿元及以上	2	2.82	1123.99	13.29	562.00

续表

市值分布	家数	数量占比	市值 (亿元)	市值占比	平均市值 (亿元)
市值200亿~500亿元	13	18.31	3767.26	44.55	289.79
市值100亿~200亿元	9	12.68	1301.19	15.39	144.58
市值100亿元以下	47	66.20	2263.30	26.77	48.16

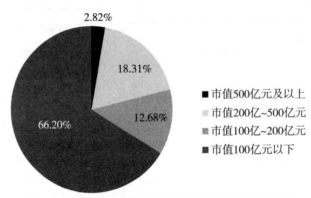

图2.4.3　武汉市不同市值的上市公司数量占比情况

3. 行业分布：制造业发展势头强劲，产业分布有待优化

从A股上市公司的行业来看，根据所属国民经济行业分类一级行业的划分方法，武汉71家A股上市公司分布在10个行业(如图2.4.4所示)。其中，制造业公司有36家，占比50.7%；批发零售业公司有9家，占比12.68%；建筑业公司有5家，占比7.04%；电力、热力、燃气及水生产和供应业公司有4家，占比5.63%；其他分布在文化、体育和娱乐业、金融业和房地产业等行业的公司各有2~3家。

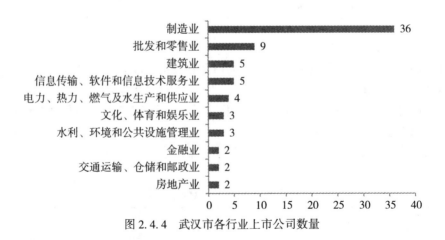

图2.4.4　武汉市各行业上市公司数量

从总市值来看，排名前三的依次是制造业、批发和零售业及金融业。三大行业市值加

起来占全市上市公司市值总额之比高达 81.71%，其中制造业占比最高为 58.69%，说明制造业是武汉上市公司的支柱行业。

从平均市值来看，拥有长江证券(000783.SZ)和天风证券(601162.SH)的金融业最高，为 383.96 亿元；其次为电力、热力、燃气及水生产和供应业，平均市值为 162.93 亿元，这主要得益于其拥有湖北能源(000883.SZ，市值 340.99 亿元)这家市值超 200 亿元的企业，拉高了整个电力、热力、燃气及水生产和供应业行业的平均市值。拥有 36 家上市企业的制造业行业的总市值为 4962.52 亿元，占全市上市公司总市值的 58.69%，平均市值为 137.85 亿元，高于全市平均水平(119.09 亿元)15.75 个百分点。制造业中的高德红外(002414.SZ)和宏发股份(600885.SH)这两家企业的市值均在 500 亿元以上。批发和零售业有 9 家上市公司，平均市值为 130.94 亿元，高于全市平均水平(119.09 亿元)约 10 个百分点。除以上四个行业以外，其他六个行业的平均市值均在全市平均水平线以下。最低的房地产业平均市值仅为 33.16 亿元，仅为全市平均水平的 27.84%。

表 2.4.4　　　　　　　武汉上市公司数量和总市值分行业统计表

市值排名	行业	上市公司数量(家)	数量占比(%)	总市值(亿元)	市值占比(%)	平均市值
1	制造业	36	50.70	4962.52	58.69	137.85
2	批发和零售业	9	12.68	1178.47	13.94	130.94
3	建筑业	5	7.04	206.01	2.44	41.2
4	信息传输、软件和信息技术服务业	5	7.04	249.62	2.95	49.92
5	电力、热力、燃气及水生产和供应业	4	5.63	651.72	7.71	162.93
6	文化、体育和娱乐业	3	4.23	167.7	1.98	55.9
7	水利、环境和公共设施管理业	3	4.23	120.03	1.42	40.01
8	金融业	2	2.82	767.92	9.08	383.96
9	交通运输、仓储和邮政业	2	2.82	85.43	1.01	42.72
10	房地产业	2	2.82	66.32	0.78	33.16
	合计	71	100	8455.74	100	119.09

从武汉市制造业二级行业的分布来看，制造业中第一大行业是计算机、通信和其他电子设备制造业，数量多达 18 家，市值占比接近一半(46.35%)。其次是医药制造业，有 6 家上市企业，市值占比达到 16.47%。

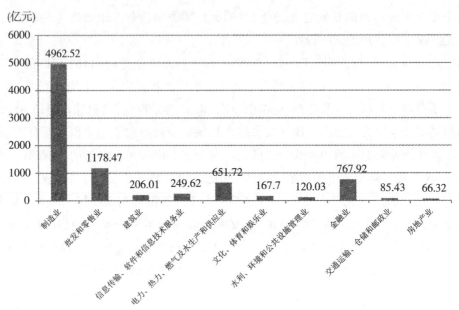

图 2.4.5　武汉上市公司各行业市值排名

表 2.4.5　　　　　　　　武汉制造业上市公司数量和总市值分行业统计表

制造业二级行业	上市公司数量	数量占比（%）	总市值（亿元）	市值占比（%）	平均市值（亿元）
电气机械和器材制造业	2	5.56	595.80	12.01	297.90
化学原料和化学制品制造业	1	2.78	228.94	4.61	228.94
计算机、通信和其他电子设备制造业	18	50.00	2300.08	46.35	127.78
食品制造业	1	2.78	73.73	1.49	73.73
铁路、船舶、航空航天和其他运输设备制造业	1	2.78	224.07	4.52	224.07
通用设备制造业	2	5.56	78.63	1.58	39.31
医药制造业	6	16.67	817.47	16.47	136.25
仪器仪表制造业	2	5.56	218.68	4.41	109.34
专用设备制造业	3	8.33	425.12	8.57	141.71
合计	36	100	4962.52	100	137.85

4. 区域分布：东湖新技术开发区"一主引领"，其他区域发展空间较大

从上市公司数量的区域分布来看，东湖新技术开发区的上市公司数量有压倒性优势。全市 71 家上市公司，有 32 家集中在东湖新技术开发区。其次是经济技术开发区上市公司有 7 家，武昌区、江汉区各有 6 家，洪山区、汉阳区各 5 家，东西湖区有 4 家。其他区仅有 1~3 家。

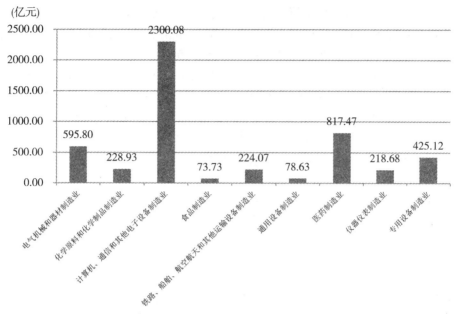

图 2.4.6　武汉制造业各二级行业上市公司的市值

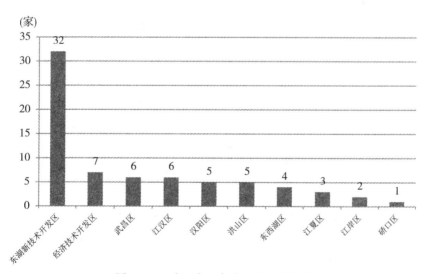

图 2.4.7　武汉市上市公司的区域分布

从各区上市公司的市值分布来看,东湖新技术开发区 32 家上市公司 2021 年年末总市值为 3858.64 亿元,占比 45.63%,平均市值 120.58 亿元,略高于全市上市公司的平均市值(119.09 亿元);经济技术开发区 7 家上市公司总市值 736.61 亿元,占比 8.71%,平均市值 105.23 亿元,略低于全市上市公司的平均市值(119.09 亿元);武昌区 6 家上市公司的总市值 934.25 亿元,占比 11.05%,平均市值 155.71 亿元,是全市平均市值的 1.3 倍,这主要得益于该区拥有居然之家(000785.SZ)和湖北能源(000883.SZ)这两家市值都高于

300 亿元的公司。江汉区 6 家上市公司的总市值为 670.84 亿元，占比 7.93%，平均市值 111.81 亿元，略高于全市平均市值。汉阳区 5 家上市公司的总市值为 572.09 亿元，占比 6.77%，平均市值 114.42 亿元，略高于全市平均市值。洪山区 5 家上市公司总市值 510.18 亿元，占比 6.03%，平均市值 102.04，为全市平均市值的 85.68%。东西湖区 4 家上市公司总市值 335.98 亿元，占比 3.97%，平均市值 84 亿元，仅为全市平均水平的 70.53%。江夏区 3 家上市公司的总市值 189.26 亿元，占比仅为 2.24%，平均市值 63.09 亿元，仅为全市平均水平的 52.98%。江岸区 2 家上市公司总市值为 92 亿元，占比 1.09%，平均市值 46 亿元，仅为全市平均水平的 38.63%。硚口区 1 家上市公司宏发股份 (600885.SH) 总市值为 555.89 亿元，占比 6.57%。

表 2.4.6 武汉市上市公司数量和市值各区分布情况

地区	上市公司家数	家数占比（%）	上市公司市值（亿元）	市值占比（%）	平均市值（亿元）
东湖新技术开发区	32	45.07	3858.64	45.63	120.58
经济技术开发区	7	9.86	736.61	8.71	105.23
武昌区	6	8.45	934.25	11.05	155.71
江汉区	6	8.45	670.84	7.93	111.81
汉阳区	5	7.04	572.09	6.77	114.42
洪山区	5	7.04	510.18	6.03	102.04
东西湖区	4	5.63	335.98	3.97	84.00
江夏区	3	4.23	189.26	2.24	63.09
江岸区	2	2.82	92.00	1.09	46.00
硚口区	1	1.41	555.89	6.57	555.89
合计	71	100	8455.74	100	119.09

5. 上市日期：资本市场历史深厚，近几年上市企业数量较多

1990 年 12 月 19 日，中安 (600654.SH) 率先在上海证券交易所挂牌上市，成为武汉第一家上市公司。截至 2021 年 12 月 31 日，武汉资本市场历经 31 年风雨，一共拥有 71 家 A 股上市公司。其中，2016 年是武汉企业上市最多的一年，有 7 家公司上市，包括 3 家中央国有企业和 4 家民营企业。

2021 年，武汉市共有 6 家企业成功上市。新上市的 6 家企业全部为民营企业，分别为四方光电 (688665.SH)、菱电电控 (688667.SH)、中科通达 (688038.SH)、汇绿生态 (001267.SZ)、光庭信息 (301221.SZ) 和天源环保 (301127.SZ)。值得一提的是，2021 年新上市的企业中，从事计算机、通信和其他电子设备制造业的四方光电市值已突破百亿，为 125.45 亿元。

表 2.4.7　　　　　　　　　武汉市上市公司上市日期

年份	上市公司家数	累计上市公司家数
1900	1	1
1992	1	2
1993	2	4
1995	1	5
1996	5	10
1997	4	14
1998	5	19
2000	3	22
2001	1	23
2002	1	24
2003	1	25
2004	4	29
2007	2	31
2009	3	34
2010	4	38
2011	4	42
2012	1	43
2015	1	44
2016	7	51
2017	1	52
2018	5	57
2019	2	59
2020	6	65
2021	6	71

6. 公司属性：民营企业数量近六成，市值规模占比约 56%

从上市公司的性质来看，在全市 71 家 A 股上市公司中，以高德红外、宏发股份、人福医药等为首的民营企业 43 家，占比 60.56%，意味着全市一半以上的上市企业是民营企业；中央国有企业和地方国有企业均有 12 家，各占比 16.9%；公众企业有 3 家，分别为长江证券(000783.SZ)、马应龙(600993.SH)和长飞光纤(601869.SH)。外资企业仅有武汉力源信息技术股份有限公司①(300184.SZ)。

---

①　该公司是中国电子元器件行业最著名的企业之一，也是中国内地最大的电子元器件中小客户服务商之一。

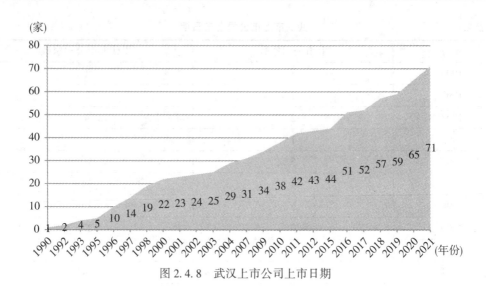

图 2.4.8　武汉上市公司上市日期

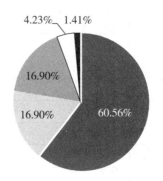

■民营企业 ▨中央国有企业 ▨地方国有企业 □公众企业 ■外资企业

图 2.4.9　武汉 A 股上市公司的公司属性

从表 2.4.8 可知，不论从上市公司数量还是总市值来看，民营企业的占比均超过一半。43 家民营上市企业数量占比 60.56%，总市值占比 56.55%，平均市值 111.2 亿元，略低于全市平均市值水平(110.09 亿元)。12 家中央国有企业总市值占比将近 1/5，平均市值 140.84 亿元，高于全市平均市值水平约 18 个百分点。12 家地方国有企业总市值占比 14.54%，平均市值 102.43 亿元，低于全市平均市值水平约 14 个百分点。三家公众企业长江证券(000783.SZ)、马应龙(600993.SH)和长飞光纤(601869.SH)的总市值 673.96 亿元，占比 7.97%，平均市值 224.65 亿元，是全市平均市值水平的 1.88 倍。外资企业只有力源信息(300184.SZ)1 家，市值占比不达 1%。

表 2.4.8　　　　　　　　　　武汉市不同属性的上市公司的分布

公司属性	上市公司数 （家）	数量占比 （%）	总市值 （亿元）	总市值占比 （%）	平均市值 （亿元）
民营企业	43	60.56	4781.74	56.55	111.20

续表

公司属性	上市公司数（家）	数量占比（%）	总市值（亿元）	总市值占比（%）	平均市值（亿元）
中央国有企业	12	16.90	1690.05	19.99	140.84
地方国有企业	12	16.90	1229.16	14.54	102.43
公众企业	3	4.23	673.96	7.97	224.65
外资企业	1	1.41	80.83	0.96	80.23
合计	71	100	8455.74	100	119.09

进一步分析可知，在43家武汉市A股民营上市企业中，有21家在主板上市，14家在创业板上市，7家在科创板上市，1家在北证上市。截至2021年12月31日，总市值超百亿的有12家。其中高德红外（002414.SZ）总市值位居榜首，为568.1亿元；位居其后的宏发股份（600885.SH）、人福医药（600079.SH）和居然之家（000785.SZ）总市值分别为555.89亿元、367.77亿元和336.9亿元；在北证上市的微创光电的总市值最低，为12.34亿元。2021年新上市的民营企业有6家，按照市值由高到低依次为四方光电（125.45亿元；688665.SH）、菱电电控（88.83亿元；688667.SH）、光庭信息（88.43亿元；301221.SZ）、天源环保（82.7亿元；301127.SZ）、汇绿生态（50.89亿元；001267.SZ）和中科通达（22.24亿元；688038.SH），这六家企业中，汇绿生态在主板上市，光庭信息在创业板上市，其余均在科创板上市。见表2.4.9。

表2.4.9　　　　**武汉市A股上市公司中民营企业基本情况一览表**

证券代码	证券简称	上市板	总市值（亿元）	所属国民经济行业分类-二级行业	上市日期	公司属性
002414.SZ	高德红外	主板	568.10	计算机、通信和其他电子设备制造业	2010-07-16	民营企业
600885.SH	宏发股份	主板	555.89	电气机械和器材制造业	1996-02-05	民营企业
600079.SH	人福医药	主板	367.77	医药制造业	1997-06-06	民营企业
000785.SZ	居然之家	主板	336.90	零售业	1997-07-11	民营企业
600998.SH	九州通	主板	275.83	批发业	2010-11-02	民营企业
300776.SZ	帝尔激光	创业板	271.95	专用设备制造业	2019-05-17	民营企业
300054.SZ	鼎龙股份	创业板	228.94	化学原料和化学制品制造业	2010-02-11	民营企业
300567.SZ	精测电子	创业板	201.46	仪器仪表制造业	2016-11-22	民营企业
603719.SH	良品铺子	主板	170.30	零售业	2020-02-24	民营企业
688526.SH	科前生物	科创板	128.05	医药制造业	2020-09-22	民营企业

证券代码	证券简称	上市板	总市值（亿元）	所属国民经济行业分类-二级行业	上市日期	公司属性
688665.SH	四方光电	科创板	125.45	计算机、通信和其他电子设备制造业	2021-02-09	民营企业
600976.SH	健民集团	主板	121.02	零售业	2004-04-19	民营企业
688667.SH	菱电电控	科创板	88.83	计算机、通信和其他电子设备制造业	2021-03-12	民营企业
301221.SZ	光庭信息	创业板	88.43	软件和信息技术服务业	2021-12-22	民营企业
301127.SZ	天源环保	创业板	82.70	生态保护和环境治理业	2021-12-30	民营企业
002932.SZ	明德生物	主板	77.61	医药制造业	2018-07-10	民营企业
600681.SH	百川能源	主板	75.37	燃气生产和供应业	1993-10-18	民营企业
002194.SZ	武汉凡谷	主板	73.83	计算机、通信和其他电子设备制造业	2007-12-07	民营企业
688089.SH	嘉必优	科创板	73.73	食品制造业	2019-12-19	民营企业
300683.SZ	海特生物	创业板	72.73	医药制造业	2017-08-08	民营企业
300536.SZ	农尚环境	创业板	63.35	土木工程建筑业	2016-09-20	民营企业
300161.SZ	华中数控	创业板	59.89	通用设备制造业	2011-01-13	民营企业
300205.SZ	天喻信息	创业板	57.54	计算机、通信和其他电子设备制造业	2011-04-21	民营企业
300494.SZ	盛天网络	创业板	54.06	互联网和相关服务	2015-12-31	民营企业
603220.SH	中贝通信	主板	53.33	软件和信息技术服务业	2018-11-15	民营企业
001267.SZ	汇绿生态	主板	50.89	土木工程建筑业	2021-11-17	民营企业
600774.SH	汉商集团	主板	49.15	零售业	1996-11-08	民营企业
300871.SZ	回盛生物	创业板	47.35	医药制造业	2020-08-24	民营企业
300018.SZ	中元股份	创业板	39.91	电气机械和器材制造业	2009-10-30	民营企业
000520.SZ	长航凤凰	主板	34.71	水上运输业	1993-10-25	民营企业
600654.SH	*ST中安	主板	31.56	软件和信息技术服务业	1990-12-19	民营企业
002377.SZ	国创高新	主板	30.42	房地产业	2010-03-23	民营企业
603716.SH	塞力医疗	主板	29.50	批发业	2016-10-31	民营企业
300220.SZ	金运激光	创业板	28.65	计算机、通信和其他电子设备制造业	2011-05-25	民营企业
300517.SZ	海波重科	创业板	25.10	土木工程建筑业	2016-07-19	民营企业
688038.SH	中科通达	科创板	22.24	软件和信息技术服务业	2021-07-13	民营企业

证券代码	证券简称	上市板	总市值 （亿元）	所属国民经济行业分类 -二级行业	上市日期	公司属性
002159.SZ	三特索道	主板	19.38	公共设施管理业	2007-08-17	民营企业
600421.SH	华嵘控股	主板	18.74	通用设备制造业	2004-06-07	民营企业
688081.SH	兴图新科	科创板	18.48	计算机、通信和其他电子设备制造业	2020-01-06	民营企业
688156.SH	路德环境	科创板	17.95	生态保护和环境治理业	2020-09-22	民营企业
600355.SH	精伦电子	主板	16.19	计算机、通信和其他电子设备制造业	2002-06-13	民营企业
600462.SH	ST 九有	主板	16.11	计算机、通信和其他电子设备制造业	2003-09-03	民营企业
430198.BJ	微创光电	北证	12.34	计算机、通信和其他电子设备制造业	2020-07-27	民营企业

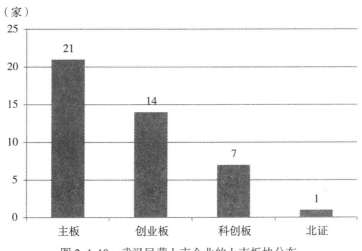

图 2.4.10　武汉民营上市企业的上市板块分布

武汉 A 股上市公司中的中央国有企业一共有 13 家，见表 2.4.10。其中锐科激光（300747.SZ）、中船应急（300527.SZ）、久之洋（300516.SZ）、理工光科（300557.SZ）4 家在创业板上市，其他 9 家均在主板上市。

表 2.4.10　　　　**武汉市 A 股上市公司中中央国有企业基本情况一览表**

证券代码	证券简称	上市板	总市值 （亿元）	所属国民经济行业分类 -二级行业	上市日期	公司属性
000883.SZ	湖北能源	主板	340.99	电力、热力生产和供应业	1998-05-19	中央国有企业

续表

证券代码	证券简称	上市板	总市值（亿元）	所属国民经济行业分类-二级行业	上市日期	公司属性
300747.SZ	锐科激光	创业板	257.73	计算机、通信和其他电子设备制造业	2018-06-25	中央国有企业
600879.SH	航天电子	主板	224.07	铁路、船舶、航空航天和其他运输设备制造业	1995-11-15	中央国有企业
600498.SH	烽火通信	主板	213.57	计算机、通信和其他电子设备制造业	2001-08-23	中央国有企业
000966.SZ	长源电力	主板	186.89	电力、热力生产和供应业	2000-03-16	中央国有企业
002281.SZ	光迅科技	主板	162.89	计算机、通信和其他电子设备制造业	2009-08-21	中央国有企业
300527.SZ	中船应急	创业板	99.60	专用设备制造业	2016-08-05	中央国有企业
300516.SZ	久之洋	创业板	64.57	计算机、通信和其他电子设备制造业	2016-06-02	中央国有企业
000852.SZ	石化机械	主板	53.58	专用设备制造业	1998-11-26	中央国有企业
002305.SZ	南国置业	主板	35.90	房地产业	2009-11-06	中央国有企业
600345.SH	长江通信	主板	33.05	计算机、通信和其他电子设备制造业	2000-12-22	中央国有企业
300557.SZ	理工光科	创业板	17.22	仪器仪表制造业	2016-11-01	中央国有企业

地方国有企业有 12 家，其中只有 1 家在创业板上市，其他 11 家企业均在主板上市，见表 2.4.11。从事资本市场服务行业的天风证券（601162.SH）以总市值 350.96 亿元位居榜首。从表可知，这 12 家上市企业中，有 8 家都是 20 世纪 90 年代上市的。

表 2.4.11　　　　武汉市 A 股上市公司中地方国有企业基本情况一览表

证券代码	证券简称	上市板	总市值（亿元）	所属国民经济行业分类-二级行业	上市日期	公司属性
601162.SH	天风证券	主板	350.96	资本市场服务	2018-10-19	地方国有企业
000988.SZ	华工科技	主板	280.13	计算机、通信和其他电子设备制造业	2000-06-08	地方国有企业
300323.SZ	华灿光电	创业板	149.57	计算机、通信和其他电子设备制造业	2012-06-01	地方国有企业
000501.SZ	鄂武商 A	主板	80.82	零售业	1992-11-20	地方国有企业
600757.SH	长江传媒	主板	64.93	新闻和出版业	1996-10-03	地方国有企业

续表

证券代码	证券简称	上市板	总市值 (亿元)	所属国民经济行业分类 -二级行业	上市日期	公司属性
000665.SZ	湖北广电	主板	63.60	广播、电视、电影和录音制作业	1996-12-10	地方国有企业
600035.SH	楚天高速	主板	50.72	道路运输业	2004-03-10	地方国有企业
600168.SH	武汉控股	主板	48.46	水的生产和供应业	1998-04-27	地方国有企业
600133.SH	东湖高新	主板	43.12	土木工程建筑业	1998-02-12	地方国有企业
600136.SH	当代文体	主板	39.17	广播、电视、电影和录音制作业	1998-03-03	地方国有企业
000759.SZ	中百集团	主板	34.12	零售业	1997-05-19	地方国有企业
600769.SH	祥龙电业	主板	23.55	建筑安装业	1996-11-01	地方国有企业

武汉市 A 股上市公司中的公众企业有 3 家,分别是长江证券(000783.SZ)、长飞光纤(601869.SH)、马应龙(600993.SH)。这 3 家企业均在主板上市。

表 2.4.12　　　　　**武汉市 A 股上市公司中公众企业基本情况一览表**

证券代码	证券简称	上市板	总市值 (亿元)	所属国民经济行业分类 -二级行业	上市日期	公司属性
000783.SZ	长江证券	主板	416.9583	资本市场服务	1997-07-31	公众企业
601869.SH	长飞光纤	主板	133.0352	计算机、通信和其他电子设备制造业	2018-07-20	公众企业
600993.SH	马应龙	主板	123.9711	医药制造业	2004-05-17	公众企业

(三)武汉市上市公司取得的成绩

1. 市值超百亿的上市企业 24 家

2021 年 12 月 31 日,武汉市 A 股上市企业中市值超百亿的有 24 家,24 家市值总和 6192.44 亿元,占武汉 A 股上市公司总市值(8455.74 亿元)的 73.23%,见表 2.4.13。从上市板块分布来看,24 家中有 5 家在创业板上市,2 家在科创板上市,其余 17 家均在主板上市。市值排在前七的依次是高德红外(002414.SZ)、宏发股份(600885.SH)、长江证券(000783.SZ)、人福医药(600079.SH)、天风证券(601162.SH)、湖北能源(000883.SZ)、居然之家(000785.SZ),这 7 家企业的市值均超过 300 亿元。从行业分布来看,24 家企业中,8 家所属行业为"计算机、通信和其他电子设备制造业",占比高达 30%,说明武汉市在这一行业具有比较优势。

表 2.4.13　　　　　　　　　武汉上市公司中市值超百亿的企业

排序	证券代码	证券简称	上市板	总市值 （亿元）	所属国民经济行业分类 -二级行业
1	002414.SZ	高德红外	主板	568.10	计算机、通信和其他电子设备制造业
2	600885.SH	宏发股份	主板	555.89	电气机械和器材制造业
3	000783.SZ	长江证券	主板	416.96	资本市场服务
4	600079.SH	人福医药	主板	367.77	医药制造业
5	601162.SH	天风证券	主板	350.96	资本市场服务
6	000883.SZ	湖北能源	主板	340.99	电力、热力生产和供应业
7	000785.SZ	居然之家	主板	336.90	零售业
8	000988.SZ	华工科技	主板	280.13	计算机、通信和其他电子设备制造业
9	600998.SH	九州通	主板	275.83	批发业
10	300776.SZ	帝尔激光	创业板	271.95	专用设备制造业
11	300747.SZ	锐科激光	创业板	257.73	计算机、通信和其他电子设备制造业
12	300054.SZ	鼎龙股份	创业板	228.93	化学原料和化学制品制造业
13	600879.SH	航天电子	主板	224.07	铁路、船舶、航空航天和其他运输设备 制造业
14	600498.SH	烽火通信	主板	213.57	计算机、通信和其他电子设备制造业
15	300567.SZ	精测电子	创业板	201.46	仪器仪表制造业
16	000966.SZ	长源电力	主板	186.89	电力、热力生产和供应业
17	603719.SH	良品铺子	主板	170.30	零售业
18	002281.SZ	光迅科技	主板	162.89	计算机、通信和其他电子设备制造业
19	300323.SZ	华灿光电	创业板	149.57	计算机、通信和其他电子设备制造业
20	601869.SH	长飞光纤	主板	133.04	计算机、通信和其他电子设备制造业
21	688526.SH	科前生物	科创板	128.05	医药制造业
22	688665.SH	四方光电	科创板	125.45	计算机、通信和其他电子设备制造业
23	600993.SH	马应龙	主板	123.97	医药制造业
24	600976.SH	健民集团	主板	121.02	零售业

2. 盈利超亿元的上市企业 37 家

2021 年，武汉市 A 股 71 家上市公司中，超过一半的企业（37 家）盈利过亿元，见表 2.4.14。这 37 家企业中有 4 家科创板上市、8 家在创业板上市，其余 25 家均在主板上市。其中九州通（600998.SH）的净利润为 24.48 亿元，位居首位，紧随其后的分别是长江证券、湖北能源、居然之家、明德生物、人福医药、高德红外、宏发股份，这 8 家上市公司的净利润均超过 10 亿元。

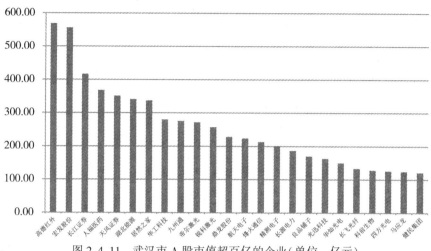

图 2.4.11 武汉市 A 股市值超百亿的企业(单位：亿元)

表 2.4.14 **武汉盈利超亿元的上市公司**

证券代码	证券简称	上市板	所属国民经济行业分类 -二级行业	营业收入 (亿元)	归属母公司股东 的净利润(亿元)
600998.SH	九州通	主板	批发业	1224.07	24.4833
000783.SZ	长江证券	主板	资本市场服务	86.2317	24.0954
000883.SZ	湖北能源	主板	电力、热力生产和供应业	226.1818	23.3895
000785.SZ	居然之家	主板	零售业	130.7104	23.2504
002932.SZ	明德生物	主板	医药制造业	28.2983	14.1322
600079.SH	人福医药	主板	医药制造业	204.4104	13.8954
002414.SZ	高德红外	主板	计算机、通信和其他电子设备制造业	34.9968	11.1094
600885.SH	宏发股份	主板	电气机械和器材制造业	100.2266	10.6256
000988.SZ	华工科技	主板	计算机、通信和其他电子设备制造业	101.6675	7.6098
000501.SZ	武商集团	主板	零售业	71.2652	7.5242
600035.SH	楚天高速	主板	道路运输业	32.6401	7.402
601869.SH	长飞光纤	主板	计算机、通信和其他电子设备制造业	95.3608	7.0851
600757.SH	长江传媒	主板	新闻和出版业	60.2308	6.9749
601162.SH	天风证券	主板	资本市场服务	44.0572	5.8635

证券代码	证券简称	上市板	所属国民经济行业分类 -二级行业	营业收入 （亿元）	归属母公司股东 的净利润(亿元)
688526. SH	科前生物	科创板	医药制造业	11. 0302	5. 7074
002281. SZ	光迅科技	主板	计算机、通信和其他电子设备制造业	64. 863	5. 6727
600879. SH	航天电子	主板	铁路、船舶、航空航天和其他运输设备制造业	159. 8921	5. 492
600681. SH	百川能源	主板	燃气生产和供应业	46. 2458	5. 3736
600133. SH	东湖高新	主板	土木工程建筑业	121. 3993	5. 3317
300747. SZ	锐科激光	创业板	计算机、通信和其他电子设备制造业	34. 0958	4. 7425
600993. SH	马应龙	主板	医药制造业	33. 8506	4. 6459
600168. SH	武汉控股	主板	水的生产和供应业	20. 119	3. 9894
300776. SZ	帝尔激光	创业板	专用设备制造业	12. 5679	3. 8102
600976. SH	健民集团	主板	零售业	32. 7818	3. 2474
300184. SZ	力源信息	创业板	批发业	104. 4245	3. 0641
600498. SH	烽火通信	主板	计算机、通信和其他电子设备制造业	263. 1498	2. 8798
603719. SH	良品铺子	主板	零售业	93. 2361	2. 8153
002194. SZ	武汉凡谷	主板	计算机、通信和其他电子设备制造业	18. 3752	2. 2772
300054. SZ	鼎龙股份	创业板	化学原料和化学制品制造业	23. 5589	2. 1352
300567. SZ	精测电子	创业板	仪器仪表制造业	24. 0895	1. 9229
603220. SH	中贝通信	主板	软件和信息技术服务业	26. 4146	1. 8165
688665. SH	四方光电	科创板	计算机、通信和其他电子设备制造业	5. 4747	1. 7968
301127. SZ	天源环保	创业板	生态保护和环境治理业	7. 5991	1. 6019
688667. SH	菱电电控	科创板	计算机、通信和其他电子设备制造业	8. 3468	1. 3755
300871. SZ	回盛生物	创业板	医药制造业	9. 9622	1. 3287
688089. SH	嘉必优	科创板	食品制造业	3. 5111	1. 2858
300494. SZ	盛天网络	创业板	互联网和相关服务	12. 2083	1. 2511

3. 提供就业岗位过万的上市企业 9 家

在武汉市 A 股 71 家上市公司中，9 家上市公司提供了上万个就业岗位（见表 2.4.15），这些公司均在主板上市。其中从事批发业的九州通（600998.SH）总员工人数 29338 人，位居首位；其次是从事零售业的中百集团（000759.SZ）和从事计算机、通信和其他电子设备制造业的烽火通信（600498.SH），员工人数分别 19182 人和 16388 人。

表 2.4.15　　　　　　　　武汉提供就业岗位过万的上市企业

证券代码	证券简称	上市板	总市值（亿元）	所属国民经济行业分类-二级行业	员工总数（人）
600998.SH	九州通	主板	275.83	批发业	29338
000759.SZ	中百集团	主板	34.12	零售业	19182
600498.SH	烽火通信	主板	213.57	计算机、通信和其他电子设备制造业	16388
600079.SH	人福医药	主板	367.77	铁路、船舶、航空航天和其他医药制造业	15746
600879.SH	航天电子	主板	224.07	运输设备制造业	15048
600885.SH	宏发股份	主板	555.89	电气机械和器材制造业	15279
000785.SZ	居然之家	主板	336.90	零售业	11845
600654.SH	ST中安	主板	31.56	软件和信息技术服务业	11708
603719.SH	良品铺子	主板	170.31	零售业	11397

图 2.4.12　武汉提供就业岗位过万的上市企业

4. 市值同比涨幅超 50% 的公司 11 家

除去 2021 年新上市的 6 家公司，武汉市 65 家上市公司 2021 年总市值 7997.21 亿元，同比上涨 2.79%。65 家上市公司中，24 家企业市值下降，其中居然之家（000785.SZ）降幅最高，达 38.5%。其余 41 家企业市值呈正向增长，增幅最高的是长源电力

（000966. SZ），同比增长 319.48%。此外，健民集团（600976. SH）、华中数控（300161. SZ）的增幅也较高，分别达 210.71%、101.18%。

进一步分析市值涨幅超 50% 的企业可发现，这 11 家公司中，华中数控（300161. SZ）、明德生物（002932. SZ）、海特生物（300683. SZ）、帝尔激光（300776. SZ）、嘉必优（688089. SH）和石化机械（000852. SZ）6 家企业都属于制造业，说明制造业是武汉市上市企业发展的中坚力量。

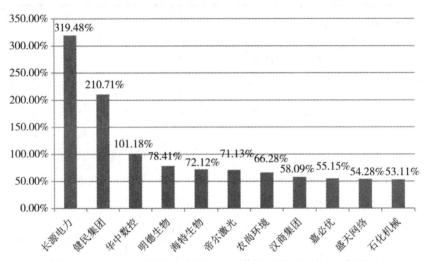

图 2.4.13 2021 年武汉上市公司中市值涨幅超 50% 的 11 家公司

5. 研发支出占营业收入比例超 10% 的公司 15 家

武汉市上市公司积极贯彻落实国家战略，改造升级传统产业和培育发展新兴产业齐头并进。2021 年，武汉市上市公司研发支出合计 129.33 亿元，同比增长 3%。研发支出占营业收入比例超 10% 的公司 15 家，超过 5% 的有 29 家。由表 2.4.16 可以看出，研发支出占营业收入比例较大（超 10%）的均是制造业企业。

表 2.4.16 研发支出占营业收入之比超过 10% 的上市公司

证券代码	证券简称	上市板	总市值	所属国民经济行业分类-二级行业	营业收入（亿元）	研发支出合计（亿元）	占比（%）
688081. SH	兴图新科	科创板	18.48	计算机、通信和其他电子设备制造业	1.57	0.52	33.17%
300018. SZ	中元股份	创业板	39.91	电气机械和器材制造业	4.21	0.80	18.99%
300567. SZ	精测电子	创业板	201.46	仪器仪表制造业	24.09	4.54	18.86%
300205. SZ	天喻信息	创业板	57.54	计算机、通信和其他电子设备制造业	14.30	2.41	16.83%
300683. SZ	海特生物	创业板	72.73	医药制造业	6.15	1.03	16.78%

续表

证券代码	证券简称	上市板	总市值	所属国民经济行业分类-二级行业	营业收入（亿元）	研发支出合计(亿元)	占比（%）
300161.SZ	华中数控	创业板	59.89	通用设备制造业	16.34	2.58	15.82%
600345.SH	长江通信	主板	33.05	计算机、通信和其他电子设备制造业	1.10	0.17	15.43%
430198.BJ	微创光电	北证	12.34	计算机、通信和其他电子设备制造业	1.54	0.23	14.82%
600498.SH	烽火通信	主板	213.57	计算机、通信和其他电子设备制造业	263.15	37.26	14.16%
600355.SH	精伦电子	主板	16.19	计算机、通信和其他电子设备制造业	2.64	0.35	13.21%
688667.SH	菱电电控	科创板	88.83	计算机、通信和其他电子设备制造业	8.35	1.01	12.12%
300054.SZ	鼎龙股份	创业板	228.94	化学原料和化学制品制造业	23.56	2.84	12.06%
002281.SZ	光迅科技	主板	162.89	计算机、通信和其他电子设备制造业	64.86	7.48	11.53%
002414.SZ	高德红外	主板	568.10	计算机、通信和其他电子设备制造业	35.00	3.71	10.60%
300516.SZ	久之洋	创业板	64.57	计算机、通信和其他电子设备制造业	7.29	0.77	10.58%

二、武汉市上市公司与其他七市的比较

该部分主要从基本情况和财务能力两个方面将武汉市A股上市公司与深圳、广州、成都、杭州、长沙、郑州、合肥七市的A股上市公司进行了对比。选择深圳、广州、成都、杭州这四大城市与武汉进行对比，主要是因为2021年这四大城市的GDP排名均在武汉前面，因此，与这些城市对比，更多地看武汉市上市公司发展的不足；选择长沙、郑州、合肥这三大中部城市与武汉进行对比，主要是因为2021年这三大城市的GDP均超过1万亿，因此，与这三个城市进行对比，更多的是看武汉在中部的地位与被追赶的态势。①

① 长沙、郑州、合肥三个城市2021年的GDP均超过1万亿，分别为13270.7亿元、12691.02亿元、11412.8亿元。没有选择中部的另外两个城市南昌和太原，是因为这两个城市2021年的GDP均没有达到1万亿元，分别为6650.53亿元、5121.61亿元。

（一）基本情况的比较

1. 上市公司数量和市值的对比：数量少、总量小、规模小

武汉上市公司数量少、总量小、规模小。从武汉与深圳、广州、成都、杭州、长沙、郑州、合肥的比较来看，武汉上市公司数量、上市公司总市值、上市公司平均市值在八市中均处于较低排名。武汉上市公司数量仅为深圳的19.09%、杭州的36.60%。八市中，武汉、郑州两市的上市公司总市值不足1万亿，占全国的比重不足1%；深圳上市公司总市值是武汉的10.8倍，杭州是武汉的4.0倍，广州是武汉的2.7倍，成都是武汉的1.7倍。深圳市值排名第一的上市公司招商银行，市值为10048.4亿元，超过了武汉71家公司的总和。

表2.4.17　　　　　　　　　　八市上市公司数量和市值的对比

地区	上市公司数量	数量全国占比（%）	上市公司总市值（亿元）	市值占比（%）	平均市值（亿元）
全国	4681	—	917996.42	—	196.11
深圳	372	7.95%	91656.91	9.98%	246.39
广州	131	2.80%	22513.99	2.45%	171.86
成都	98	2.09%	14256.60	1.55%	145.48
杭州	194	4.14%	33502.74	3.65%	172.69
武汉	71	1.52%	8455.74	0.92%	119.09
长沙	65	1.39%	11663.68	1.27%	179.44
郑州	27	0.58%	2474.91	0.27%	91.66
合肥	65	1.39%	10238.16	1.12%	157.51

从平均市值来看，武汉上市公司平均市值仅119.09亿元，仅为全国平均水平的60.73%，深圳的48.33%。

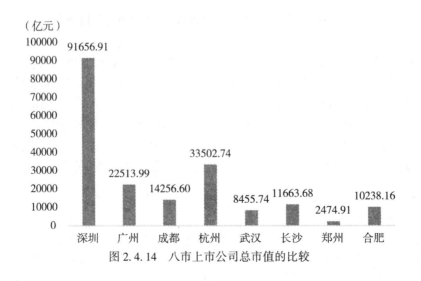

图2.4.14　八市上市公司总市值的比较

2. 上市公司板块分布：板块市值分布呈现较大差异

从表2.4.18可知，八市上市公司各板块市值占比呈现较大差异。八市中，长沙和合肥的主板市值占比分别仅为44.15%、57.48%，其他六市主板市值占比均在70%~85%之间。广州主板市值占比接近85%，在八市中最高；其北证、创业版和科创板的市值分别仅占0.35%、10.41%、4.41%。从各板块平均市值来看，除长沙的主板平均市值低于其创业板和科创板平均市值、合肥的主板平均市值低于其创业板平均市值之外，其他六市的主板平均市值均远远高于创业板和科创板平均市值，尤其是广州，其主板平均市值分别是其创业板和科创板平均市值的8.15倍和19.26倍。

表2.4.18　　　　　　　　　　八市上市公司的板块分布

城市	板块	上市公司数量（家）	占比（%）	总市值（亿元）	占比（%）	平均市值（亿元）
深圳	北证	3	0.81%	739.56	0.81%	246.52
	主板	206	55.38%	67249.90	73.37%	326.46
	创业板	134	36.02%	19746.77	21.54%	147.36
	科创板	29	7.80%	3920.67	4.28%	135.20
	合计	372	100.00%	91656.91	100.00%	246.39
广州	北证	4	3.05%	79.66	0.35%	19.92
	主板	81	61.83%	19098.24	84.83%	235.78
	创业板	34	25.95%	2344.31	10.41%	68.95
	科创板	12	9.16%	991.79	4.41%	82.65
	合计	131	100.00%	22513.99	100.00%	171.86
成都	北证	1	1.02%	10.02	0.07%	10.02
	主板	55	56.12%	10993.26	77.11%	199.88
	创业板	30	30.61%	2198.03	15.42%	73.27
	科创板	12	12.24%	1055.29	7.40%	87.94
	合计	98	100.00%	14256.60	100.00%	145.48
杭州	北证	1	0.52%	10.18	0.03%	10.18
	主板	115	59.28%	25264.45	75.41%	219.69
	创业板	57	29.38%	5911.55	17.64%	103.71
	科创板	21	10.82%	2316.56	6.91%	110.31
	合计	194	100.00%	33502.74	100.00%	172.69

城市	板块	上市公司数量 （家）	占比 （%）	总市值 （亿元）	占比 （%）	平均市值 （亿元）
武汉	北证	1	1.41%	12.34	0.15%	12.34
	主板	43	60.56%	5977.10	70.69%	139.00
	创业板	20	28.17%	1991.56	23.55%	99.58
	科创板	7	9.86%	474.74	5.61%	67.82
	合计	71	100.00%	8455.74	100.00%	119.09
长沙	北证	1	1.54%	20.29	0.17%	20.29
	主板	41	63.08%	5149.72	44.15%	125.60
	创业板	18	27.69%	5344.00	45.82%	296.89
	科创板	5	7.69%	1149.68	9.86%	229.94
	合计	65	100.00%	11663.68	100.00%	179.44
郑州	北证	—	—	—	—	—
	主板	17	62.96%	1923.56	77.72%	113.15
	创业板	10	37.04%	551.35	22.28%	55.13
	科创板	—	—	—	—	—
	合计	27	100.00%	2474.91	100.00%	91.66
合肥	北证	1	1.54%	40.89	0.40%	40.89
	主板	39	60.00%	5885.37	57.48%	150.91
	创业板	12	18.46%	3361.06	32.83%	280.09
	科创板	13	20.00%	950.83	9.29%	73.14
	合计	65	100.00%	10238.16	100.00%	157.51

3. 产业和行业分布对比：产业分布不合理，产业转型不够

从产业分布来看，武汉市第二产业市值占比 68.83%，高于深圳（54.46%）、广州（58.98%）、杭州（10.97%）、长沙（46.11%）、郑州（68.38%），低于成都（78.52%）与合肥（72.05%）。武汉市第三产业占比 31.17%，明显低于深圳、广州、杭州、长沙和郑州。这说明武汉市产业分布还不够合理，第二产业占比仍较大，第三产业占比较小，武汉上市公司的产业转型还不够。

进一步分析，武汉第二产业中的建筑业市值占比 2.44%，远高于深圳和广州，这两大城市建筑业市值占比均不足 1%。此外，武汉第二产业中电力、热力、燃气及水生产和供应业的占比 7.71%，也远高于深圳、广州、长沙和合肥，这四大城市这一占比不足 4%。武汉从事这一行业的上市公司有 4 家：湖北能源（000883.SZ）、长源电力（000966.SZ）、武汉控股（600168.SH）和百川能源（600681.SH），这四家均于 2000 年及之前上市。其中，前两家属中央国有企业，武汉控股属武汉市国有企业，百川能源属民营企业。湖北能源(000883.SZ)的市值达340.99亿元，在武汉市排名第6位。

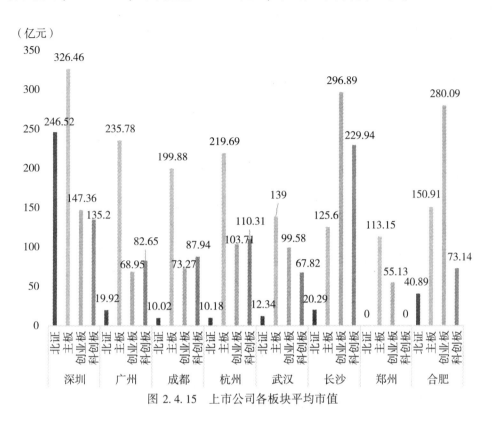

图 2.4.15　上市公司各板块平均市值

　　武汉第三产业中，有两大行业规模远远大于其他行业：金融业、批发和零售业。这两大行业占第三产业的比重分别高达20.23%和10.17%，两者之和接近30%。批发和零售业有居然之家(000785.SZ)、九州通(600998.SH)和良品铺子(603719.SH)等市值较大的公司，也有20世纪90年代上市的国有企业鄂武商A(000501.SZ)和中百集团(000759.SZ)，这两家公司的市值分别为80.82亿元和34.12亿元。金融业则只有长江证券(000783.SZ)和天风证券(601162.SH)两家公司，市值分别为416.96亿元和350.96亿元。此外，武汉从事信息传输、软件和信息技术服务业的上市公司市值占比明显低于其他城市，说明武汉这一行业的发展与其他七市相比还有较大的差距。

　　深圳第三产业中规模最大行业为金融业，占该市第三产业之比59.04%。这主要因为这一行业有招商银行、中国平安、平安银行、中信证券、招商证券、国信证券等市值过千亿甚至近万亿的全国知名大公司。广州第三产业中占比最大的为房地产业，其次是金融业。杭州的信息传输、软件和信息技术服务业市值占比在八市中最高，合肥在八市中排名第二，主要因为杭州有以恒生电子(600570.SH，市值为908.36亿元)为代表的总计28家从事该行业的上市公司，合肥有以科大讯飞(002230.SZ，市值为1220.74亿元)为代表的总计3家从事该行业的上市公司。

表 2.4.19　　　　　　　　　　八市上市公司产业及行业的市值分布

产业	行业	深圳	广州	成都	杭州	武汉	长沙	郑州	合肥
第一产业	农、林、牧、渔业	—	—	—	—	—	3.09%	—	1.93%
	第一产业市值占比（%）	—	—	—	—	—	3.09%	—	1.93%
第二产业	采矿业	—	2.50%	—	0.34%	—	1.51%	2.35%	—
	建筑业	0.69%	0.45%	4.50%	1.05%	2.44%	—	1.96%	1.26%
	制造业	51.63%	49.18%	64.76%	57.78%	58.69%	43.35%	57.63%	69.20%
	电力、热力、燃气及水生产和供应业	2.14%	2.95%	9.26%	3.14%	7.71%	1.25%	6.43%	1.58%
	第二产业市值占比（%）	54.46%	55.08%	78.52%	62.31%	68.83%	46.11%	68.38%	72.05%
第三产业	房地产业	5.62%	8.65%	0.78%	1.10%	0.78%	—	—	0.61%
	交通运输、仓储和邮政业	4.69%	7.43%	0.82%	—	1.01%	0.72%	5.72%	0.81%
	金融业	26.89%	7.90%	7.26%	11.31%	9.08%	10.28%	15.05%	5.76%
	科学研究和技术服务业	1.28%	3.53%	1.59%	3.29%	—	0.50%	1.34%	0.69%
	批发和零售业	2.22%	1.91%	1.39%	4.37%	13.94%	5.17%	—	2.51%
	水利、环境和公共设施管理业	0.30%	0.27%	—	1.38%	1.42%	—	3.11%	1.06%
	卫生和社会工作	—	2.30%	—	2.53%	—	19.60%	—	—
	文化、体育和娱乐业	—	0.47%	1.08%	2.94%	1.98%	11.68%	—	1.40%
	信息传输、软件和信息技术服务业	3.41%	5.63%	7.90%	9.23%	2.95%	2.39%	6.40%	12.72%
	住宿和餐饮业	—	0.22%	—	0.08%	—	0.28%	—	0.46%
	租赁和商务服务业	1.14%	6.60%	0.66%	1.46%	—	—	—	—
	教育业	—	—	—	—	—	0.20%	—	—
	第三产业市值占比（%）	45.54%	44.92%	21.48%	37.69%	31.17%	50.80%	31.62%	26.02%

4. 公司属性的对比：国有上市公司较为强大，外资公司规模小、数量少

由表 2.4.20 可知，比较而言，武汉上市公司中中央国有企业的市值占比最高，为 19.99%，远高于其他七市尤其是深圳的水平。这主要是因为武汉有湖北能源、锐科激光、航天电子、湖北通信等市值超 200 亿元的中央国有企业。

武汉地方国有企业市值占比 14.54%，在八市中排名第 7 名，处于相对较低水平。中央国有企业和地方国有企业市值占比之和达 34.53%，高于深圳、杭州和郑州三市。这说明武汉国有上市公司较为强大。

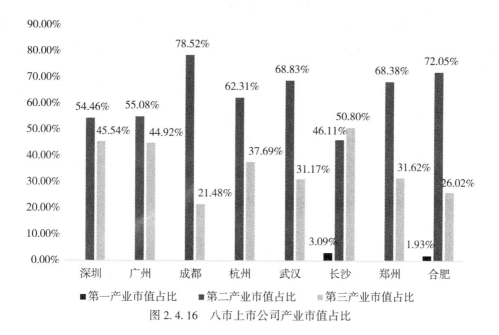

图2.4.16　八市上市公司产业市值占比

　　武汉民营企业占比56.55%,高于深圳、广州、成都和长沙四市,但低于杭州、郑州和合肥。武汉公众企业占比7.97%,低于深圳(32.32%)、广州(8.87%)和郑州(8.38%)的占比,深圳市招商银行、中国平安、平安银行、工业富联、万科A、中兴通讯等市值超千亿甚至近万亿的都是公众企业。

　　值得注意的是,武汉上市公司中外资企业市值占比非常小,仅为0.96%,远远低于深圳、广州、成都、杭州四市3%~7%的水平。进一步分析,武汉仅有力源信息(300184.SZ)一家外资企业,市值为80.83亿元。这说明武汉的外资公司规模小、数量少。

表2.4.20　　　　　　　八市上市公司不同属性上市公司市值占比(%)

公司属性	深圳	广州	成都	杭州	武汉	长沙	郑州	合肥
中央国有企业	9.09	16.89	16.22	15.07	19.99	17.47	—	18.45
地方国有企业	8.59	25.74	22.47	17.07	14.54	23.88	33.60	18.56
民营企业	44.07	42.04	52.83	61.84	56.55	52.58	58.02	61.15
集体企业	—	0.11	—	0.17	—	—	—	1.20
公众企业	32.32	8.87	2.62	2.39	7.97	4.59	8.38	—
外资企业	5.94	6.36	5.21	3.21	0.96	1.48	—	0.64
其他企业	—	—	0.65	0.25	—	—	—	—
合计	100.00	100.00	100.00	100.00	100.00	100.00	100.00	100.00

5. 分红情况的对比：近三年累计分红占比较低

现金分红是实现投资回报的重要形式，同时也是培育资本市场长期投资理念、增强资本市场活力和吸引力的重要途径。《上市公司证券发行管理办法》规定，上市公司再融资的条件之一是，最近三年以现金方式累计分配的利润不少于最近三年实现的年均可分配利润的30%。从分红情况来看，武汉上市公司近三年的累计分红占比[①]与对比城市有较大差距。武汉三年累计分红占比为39.78%，虽然整体而言达到30%的水平，但对比而言，深圳和成都均超过了45%；郑州和合肥均超过了65%；而长沙近三年累计分红占比呈负值，是受梦洁股份(002397.SZ)近三年持续减持股份的影响，该公司近三年累计分红占比降至为-2298.87%。

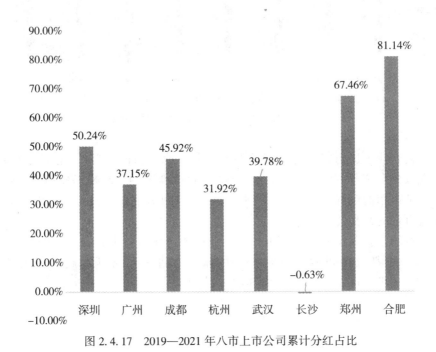

图 2.4.17　2019—2021 年八市上市公司累计分红占比

6. 八市市值排名前十的上市公司比较：上市公司"缺大少强"

一个地区如有一些知名度高的大型上市公司，那么这些公司对当地经济的辐射带动作用是非常明显的，它能加快上下游和配套产品的开发，从而形成产业集群。八市排名前十的上市公司市值占全市上市公司总市值的比例均为45%~69%(杭州略低，为40.42%)。从比较来看，武汉上市公司"缺大少强"。武汉上市公司市值排名第一的高德红外，市值为568.1亿元，除了比郑州排名第一的安图生物(市值为322.8亿元)高以外，远低于其他六市市值排名第一的公司。武汉市值排名第一的在深圳排第29位、广州排第10位、成都排第6位、杭州排第14位、长沙排第5位、合肥排第5位。武汉与成都排名前十的公司

---

①　该指标等于最近三年的分红总额(年度累计分红总额)/最近三年年报归母净利润的算术平均。

市值较为接近，远低于深圳、广州和杭州。从知名度来看，武汉排名前十的上市公司也远远不及深圳和广州。深圳的招商银行、中国平安、比亚迪、迈瑞医疗等，都是立足本土、辐射全国，在全国均赫赫有名。广州的保利发展、广发证券、海大集团、分众传媒等，在全国的知名度也较高。

表 2.4.21 八市排名前十的上市公司 （单位：亿元）

排序		1	2	3	4	5	6	7	8	9	10
深圳	证券简称	招商银行	中国平安	比亚迪	迈瑞医疗	立讯精密	顺丰控股	平安银行	中信证券	工业富联	万科A
	总市值	10048.4	5460.7	4861.4	4629.4	3479.1	3381.4	3198.1	2812.3	2367.9	1921.5
广州	证券简称	保利发展	广发证券	海大集团	分众传媒	广汽集团	天赐材料	欧派家居	南方航空	视源股份	金域医学
	总市值	1870.9	1455.6	1217.6	1182.8	1104.6	1100.4	898.5	863.1	542.6	518.5
成都	证券简称	通威股份	东方电气	水井坊	四川路桥	川投能源	盛新锂能	卫士通	昊华科技	成都银行	川能动力
	总市值	2023.9	595.3	586.0	575.0	550.8	501.5	473.4	443.1	433.5	384.4
杭州	证券简称	海康威视	荣盛石化	福斯特	泰格医药	恒生电子	同花顺	士兰微	杭州银行	华东医药	大华股份
	总市值	4884.5	1838.8	1241.7	957.6	908.4	777.3	767.5	760.3	703.4	703.4
武汉	证券简称	高德红外	宏发股份	长江证券	人福医药	天风证券	湖北能源	居然之家	华工科技	九州通	帝尔激光
	总市值	568.1	555.9	417.0	367.8	351.0	341.0	336.9	280.1	275.8	271.9
长沙	证券简称	爱尔眼科	芒果超媒	方正证券	中联重科	景嘉微	长远锂科	绝味食品	安克创新	华菱钢铁	国科微
	总市值	2285.7	1070.4	645.4	508.8	458.5	452.2	419.7	416.6	353.0	337.8
郑州	证券简称	安图生物	宇通客车	郑州银行	郑煤机	三全食品	中原证券	汉威科技	豫能控股	光力科技	百川畅银
	总市值	322.8	249.4	203.1	178.1	177.7	169.3	98.0	96.8	92.5	77.0
合肥	证券简称	阳光电源	科大讯飞	国轩高科	欧普康视	江淮汽车	国元证券	洽洽食品	鸿路钢构	华安证券	美亚光电
	总市值	2165.4	1220.7	853.2	487.9	380.0	336.0	311.1	284.2	254.1	254.1

表 2.4.22 八市排名前十上市公司市值和占比 （单位：亿元）

	深圳	广州	成都	杭州	武汉	长沙	郑州	合肥
排名前十上市公司市值合计	42160.1	10754.6	6566.8	13542.8	3765.5	6948.2	1664.7	6546.8
全市总市值	89805.1	22514.0	14256.6	33502.7	8455.7	11663.7	2474.9	10238.2
占比（%）	46.95	47.77	46.06	40.42	44.53	59.57	67.26	63.95

(二)财务绩效比较

财务绩效是企业战略及其实施和执行为最终的经营业绩做出的贡献。财务绩效能够全面地表达企业对成本控制的效果、资产运用管理的效果、资金来源调配的效果以及股东权益报酬率的组成。该部分从盈利能力、偿债能力、成长能力、运营能力和股本扩张能力五个方面,将武汉和深圳、广州、成都、杭州、长沙、郑州、合肥展开全面的对比分析。

1. 盈利能力比较分析:净资产收益率平均值在八市中处于中等偏下水平

本报告用净资产收益率来衡量上市公司的盈利能力。净资产收益率,也叫权益净利率、净值报酬率,是净利润与平均净资产的百分比,反映公司所有者权益的投资回报率。从表2.4.23、图2.4.18可以看出,2016—2018年,武汉上市公司净资产收益率平均值在八市中处于中等偏下水平。2019年上涨幅度较大,高于其他城市;但受新冠肺炎疫情冲击,2020年的净资产收益率降至8.47%;2021年的净资产收益率降至5.61%,在八市中排名较低。而郑州的净资产收益率在2021年上升至31.77%,是由于郑州的 *ST金刚(300064.SZ)在2021年出现高额亏损、股权冻结,从ST金刚(300064.SZ)变更为 *ST金刚(300064.SZ)。

2. 偿债能力比较分析:资产负债率处于中间水平

资产负债率是负债总额与资产总额之比,又称举债经营比率,是衡量长期偿债能力的指标之一。资产负债率越低,说明企业的资金来源中,来源于债务的资金越少,长期偿债能力越强。从表2.4.24、图2.4.19可知,武汉市资产负债比率在各比较对象中位于中间水平,说明武汉上市公司偿债能力较为稳定,并没有为了增加资本投入一味增加财务杠杆。在八市中,深圳、郑州、成都近三年资产负债率平均值均较高,特别是2021年,成都市的资产负债率陡升至47.80%,偿债风险激增。

表2.4.23 八市上市公司净资产收益率算术平均值的比较 (单位:%)

	2016 年	2017 年	2018 年	2019 年	2020 年	2021 年
深圳	14.08	13.46	9.68	9.64	11.60	5.39
广州	16.06	12.48	10.03	7.93	19.41	5.81
成都	11.27	10.54	5.86	10.18	10.94	8.05
杭州	14.89	14.26	12.56	11.09	11.39	9.20
武汉	11.02	10.80	2.50	17.86	8.47	5.61
长沙	5.24	6.49	0.26	14.40	7.84	-1.21
郑州	9.42	10.50	8.98	4.06	2.05	31.77
合肥	13.59	10.37	8.56	11.25	10.74	7.77

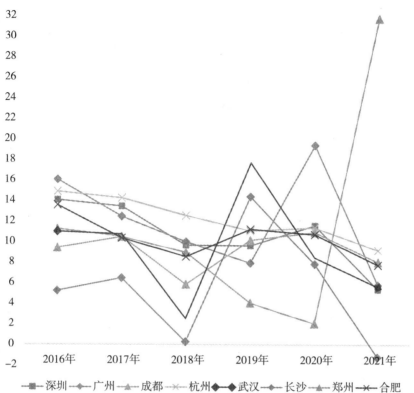

图 2.4.18 八市上市公司净资产收益率算术平均值的比较

表 2.4.24 　　　　八市上市公司资产负债率算术平均值的比较 　　　（单位：%）

	2016 年	2017 年	2018 年	2019 年	2020 年	2021 年
深圳	43.25	43.54	44.89	45.89	44.96	46.00
广州	39.85	39.03	40.48	39.54	40.60	40.92
成都	41.30	38.50	39.95	41.10	42.29	47.80
杭州	42.05	41.25	41.44	41.94	41.37	40.48
武汉	42.69	42.82	43.21	43.90	44.65	45.60
长沙	40.69	40.69	40.48	40.27	41.68	43.15
郑州	40.44	41.47	44.50	46.64	46.22	47.51
合肥	47.57	45.85	45.33	44.69	43.05	43.79

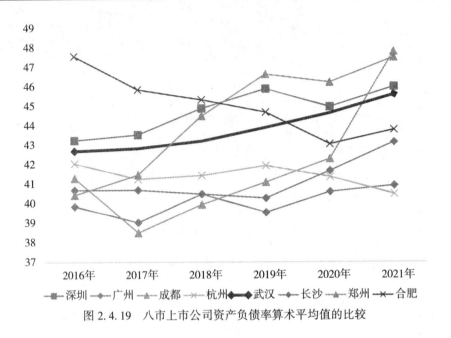

图 2.4.19 八市上市公司资产负债率算术平均值的比较

3. 成长能力比较分析：受疫情冲击成长能力出现乏力

营业收入增长率表示与上年相比，营业收入的增减变动情况，是评价企业成长状况和发展能力的重要指标。如图 2.4.20 所示，2016—2021 年，总体来看，八市上市公司营业收入增长率平均值均呈现下降趋势，特别是受疫情冲击的 2020 年，营业收入增长率平均值甚至降至个位数，这在一定程度上反映出上市公司成长出现乏力。在此发展区间，成都2017 年的数值以及广州 2020 年的数值均较高，查其原因是成都的欧林生物（688319.SH）和广州的百奥泰（688177.SH）都曾有过高额亏损，面临亏损过后营业收入会出现增长。

表 2.4.25　　　　　　　八市上市公司营业收入增长率算术平均值的比较　　　　　（单位：%）

	2016 年	2017 年	2018 年	2019 年	2020 年	2021 年
深圳	85.43	26.84	36.05	15.28	9.73	31.00
广州	34.00	42.72	17.59	11.70	207.27	32.89
成都	40.85	132.49	32.62	28.20	11.22	18.75
杭州	26.43	31.98	21.15	56.98	21.42	24.46
武汉	18.21	38.48	16.93	46.52	16.99	24.02
长沙	43.04	31.64	19.28	13.88	24.05	47.38
郑州	15.53	28.72	14.80	17.39	2.30	25.12
合肥	11.53	21.70	18.38	17.29	10.62	24.14

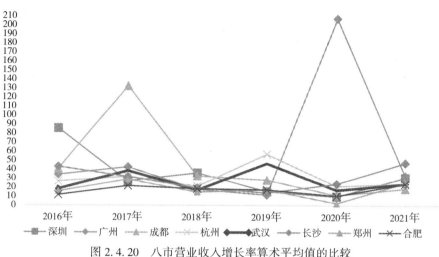

图 2.4.20 八市营业收入增长率算术平均值的比较

4. 营运能力比较分析：总资产周转速度较低

总资产周转率是考察企业资产运营效率的一项重要指标，体现了企业经营期间全部资产从投入到产出的流转速度，反映了企业全部资产的管理质量和利用效率。一般情况下，该数值越高，表明企业总资产周转速度越快，销售能力越强，资产利用效率越高，从而营运能力也越强。

如图 2.4.21 所示，整体而言，八市总资产周转率平均值呈下降趋势，总资产周转速度变慢。八市中，深圳、广州、杭州、长沙、合肥五市总资产周转率平均值呈现聚集状态，在 0.65~0.8 的范围小幅波动。2016—2020 年，郑州、成都和武汉上市公司总资产周转率平均值均明显低于其他三市，说明这三个城市总资产周转速度低于其他五市，营运能力也明显低于其他五市。

表 2.4.26 　　　　　　八市上市公司总资产周转率算术平均值的比较　　　　　　（单位：次）

	2016 年	2017 年	2018 年	2019 年	2020 年	2021 年
深圳	0.78	0.76	0.77	0.73	0.66	0.65
广州	0.84	0.81	0.77	0.72	0.64	0.64
成都	0.56	0.57	0.58	0.58	0.54	0.51
杭州	0.79	0.81	0.80	0.77	0.74	0.75
武汉	0.66	0.68	0.64	0.62	0.56	0.58
长沙	0.76	0.79	0.77	0.73	0.68	0.70
郑州	0.44	0.47	0.46	0.45	0.39	0.40
合肥	0.71	0.71	0.70	0.70	0.65	0.64

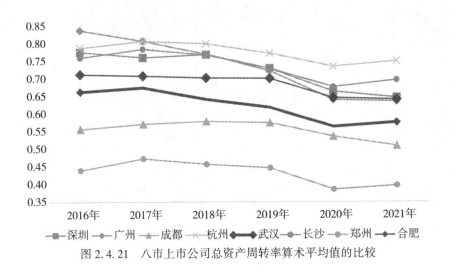

图 2.4.21　八市上市公司总资产周转率算术平均值的比较

5. 股本扩张能力比较分析：比较重视公积金的积累

股本扩张能力，即通过发行股票的方式来筹集资本使其增加的能力。由于上市公司用于转增股本的资产来源于资本公积金，因此，每股资本公积金在很大程度上反映了上市公司的股本扩张能力。每股资本公积金是资本公积金与总股本之比。资本公积金是指从公司的利润以外的收入中提取的一种公积金。其主要来源有股票溢价收入，财产重估增值，以及接受捐赠资产等。

如图 2.4.22、表 2.4.27 所示，2018—2021 年，八市上市公司每股资本公积金平均值均呈明显上升趋势。2019 年起八市上市公司每股资本公积金平均值均超过 2 元，到 2021 年上市公司每股资本公积金平均值甚至超过 4 元；杭州最高，达 4.13 元；武汉为 3.25 元，在八市中处于第五位；郑州最低，也达到 2.73 元。这说明上市公司普遍重视自身公积金积累，它既是公司未来扩张的物质基础，也是股东未来转赠红股的希望所在。

表 2.4.27　　　　　　　八市上市公司每股资本公积金的比较　　　　　　（单位：元）

	2016 年	2017 年	2018 年	2019 年	2020 年	2021 年
深圳	2.00	2.14	1.92	2.08	2.71	3.45
广州	1.60	2.07	2.00	2.09	2.33	2.97
成都	1.59	2.49	2.36	2.10	2.62	3.57
杭州	1.66	2.19	1.80	2.01	2.38	4.13
武汉	1.95	2.02	2.23	2.38	2.53	3.25
长沙	1.90	1.88	1.97	2.10	2.40	3.03
郑州	2.09	2.48	2.11	2.25	2.60	2.73
合肥	1.76	2.13	2.08	2.06	2.85	3.39

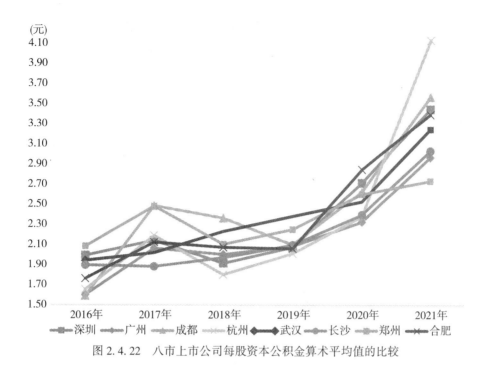

图2.4.22 八市上市公司每股资本公积金算术平均值的比较

三、"十三五"武汉上市企业发展的回顾与不足

(一)回顾

1. 总体概况

"十三五"期间,武汉市上市企业数量与市值均呈上涨趋势。市值从2016年年底的5511.83亿元上升至7997.21亿元,上市公司数量从2016年的53家上升至2020年的65家。

从总市值涨幅来看,2018年总市值同比涨幅最大,达13.67%,主要是因为2018年有2家企业上市:其中天风证券(601162.SH)在2018年年底市值达350.96亿元,锐科激光(300747.SZ)在2018年年底市值达257.73亿元;2020年总市值同比涨幅也均超过5%。从上市企业数量涨幅来看,2016年上市企业数量涨幅最高,为20.5%,当年上市了9家企业;其次为2020年,涨幅达10.17%。

表2.4.28　　　"十三五"期间武汉市上市公司总体发展情况一览表

年份	总市值 (亿元)	总市值涨幅 (%)	上市企业总数 (家)	上市企业总数涨幅 (%)
2016	5511.83	-0.8	53	20.5

续表

年份	总市值 （亿元）	总市值涨幅 （%）	上市企业总数 （家）	上市企业总数涨幅 （%）
2017	6384.38	1.15	52	1.96
2018	7257.05	13.67	57	9.62
2019	7602.73	4.76	59	3.51
2020	7997.21	5.19	65	10.17

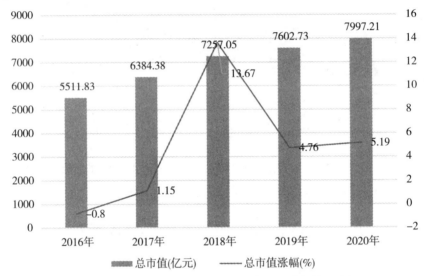

图 2.4.23 "十三五"期间武汉市上市企业总市值及涨幅

2. 财务绩效

"十三五"期间，武汉上市公司财务绩效呈现出以下特征：

（1）武汉上市公司的净资产收益率波动较大，2019 年净资产收益率高达 17.86%，但 2018 年净资产收益率降低至 2.5%。

（2）武汉上市公司偿债能力较为稳定。资产负债率虽有小幅波动，但一直维持在 42%~45%。上文指出，武汉上市公司偿债能力在比较城市中处于中等水平。

（3）营业收入增长率波动较大，2019 年武汉市上市企业营业收入增长率最高达 46.52%，2020 年受疫情影响，营业收入增长出现乏力，增长率从 46.52% 下降 至 16.99%。

（4）总资产周转速度逐渐变慢。如上文分析，"十三五"期间，武汉上市公司总资产周转率平均值呈下降趋势，2020 年疫情暴发之前，总资产周转率在 0.62~0.68 之间波动，2020 年受疫情及各种防控措施的影响，总资产周转率下降至 0.56。

（5）股本扩张能力呈现稳定上升趋势，每股资本公积金平均值从"十三五"初期的 1.95 上升至"十三五"末期的 2.53，在比较城市中位于中等水平。

（二）不足

通过上文的比较可知，整体而言，虽然武汉上市企业与长沙、郑州和合肥相比具有一定的优势，但其全面落后于深圳、广州、成都和杭州的上市公司发展水平。其不足之处主要体现在以下四个方面。

1. 规模竞争力长期不足

如前文所示，从数量上看，截至"十三五"末，武汉共有 64 家上市公司，数量占全国的比重仅为 1.55%，仅为深圳的 19.28%、杭州的 40.76%，也与成都（84 家）、广州（117家）有较大差距。

从总市值来看，武汉上市公司总市值不足 1 万亿，占全国的比重不足 1%；从平均市值来看，武汉上市公司的平均市值不仅低于成都、杭州、广州、深圳等城市，也低于全国平均水平，仅为全国上市公司平均市值的 61.63%，65% 的上市公司的市值规模在 100 亿元以下。

此外，武汉缺乏大型领军龙头上市公司，武汉市值排名第一的公司在深圳排第 23 位、杭州排第 9 位、广州排第 8 位，且至今没有一家市值过千亿的上市公司。

以上分析说明，武汉上市公司在数量和规模上均缺乏竞争力。上市公司数量过少，对经济的拉动作用就会减弱；而上市公司的市值规模是上市公司开展业务的信用基础之一，规模过小会限制武汉上市公司在业务拓展、融资等环节的空间，尤其是不利于一些资产较轻，依靠投资者信息来获取资金的新兴行业发展。上文分析指出，净资产收益率平均值在八市中处于中等偏下水平，表明武汉上市公司也未能做到"小而美"，因此规模小这一问题亟待关注。缺乏大型龙头上市企业的后果是导致上市公司对经济的带动作用受限，也会导致武汉企业的品牌影响力不强。

2. 分布过度集中

武汉上市公司分布过度集中主要体现在行业过度集中和区域过度集中两个方面。

从行业分布来看，近五年武汉上市公司中制造业公司的数量和市值占比均在 50% 左右，其他行业上市公司数量相对较少。虽然制造业是推动武汉经济发展的主力军，但其也有不可忽视的缺点，即自主创新能力不强，缺乏持久的竞争力。因此，上市公司在制造业的过度集中一方面不利于武汉其他行业的企业利用资本市场；另一方面也会使武汉板块股票的价格过多受制于制造业周期。

区域分布上则过度集中于东湖新技术开发区，近几年该区上市企业的数量和市值占全市上市公司的比重均超过 40%；2021 年该区上市公司 32 家，总市值 3858.64 亿元，数量和市值占全市上市公司之比均超过 45%（见上文分析）。上市公司数量排名第二的经济开发区，仅有 7 家上市公司。其他大部分区只有 2~6 家上市公司，硚口区甚至只有 1 家上市公司。东湖新技术开发区已成为武汉的名片，领跑武汉经济，① 政府政策也更多地偏向

---

① 大量上市公司的存在为科技创新提供了有力支撑，也造就了东湖高新区耀眼的经济表现。疫情下的 2020 年，东湖高新区 GDP 总额 2001.85 亿元，是全武汉市唯一一个 GDP 超过两千亿的区，而且在武汉市因受疫情冲击经济下滑达 4.7% 的情况下，东湖高新区经济逆势增长，GDP 增幅高达 5.10%，是武汉市唯一一个经济正增长的区。2021 年，东湖高新区 GDP 总额达到 2400 亿元，同比增长 19.9%，仍是全市唯一一个经济 GDP 过两千亿的区。

这个区域。然而，武汉市经济的高质量发展离不开武汉各区的协同发展。在明确各区发展定位的基础上，应尽量实现区域间均衡发展和统筹规划，促进生产要素的自由流通，加快武汉经济一体化发展，保持武汉市经济发展的长期活力。

3. 业务转型较慢

如前文所述，"十三五"末的 2020 年武汉市上市公司分布在第二产业的市值占比高达 65.05%，远高于对比城市，这说明武汉上市公司业务转型较慢。此外，2020 年武汉市第二、三产业产值占 GDP 的比重分别为 35.6% 和 61.8%。这说明武汉上市公司的产业分布与整个城市的产业分布严重不匹配，严重地说，是武汉上市公司发展与本地经济发展存在脱节。当然出现这一现象也有其客观原因：上市公司需要一定的规模要求，而武汉第三产业中部分行业的公司规模普遍过小，达不到上市要求。

此外，上文分析还显示，整体而言，武汉建筑业和批发零售业上市公司市值占比明显高于其他城市，而信息传输、软件和信息技术服务业上市公司的占比明显低于其他城市；武汉的科学研究和技术服务业方面的上市公司占比为零，远远落后于对比城市。这些均表明武汉上市公司的布局还不够优化，上市行业的先进程度还有待提高。

4. 财务能力有待提高

如前文所示，武汉上市公司财务绩效不甚乐观，主要表现在：第一，武汉上市公司对资金的运作能力偏弱。从偿债能力指标可以看出，武汉上市公司大多仍采取的是低风险、低收益的财务结构。第二，运营能力较差。用总资产周转率来衡量的运营能力，这一数值近五年呈明显下降趋势，且与杭州、深圳、广州有较大差距；八市中，杭州、深圳、广州三市总资产周转率平均值呈现聚集状态，在 0.6~0.75 的范围小幅波动。而 2016—2021 年，武汉总资产周转率仅为 0.56~0.68，与杭州、深圳、广州有明显差距，说明武汉上市公司的营运能力明显低于杭州、深圳、广州。

四、武汉上市公司发展的对策建议

上文较为系统、全面且详细地研究了武汉上市公司发展的基本情况和特征，并将其与深圳、广州、杭州、成都、长沙、郑州和合肥 7 市进行了全面比较。研究发现，近年来，武汉市上市公司数量逐年上升，对经济社会的贡献不断显现，上市公司发展总体取得了一定的成绩。但相对深圳、广州、杭州、成都而言，还存在上市公司数量少、规模小、竞争力长期不足、财务能力偏弱、带动能力不强等问题。为解决这些问题，推动武汉市企业上市和上市企业进一步发展，本报告提出以下对策建议。

（一）深度挖掘资源，完善上市后备企业库

要真正做大做强武汉上市公司，优质的后备资源是必不可少的。2021 年年底，武汉市企业上市领导小组办公室研究确定了东风汽车集团股份有限公司等 166 家企业为 2021 年武汉市上市后备"金种子"企业，武汉中科光谷绿色生物技术有限公司等 183 家企业为 2021 年武汉市上市后备"银种子"企业，这些都是优质的后备上市资源，应予以重点培育，妥善解决其改制上市过程中的困难和问题。早在 2018 年，武汉市人民政府出台的《市人民

政府关于加快推进企业上市工作的实施意见》就明确提出,"要按照政府推进、企业主体、中介指导、市场导向的原则,实施上市公司倍增计划"。要实现这个目标,首先,应提升宣传力度,提高各级政府和企业高管对上市重要性的认识,将提高上市公司的数量和规模作为一项重要的战略任务来执行。其次,完善上市后备企业库,将位于战略性新兴产业发展方向、主营业务突出、盈利水平较高、成长速度较快、具有发展潜力的"金种子"企业纳入其中进行重点辅导。再次,各级政府要出台帮助企业上市的具体举措。如成立相关部门和工作小组负责协调上市工作,由该机构来帮助企业完成上市前后的各种准备工作,并整体协调企业上市前后与中国证监会、证交所乃至境外证交所、会计师事务所等相关部门的关系。同时通过上下联动,协调政府各个部门合力推进,提高上市工作的效率和成功率,从而调动企业的上市积极性,优化后备资源,真正实现每年"储备一批、培育一批、辅导一批、申报一批、上市一批"。

(二)抢抓科创板战略机遇,推动上市板块持续扩容

2021年武汉市科创板上市公司的数量仅7家,远低于对比城市中的深圳、广州、杭州和成都,且平均市值较低(仅为全国科创板平均市值的67.82%)。应抢抓科创板战略机遇,推动科创板上市板块持续扩容。第一,要加强企业上市政策支持力度,出台更有力度、更加精准的上市激励政策,在财政补贴、税收优惠、人才引进等方面出台实质性激励政策。研究设立支持企业上市发展基金,鼓励相关产业投资基金、创业投资基金、股权投资基金等参与企业股份制改造、上市挂牌、并购重组,提高企业对接多层次资本市场和资源整合的能力。第二,要抢抓科创板战略机遇,围绕科创板重点支持的新一代信息技术、高端装备、新材料、新能源、节能环保以及生物医药等高新技术产业和战略性新兴产业,优化资源配置,全力支持科技型创新企业在科创板上市融资发展,建立和培育企业库。

(三)发挥头部公司作用,升级区域产业基础

头部公司是推动经济持续发展的重要力量,要充分发挥头部公司作用,带动区域和行业整体发展。一是发挥头部公司的集聚作用,加强产业对接和配套协作,提升产业集聚水平。突破体制障碍和区划限制,支持行业龙头通过并购、重组等形式,整合上下游的产业链,推动武汉市九大支柱产业、六大战略性新兴产业、五大未来产业的"965"产业集群发展。二是发挥头部公司的创新引领作用,围绕战略性新兴产业等,以龙头企业为核心开展"产学研用"合作,不断提升技术创新能力。释放龙头企业在协作引领、产品辐射、技术示范、知识输出和营销网络等方面的核心作用,推动武汉市产业品牌提升和行业知识扩散,带动产业链上下游中小企业发展,推动区域经济发展。

(四)借助资本市场,深入推动武汉市国资国企改革

《武汉市国资国企改革发展"十四五"规划》中明确提出,要"积极稳妥深化混合所有制改革,把引资本和转机制更好结合起来,以产权改革为纽带,带动公司内部经营机制改革和制度完善"。课题组认为,加快国有企业改制上市步伐是推动国企混改的有效途径。第一,要以并购重组为纽带,推动以上市公司为平台的资源整合,按照"聚焦主业、功能相

近、以资产资本为纽带"原则，深化武汉市国资国企改革，做大规模，壮大实力，优化国资布局。第二，盘活国有资产存量，大力推进具备条件的省属国有企业整体上市，推动省属国有企业绩优子公司独立上市以及上市公司优质资产分拆上市，提高国有资产的证券化率和流动性。第三，要充分利用资本市场各类直接融资工具，优化国有控股上市公司资本结构，降低国资持股比例，引入民营股东，发挥国有资本的杠杆效应。第四，有序推进国有控股上市公司员工持股，打造利益共同体，进一步激发员工积极性和企业活力。

（五）加强监督服务，推动上市公司规范发展

上市公司是地方支柱企业和地方经济的重要组成部分，一旦出现风险，极易引发区域性金融风险。因此，武汉市政府要加大对上市公司规范经营的督导力度，着力提高企业家的社会担当意识，切实保护中小投资者利益。一方面，要继续完善国有上市公司的治理结构，加快建立现代企业制度，更好发挥"三会一层"的作用，不断健全市场化经营机制；实现从"管资产"到"管资本"转变，减少对企业发展的行政干预，促进国企行政化管理向市场化转变。另一方面，要强化对民营上市企业的辅导监管，确保发行审核、融资、并购等各环节的规范运作。此外，还要加强对上市公司经营管理者的培训，提高上市公司规范运营和依法经营的意识。

（六）通过并购重组，扩大上市公司规模

针对武汉上市公司规模小的问题，笔者认为，并购重组是解决这一问题的方法之一。并购重组不仅能够扩大上市公司的规模，为上市公司获得新的资源，同时还能促进上市公司的多元化经营，实现上市公司的长期发展战略。

要提高并购重组能力，应注意以下几点：一要明确并购目的。根据公司发展的实际需要来确定并购对象。公司并购的目的很多，比如借壳上市或买壳上市、扩大企业规模、获得特殊资源、多元化经营的需要等。二要选择合理的并购策略。从并购类型来看，横向并购可以扩大公司生产规模，实现规模经济效应。纵向并购可以为公司在产业链上获得更大优势，实现范围经济，但由于公司对上下游企业熟悉程度相对较差，并购中面临的风险相对也较大。混合并购虽然可以避免原来所处行业的经营风险，实现多元化经营战略，提高潜在的获利机会，但是在实施混合并购前要审慎决策，不能盲目地进行多元化扩张。三要设计有效的并购方案。并购方案需要从公司所处的行业、生命周期、行政区域以及公司股权结构等方面慎重论证并购交易的可行性，做到专业化和科学化，一般要聘请知名投资银行、会计师事务所、律师事务所等参与这项工作。四要注重并购后的整合。并购过程涉及人力资源、财务及资产、组织制度及生产、文化的整合等，整合效果直接关乎并购后的企业绩效。

（七）持续优化营商环境，营造良好的创新创业氛围

以武汉建设国家科技创新中心为引领，全面提升科技创新和创新成果转化水平。一方面，要在全社会营造勇于创新、宽容失败的创新氛围，健全优化创新创业的政策体系和生态系统，发挥企业创新主体作用。既要关注龙头企业，也要培育发展一大批创新创业型企

业,尤其是大力支持民营中小企业的发展。另一方面,要进一步打造市场化、法治化、国际化营商环境,纵深推进"放管服"改革,加强创新能力和开放合作,提高信息化程度,全方位优化区域营商环境。

武汉新创企业发展报告（2021）^①

一、武汉新创企业发展基本情况

新创企业是创造新经济的主要力量，是一个地区经济发展的重要组成部分。从近现代年间的"工业中心"，到今日的改革"先行区"，创新一直伴随着武汉这座城市的发展。近些年，武汉市新创企业在整体数量上呈现出快速增长的趋势，并且取得了较大的成就，在加快城市经济发展、优化产业结构、带动城市就业等方面发挥了积极作用。

回首 2021 年，面对严峻复杂的国内外发展环境，面对艰巨繁重的疫情防控任务，面对极为罕见的自然灾害影响，全市上下坚持以习近平新时代中国特色社会主义思想为指导，牢记习近平总书记殷殷嘱托，以隆重庆祝党的百年华诞为强大动力，在省委、省政府和市委的坚强领导下，统筹疫情防控和经济社会发展，统筹发展和安全，全力以赴把因疫情造成的损失补回来，把本来应有的正增长追回来，疫情防控决定性成果持续巩固，疫后重振和高质量发展年度任务圆满收官。2021 年，全市实现地区生产总值（GDP）17716.76 亿元，按可比价格计算，比上年增长 12.2%。全年新登记市场主体 26.96 万户，增长 44.56%，其中，新登记企业 13.18 万户，增长 39.32%；新登记个体工商户 13.72 万户，增长 49.95%。本报告将从新创企业总量规模、知识产权环境、创新平台载体、创业群体、活跃程度以及就业情况六个方面对我市新创企业发展的基本情况进行说明。

（一）总量和规模

1. 新创企业年增长情况

从图 2.5.1 可以看出，2018—2020 年，武汉市新创企业新增数量总体上呈现上升趋势，尤其是在 2019 年达到一个高峰，由此可以看出，我市新创企业发展势头较好，但由于新冠肺炎疫情影响，2020 年新创企业整体数量大幅下降，只有 9.46 万户的新创企业，整体的发展态势严峻。从近几年新创企业的增长率来看，2018 年新创企业增长率为 5.2%，2019 年新创企业增长率在 20% 以上，2020 年较 2019 年，新创企业增长率大幅降低。2021 年，新创企业增长量已恢复至疫前水平，经济发展重回"主赛道"，高质量发展取得新成效，交出"全年精彩"武汉答卷，实现了"十四五"良好开局。

---

① 本报告由北京德成经济研究院金勇教授主持，金婕副教授、陶沁副教授共同主笔。

2. 2020 年和 2021 年新创企业总量比较

2020 年和 2021 年我市新创企业在不同季度、不同行业、不同登记机关等方面都呈现不同程度的差异，各年份总数量相差较大。2020 年受新冠肺炎疫情影响，我市新创企业数量仅 9.46 万户，反观 2021 年，我市新创企业数量增至 13.18 万户。从图 2.5.1 可以看出，相比 2020 年，由于疫情后统筹常态化疫情防控和经济社会发展，2021 年新创企业数量出现大幅度的增加，总体来说，总数保持稳定增长趋势，整体态势依旧向好发展，表明疫情常态化防控下，企业发展虽然受到一定影响，但在营商环境不断改善以及政策落地等有利的外部环境下，我市新创企业依然呈现良好的发展态势，并且发展前景良好，未来新创企业数量也将再创新高。

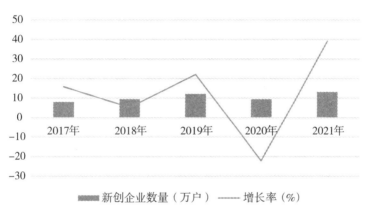

图 2.5.1　2017—2021 年新创企业数量及增长率（单位：万户；%）

（数据来源：武汉市工商局、武汉市市场监督管理局，课题组整理）

3. 2017—2021 年市场主体重要组成部分分析

市场主体是指在市场上从事交易活动的组织和个人，包括企业、个体工商户和农民专业合作社三部分。其中企业作为市场主体的重要组成部分，而新创企业则是市场主体增长的重要力量，如图 2.5.2 所示。

从武汉市工商局获悉：2017 年，全市市场主体 107.48 万，其中，企业 42.44 万，个体工商户 64.45 万；全年新增市场主体 18.17 万，其中，新创企业 8.05 万，新增个体工商户 9.42 万。新增市场主体数量居前五位的是武昌区、洪山区、江岸区、东西湖区和硚口区，分别为 12.58 万户、10.92 万户、10.19 万户、8.05 万户和 7.98 万户，合计占比达49.33%，撑起全市市场主体的半壁江山。截至 2017 年 4 月 30 日，武汉市市场主体达到100.79 万户，标志着市场主体进入了新的发展阶段，市场主体增长更加活跃，市场交易更加丰富，市场经济发展更加快速，为武汉打造国际化、生态化、现代化大武汉奠定了坚实基础。如图 2.5.3 所示。

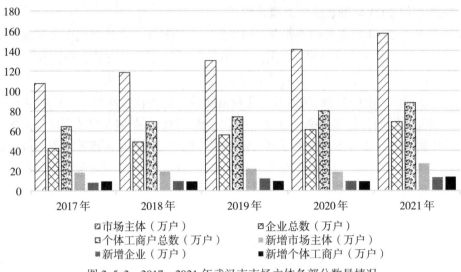

图 2.5.2　2017—2021 年武汉市市场主体各部分数量情况

（数据来源：武汉市市场监管局，课题组整理）

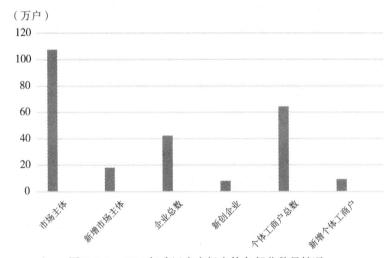

图 2.5.3　2017 年武汉市市场主体各部分数量情况

（数据来源：武汉市市场监管局，课题组整理）

2018 年，武汉市市场主体保持 10% 以上增幅，总量达 118.37 万户，其中，企业 48.74 万户，增长 14.8%，个体工商户 69.16 万户，增长 7.3%；全年新增市场主体 19.12 万户，增长 5.2%，其中，新创企业 9.46 万户，增长 23.7%，新增个体工商户 9.11 万户，增长率较小回落。年新创企业总数首次超过个体工商户，新创企业达 9.96 万户，首次超过个体工商户 9.11 万户，说明市场主体结构持续优化，市场活力进一步增强，开办企业已成为投资创业的首选。该年，武汉市进一步优流程、压时限，同步压缩银行开户办理时间，将企业开办时间控制在 3 个工作日以内。同时，继续推行企业受理审批等登记便利化举措，确保新创企业类市场主体增长不低于 10%，如图 2.5.4 所示。

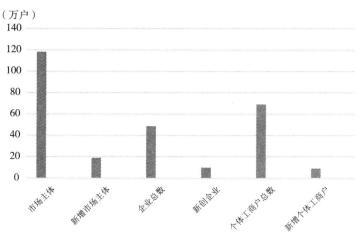

图 2.5.4 2018 年武汉市市场主体各部分数量情况
（数据来源：武汉市市场监管局，课题组整理）

2019 年，年末全市市场主体 130.13 万户，比上年增长 9.9%，其中，企业 55.71 万户，增长 14.3%；个体工商户 73.94 万户，增长 6.9%。全年新增市场主体 21.78 万户，增长 14.0%，其中，新创企业 12.16 万户，增长 22.1%；新增个体工商户 9.58 万户，增长 5.1%。该年，我市减税降费成效显著，民生支出较往年增加，一减一增，切实增加企业和个人所得，激发了市场主体活力，取得了新创企业 12.16 万户，增长 22.1%的良好效果。财政收入的"减法"是为了更好地为企业效益做"加法"。该年，全市财税部门坚持一手抓优化营商环境，一手抓财政政策调控，努力助推实体经济、民营经济发展，不断夯实高质量发展根基。贯彻"放管服"改革要求。该年，市财政部门从深化政府采购制度改革，到缓解中新创企业融资难融资贵，到系列财政奖补方式支持，促进我市营商环境不断优化。市级集中采购电子交易平台建成，实现政府采购招标、投标、评标等全流程电子化，政府采购实现"零跑腿"、信息透明公开。如图 2.5.5 所示。

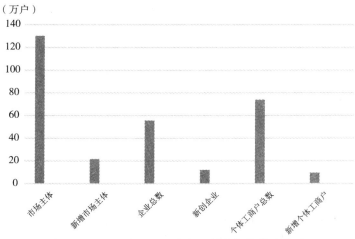

图 2.5.5 2019 年武汉市市场主体各部分数量情况
（数据来源：武汉市市场监管局，课题组整理）

2020 年，年末全市市场主体 141.32 万户，比去年增长 8.6%，其中，企业 11.67 万户，增长 10.7%；个体工商户 79.9 万户，增长 8.06%。全年新增市场主体 18.65 万户，较 2019 年增长率有所回落，下降 14.3%，其中，新创企业 9.46 万户，较 2019 年增长率下降 22.2%；个体工商户 9.04 万，较 2019 年增长率下降 5.6%，但整体总量依旧保持增长。受新冠肺炎疫情影响，上半年武汉市新增市场主体同比下降 34.21%，但自 4 月 8 日以来，日均登记量已恢复至疫前水平。尤其在二季度，全市新登记个体工商户 2.26 万户，较一季度增长 3 倍。我市各部门在积极参与疫情防控的同时，也通过落实各项税费优惠政策，推出多项便利化服务举措，不断优化税收营商环境，助力武汉经济强势回归、加速发展。如图 2.5.6 所示。

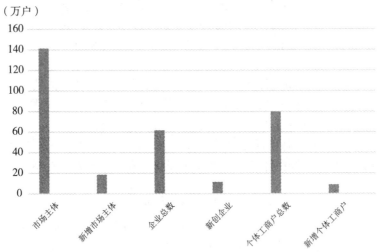

图 2.5.6　2020 年武汉市市场主体各部分数量情况

（数据来源：武汉市市场监管局，课题组整理）

2021 年，年末全市市场主体 157.23 万户，比上年增长 11.26%，其中，企业 68.81 万户，增长 12.78%；个体工商户 87.87 万户，增长 10.10%。全年新登记市场主体 26.96 万户，增长 44.56%，其中，新创企业 13.18 万户，增长 39.32%；新登记个体工商户 13.72 万户，增长 49.95%。有专家表示，疫情平稳、经济恢复、大学生留汉等多种因素，带动武汉常住人口与市场主体的"双增长"。如图 2.5.7 所示。

（二）知识产权环境

2021 年，武汉市知识产权工作领导小组各成员单位严格落实省委、省政府关于加强全省知识产权保护的工作要求，按照《知识产权强国建设纲要（2021—2035 年）》、国家和湖北省知识产权"十四五"规划部署，牢固树立"保护创新、服务发展"的工作理念，坚持"稳"字当头、稳中求进，深入实施企业知识产权护航工程、荆楚品牌培育工程，持续加强知识产权全链条保护，大力提升知识产权保护实效，不断优化尊重知识价值的营商环境，为建设高水平科技自立自强知识产权强省和湖北高质量发展提供有力支撑。2022 年

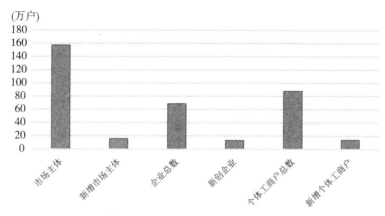

图 2.5.7 2021 年武汉市市场主体各部分数量情况
（数据来源：武汉市市场监管局，课题组整理）

是实施武汉市《武汉市知识产权战略纲要（2011—2020 年）》（武政〔2011〕15 号）的最后一年，也是建设东湖国家自主创新示范区的起步之年。全市认真贯彻国家知识产权战略纲要，全面实施武汉市知识产权战略，按照"鼓励创造、有效运用、依法保护、科学管理"的方针，提高知识产权创造数量和水平，提升企业知识产权运用能力，加大知识产权执法力度，深化知识产权行政管理，推进知识产权文化建设，为加快东湖国家自主创新示范区和"两型社会"综合配套改革实验区建设做出了新的奉献。

如图 2.5.8、图 2.5.9 所示，2021 年，武汉市专利授权总量 86379 件，同比增长趋势喜人，其中发明专利授权 18553 件，同比增长 26.49%，每万人发明专利拥有量 60.02 件。PCT 国际专利申请量 1566 件，增长 12.74%。处于全国十大创新城市的前列。

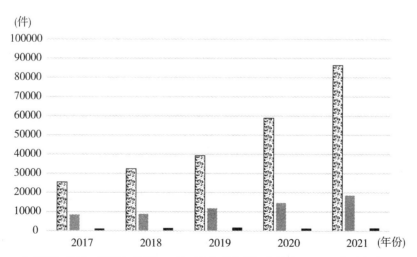

图 2.5.8 2017—2021 年武汉市专利申请及授权数量
（数据来源：武汉市市场监督管理局，课题组整理）

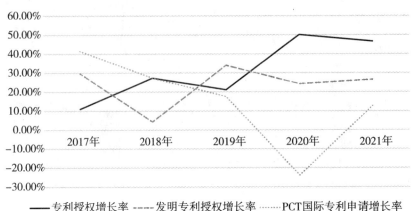

图 2.5.9　2017—2021 年武汉市专利申请及授权增长率
（数据来源：武汉市市场监督管理局，课题组整理）

武汉市作为第二批国家知识产权运营服务体系建设重点城市之一，工作的全面部署与实施得到了相关市直部门和各区市场监督管理局的全力支持和参与。2020 年启动的知识产权运营服务体系建设第一批项目包括 38 个高价值专利组合培育项目、28 个企业运营类专利导航(海外知识产权预警)项目和 7 个中小微企业知识产权托管项目。其中，高价值专利组合培育项目通过项目实施，形成结构优良、布局合理的一系列高价值专利组合，全面提升了相关领域的知识产权保护水平和运用能力；企业运营类专利导航项目，以提升企业竞争力为目标，以专利导航分析为手段，指引企业创新路径和专利布局，推动专利融入支撑企业创新发展；中小微企业知识产权托管项目支持知识产权服务机构为托管企业提供了包括专利申请、专利信息分析、企业知识产权制度设计、品牌宣传和人才培训等多项服务，帮助托管企业在不增加管理成本的前提下，提升知识产权管理效能。

我市市场监督管理局通过强化项目过程管理，确保项目产出质量，三类项目均取得了丰硕的成果，有效提升了全市企事业单位知识产权创造质量和运用效益，有力促进了武汉市特色产业创新高质量发展。

(三)创新平台载体

加快布局建设国家级创新平台。推进国家智能设计与数控技术创新中心、国家数字建造技术创新中心建设，会同申报单位向省科技厅汇报，积极争取科技部支持。推进省部共建纺织新材料与先进加工技术、精细爆破国家重点实验室创建。

积极支持建设省级科技创新平台。新增省级创新平台 58 家，其中省重点实验室 2 家、省技术创新中心 1 家、省临床医学研究中心 8 家、省产业技术研究院 1 家、省产业创新联合体 4 家、省企校联合创新中心 37 家、省专业型研究所 5 家。

会同有关部门发布《关于推进 2020 年度企校联合创新中心建设的通知》，开展全市规上工业企业企校联合创新中心建设备案工作，新增 87 家市级备案企校联合创新中心。对符合条件的 331 家市级工程技术研究中心、企业研究开发中心，开展市级科技创新平台绩效考核工作。

1. 国家重点实验室

国家重点实验室，属于科学与工程研究类国家科技创新基地，面向前沿科学、基础科学、工程科学等，开展基础研究、应用基础研究等，推动学科发展，促进技术进步，发挥原始创新能力的引领带动作用。详见表 2.5.1。

加快重大创新平台建设。加快建设国家重大科技基础设施，脉冲强磁场功能不断完善，精密重力测量、生物医学成像等加快建设，磁阱型聚变中子源、作物表型组学等进入预研和论证过程。

2022 年 5 月 26 日，武汉国家生物产业基地建设管理办公室与湖北大学省部共建生物催化与酶工程国家重点实验室达成共建产学研转化中心合作协议，双方将围绕人才培养、科学研究、成果转化、共享大型仪器设备平台建设等方面展开合作，着力打造一批校地合作示范项目，推动大学智力优势、科技优势、人才优势与光谷生命健康产业发展深度融合发展。

2. 省企校联合创新中心

为贯彻落实《中共湖北省委、湖北省人民政府关于加强科技创新引领高质量发展的若干意见》（鄂发〔2018〕28 号），进一步深化科技体制改革，鼓励全社会规上工业企业加大研发投入，积极建设研发机构，提升企业的创新活力，2020 年湖北省共备案 331 家省级企校联合创新中心，详见表 2.5.2。企校联合创新中心是以企业为主体，联合高校、科研单位组建的科技创新平台，能有效解决规上工业企业建设研发平台的人才、技术瓶颈问题，激发企业的创新活力，提升全省规上工业企业研发能力和水平。作为一个新型研发机构，它是企业联合高校、科研单位组建的科技创新平台，建设企校联合创新中心对增强企业科技研发能力、促进高校科技成果转化、为行业发展提供创新驱动、优化地方产业发展布局、促进区域经济高质量发展具有重要意义。

表 2.5.1　　　　　　　　　　　　2020 年国家重点实验室名录

序号	名　　称	依 托 单 位
1	淡水生态与生物技术国家重点实验室	中科院水生生物研究所
2	波谱与原子分子物理国家重点实验室	中科院武汉物理与数学研究所
3	材料复合新技术国家重点实验室	武汉理工大学
4	煤燃烧国家重点实验室	华中科技大学
5	材料成形与模具技术国家重点实验室	华中科技大学
6	测绘遥感信息工程国家重点实验室	武汉大学
7	作物遗传改良国家重点实验室	华中农业大学
8	水资源与水电工程科学国家重点实验室	武汉大学
9	农业微生物学国家重点实验室	华中农业大学
10	病毒学国家重点实验室	武汉大学、中科院武汉病毒所
11	地质过程与矿产资源国家重点实验室	中国地质大学(武汉)

续表

序号	名 称	依 托 单 位
12	数字制造装备与技术国家重点实验室	华中科技大学
13	岩土力学与工程国家重点实验室	中科院岩土力学所
14	光纤通信技术和网络国家重点实验室	武汉邮电科学研究院
15	光纤制备技术国家重点实验室	长飞光纤光缆有限公司
16	大地测量与地球动力学国家重点实验室	中科院测量与地球物理研究所
17	强电磁工程与新技术国家重点实验室	华中科技大学
18	杂交水稻国家重点实验室	武汉大学、湖南杂交水稻研究中心
19	硅酸盐建筑材料国家重点实验室	武汉理工大学
20	生物地质与环境地质国家重点实验室	中国地质大学（武汉）
21	生物质热化学技术国家重点实验室	阳光凯迪新能源集团有限公司
22	省部共建耐火材料与冶金国家重点实验室	武汉科技大学
23	电网环境保护国家重点实验室	中国电力科学研究院武汉分院
24	桥梁结构健康与安全国家重点实验室	中铁大桥局集团有限公司
25	特种表面保护材料及应用技术国家重点实验室	武汉材料保护研究所
26	作物育种技术创新与集成国家重点实验室	中国种子集团有限公司〔中国种子生命科学技术中心（武汉）〕
27	省部共建生物催化与酶工程国家重点实验室	湖北大学

（资料来源：2020年度武汉科技创新报告）

表2.5.2　　　　　　　　　　　　省企校创新联合中心名录

序号	名 称	依 托 单 位
1	湖北省汽车轻量化关键零部件企校联合创新中心	武汉锦瑞技术有限公司
2	湖北省淡水产品高值化利用企校联合创新中心	武汉梁子湖水产品加工有限公司
3	湖北省健康食品现代智造企校联合创新中心	武汉森澜生物科技有限公司
4	湖北省精细磷化学品与新材料企校联合创新中心	武汉联德化学品有限公司
5	湖北省智能储能系统与装备企校联合创新中心	武汉武新电气科技股份有限公司
6	湖北省功能性表面活性剂企校联合创新中心	武汉奥克特种化学有限公司
7	湖北省新型建材企校联合创新中心	武汉苏博新型建材有限公司
8	湖北省农用微生物菌剂与生物肥企校联合创新中心	武汉合缘绿色生物股份有限公司
9	湖北省监控视频数字化技术企校联合创新中心	武汉烽火众智数字技术有限责任公司
10	湖北省玻璃新材料企校联合创新中心	武汉长利新材料科技有限公司

序号	名　　称	依 托 单 位
11	湖北省液晶显示器企校联合创新中心	武汉恒发科技有限公司
12	湖北省智能传感器企校联合创新中心	四方光电股份有限公司
13	湖北省中药现代化企校联合创新中心	健民药业集团股份有限公司
14	湖北省仕全兴水性树脂企校联合创新中心	武汉仕全兴新材料科技股份有限公司
15	湖北省高电压测试企校联合创新中心	武汉馨电科技股份有限公司
16	湖北省新型动力系统企校联合创新中心	武汉高德红外股份有限公司
17	湖北省智能再制造企校联合创新中心	武汉开明高新科技有限公司
18	湖北省生物质清洁供热及灰渣资源化利用企校联合创新中心	武汉蓝颖新能源有限公司
19	湖北省功能油脂企校联合创新中心	嘉必优生物技术(武汉)股份有限公司
20	湖北省新型传感及通信光纤光缆制造技术企校联合创新中心	烽火藤仓光纤科技有限公司
21	湖北省新材料及信息技术企校联合创新中心	武汉比邻科技发展有限公司
22	湖北省智能化无损检测装备企校联合创新中心	武汉中科创新技术股份有限公司
23	湖北省汽车用钢材轻量化及智能制造企校联合创新中心	武汉日晗精密机械有限公司
24	湖北省精冲成形技术与装备企校联合创新中心	武汉华夏精冲技术有限公司
25	湖北省未来宽带与智慧媒体企校联合创新中心	烽火通信科技股份有限公司
26	湖北省大清香固态发酵企校联合创新中心	武汉天龙黄鹤楼酒业有限公司
27	湖北省电子与通信类虚实结合企校联合创新中心	武汉凌特电子技术有限公司

(资料来源：2020年度武汉科技创新报告)

(四)创业群体

2021年，武汉人社系统发扬抗疫精神，坚持把稳就业保民生作为重大政治责任和第一位的工作，统筹推进疫情防控和人社事业取得积极进展。

1. 大学生创业规模稳定增长

大学生是宝贵的人才资源，是城市发展不竭的动力源泉。2021年，武汉地区应届毕业生32.7万人，较去年增长3.2%，毕业生规模创历史新高。市人社局加强对高校毕业生留汉就业的扶持力度，先后出台《市人民政府办公厅关于应对新冠肺炎疫情影响做好高校毕业生留汉就业创业工作的通知》等促进高校毕业生留汉就业创业的专项文件，配套出台14项实施细则和操作办法，形成较为完备的促进高校毕业生就业创业政策体系，全年直接用于高校毕业生就业创业的就业资金支出达5亿余元。系统集成各项扶持政策，推出更积极、更有效的政策举措。2021 年，新增留汉大学生 34.5 万人。2021 年上半年，武汉市为近 1.2 万名高校毕业生发放一次性求职创业补贴 1122.64 万元。

同时，为进一步推进百万大学生留汉创业就业工程，充分发挥社会力量，加强创新创业教育，进一步提高创业教育质量和师资水平，切实推进武汉市高校大学生创新创业工作，激发高校大学生的创新创业激情。经研究决定，与以下 9 所高校(见表 2.5.3)、创业服务机构共同建设"武汉大学生创业学院"，并共同推进大学生创业学院建设。

表 2.5.3 **武汉 2021 年新增大学生创业学院**

序号	学院名称
1	武昌工学院
2	武汉文理学院
3	湖北美术学院
4	武汉工程科技学院
5	武汉铁路职业技术学院
6	武汉船舶职业技术学院
7	武汉纺织大学外经贸学院
8	武汉商贸职业学院
9	武昌职业学院

(资料来源：武汉市人力资源和社会保障局)

我市、区公共就业与人才服务机构积极组织开展就业创业进校园活动，切实落实各项促进大学生创业的优惠政策，进一步加强与武汉地区高校的合作与交流，全力做好高校大学生创业服务工作，确保大学生就业形势总体稳定，高校毕业生创业率稳步提升。

2. 实施武汉英才计划，打造"青年之城、梦想之城"

启动 2021 年度"武汉英才"举荐认定工作，对重点引才单位实行清单化管理，赋予用人单位常态化人才举荐权，建立"随到随评、及时认定"人选产生机制。组织 10 所在汉高校、29 家国家重点实验室和 9 家重点医疗机构开展座谈。经用人单位举荐，并组织专家复核，引进 660 名科技领军人才、青年优秀人才和海外专业人才及团队。2021 年，我国在读留学生数量达 1061511 人，稳居世界首位。与此同时，留学生归国群体逐年上升，同比增长率显著提升。

召开海外高层次人才重点引才单位人才工作者专题培训班，对 61 家重点引才企业人才工作者进行集中培训和业务指导。组建国际青年人才交流服务中心。加强与海外学联组织、校友会、社会团体及人力资源机构合作，为国际人才来汉创新创业提供信息桥梁和落地服务。设立中国留学生服务中心武汉分中心，与中国留学服务中心合作签署成立中国留学服务中心武汉分中心战略合作协议，承接举办"春晖杯"留学人员创新创业大赛等引才活动，引导海外留学生来汉创新创业。

3. 实施"校友回汉""学子留汉"工程

出台《2021年"学子留汉"工程工作方案》《"就在武汉、创赢未来"2021年大学生就业招聘活动总体计划》等系列文件,举办集中式校园巡回招聘12场,组织承办教育部第三届研究生机器人创新设计大赛、第一届武汉"英雄杯"大学生创新创业大赛,对获奖大学生团队最高奖励50万元。全年新留汉大学生34.52万人,较2020年增加14.3%。

开展"汉漾"青年推选宣传活动,在全市推荐产生王霜等57名"汉漾"青年。开通"就在武汉"视频号,制作推出4大专题186个微视频。同中国学位与研究生教育学会、清华、北大等单位签订合作协议,实施优秀在校大学生来汉实习计划,邀请武大、华科大"青马班"200余名学员到我市开展实习实训。参与举办"助力英雄城 共创新辉煌"武汉理工大学专场活动,邀请重要校友和企业家嘉宾参会,武汉智能汽车产业创新联盟、武汉氢能产业促进联盟、建材建工行业"碳达峰碳中和"创新联合体和长江游轮游艇产业创新联盟4个创新平台启动,引进高层次人才100人。

支持设立武汉市校友经济促进会,"十一"期间策划"武汉你好 我们来了"主题宣传活动,全网总浏览量超1000万人次。推动湖北省北京大学校友会、中国人民大学湖北校友会、武汉大学武汉校友会等高校校友会组织开展多种形式的建党百年主题纪念活动。

4. 着力解决人才安居、子女教育、医疗、社保等问题

按照省委人才办部署要求,结合武汉实际,印发《"我为人才办实事"活动工作方案》,组建工作专班,指导相关部门和单位深入开展走访调研,建立市区部门单位负责人领衔重点人才项目机制,建立重点实事项目清单、困难建议清单,推动活动深入开展。做好人才保障房配租配售实施细则制定、信息化服务平台搭建等相关工作。加强与各区沟通协调,摸清房源现状,切实做好房源筹集工作。全年建设筹集保障性租赁住房2.1万套。加强部门之间协同,专人专项服务高层次人才,会同市教育局研究出台《武汉市高层次人才子女入学(园)服务保障办法(暂行)》;今年以来,协调解决在汉高层次人才医疗保障、配偶随迁、子女入学等各类问题500余人次。

(五)活跃程度

独角兽企业代表着新经济的活力、行业的大趋势、城市的竞争力。2021年中国独角兽企业数量达到301家,较2020年增加50家,总估值16472亿美元,平均估值55亿美元。武汉蔚能、武汉敏声、食享会、敏芯半导体、华大吉诺因、纽福斯、库柏特、果派联合、聚芯微电子、鼎康生物、有戏电影酒店、Today便利店这12家店进入2020年中国独角兽企业榜单(见表2.5.4),上述潜在独角兽企业非常"年轻",平均成立时间仅4.2年,超半数企业成立时间在5年之内。

其中,分布于集成电路、医药健康、大消费领域的企业各有3家,约2/3的企业为高校院所科研人员或海归博士创业,聚焦于传感器芯片、光芯片、基因治疗、机器人操作系统等细分方向和未来产业,并跻身相关细分领域的"小巨人"企业或"隐形冠军"企业。

《中国独角兽企业发展研究报告2021》显示,2020年中国潜在独角兽企业数量再创高峰,达到425家。截至2021年5月31日,武汉已有12家潜在独角兽企业,在全国城市中排第9位。

表 2.5.4   武汉独角兽企业一览表

序号	企业名称
1	武汉蔚能
2	武汉敏声
3	食享会
4	敏芯半导体
5	华大吉诺因
6	纽福斯
7	库柏特
8	果派联合
9	聚芯微电子
10	鼎康生物
11	有戏电影酒店
12	Today 便利店

（资料来源：课题组整理）

（六）就业方面

武汉市人力资源和社会保障局会同智联招聘，发布了《2021 年上半年武汉高校毕业生就业大数据分析报告》。整体看，武汉高校毕业生就业形势良好，突出表现在企业活力增强，校招需求旺盛；留鄂留汉高校毕业生逐年增加，人才集聚效应显现。同时，《报告》也提出了需要关注毕业两年内的青年人才就业稳定性。

从就业状况分析，武汉高校毕业生就业地以湖北省为主，由 2016 年的 52.13% 上升到 2021 年的 76.02%，留武汉的高校毕业生由 2016 年的 42.18% 逐年上升到 65.12%，呈逐年上升的趋势；随着学历提升，求职达成率递增，硕士及以上学历求职达成率为 19.74%。

2021 年，武汉市地区生产总值（GDP）17716.76 亿元，在全国十强城市中位列第九，与上年排名持同，同比增长 12.2%，增速居全国十强城市中第一位，2021 年全市城镇居民人均可支配收入 55297 元，比上年增长 9.8%。

2021 年是"十四五"开局、新征程开启之年，是中国共产党成立 100 周年，也是武汉疫后重振和高质量发展的关键之年，做好全年经济社会发展工作至关重要。为推动总部经济加快发展，促进我市产业结构和经济结构转型升级，市政府制发了《武汉市加快推进总部经济高质量发展的政策措施》（武政规〔2021〕16 号），市发改委制发了《武汉市加快推进总部经济高质量发展政策措施的工作指引》（武发改规〔2022〕2 号）。

2021 年，武汉市大力加快疫后经济全面恢复，以"拼抢实"的状态和作风，推动经济回归常态、回归本位，重回"主赛道"。2021 年以来，全市上下坚持以习近平新时代中国特色社会主义思想为指导，牢记习近平总书记殷殷嘱托，在省委省政府和市委的坚强领导下，在市人大的监督支持下，坚持稳中求进工作总基调，按照"一季度部署、二季度落实、三季度提升、四季度冲刺"部署要求，保持"拼抢实"作风，顶压前行，持续巩固拓展疫情防控和经济社会发展成果，交出了"开局漂亮、全年精彩"的武汉答卷，实现了"十四五"良好开局。

在武汉市人力资源和社会保障局公布的数据中，东湖新技术经济开发区、武昌区、江岸区一季度新增就业人数在武汉各区排名前三，分别占比14%、12%、10%。二季度新增就业人数在武汉各区排名前三的分别是东湖新技术开发区、硚口区、江岸区，占比分别为15%、11%、10%。三季度武汉各区新增就业人数排名前三的是东湖新技术开发区、武昌区、洪山区，占比分别是15%、12%、11%。其中从一季度开始，武汉市的城镇就业人数就在逐季度上升，从二季度开始，武汉各个区新增就业人数全部为正数，说明2021年武汉的经济复苏情况良好。

在就业创业方面，由表2.5.5可知，武汉市2021年扶持创业人数、城镇失业人员再就业人数、大学生实习实训人数、新增高校毕业生创业就业人数都在逐渐增加。扶持创业人数当期、期末实有人数分别是8844人、28141人，2021年和去年同期相比较增加27007人，同比增长4.20%；城镇失业人员再就业人数当期、期末实有人数分别是2.4489万人、4.9265万人，2021年和去年同期相比较增加2.5414万人，同比增长93.85%；大学生实习实训人数当期、期末实有人数分别是6.82万人、17.32万人，2021年和去年同期相比较增加13.237万人，同比增长30.85%；新增高校毕业生就业创业人数当期、期末实有人数分别是8.58万人、19.43万人，2021年和去年同期相比较增加14.18万人，同比增长37%。

表2.5.5　　　　　　　　　　**2021年就业创业工作指标进展情况**

项　目	单位	年度目标	2021年变化情况		与去年同期比较	
			当期	期末实有	去年同期	增减%
帮扶就业困难人员就业人数	人	26000	11239	27263	21719	25.53%
扶持创业人数	人	30000	8844	28141	27007	4.20%
其中：个体经营	人		4983	16779	16365	2.53%
创办企业	人		3861	11362	10642	6.77%
创业带动就业人数	人	60000	19228	63126	65557	−3.71%
其中：个体经济吸纳	人		10787	36742	38239	−3.91%
企业实体吸纳	人		8441	26384	27318	−3.42%
新增返乡创业人数	万人	0.4	0.1554	0.3949	0.4091	−3.47%
城镇失业人员再就业人数	万人	4.2	2.4489	4.9265	2.5414	93.85%
大学生实习实训人数	万人	20	6.82	17.32	13.237	30.85%

续表

项　　目	单位	年度目标	2021 年变化情况		与去年同期比较	
			当期	期末实有	去年同期	增减%
新增高校毕业生就业创业人数	万人	24.37	8.58	19.43	14.18	37%
新增大学生就业实习基地	个	30	105	143	65	120.00%
新增实习实训基地	个	200	101	202	121	66.94%

（数据来源：武汉市人力资源和社会保障局，课题组整理）

其中，武汉市新增大学生就业实习基地和城镇失业人员再就业人数在不断上升，这也显示武汉在创新创业方面，对于创业者和新创企业的大力扶持，新创企业也为武汉的就业提供了充足的岗位，为武汉的 GDP 发展做出了一定贡献。武汉新增返乡创业人数也在逐渐增加，表明武汉市在鼓励居民返乡创业方面积极响应国家号召并取得了较好的成绩。作为中国大学生最多的城市，武汉的大学生人力资源丰富，大学生就业毕业的去处也是一个大问题，为深入贯彻落实习近平总书记重要讲话和重要指示批示精神，全面落实党中央、国务院决策部署，应对疫情影响，促进普通高校毕业生就业创业，武汉市出台了一系列促进高校毕业生就业创业的扶持政策，促进毕业生留鄂就业创业，支持"双创"示范基地、孵化器等发展，增加大学生就业创业机会，优化就业指导服务，做好就业帮扶，这些成果也从数据之中得到充分的展现，武汉新增高校毕业生就业创业人数也在不断上升，这些数据都表明，特别是在疫情之后，武汉在创业就业工作方面做出的努力与成果都是值得肯定的。

二、疫情常态化下武汉新创企业发展的环境分析

2021 年，全市上下坚持以习近平新时代中国特色社会主义思想为指导，在省委、省政府的坚强领导下，统筹常态化疫情防控和经济社会发展，统筹发展和安全，扎实做好"六稳"工作，全面落实"六保"任务，努力把因疫情造成的损失补回来，把应有的正增长追回来，经济发展重回"主赛道"，呈现全面恢复、快速增长、质效提升、稳中向好态势，高质量发展取得新成效，实现"十四五"良好开局。初步核算，2021 年我市地区生产总值（GDP）17716.76 亿元，按可比价格计算，比上年增长 12.2%，比 2019 年增长 6.7%，两年平均增长 3.3%，在严峻的经济形势下，整体经济情况以及新创企业依然保持增长离不开专项政策的支持。

（一）武汉新创企业发展机遇分析

1. 加大宏观政策实施力度，着力稳企业保就业

首先，企业要坚持以疫情防控为先、经济发展为要、社会稳定为本的指导思想；在疫情防控上向动态精准转变，在舆情防范上向主动出击转变，在防控力量上向社会自治转变，在力量配置上向社区自治转变；统筹好防控与发展、本职与联动、落实与创新、应急

与常态、当前与长远等关系，夺取疫情防控和经济社会发展的全面胜利。面对企业，特别是新创企业面临的生存困境，国家及政府前所未有地快速响应，多层次(中央政府到地方政府)、多部门(涉及国家税务总局、财政部、央行中国人民银行、交通运输部、人力资源和社会保障部等部委)密集地出台了一系列救助政策，力度不断加大。

2022 年，我国采取积极的财政政策用以提升效能，更加注重精准、可持续。将重点围绕宏观政策要稳健有效、微观政策要持续激发市场主体活力、结构政策要着力畅通国民经济循环、科技政策要扎实落地、社会政策要兜住兜牢民生底线等方面，发挥财政职能作用。要充分挖掘国内需求潜力，要发挥财政稳投资促消费的作用；管好用好专项债券资金，拉动有效投资；适度超前开展基础设施投资，发挥政府投资引导带动作用；优化收入分配结构，推动消费持续恢复；深入实施区域重大战略。

其次，中央及地方政府出台新创企业阶段性税费减免、延期缴纳以及租金减免、补贴等政策，降低企业法定成本，进一步加大信贷支持力度。

2022 年 2 月以来，从出台《关于加快培育发展制造业优质企业的实施意见》，到《关于改革完善省级财政科研经费管理的若干措施》，从印发湖北省科技融资担保体系建设实施方案的通知，到出台《湖北省省级高新技术产业开发区认定管理暂行办法》，我省靶向发力，瞄准堵点、痛点、难点问题，推出了一批突破性、引领性的政策。比如支持大数据、物联网、5G、人工智能等新业态、新技术企业在社会治理、疫情防控、无人物流、远程办公、云计算、大数据等领域的发展。随着数字信息产业的快速发展，专业化、高标准的数字经济产业集群化等领域集成创新和发展壮大，不准对新业态、新模式简单否定，以罚代管，一罚了之，不少举措都体现出对经济社会发展中各类新思维、新实践的包容，展现了把政策红包转化为发展红利的坚定追求。提出通过完善金融财税政策、加强资源要素保障、强化高端人才支撑等 5 项措施，完成建优质企业梯度培育库、提高优质企业自主创新能力、提升产业链供应链现代化水平、引导优质企业高端化智能化绿色化发展等 7 项重点任务，明确 2021 年全省银行业保险业支持"专精特新"新创企业的 11 条举措，提出为"专精特新"企业建立授信"白名单"，合理确定企业贷款利率，确保贷款利率稳中有降。通过这一系列的措施，希望广大创客弘扬伟大抗疫精神，勇立潮头、奋发有为，扎根荆楚大地，实现人生梦想，共同绘就新时代湖北高质量发展的新画卷。详见表 2.5.6。

表 2.5.6　　　　　　　　　湖北省关于创新创业主要政策

2022 年	《湖北省省级高新技术产业开发区认定管理暂行办法》
2022 年	湖北省科技融资担保体系建设实施方案的通知
2022 年	《湖北省县域经济发展"十四五"规划》
2022 年	《关于改革完善省级财政科研经费管理的若干措施》
2022 年	湖北省全民科学素质行动规划纲要实施方案(2021—2025 年)的通知
2022 年	《关于加快培育发展制造业优质企业的实施意见》
2022 年	《湖北省 5G+工业互联网融合发展行动计划(2021—2023 年)》

续表

2021 年	湖北省"十四五"就业促进规划的通知
2021 年	湖北省制造业高质量发展"十四五"规划的通知
2021 年	湖北省数字经济发展"十四五"规划的通知
2021 年	关于实施"才聚荆楚"工程促进高校毕业生就业创业若干措施的通知
2021 年	湖北省科技创新"十四五"规划的通知
2021 年	培育壮大农业产业化龙头企业工作方案的通知
2021 年	光谷科技创新大走廊发展战略规划(2021—2035 年)的通知
2021 年	支持中国(湖北)自由贸易试验区深化改革创新若干措施的通知

(资料来源：课题组整理)

最后，借着中央和地方政府出台支持企业复工复产的组合政策，创造复工复产条件，缓解企业复工复产遇到的困难，加大信贷支持力度。

2. 推进建设数字经济产业园区

疫情防控常态化时期，支持新创企业数字化转型、利用数字化手段发展，是应对各类不确定风险冲击、赢得未来发展的重要途径，"5G"技术也正是在这一机遇之下逐渐成熟，数字信息技术已广泛渗透到各行业和增值服务产品中，成为当下新兴战略产业中发展最快的产业之一。发展数字经济是把握新一轮科技革命和产业变革新机遇的战略选择，武汉将发展符合城市特征、具有独特优势的数字经济核心产业，围绕"光芯屏端网云智"数字新产业，打造特色鲜明的数字经济产业集群，支持各区差异化发展工业大数据、人工智能、区块链等特色产业，面向数字经济领域，持续实施"卡脖子"技术攻关"揭榜挂帅"，突破一批关键核心技术。针对数字经济建设开发的特色产业园区项目正处于探索和起步阶段，结合市场趋势及产业结构升级需求，为新型数字信息产业提供综合性服务平台、引入创新合作的融资模式等，有力促进数字经济产业发展。

3. 强化创新引领，稳定产业链供应链

2022 年两会期间提出要加强国家实验室建设，推进重大科技项目实施。改革完善中央财政科研经费管理，提高间接费用比例，扩大科研自主权。延续实施研发费用加计扣除政策，将制造业企业研发费用加计扣除比例提高到 100%，同时进一步强化知识产权保护，开展重点产业强链补链行动。加快传统产业数字化智能化改造，新兴产业保持良好发展势头。

4. 深化改革扩大开放，持续改善营商环境

国务院总理李克强提出要加强市场体系基础制度建设，推进要素市场化配置等改革。继续压减涉企审批手续和办理时限，更多政务服务事项实现一网通办。推广一批地方改革经验，开展营商环境创新试点。加强和创新监管，反垄断和防止资本无序扩张，维护公平竞争，深入实施国企改革三年行动，支持民营企业健康发展，稳步推进农业农村、社会事业、生态文明等领域改革，深化共建"一带一路"务实合作。这将为我市新创企业的发展提供一系列的有利条件。

2022年工作要坚持稳字当头、稳中求进。面对新的下行压力，要把稳增长放在更加突出的位置，积极推出有利于经济稳定的政策。要统筹稳增长、调结构、推改革，加快转变发展方式，不搞粗放型发展。坚持实事求是，立足社会主义初级阶段基本国情，着力办好自己的事，尊重发展规律、客观实际和群众需求，因地制宜创造性地开展工作，把各方面干事创业积极性充分调动起来。推动有效市场和有为政府更好结合，善于运用改革创新办法，激发市场活力和社会创造力。要坚持以人民为中心的发展思想，依靠共同奋斗，扎实推进共同富裕，不断实现人民对美好生活的向往。

(二)武汉新创企业发展风险分析

2020年新冠肺炎疫情暴发及之后的反复跌宕，已对经济运行和社会发展造成前所未有的冲击。当前我国经济尚处在严重冲击后的恢复发展过程中，国内外形势又出现很多新变化，保持经济平稳运行难度加大，使得中国甚至世界经济整体下行压力都比较大，同时还要面对国际贸易冲突和政局动荡等阻碍世界经济恢复发展的不稳定因素，国内外经济形势依然严峻。

1. 需求端与供给端矛盾

国内疫情多点散发对产业链稳定运行造成一定冲击，从总的来看，我国经济发展环境的复杂性、严峻性和不确定性上升，稳增长、稳就业、稳物价面临新的挑战，特别是受新一轮疫情和国际局势变化的超预期影响，经济新的下行压力加大，下游需求减弱，使得中游上游连续生产型企业存在库存积压风险。再加上不少存货留存有效期短，投产应时性强，已成为许多企业的沉没成本，如食品行业、餐饮行业等，这些损失将难以挽回。存货较少的企业，也未必能安全渡过原料供应这一难关。疫情期间，由于开工时间迟迟未定，新一年的生产计划无法正常铺展，预计投产时间也难以评估，许多湖北企业可能会取消正常的材料购置计划，一方面，极易引发订单违约风险；另一方面，无疑会破坏企业信誉，影响上下游供应关系。

此外，在如今的状态下，许多期限较短的债务出现违约的可能性有所升高。这类短期债务多用于企业短期资金计划，以期待年后能获得资金进行替换，但疫情来袭后多个行业的年度预期遭遇突变，甚至出现了很大一批因为长期融资失败而破产的企业，从而影响到短期债务的兑付。另外，此次疫情对上游产业也造成了不小的冲击，导致产能缩减，再加上原有的供应商价格优势可能不复存在，重新寻找和确立供应关系会进一步叠加时间和抬价成本。

2. 员工的成本上升

在疫情常态化形势下，新创企业面临人力资本流失的问题。由于新创企业的短期"合同制"员工比例较高，人员流动性和不稳定性较强，最突出的表现是新入职员工需进行一到两周的入职培训，若员工稳定性较低，则新创企业将面临较大的人力成本。

3. 融资困境与基础开支损失

资本生来具有极强的逐利性和风险回撤性。所以，资本市场在面临外生冲击时极为敏感。此次疫情引发了资本市场的剧烈动荡，武汉地区表现尤为明显。

疫情暴发前期带来的集体恐慌可能使投资者或集团企业对武汉的业务进展、资本回报率丧失信心，进而引发资本回撤风险。整体投资环境的恶化，进一步加剧了新创企业融资难的困境。此外，由于人才和技术向来具有非常强的资本依赖性，撤资潮、引资难将同时并发人才和技术的流失。这些负面影响让疫情当下的武汉，经济环境遭遇重创，各类生产要素无法在短期内恢复至正常水平，更不提市场竞争力，此后的招商引资将更为艰难。另外，疫情期间，即使企业停工停产，诸多日常运营成本依旧在生成累积。其中，房地租金对大多数企业来说都是一项重头开支，尤其是对于地处闹市区的快销企业、餐饮企业以及占地面积较大的制造企业。并且，还有诸如水电费、燃料费、设备损耗折旧等各类运维成本还在持续生成。

4. 市场份额大量丧失

一方面，对于国内市场，受疫情影响，其他省区先于武汉恢复生产，武汉企业的市场份额逐渐被抢占。武汉企业如果无法及时履行合约、向下游厂商供货，客户很可能寻找其他省份的同类可替代企业签订贸易合约。另一方面，对于海外市场，武汉企业存在出口能力不足的问题，2021年湖北省出口总额仅为3509.3亿元，当前疫情全球蔓延的趋势并没有得到太大的缓解，进一步加剧了全球经济下行，这势必导致海外市场整体萎缩。因此，武汉企业很有可能会面临大份额失去国内、国外市场的威胁。

5. 数字经济人才缺口较大，高层次人才严重不足

调研发现，武汉的高精尖人才、跨界人才，以及既懂信息技术又懂行业业务，既有互联网思维又理解制造业痛点的复合型人才相对短缺，武汉的数字经济人才薪酬普遍偏低，促进人才留汉政策措施的效果尚未完全显现，所以预计未来很长一段时间依然会面临来自"引领型"城市的人才竞争压力。此外，受疫情影响，当代大学生会有很大一部分人选择跟从考研的大趋势读研，也有一部分学生会更多地倾向于选择相较稳定的就业岗位，就业时选择自己本来的城市及周边地区，在这样的情况下企业想要招揽人才变得更加困难。

6. 政策流通内外协同不畅

新创企业培育政策在流通、执行环节存在企业与政府多方制约等问题。部分企业对政策的具体内容理解有限，获取信息的方式单一，主要靠官方网站渠道获得，新创企业认定环节缺少指导，造成企业认定资料不齐全、研发费用未单列等管理问题，从而无法达到认定标准，致使部分优质企业错失培育机会。在政策执行过程中，部分政府办事人员存在省事、"各人自扫门前雪"等思想，存在政策执行部门与各层级间信息反馈延迟、沟通不畅、业务协同化程度低等现象，这在一定程度上影响了政策的落实。

7. 疫情防控常态化引发的财政困难

应国家疫情防控的号召，武汉市实施疫情防控常态化的措施，精准落实"三天两检"的防疫要求，开放全员免费核酸，按照要求常态化核酸检测的费用是由地方政府支出，但这就让武汉市政府不得不面对在公共卫生中付出巨额财政支出的情况，并面临财政支出与财政收入失衡。新创企业根基本就薄弱，失去政府财政支持就有很大可能会陷入融资困难的窘境，这也会打击到那些当下新创企业的创始人，让新创企业失去活力。

三、对标副省级城市新创企业比较及问题分析

(一)创新缺乏驱动力

从众创空间的数量来看。众创空间是顺应新一轮科技革命和产业变革新趋势,有效满足网络时代大众创新创业需求的新型创业服务平台。根据 2021 年国家级众创空间数量对比分析显示,如图 2.5.10 所示,武汉比深圳少 53 个,比成都少 16 个,比杭州少 3 个,仅仅高于广州。从 2019—2021 年的发展趋势来看,相较于 2019 年,2021 年武汉国家级众创空间的数量由 65 个上升到 67 个,增幅不大;相较于 2019 年,2020 年成都的增幅达到了 30%,深圳和广州数量增幅分别为 6% 和 7%,武汉、杭州增长幅度相对较小。由此可见,武汉在为新创企业搭建平台、引进人才和科技服务等方面相比于深圳和广州等地区,还需要进一步完善,同时武汉众创空间吸引创新创业的能力也要不断提升。

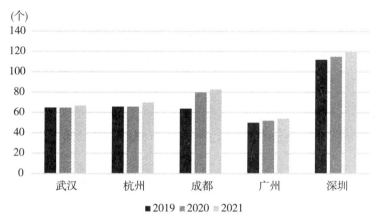

图 2.5.10 　2019—2021 年国家级众创空间数量对比分析

(数据来源:课题组整理)

从国家级科技企业孵化器数量来看。根据统计显示,如图 2.5.11 所示,2020 年科技孵化器数量,排名从高到底分别是杭州、武汉、广州、深圳和成都,武汉比杭州少了 3 个;2021 年广州数量大增,排名没有太大变化,但是从增速来看,武汉的增速为 11%,明显低于广州(38%),和深圳、成都相同。由此可见,武汉科技创新平台取得了一定的成绩,但优势不明显。与广州还有一定差距,创新驱动力不足,仍需加强。

(二)创新经费投入不足

从 R&D 经费投入强度来看。R&D 是各个企事业单位用于内部开展基础研究、应用研究、试验发展等的实际支出费用,这项指标已经成为衡量国家和地区对于科技投入力度的一个重要评判标准。如图 2.5.12 所示,2019—2020 年,武汉、杭州、广州和深圳的 R&D 经费内部支出增长率分别为 4.2%、9.1%、21.9% 和 14.3%,其中成都(21.9%)增幅最

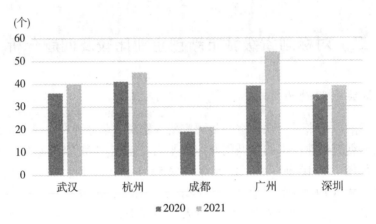

图 2.5.11　2020—2021 年国家级科技企业孵化器数量对比分析
（数据来源：课题组整理）

大，其次是广州和深圳，也维持在 10% 以上的增幅，而武汉的增长率仅为 4.2%。从 2020 年研发投入强度排名来看，排名第一的深圳为 5.46，是武汉（2.30）的 2.37 倍；与 2019 年研发投入强度相比，成都以 5.3% 的增速暂时领先，其他几个城市都有不同的增长，唯有武汉是负增长。由此可见，武汉近两年的 R&D 经费内部支出浮动不大，研发投入的强度保持在一个相对稳定状态，但相对于其他城市的研发投入增长速度还是严重不足。

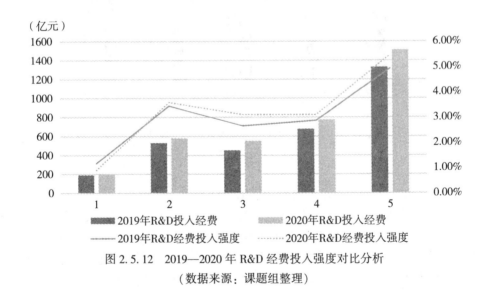

图 2.5.12　2019—2020 年 R&D 经费投入强度对比分析
（数据来源：课题组整理）

（三）创新成果转化率不高

从发明专利申请和授权来看。如图 2.5.13、2.5.14、2.5.15 所示，从 2019—2020 年发明专利申请量的数据对比分析来看，深圳 2020 年专利申请量最高，为 310206 件，五个城市中，武汉排名第 4，为 93950 件，只有深圳发明专利申请量的 30.28%，比深圳低

216256 个，比广州低 96912 个，比杭州低 49962 个；2020 年武汉发明专利申请量增长 17.94%，比杭州发明专利申请量增长率低 3.15%，比广州低 66.7%；2020 年武汉发明专利申请量增长 16853 个，比深圳发明专利申请量增长低 31851 个，比杭州低 49962 个，说明下一步武汉对于发明专利的增长量需要重视。从 2019—2020 年发明专利授权量的数据对比分析来看，2020 年发明专利授权量同样是深圳最高，为 222412 件，五个城市中，武汉排名第 4，为 58923 件，只有深圳授权量的 26.29%，比深圳低 163489 个，比广州低 96912 个；2020 年武汉发明专利授权量增长率为 33.37%，为五个城市最高者，说明武汉发明专利的授权量较好；2020 年武汉发明专利授权量增长 19665 个，比深圳低 36138 个；从发明专利转化率的角度看，虽然武汉的总量不及杭州和深圳，但是成果转化率比杭州、深圳高，为 37.28%；转化效率增长 16.95%，比成都和深圳低，说明近两年武汉发明专利转化率有待加强。由此可见，武汉的发明专利市场化程度较高，但在总量上还需要进一步加强。

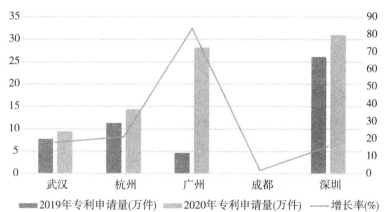

图 2.5.13　2019—2020 年发明专利申请量的数据对比分析

（数据来源：课题组整理）

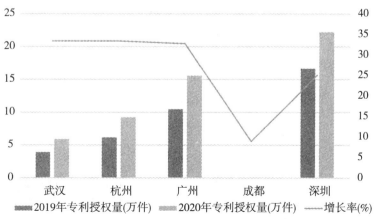

图 2.5.14　2019—2020 年发明专利授权量的数据对比分析

（数据来源：课题组整理）

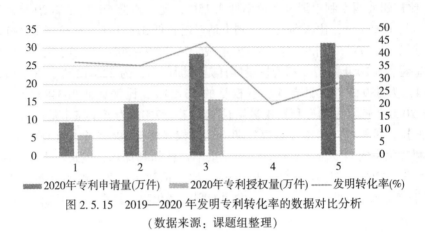

图 2.5.15　2019—2020 年发明专利转化率的数据对比分析

（数据来源：课题组整理）

从 2021 年中国城市科技创新发展报告来看。《中国城市科技创新发展报告 2021》显示，如图 2.5.16 所示，我国城市科技创新力明显增长。在我国 288 个样本城市中，深圳以 0.774 分排名第二位，杭州以 0.693 分排名第六位，广州以 0.702 分排名第五位，武汉以 0.692 分排名第七位，成都 0.599 分排名第十一位。就五座城市而言，武汉排名第四，由此可见，武汉在高校与科研机构众多的情况下，城市创新发展力明显不足，能力相对还是比较薄弱。

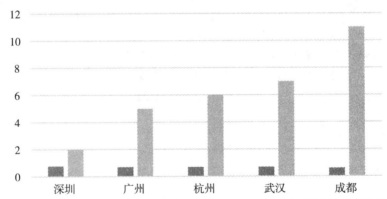

图 2.5.16　2021 年中国城市科技创新发展指数排名

（数据来源：课题组整理）

从 2021 年中国城市可持续竞争力排名来看。如图 2.5.17 所示，广州排名第六，杭州排名第十二，深圳排名第二，武汉排名第七，成都排名第十四，由此可见，广州与深圳的科技创新竞争力位于领先地位。就五座城市而言，武汉排名第四，位置较后，表明在城市科技竞争力方面，武汉仍需努力。

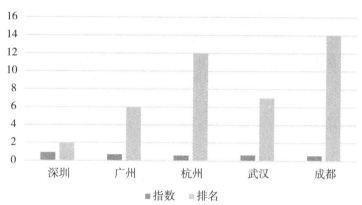

图 2.5.17　2021 年中国城市科技创新竞争力排名
（数据来源：课题组整理）

（四）创新人才竞争力缺乏

从 2021 年全球人才竞争力指数(GTCI)报告来看。全球人才竞争力指数(GTCI)报告，特别侧重于创业人才，研究结果表明：排名最高的国家和城市往往对创业人才最开放。该报告显示，在城市排名方面，2019 年我国共有 12 座城市上榜，其中武汉、杭州、成都、广州、深圳分别排名为第 103 位、第 82 位、第 93 位、第 87 位、第 94 位（如图 2.5.18 所示）。武汉在这几个城市中排名最后。从 2020 年的排名来看，武汉的排名向前进了三名。杭州从 82 位上升为 67 位，增长较快。成都（第 109 位）与武汉（第 100 位）排名接近，广州（第 97 位）有所落后，深圳有一定的向前。从 2021 年的排名来看，武汉排名有所提升（第 91 位），杭州相对下降（第 88 位），由此可见，武汉在创业人才扶持力度和环境改善方面取得了明显的效果，但和其他城市相比还存在着一定的差距。广州（第 98 位）和成都（第 108 位）有所下降，深圳在五个城市中相对靠前（第 82 位）。由此可见，武汉的创新人才相对缺乏。

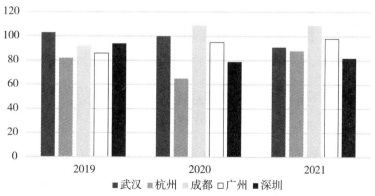

图 2.5.18　2019—2021 年全球人才竞争力指数分析
（数据来源：课题组整理）

从 2021 中国城市人才吸引力排名来看。中国最具人才吸引力城市 100 强中, 深圳位居前三名, 广州、杭州、成都、武汉, 位居前十(见表 2.5.7)。从结果来看, 由于深圳经济发展速度较快且人才政策吸引力强, 2021 年深圳排名第 3 位, 与往年排名相差不大; 广州排名略有提高, 排名第 4 位; 杭州因电商产业发展迅速, 在 2021 年排名第 5 位, 排名相当靠前; 成都 2021 年为第 6 位, 且近三年较为稳定。由此可见, 武汉人才吸引力指数排名较落后, 仍有待提高。

表 2.5.7　　　　　　　　　**2021 中国最具人才吸引力城市分析统计表**

城市	武汉	杭州	成都	广州	深圳
人才吸引力指数	51.0	73.1	70.5	81.5	88.7
排序	9	5	6	4	3

(数据来源: 课题组整理)

从海归人才创业流入情况来看。根据 2021 年海归人才创业流入占比分析显示, 如图 2.5.19 所示, 2021 年占比前四名分别是上海、北京、深圳、广州, 海归人才流入靠前的城市还有杭州、成都、南京、青岛、重庆。武汉未能排在前列, 排名相对靠后, 由此可以看出, 武汉对海归创业流入人才吸引力还不够, 仍有待加强。

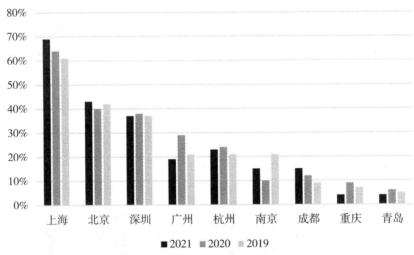

图 2.5.19　海归人才创业流入占比分析
(数据来源: 课题组整理)

根据 2020 年海归及国际人才吸引力城市榜单统计显示, 在海归创业中, 海归创业企业聚群效应显著, 地域上主要分布在一线城市。在"海归创业上市企业聚群城市榜"中, 深圳以 10 家海归创业上市企业的数量名列第三, 广州、杭州、武汉分别有 3 家, 位列第五, 成都有 2 家, 位列第六(见表 2.5.8)。对五座城市进行比较, 武汉海归创业上市企业位于中等水平, 说明武汉的海归创业情况发展情况良好, 有广阔的海归创业前景。

表 2.5.8 **2020 年海归创业上市企业聚群城市榜统计表**

城市	武汉	杭州	成都	广州	深圳
企业数量	3	3	2	3	10

(数据来源：课题组整理)

(五)高校创新创业改革亟待加强

从高校创新创业来看。高校是一个城市创新驱动的原动力和发源地。在 2020 年中国大学百强榜中，如图 2.5.20 所示，武汉、杭州、成都、广州和深圳等城市高校入围数量分别为 9 所，2 所，4 所，5 所和 2 所。相比其他几个城市，武汉创新大学入围数量呈上升趋势，增速较快，由此可见，武汉市在这方面潜力较大。但从侧面来看，武汉是一个高校云集的城市，本来数量上有着很大的优势，但在百强榜中占比较低，说明武汉在积极推进深化创新创业教育改革方面仍需加强。

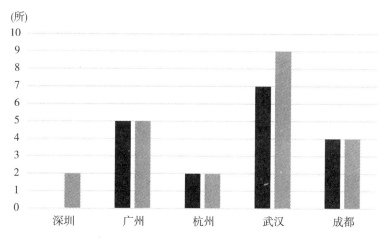

图 2.5.20 2020—2021 年中国最具创新大学排名对比分析

(数据来源：课题组整理)

(六)独角兽企业发展迟缓

根据 2019 年、2020 年和 2021 年的《中国独角兽企业发展报告》显示，如图 2.5.21 所示，在武汉、杭州、成都、广州和深圳五座城市中，武汉的独角兽企业数量处在一个较低的位置，且呈现出连续三年下降的趋势。杭州和深圳的独角兽企业一直处于上涨的趋势，且数量远多于其他三个城市，由此可以看出，杭州和深圳独角兽企业发展前景更加优秀。2021 年武汉独角兽企业仅有 2 家，且没有增幅，数量仅为深圳独角兽企业数量的 6%，由此可见，受新冠肺炎疫情影响，武汉区域创新活力还是受到了很大的冲击。

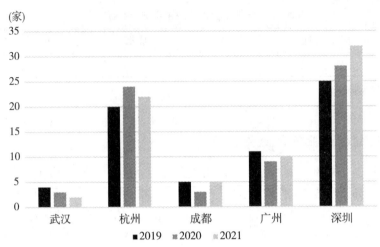

图 2.5.21　2019—2021 年中国独角兽企业数对比分析

（数据来源：课题组整理）

四、"十三五"期间武汉新创企业发展的回顾与反思

"十三五"时期，是武汉系统推进全面创新改革试验，加快建设国家创新型城市和深入实施创新驱动发展战略的关键时期，也是贯彻落实"四个全面"战略布局，适应、把握、引领经济发展新常态的关键五年。"十三五"时期，我市上下坚持稳中求进工作总基调，认真践行新发展理念，扎实推进供给侧结构性改革，着力优化新创企业发展环境，放宽市场准入，鼓励创新创业，支持降本增效，规范企业经营，总体上而言，我市新创企业交上了一份满意的答卷。

（一）成绩

回首 2016—2019 年，新创企业规模总量持续增长，从 2016 年的 6.95 万户增加至 2019 年 12.16 万户，增长率达到 74.96%。2020 年受新冠肺炎疫情影响，新创企业数量有所下降，减少至 9.46 万户，但自 4 月 8 日以来，日均登记量已恢复至疫前水平。尤其在二季度，全市新登记个体工商户 2.26 万户，较一季度增长 3 倍。我市各部门在积极参与疫情防控的同时，也通过落实各项税费优惠政策，推出多项便利化服务举措，不断优化税收营商环境，助力武汉经济强势回归、加速发展。

截至 2020 年，我市专利授权总量达到 58923 件，发明专利授权 4667 件，PCT 国际专利授权量 1389 件，处于全国十大创新城市的前列。同时，高价值知识产权培育项目取得新进展。启动武汉市知识产权运营服务体系建设高价值专利培育工程，在信息技术、先进制造、生命健康、新材料、节能环保等我市优势产业领域培育和发掘一批具有战略性、前瞻性和产业特色，对产业发展和国际竞争力有较强支撑作用的高价值"专利池"和专利组合。大力开展湖北省高价值知识产权培育工程项目建设，我市获得 2019 年与 2020 年两批共计 109 个项目的立项支持。

科技创新平台体系不断完善，"十三五"期间，新增国家产业创新中心1个、国家制造业创新中心2个、国家研究中心1个、国家重点（工程）实验室1家、省部共建国家重点实验室1个、国家企业技术中心12家，国家级创新平台累计达138家。新型研发机构建设持续推进，新增工业技术研究院6家，产业创新联合体5家。

截至2020年年底，10个"创谷"基本建成，3个"创谷"正加快建设，13家"创谷"共新增固定投资约613亿元，新（改）建实体空间659万方，新建孵化器（含加速器）48家，新建众创空间42家，引进培育企业（团队）2300余家，设立创投基金100余亿元，引进了一大批高层次人才。

大学生创业规模稳定增长，截至2020年，武汉地区应届毕业生31.7万人，较去年增长9.3%，毕业生规模创历史新高，其中，武汉市属高校毕业生2万人。市人社局加强对高校毕业生留汉就业的扶持力度，促成出台系列政策，鼓励企业吸纳高校毕业生就业、促进高校毕业生自主创业等，完成"我选湖北"计划下达高校毕业生新增就业19.02万人，新增留汉大学生30.2万人，为近31万名高校毕业生发放一次性求职创业补贴4.32亿元。1089个大学生创业项目共获省、市级扶持资金3246万元。新建大学生实习实训基地302家、就业见习基地102家。落实300名"三支一扶"招募计划。为进一步推进百万大学生留汉创业就业工程，充分发挥社会力量，加强创新创业教育，进一步提高创业教育质量和师资水平，切实推进武汉市高校大学生创新创业工作，激发高校大学生的创新创业激情。截至2020年，武汉市人社局与10所高校、创业服务机构共同建设"武汉大学生创业学院"，并共同推进大学生创业学院建设。

（二）问题

"十三五"期间，武汉市新创企业发展取得了显著成绩，但与部分副省级城市相比还有较大不足，与建设国家科技创新中心的要求相比仍有较大差距，主要表现为：一是科技创新引领辐射能力不强。对科技创新资源的吸引力、承载力、集聚力不够强，带动省内、辐射省外、融入全球科技创新方面作用尚未发挥。科技成果转化体制机制不顺畅，"政产学研金服用"一体化高效协同体系尚不完善。二是战略科技力量培育不够。国家实验室、高水平实验室、重大科技基础设施建设等高层次顶尖级科技创新平台明显不足。三是创新投入及人才不足，与副省级城市相比，R&D经费投入强度较低，且呈现负增长的趋势。根据全球人才竞争力指数报告，2018年武汉未上榜，2019年武汉排名第103位，2020年武汉排名第100位，仍落后于其他城市。

（三）展望

"十四五"时期，是武汉站在新起点打造"五个中心"、建设现代化大武汉的关键五年，也是武汉实现自主创新能力大幅跃升的关键时期，必须坚持把创新摆在事关发展全局的核心位置，围绕"四个面向"，锚定国家科技创新中心目标，创建湖北东湖综合性国家科学中心，打造产业创新高地、创新人才集聚高地、科技成果转化高地，为建设国家中心城市提供科技支撑。由此可见，"十四五"时期将是武汉市新创企业发展的战略机遇期。面对复杂多变的内外部发展环境，新创企业要深刻认识战略机遇期的新变化、新特征，主动服务国家战略，自觉担当国家使命，在时代发展大势、国家发展大局中找准市场定位，认真落实全省"一主引领、两翼驱动、全域协同"区域发展布局，坚持"核心在人才，基础在平台，关键在转化，动力在改革"，毫不放松抓好科技创新。城市经济的稳健发展以及新创企业的高质量发展离不开市场各方的共同努力，因此政府、高校、科研院所、金融机构以及企业各方应实现协同发展。

一是把握绿色低碳循环发展大势，聚焦碳达峰碳中和目标，面向低碳零碳、高效节能、先进环保、资源循环利用、安全应急等领域，推进一批共性技术突破与应用；推进绿色健康食品、时尚纺织等现代消费品领域技术创新。

二是瞄准全球科技发展前沿，紧密对接国家科技和产业战略，依托本地科教和军工资源，结合产业发展优势，积极开展前沿预见性研究、基础理论研究，突出技术引领作用，超前布局一批电磁能、量子科技、超级计算、脑科学和类脑科学、深地深海深空等未来产业领域前沿技术，涌现若干颠覆性技术。

三是充分发挥武汉国防科技资源和人才优势，以网安基地、航天基地等为依托，重点发展智能探测与识别技术、无人制导与控制技术、航空航天、先进材料与新能源技术、高端船舶与装备技术、信息保密与安全技术等军民融合技术。创新军民融合科技成果转移转化模式，促进军民技术双向转移转化，形成全要素、多领域、高效益的军民科技深度融合发展新格局。

四是加快高新技术企业培育力度，探索高新技术企业培育新路径，建立高新技术企业培育库，以符合条件的初创企业、科技型中小企业为重点，实施挂钩帮扶机制，提供针对性培育指导。鼓励高新技术企业充分利用资本市场筹措资金、做大做强，支持高新技术企业联合高校院所共建科创平台、积极承担科技项目。强化政策引导支持，建立全流程跟踪服务体系，大力开展"瞪羚"企业和专精特新"小巨人"企业培育认定。

五是壮大科技型初创企业队伍，引导和激励以科学家、技术研发人员等为代表的技术型创业者，以市场需求为导向，创立一批科技型企业。建立科技创业项目资源库，挖掘有商业化潜力的科技项目，形成孵化培育清单。推进科技企业孵化器、专业化众创空间建设，为新创办的科技型企业提供物理空间、基础设施和系列服务支持。加大科技型中小企业扶持力度，探索建立多部门联动的科技型企业服务机制，在研发投入、人才引育、税收减免、融资信贷等方面给予支持。

六是建设产业创新联合体，按照企业牵头、多元参与、专业化分工、高效协同，组建若干产业创新联合体，优化科技创新、机制创新、业态创新、管理创新、服务创新等全产业链公共服务。构建创新联合体组织体系，形成由市场选择产业技术路线、研发资金配置和研发主体的产业技术创新项目组织实施模式。坚持市场化服务和政策性扶持相结合，建立符合创新规律、激发创新活力的联合体运行机制。

七是推进新创企业数字化转型，利用数字技术进行全方位、多角度、全链条的改造。一方面，提高数字化转型意识，充实数字化人才储备，鼓励政企校共建新创企业数字化人才实训基地，激发行业协会、培训机构、咨询公司等在数字技能人才培育中的作用，促进数字技能人才培育体系的形成。另一方面，构建数字化生态体系，强化数字化公共服务，积极构建面向新创企业提供技术赋能、组织赋能和管理赋能的产业公共服务体系，包括开放型技术和科技服务平台、资源对接和推广服务平台等。此外，可鼓励新创企业组建数字化发展协会，实现数字化转型设备的共建共享，协会亦可牵头组建新创企业数字化转型研究机构，加强信息收集及路径研究，用以指导新创企业开展数字化转型。

五、疫情防控常态化下武汉新创企业发展的政策建议

疫情防控常态化下，企业的生存发展面临新的挑战。在以前相对静态的发展环境下，新创企业可以慢慢地改革创新，逐步提高自身的标准及管理水平以适应市场需求的变化。随着各地区零星疫情的逐步蔓延，不确定因素依然存在，新创企业基础不稳固，其企业收入及利润将会大规模缩减，影响税收与就业。因此，对于新创企业，需要在继续完善前期各项政策的基础上，加强各项措施支撑，助力新创企业持续稳健的发展。

(一)完善构筑国际一流科技人才团队

1. 引进全球高端创新人才

一方面，实施院士专家引领十大高端产业发展行动计划，采取"一人一策、一事一议"方式，发挥好院士专家的引领作用。突出"高精尖缺"导向，以重大科技基础设施、高水平实验室等创新平台为依托，探索建立全球"双聘"制度，重点引进一批国内外顶尖科学家和一流创新团队，面向全球引进一批战略科学家。

另一方面，探索建立与世界接轨的柔性引才新机制，建设海外离岸创新创业基地，持续办好"华创会"等海外高层次人才交流活动和系列创新创业大赛。最后发挥在汉高校校友总会的联盟作用，挖掘武汉校友和湖北籍在外重要人才资源，建立高层次创新创业人才信息库。

2. 加强高水平人才队伍建设

建立基础研究人才长期稳定支持机制，健全竞争性经费与稳定支持经费相协调的投入模式，鼓励人才自主选择科研方向、组建科研团队，培育造就一批具有国际影响力的战略科学家和创新型科技人才。即重点支持具有潜力的优秀青年科技人才，造就一批新一代学科带头人、技术精英及后备青年科技人才。支持高校院所、企事业单位申请设立博士后流动站、工作站和创新实践基地，培育一批具有创新意识和创新能力的研究生、博士后。深化校地校企合作，联合培养一批应用型、创新型人才。加大高水平工程师和高技能人才队伍培育力度。

聚力招才引智，吸引优秀主体创新创业。深入实施"武汉英才"计划和"楚才回汉"工程等工程(计划)，聚焦未来发展方向，通过政府搭台、企业组团、人才定向吸引模式，加大人才引进力度，吸引更多优秀人才来汉创新创业。

3. 优化完善人才服务

推进武汉人才集团建设，强化人才工作市场化运作。强化人力资源服务，构建统一、开放的人才市场体系，充分发挥人才创新创业服务中心作用，做强中国武汉人力资源服务产业园，引进国际化知名猎头公司在汉设立分支机构，集聚一批专业化人才服务机构，扩大社会人才公共服务覆盖面。建立校企人才对接机制，促进"名企用才"与"名校育才"有

效对接。强化人才政策支撑，落实外国人来华签证、居留等资格待遇，在配偶就业、子女就学、医疗服务等方面为高层次人才提供便利。

4. 健全人才配套设施

面向不同层次人才的居住、医疗、教育、商业等需求，建设一批人才公寓、城市客厅、综合性医院、优质中小学校、商业综合体等配套设施。加快建设留学生创业园、海外人才大楼等海外高层次人才创新创业基地。营造"类海外"生活环境，加快国际社区、国际学校、国际医院建设，完善国际化购物、休闲、娱乐等生活配套设施。

(二)提升市场主体发展潜力

1. 深化创新创业培训服务

首先，依托高校创业学院等平台，每年为 5 万名以上大学生提供创业教育和创业培训，大学毕业生留汉就业创业人数力争每年达到 30 万人。其次，大力推进职工、青年、妇女创新创业，提供创新创业培训、跟踪辅导、政策解读、孵化落地、投融资对接等全要素创新创业服务。最后，坚持政府推动、市场引导、社会支持相结合，鼓励和扶持退役军人就业创业，让退役军人"想创业、敢创业、能创业、创成业"。

2. 推进创新创业载体建设

推动中心城区"以旧换新"，完善土地权属，盘活老旧工业园、写字楼、闲置场所等存量空间，建设创新街区、创新园区、创新楼宇。加快大学校区、产业园区、城市社区"三区融合"，打造环大学创新经济带。

改(扩)建多个创新创业街区、产业园区、孵化器众创空间等创业载体，对全市数个创新街区、产业园区、创新楼宇进行提档升级，提升软硬件配套服务质量，推动众创孵化载体量质齐升。

3. 强化创业孵化示范基地服务管理

建议每 2 年开展一次市级孵化示范基地认定，实行动态管理，每年开展一次复核，并择优推荐认定国家级、省级创业孵化示范基地。加强市级创业孵化示范基地日常服务，形成争先创优良好氛围，更好地帮助创业者解决经营管理等方面存在的困难，不断拓展服务外延，丰富服务内容，提升服务实效。

4. 激发企业创新活力

完善"众创空间—孵化器—加速器— 产业园区(楼宇、街区)"创新创业孵化服务链条，深挖武汉科教人才优势潜力，催生科技中小企业"雨后春笋"般生长，培育一批高质量创新主体。

(三)提升科技成果转化能效

1. 创新科技成果转化机制

深化科技成果转化改革，开展科研人员职务科技成果所有权或长期使用权试点，探索建立赋权成果的负面清单制度。在收益分配上向科技人员倾斜，探索优先股权、期权激励等方式。建立科研人员分类考核和科研成果多元化评价体系，在科技成果作价入股、股权奖励、收益分成、分红奖励等方面先行先试。

2. 支持建设专业化成果转化服务机构

首先，面向高校院所、企业、投资机构等多方主体，培育一批专业化、市场化、国际化的技术转移服务机构，推进科技成果供需双方无缝对接。鼓励高校设立科技成果转化中心等内设机构，建立"政府+市场+服务"转移转化平台，集聚成果转化服务优质机构，深度挖掘和筛选具备产业化前景的科技成果，撬动产业资源、金融资本助力科技成果转化。

其次，加强技术经纪人培训，以国家技术转移人才培养基地(中部中心)建设为依托，加快培养"教授经纪人"队伍。着力推进科技创新成果转化，帮助企业发展壮大。支持新创企业与高校、科研院所开展技术对接，加快推动科技成果转化应用，举办线上线下科技成果转化对接活动。

最后，支持高校、科研院所建立专业化科技成果转化服务机构，科技成果转移转化后，可在科技成果转化净收入中按照不低于10%的比例提取资金，用于机构能力建设和人员奖励。

3. 打造科技成果转化和产业化基础平台

加快武汉产业创新发展研究院建设，探索新型研发机构混合所有制改革，加强业务能力建设，促进工业技术研究院提能增效。做大做强做实武汉科技成果转化网，提升交易服务功能。

(四)加强政策支撑保障

通过政策支持能有效优化资源配置，补齐资金、土地、管理、技术、基础设施等生产要素"短板"，为企业发展营造良好的外部环境。如通过投资政策，加大对水电煤气、网络、交通、大数据等基础设施投资投入，有效降低企业经营、物流等成本。通过财政补贴、税收优惠等财税支持政策，能增加企业研发投入，降低经营风险和税费支出。通过融资信贷政策，能有效扩宽企业融资渠道，降低融资成本，满足企业资金需要。

政策措施力求简洁精炼、务实创新。一方面，对一些经过实践检验、行之有效的政策进行扩面提标，进一步放大政策效应。另一方面，围绕"原始创新—技术攻关—成果转化—产业发展"等关键环节，谋划提出更大力度的政策举措，加快探索形成科技创新赋能产业发展的新路径。

1. 强化金融服务支撑

发挥财政税收作用，加大惠企纾困和金融支持力度，支撑市场主体更好发展。首先，加大再贷款再贴现支持普惠金融力度，落实新创企业融资担保降费奖补政策。再引导银行扩大信用贷款、持续增加首贷户，对市场前景好的特殊困难企业给予"无缝续贷"，使资金更多流向新创企业、个体工商户、新型农业经营主体。其次，根据我市失业保险基金结余情况，适时组织实施好失业保险稳岗返还工作。最后，加大政策宣传和公开力度，精简享受税费优惠政策的办理流程和手续，确保各项惠企政策应享尽享。

2. 提供创新创业资金支持

发挥专项补助政策的激励作用，推动市场主体加快培育。对符合条件的大学生创业项目，通过创业大赛择优给予创业扶持资金奖励。对退役军人，城镇登记失业人员(含就业困难人员)，普通高等学校、中等职业学校、技工学校在校生和毕业5年以内的毕业生，以及毕业 5 年以内的出国(境)留学回国人员等,其在我市各类创业孵化基地外租用场地用于生产经营、创办初创企业(含个体工商户)并稳定经营的,按照规定给予初创企业创业场地租金补贴。对毕业 2 年以内的高校毕业生进入养老、家政服务和现代农业"三大行业"创业,以创业带动就业的,按照规定给予创业补贴。对企业吸纳登记失业半年以上人员以及就业困难人员、脱贫人口、退役军人、应届高校毕业生等实现稳定就业的,按照规定给予吸纳就业补贴。

3. 加强精准服务支撑

加强企业培训交流。采取政府购买服务等方式开展企业家系统培训,组织"专精特新"企业家到境外著名高校、企业学习研修;加强与国内一流高等院校合作,开展"专精特新"经营管理领军人才订单培训;实施"万企育才"新创企业培训工程和"创业武汉"公益培训,开展"模块化、个性化、菜单式"教学培训。鼓励参加"创客中国"中小企业创新创业大赛,对市级获奖企业(项目)给予一定的资金奖励。

4. 加强企业市场监管

推行涉企行政处罚"三张清单"(即不予行政处罚、从轻或减轻行政处罚事项清单),实施包容审慎执法。大力推行"互联网+监管",全面实行"双随机、一公开"监管全覆盖,细化完善全市年度抽查计划,推进联合抽查标准化和常态化,最大限度减少对市场主体的"打扰"。

(五) 强化创新工作考核机制

1. 强化招商引资考核督办

加强对各区、市,各相关部门和单位开展招商引资活动、重大项目引进等情况的跟踪问效、考核督办,适时予以通报。对各区招商引资的主要成效、经验做法进行推广交流,营造良好的招商工作氛围。

2. 健全创新创业载体考核体系

完善优化孵化器、众创空间、大学科技园等创新创业载体的绩效评价机制,建立新增创新创业载体考核机制,以企业占比、活跃度等指标为重点,开展示范创新创业街区、园区、楼宇评选活动,促进创新创业载体高质量发展,确保市场主体培育工作取得实效。

3. 加强市场主体培育工作考核

健全市场主体培育考核评价体系,压实工作责任,做大市场主体总量,做强市场主体能级。加强对市直各相关部门和各区人民政府关于培育市场主体工作的督办考核,将市场主体培育工作纳入"双创"工作督查重点,定期开展监测评估,强化考核通报和结果运用。

4. 强化科技赋能

按照智慧城市总体框架和"精细化+智能化"的思路,立足技术先进、管理科学、实战实用,聚焦大城智管,加快推进智慧城管、智慧交通、智慧工地、智慧水务、智慧消防等系统建设,助力"一网统管"。充分运用最新科技手段,强化数据思维、数字治理,推动发现关口前移、业务流程优化、多方协同联动、问题处置增效,提高预测、预报、预警、预防能力,实现精准治理、高效服务。

5. 优化服务质量

打造优质高效营商环境，发扬"店小二"精神，坚持"有呼必应、无事不扰"原则，快速解决企业群众反映的突出问题；深化"四办"改革，推行网上申请、预约办理、告知承诺、容缺后补等服务模式。

调研报告

江岸区中小民营企业疫后生存困境研究①

民营企业特别是中小微企业是国民经济的重要组成部分，具有"五六七八九"的特征，为我国经济社会繁荣发展作出了突出贡献。2020年突发的新冠肺炎疫情，给广大中小民营企业的发展带来了巨大冲击，大部分中小民营企业经营困难、苦苦支撑。江岸区企业联合会与江岸区工商联一起对中小企业疫后生存困境进行了调研。本次调研采取调查问卷、企业座谈等形式，深入了解疫情影响下江岸区中小民营企业生存困境，研究分析外地惠企经验做法，提出加快中小民营企业复产达产的对策建议，供政府部门决策参考。

一、疫情对中小民营企业的影响分析

(一)民营企业营收减少生存危机加大

1. 民营企业营收减少情况较为普遍

问卷调查显示，84.21%的中小民营企业2020年上半年营业收入与去年同期相比减少，其中超过一半的民营企业上半年营收减半。如华明达房地产信息咨询等民营企业反馈，2020年上半年营业收入同比减少50%以上；江岸区汉成外语培训学校反映现金流严重不足，中短期营收恢复不容乐观，2020年营收会受较大影响等。疫情影响了中小民营企业复工时间，加之中小民营企业部分成本是刚性的，如设备使用成本、员工工资、厂房店铺的租金和银行贷款利息支持等，成本难以降低，但收入大幅减少，导致民营企业资金链断裂，出现生存危机。

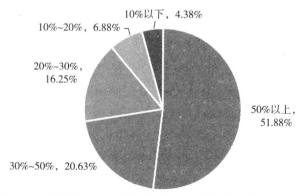

图3.1.1　江岸区中小民营企业营业收入同比减少数量占比(%)

---

① 本调研报告由江岸区企业联合会/江岸区工商联提供。

2. 批发零售业营收减少最为显著

问卷调查显示，从各行业中小民营企业营业收入变化来看，批发零售业的营收减少幅度最大，16.25%的批发零售民营企业营收同比减少50%以上，9.38%的批发零售民营企业营收同比减少30%~50%，批发零售民营企业营收同比减少50%以上和30%~50%之间的数量远高于其他行业。如湖北宏丰泰经贸、联众齐跃商贸、世纪愿景商贸、金永恒经贸、一诺通贸易、彤悦鑫盛商贸等多家商贸公司营业收入同比减少50%以上。企业在原本盈利鼎盛期的年节长假时段反而长期关门暂停营业，导致批发零售行业营业收入出现严重亏损。加之，疫情对人们消费习惯和消费方式的影响，线下实体零售业发展形势更不乐观。

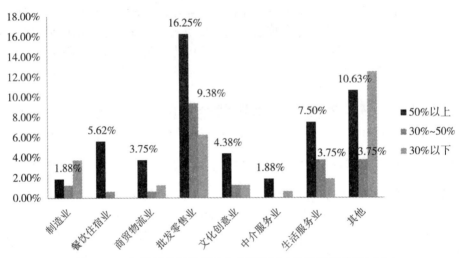

图 3.1.2　江岸区各行业营业收入同比减少比重数量分布(%)

3. 小微民营企业营收出现大幅下降

从不同规模中小民营企业2020年上半年营收变化情况来看，规模较小的民营企业受疫情影响更大。员工规模在100人以下的民营企业中，66.32%的民营企业营收减少；员工规模在30人以下的民营企业中，45%的民营企业营收减少50%以上。从营业收入同比减少50%的民营企业规模来看，均为10人以下的民营企业，多集中在住宿餐饮、批发零售、文化传媒等服务行业。受制于服务行业的社交性质，这类民营企业疫情防控期间未营业，疫情后复工复产达产率进度慢，市场需求恢复慢，服务业领域小微民营企业营收下降幅度大。

(二)民营企业复工容易达产难度大

1. 民营企业复工率存在较大提升空间

问卷调查显示，从民营企业员工规模和复工率来看，员工规模在30人以上的民营企业，复工率集中在100%和80%~100%；员工规模在30人以下，复工率在100%的民营企业数量占比达到19.47%，尚未实现100%复工，还存在较大提升空间。

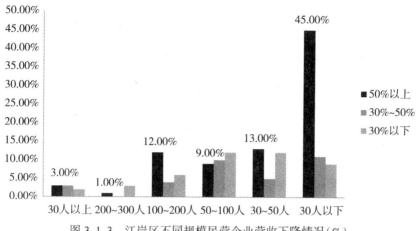

图 3.1.3　江岸区不同规模民营企业营收下降情况（%）

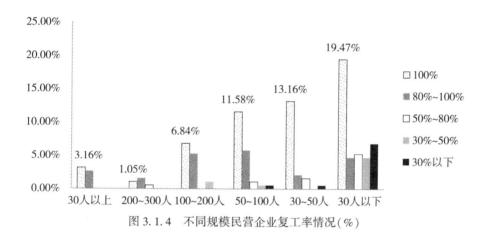

图 3.1.4　不同规模民营企业复工率情况（%）

2. 四大行业复工率有待提高

问卷调查显示，民营企业中批发零售业和其他行业复工率在100%的数量占比较高，依次为17.89%和17.37%。批发零售业民营企业处于各个复工率的数量占比均高于其他行业。餐饮住宿业、商贸物流业和中介服务业以及生活服务业中复工率在100%以下的，民营企业数量占比分别为3.69%、3.16%、1.58%和7.37%，说明这四个属于服务性质的行业，受疫情和行业特性的影响较大，离完全复工复产还存在一定差距。

表 3.1.1　　　　　　　　　江岸区各行业中小民营企业复工率（%）

	100%	80%~100%	50%~80%	50%以下	100%和100%以下差额
制造业	5.79%	2.11%	0.00%	0.00%	3.68%
餐饮住宿业	1.58%	0.53%	0.00%	3.16%	−2.11%
商贸物流业	2.63%	0.53%	1.05%	1.58%	−0.53%
批发零售业	17.37%	6.84%	3.68%	3.16%	3.68%

	100%	80%~100%	50%~80%	50%以下	100%和100%以下差额
文化创意业	4.21%	1.05%	0.00%	0.53%	2.63%
中介服务业	0.53%	0.53%	1.05%	0.00%	-1.05%
生活服务业	5.26%	4.21%	0.53%	2.63%	-2.11%
其他	17.89%	6.32%	2.11%	3.16%	6.32%

(三)民营企业资金周转困难资金缺口大

1. 多数民营企业现金流紧张

从问卷调查民营企业现金流和资金周转情况来看，现金流较充足的民营企业数量占比仅8%，现金流暂时能维持正常运营的民营企业数量占比为27%，认为资金流较紧张和很紧张的民营企业数量，占比合计为65%，说明参与问卷调查的民营企业中，过半数民营企业处于现金流紧张状态，存在资金链断裂风险。如魔影国际影城、辉腾世纪钢结构、恒达自动化、鑫科信科技等公司存在资金紧张的问题；黄埔弘洋物业、精华汽车销售服务等民营企业反馈复工后存在资金短缺问题；卫华科技、悦莱汽车服务等民营企业表示流动资金不足，经营存在困难。

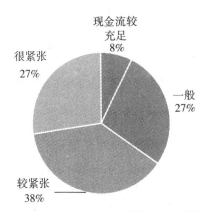

图 3.1.5　江岸区中小民营企业资金周转情况(%)

2. 批发零售业民营企业的现金流最为短缺

从资金周转紧张的中小民营企业占比来看，批发零售业资金周转紧张数量占比最高为24.74%，排在其后两位的依次为其他行业14.74%和生活服务业8.95%。

表 3.1.2　　　　　　　　江岸区各行业中小民营企业资金周转情况(%)

	现金流较充足	一般	紧张
制造业	1.58%	2.11%	4.21%

续表

	现金流较充足	一般	紧张
餐饮住宿业	0.00%	1.58%	3.68%
商贸物流业	0.00%	1.05%	4.74%
批发零售业	2.11%	4.21%	24.74%
文化创意业	0.00%	1.05%	1.05%
中介服务业	0.00%	1.05%	1.05%
生活服务业	2.11%	1.58%	8.95%
其他	1.58%	13.16%	14.74%

3. 民营企业贷款需求高资金缺口较大

问卷调查中，68.42%的民营企业存在资金缺口，营业收入在2000万元以上的民营企业，资金需求集中在100万~1000万元；营业收入在100万~2000万元的民营企业，资金需求集中在500万元以下；营业收入100万元以下的民营企业，资金需求在100万元以内。从部分民营企业反馈来看，如创高建装反映低息贷款出台后，由于转贷环节，需要结清不少于500万元的本金进行周转；彤悦鑫盛商贸、泽流文化传媒、长增工贸等中小民营企业营业收入在100万~500万元，资金缺口在100万元以内。

表3.1.3　　　　　　江岸区民营企业营业收入与现金缺口或融资需求 /家

	100万元以内	100万~500万元	500万~1000万元	1000万~3000万元	3000万元以上	暂不需要筹资
2000万元以上	3	20	19	7	5	28
1000万~2000万元	5	7	2	2	0	8
500万~1000万元	6	6	4	0	0	7
100万~500万元	12	6	2	1	0	4
50万~100万元	5	1	4	0	0	4
50万元以下	9	2	2	0	0	9
合计	40	42	33	10	5	60

(四)政策执行落地效果有待提高

1. 金融支持政策落地性差

根据问卷调查民营企业样本反馈，参加政府部门或担保公司组织的银企对接等融资活动和享受银行贷款(贴息)相关政策的民营企业数量较少，未参加银企对接等融资活动的民营企业数量占比为61.58%。从享受银行贷款(贴息)相关政策来看，仅21.58%的民营企业享受到银行贷款(贴息)相关政策。民营企业对金融支持需求较大。

2. 地方降成本政策获得感较低

问卷调查中,降成本政策中的税费减免、社保缴缓、稳岗返还,民营企业反馈政策获得感较强,绝大部分民营企业都享受到以上政策。房租减免、用水用电用气价格减免、吸纳就业补贴等降成本政策,受政策享受条件和时间的限制,民营企业反馈政策获得感较差,享受到相关针对性政策的民营企业数量占比均不超过50%,其中吸纳就业补贴政策反馈情况最差,享受到相关政策的民营企业数量占比仅10.53%;享受房租减免政策情况相对较好,民营企业数量占比超过40%。根据江岸区部分民营企业反馈,由于不符合政策支持条件,未能享受到房租减免相关支持政策。如精华汽车销售租用场地属于村办民营企业,不能享受按照政府指导的减免3~6个月房租,增加了民营企业复工复产经济负担。

表3.1.4 江岸区民营企业反馈政策享受情况

	是	否	享受政策差距
是否参加政府部门或担保公司组织的银企对接等融资活动	38.42%	61.58%	−23.16%
是否享受银行贷款(贴息)相关政策	21.58%	78.42%	−56.84%
是否享受房租减免政策	41.58%	58.42%	−16.84%
是否享受税费减免政策	74.21%	25.79%	48.42%
是否享受社保缴缓政策	80.53%	19.47%	61.06%
是否享受用水用电用气价格减免政策	31.58%	68.42%	−36.84%
是否享受吸纳就业补贴政策	10.53%	89.47%	−78.94%
是否享受稳岗返还支持政策	57.37%	42.63%	14.74%

二、疫情下中小民营企业自救及政府政策扶持

(一)企业自救措施

1. 加强疫情防控措施,保障复工复产

为达到政府的要求,消除员工和客户、消费者的顾虑,广大中小民企把疫情防控放在首位,在做好安全防控措施的前提下,有序组织员工复工复产。企业都主动购买了体温测量仪器、消毒液、口罩等防控物资,保障员工使用。如餐饮企业,要求员工戴口罩上岗,每日及时更换口罩;保持个人清洁卫生,特别是在制作食物前、餐前便后、上班之前、回家后、接触垃圾后都要及时消毒;扩大餐桌间隙,减少进店顾客数量。

2. 大力开展线上业务,应对线下损失

疫情之前,一些民营企业开始了线上业务,但是推动力度不大,尤其是一些高端餐

饮、高端品牌等，还是以线下业务为主。疫情之后，社交类的消费活动受到很大限制，发展非接触经济成为应对疫情的重要举措，也成为民营企业的一致选择，尤其是餐饮业、零售业，线上业务发展活跃，成为加速复工复产的重要支撑，如湖锦酒楼等知名连锁酒店都加大外卖业务。文创、设计、制造等行业企业，纷纷采取线上办公、远程会议等方式，继续保持企业经营稳定，积极应对疫情隔离措施对企业正常经营带来的影响。

3. 积极适应新需求，开发新产品新业务

新冠肺炎疫情对企业而言是一次严重的生存危机，但危中有机，有些企业从中看到了商机，开发出了适应新形势的新产品，形成了企业新的业务和新利润点，反而在疫情中获得了很好的发展。疫情防控期间，武汉市工科院科技园孵化企业武汉晗玥科技有限公司抓住市场需求，3个月研发一款办公"神器"——智能办公台，预订量达上万台。武汉工控仪器仪表有限公司，根据防疫实际需要快速研发出了功能更全、使用更方便的"亘星智能测温仪"，在汉口银行、武汉市公积金中心、武汉软件工程职业学院、中信建筑设计院等60多家单位投入使用，并外销到成都、东莞、苏州、荆州。

4. 主动打折降价吸引消费者

受疫情影响，不少居民的收入降低，再加上对疫情的恐惧，居民大大降低了消费意愿。为了刺激消费，企业纷纷打起了"价格战"，推出了花样繁多、形式各异的降价策略。事实证明，"价格战"是最有效的促销策略，消费开始复苏，也带动了广大中小企业复工复产。打折优惠最集中的行业是餐饮和零售业，如海底捞利用微信群，每天推出特价菜和优惠套餐，吸引店面附近的居民及会员扩大消费。永旺、武汉天地、汉口城市广场等商圈的店铺都加大了降价力度，7折、6折都是常见优惠幅度。

5. 利用网络直播扩大市场销售

疫情催火了网络直播，政府官员、企业家、小店主等纷纷试水直播带货，有利地促进了市场消费。5月15日，"2020江岸科创中小企业产品直播营销节"在武汉市岱家山科创城启动，3家企业负责人做客"小岱"直播间。湖北车安智能科技有限公司带来王牌"战疫"产品——智能测温速通门、六合天地(武汉)环境有限公司带来地沟油处理神器——餐饮废水自动处理一体化设备、武汉奥森迪科智能科技股份有限公司带来轻装上阵的神奇焊接器——智能激光焊接枪等产品，通过直播平台进行推广销售，近15万名网友、百余家企业及商界朋友在线观看了此次直播。广大民营企业还积极参与政府组织的"百星·百亿助力武汉"直播公益活动，借助江岸区领导的"网红效益"带动产品销售。家具商场也联合经销商开展线上直播活动，促成经销商和顾客直接在线交流、在线砍价、在线交易。

(二)政府扶持中小企业的举措

1. 帮助企业争取纾困专项资金

根据市发改委《关于组织申报服务业中小微企业纾困专项贷款资金融资需求的通知》要求，我区共两批上报纾困专项资金企业申报名单1639家，对接融资需求总额近85亿元。其中：第一批共计推荐上报企业458家，融资需求总额近31亿元；第二批共计推荐上报企业1181家，融资需求总额近54亿元。

2. "大手牵小手"打通供需内循环

根据武汉市委、市政府落实中央"六稳""六保",搞活市场主体,保民生保企业,保产业链供应链稳定的要求,江岸区工商联、江岸区科经局在岱家山科创城举办了"汉企通茶叙汇"企业供需对接活动。活动邀请了卓尔控股、良品铺子、仟吉食品3家大企业代表莅临现场,充分发挥大企业引领作用,为岱家山科创城中小微科创企业提供进入产业链、创新链的机会,带动中小微企业实现产业循环、市场循环。活动当天,车安智能、六合天地、集十文化等8家科创小微企业代表进行了产品路演推介,现场卓尔智城与武汉旋度文化发展有限公司围绕展会等业务,达成合作意向,并拟与园区另外4家企业探索业务合作。下一步,区工商联、区科经局将继续开展"汉企通茶叙汇"系列专场对接活动,为江岸辖区企业打通产业链供需内循环。

3. 积极推进2019年度企业失业保险稳岗返还

截至2020年6月23日,江岸区对全区参加失业保险并符合稳岗返还条件的6902户500人以下企业按2019年度缴纳失业保险费的100%进行返还,累计发放5995万元,惠及职工10.91万人。

4. 实施阶段性免征、减征企业社会保险费

截至2020年6月,根据武政办〔2020〕11号文件,全区2.1万户参保企业免征养老保险、失业保险、工伤保险单位缴费部分约9.291亿元;根据武医保〔2020〕24号文件,减半征收全区2.1万户参保企业基本医疗保险费单位缴费部分3.896亿元。截至6月23日,根据企业申报,疫情防控税费优惠共计减税6397户次,减税1.07亿元(各税种合计数)。江岸区1—4月税源期累计减税14.14亿元。

5. 降低水电气等要素价格

工业用水价格、用天然气价格均下调10%,期限为2020年1月1日至2020年6月30日。对中小微企业生产经营所需的用电、用气、用水等,实行"欠费不停供"措施;疫情结束后3个月内,由企业补缴缓缴的各项费用,免收滞纳金。对参与生活物资保供的商贸流通和防疫药品、医疗设备、物资器材等疫情防控相关生产的江岸区中小微企业,由企业注册所在地政府按销售目录电价中电度电价的30%给予电费补贴,省财政按地方政府实际补贴额的50%给予补助。江岸区17BOX一起学习吧公司,原本市场经营恢复时间预计会到2020年8—9月,成本费用方面每个月固定成本约130万元,受减免企业税费的政策扶持,企业成本降低到110万元左右,有效地降低了企业成本并更快地完成了复工。

6. 减免中小微企业房租

武汉市出台二十一条措施,对承租国有资产类经营用房的中小企业,3个月房租免收、6个月房租减半。鼓励各类江岸区中小企业发展载体减免疫情防控期间的承租企业租金,对减免租金的市级试点示范科创小微企业园、小型微型企业创业创新示范基地,市财政按照不超过租金减免总额的50%给予最高200万元补助(不重复支持)。

7. 帮助中小企业融资

组织政企银对接会,为金融机构和中小企业牵线搭桥,帮助优质的中小企业获得贷款,并降低企业融资成本。鼓励辖区内的金融机构采取贷款展期、无还本续贷、减免逾期利息、延迟还款期限和调整还款方式等对企业予以全力支持。同时,加大对普惠金融领域

的内部资源倾斜，提高小微企业"首贷率"和信用贷款占比。江岸区还充分发挥融资担保机构在融资增信、资金放大方面的作用，聚焦中小微企业复工复产融资担保业务，采取风险补偿、保费补贴、正向激励的方式，将政银担风险分担体系升级，将小微企业的年化担保费率降低至1%以内，大大降低了企业融资成本。通过江岸区牵线搭桥，武汉良之隆食材股份有限公司获得3000万元贷款资金，源创环境科技有限公司获得汉口银行1000万元贷款资金。

8. 当好"店小二"全力服务好中小企业

政府以"店小二"的精神，靠前主动服务企业。针对惠企政策多、企业了解政策渠道有限等现实，区职能部门积极组织干部进园区、进企业，通过云会议、上门讲解、专题培训等多种形式，宣传惠企政策，如2020年6月江岸区工商联在武汉天地楼宇活动中心召开政策宣讲会，为商圈企业讲解奖励性政策申报办法。

三、外地助力中小民营企业脱困的经验借鉴

（一）针对停工停产造成的资金链紧张，尤为重视解决融资难融资贵问题

疫情肆虐之下，广大中小企业普遍资金链紧张，各地政府均把解决企业的现金流、保障企业活下去作为重要工作：广州市发挥"民营科技型中小企业金融创新服务超市"作用，积极协调各类金融机构采取延期还贷、展期续贷、降低利率、减免逾期利息等措施，引导金融机构建立金融服务绿色通道，帮助企业渡过难关。浙江湖州要求各银行机构加大对企业的支持，不盲目抽贷、压贷、断贷，鼓励各银行机构在原有贷款利率水平基础上下浮10%以上，市级政策性担保公司在原有担保费率基础上下浮30%以上，2020年度全市银行机构减免企业转贷成本及服务项目收费2亿元以上。

（二）着眼于保市场主体，各地都把降成本作为惠企的重要举措

降成本是最近几年供给侧结构性改革的重要内容之一，在疫情导致的企业营收下降背景下，降成本成为保市场主体的最有效方法。各地政府都在从房租、水电费、社保费等多个方面，不同程度地为中小企业降成本，并且成效显著。加大房租减免力度，浙江湖州对承租国有资产类经营用房的中小企业，房租免收3个月。对租用其他经营用房的，鼓励业主(房东)为租户减免租金，免租金2个月以上的企业房产税按免租金月份数给予减免。上海杨浦区对落户本区科技园区且实际办公租借在科技园区载体的小微企业和初创企业给予2个月房租减免。降低社保费缴费比例，广东省职工基本医疗保险单位缴费部分实行减半征收，缴费比例减为3.45%，期限3个月。

（三）积极发挥财政资金作用，加大对企业的财政补贴奖励力度

财政资金能发挥杠杆作用，不仅能解决企业的部分资金需求，而且能引导社会资金投入。疫情下，对很多中小企业而言，财政资金能起到雪中送炭，甚至是救命的作用。《广州市黄埔区 广州开发区 广州高新区"暖企"八条》，就突出了财政资金的奖补作用，对

2019 年产值 100 亿元、50 亿元、10 亿元以上的骨干工业企业，2020 年第一季度产值增速 10%以上的，分别给予 500 万元、200 万元、50 万元一次性奖励；对 2020 年第一季度新入统的生产性投产企业，给予 100 万元一次性奖励；对疫情防控期间正常供应应急保障物资的大型超市门店、大型 B2C 零售电商企业，给予 20 万元一次性奖励。再比如浙江湖州，加大投资补助。企业为扩大防疫应急物资生产进行的技改投资，设备投资额 500 万元以内的按 60%补贴，超出 500 万元以上部分按 50%补贴。

（四）持续对创新创业给予扶持，加强对各类双创平台的政府和资金支持

孵化器、众创空间等双创平台是创新创业的载体，也是中小企业成长的载体，更是稳岗就业的载体，各地都突出了对双创平台的政策扶持。广州市鼓励孵化器（区级以上）减免企业租金，对疫情防控期间累计减免企业租金超过 100 万元的，给予 50 万元一次性奖励，并以区政府、管委会名义给予表彰。浙江湖州对符合条件的众创空间，提前下达当年度市众创"十条"部分面积补助专项资金；对在疫情防控期间为承租企业及团队减免租金的其他各类载体，优先予以政策扶持。见表 3.1.5。

表 3.1.5　　　　　　　　部分省市疫情防控期间出台相关政策文件

序号	省份城市	发布部门	政策文件及文号
1	北京市	北京市人民政府办公厅	《北京市人民政府办公厅关于进一步支持打好新型冠状病毒感染的肺炎疫情防控阻击战若干措施》（京政办发〔2020〕5 号）
2	上海市	上海市人力资源和社会保障局	《关于切实做好新型冠状病毒感染的肺炎疫情防控期间本市社会保险经办工作的通知》（人社部明电〔2020〕1 号）
3	山东省	山东省政府办公厅	《关于应对新型冠状病毒感染的肺炎疫情支持中小企业平稳健康发展的若干意见》（鲁政办发〔2020〕4 号）
4	江苏省	南京市人社局	《关于疫情防控期间支持服务企业发展的若干措施》（宁人社〔2020〕14 号）
		苏州市人民政府	《苏州市人民政府关于应对新型冠状病毒感染的肺炎疫情支持中小企业共渡难关的十条政策意见》（苏府〔2020〕15 号）
5	四川省	四川省人民政府办公厅	《关于印发全力加快疫情防控物资生产十条措施的通知》（川办发〔2020〕7 号）
6	浙江省	湖州市政府	《关于应对疫情支持企业健康发展的八条意见》（湖政发〔2020〕3 号）
7	广东省	深圳市福田区	《深圳市福田区防控疫情同舟共济"福企"十一条》（区政府常务会议 2020.2.3）

序号	省份城市	发布部门	政策文件及文号
8	福建省	中国人民银行福州中心支行	《关于金融支持新型冠状病毒感染肺炎疫情防控阻击战的通知》(银发〔2020〕29号)
		国家税务总局福建省税务局	《关于充分发挥税收职能作用助力打赢疫情防控阻击战十二项措施的通知》(税总发〔2020〕14号)
		人社厅、财政厅、卫健委	《关于支持做好新型冠状病毒感染肺炎疫情防控劳动保障工作的通知》(人社厅发明电〔2020〕5号)

四、加快推动中小民营企业复工复产的对策建议

(一)强化政策落地执行，增强中小微企业的获得感

一是构建从企业生存到盈利的政策体系，考虑将疫情时期国家、省市，特别是省、市、区出台的相关支持政策与已有或即将出台的产业政策整合，鼓励企业进入符合本区未来产业发展规划的行业，以产业发展专项基金来帮助企业应对疫情冲击。结合当前民营经济发展现状及江岸区民营企业发展实际，适当对《江岸区促进新民营经济突破性发展的政策措施(试行)》进行调整和完善，把长期支持民营企业发展的政策与帮助企业应对新冠肺炎疫情的政策整合起来，形成从帮助企业生存到企业恢复生产再到引导企业盈利的政策体系。二是加快兑现各类惠企政策资金，对纳入专项资金支持范围、有明确政策标准、落实到具体企业的项目，抓紧组织企业申报，建立审核绿色通道，加快审批进度，及时拨付。借鉴山东省先进做法，在全区范围内深入开展涉企收费专项清理行动，坚决杜绝乱收费行为，最大限度减轻企业税费负担，助力疫情防控和企业复工复产，确保各项减免优惠政策落地见效。三是加强政策宣传，提高企业知晓度。设立政策执行督导小组，督查政策落地情况。强调第一时间落地，让企业早一天享受政策。

(二)重点解决融资难题，帮助中小微企业渡过难关

一是积极发挥"政府+银行+信保"政策合力，积极探索创新融资模式。政府部门分产业制定针对不同行业中小微企业的贴息政策，对服务业、商贸流通业、文旅类、科技类和工业类企业等按照不同的贷款贴息标准，给予贷款贴息支持。鼓励银行或金融机构以减免部分利息的方式降低疫情时期企业的银行贷款利息，增加企业现金流。二是引导银行和金融机构对受疫情影响严重的企业到期还款困难的可予以延期或续贷，或据信用记录调整还款安排，减轻企业资金负担。学习北京银行推出的"京诚贷"产品专门服务受疫情影响临时停业、资金周转困难的小微企业，特别是受影响较大的批发零售、住宿餐饮、物流运输、文化旅游等行业企业，通过续贷、延期等方式，为相关企业提供信贷资金的无缝衔接，不抽贷、不断贷、不压贷。三是加大对民营中小企业纾困贷款的支持力度，实施纾困

贷款扶持计划，重点帮扶中小微企业。设立企业贷款贴息专项扶持资金，组织开展重点项目融资申请银企对接活动，深入了解疫情防控重点保障企业的资金需求，建立江岸区防疫重点支持企业专项优惠贷款推进落实台账，积极促成项目建设主体与各银行精准对接，全力保障区内重大项目复工复产的融资需求。

（三）支持企业线上转型，积极开拓线上业务和市场

一是加大企业线上转型指导力度。政府部门应加大对中小企业转型的培训力度，主动引导中小企业发挥互联网经济的优势，鼓励中小企业将线下业务逐步转移到线上，同时支持中小微企业降低数字化转型成本、缩短转型周期、提高转型成功率。二是积极引入第三方互联网服务平台，利用电商平台、直播平台等网络平台进行企业经营转型。以支付为切入，整合信息科技，服务线下实体，全维度为线下中小微企业的经营赋能。借鉴学习湖北省利用互联网服务平台拉卡拉实现企业线上销售的思路，帮助企业打通线上渠道，让企业具备线上经营的能力和平台。三是发展新零售，采用互联网+零售模式，以用户为中心转变销售策略，建立服务场景打动消费者，根据场景设计相应的功能，强化用户体验，以场景化的体验刺激和带动消费，助力企业拓展线上业务。

（四）鼓励发展夜色经济，以消费市场促进复工复产

一是丰富夜色经济发展模式。通过举办美食节、购物节、啤酒节等活动，集聚人气吸引客流，创新夜色经济发展模式。优化文化体育及旅游场所的夜间餐饮、购物服务。鼓励民营企业积极参与夜色经济，提供24小时经营服务。二是营造夜色经济发展环境。打造有影响、特色鲜明的夜间经济集聚区，建设区级夜间经济消费街区，培育精品夜市和建设各类夜间零售网点。三是加大对夜色经济发展的政策支持力度，做好夜色经济街区的夜间景观亮化工程，加强夜色经济实施区域的交通保障服务，完善夜色经济街区的配套基础设施建设，规范夜色经济街区市场秩序，促进夜色经济街区繁荣发展。

（五）深入优化营商环境，当好企业服务的"店小二"

一是继续深化营商环境改革，打造国内一流的营商环境。按照"有求必应、无事不扰"的要求，畅通政企沟通渠道、企业投诉渠道，让企业认得门、找得到人、办得成事；减少政府部门检查、企业参会等活动频率，尽量做到"有事轻扰、无事不扰"。二是建立新型的亲清政商关系，进一步明晰政商交往的界限和禁区、红线和底线，推动党员干部同企业交往既坦荡真诚、真心实意靠前服务，又清白纯洁、守住底线。完善政企沟通互动长效机制，建立规范化、机制化政企沟通渠道，进一步推动企业家参与涉企政策制定。借鉴上海市建立"一网通办"的便企服务做法，实施不见面审批和无人干预自动办理，将疫情防控期间特殊服务通道常态化。三是聚焦企业需求，建立健全企业困难和问题协调解决机制、帮扶和支持机制。通过定期走访、每月追踪、列出清单、做好台账、强化督办等方式，及时了解和掌握企业动向、诉求、困难，抓好政策落地执行，细化量化帮扶措施。

（六）营造良好创新创业氛围，打造高素质企业家队伍

习近平总书记在企业家座谈会上高度评价各类市场主体在国家发展中发挥的重要作用，企业家们应认真学习贯彻习总书记重要讲话精神，大力弘扬企业家精神，坚定信心、树立雄心，在创新创业创富中实现自我、奉献社会：一是要做有情怀、有志向的企业家。企业营销无国界，企业家有祖国。企业家们尤其要增强家国情怀，始终听党话、跟党走，把个人的事业及企业的发展与民族复兴、武汉复兴紧密地结合起来，与江岸的振兴紧密结合起来，树立远大志向，办好一流企业。二是要做勇创新、善发展的排头兵。当今世界，正处于新一轮科技革命和产业革命的巨大风口，新技术、新产业、新业态、新模式层出不穷。特别是 2020 年的新冠肺炎疫情，给大健康、人工智能、在线教育、互联网娱乐等新产业、新业态带来了巨大发展机遇。企业家们要积极推动所在企业的技术创新、产品创新、管理创新、市场创新，推动企业成为专精特新的"小巨人"、行业领域的"隐形冠军"、一鸣惊人的"独角兽"。三是要做讲诚信、守法纪的模范生。诚信守法是企业生存发展的长久之道，任何时候都不能触碰法律红线和道德底线，在企业经营发展中始终做到不走歪路、不失良知、不推责任，把企业持续做大做强做优。四是要做有担当、爱奉献的带头人。企业家在大力发展经济的同时，也要发扬优良传统，带头践行社会主义核心价值观，主动承担环保、安全、保障职工权益等社会责任，积极投身社会公益事业，塑造有责任、有担当的社会形象。

"转板"背景下的新三板高新技术企业
创新投入和成果解析[*]

引　言

新三板作为资本市场服务创新创业成长型中小企业的重要平台，挂牌公司大多为创新型中小企业。自 2012 年"新三板"扩容以来，尤其是进入 2015 年以来，挂牌交易的企业数量暴增。2018 年以来，中国资本市场进行了系列改革，包括"科创板"设立并实行注册制、"创业板"注册制改革、退市制度改革等，对公司上市产生了重大影响。新三板也适时推出了改革措施，一是在原来创新层和基础层之外，设立精选层，筛选一批科技创新型的优质中小企业，有效提升融资并购交易效率，全面改善新三板市场整体效益；二是 2020 年 6 月证监会颁布和实施《关于全国中小企业股份转让系统挂牌公司转板上市的指导意见》，允许符合条件的新三板公司转至"科创板"和"创业板"上市。沪深交易所于 2021 年 2 月分别出台了新三板挂牌公司转向"科创板"和"创业板"上市的试行管理办法，就"转板"条件、审核程序、制度衔接等做出了具体规定。[①]

在上述背景下，本文基于证监会 2021 年 4 月修订的《科创属性评价指引(试行)》[②]中

---

　*　作者信息：曾维新，1990 年生，男，湖南永州人，中南财经政法大学产业经济学博士，资本市场学院博士后研究人员。

　①　2021 年 9 月设立北京证券交易所，将原新三板精选层企业平移至北京交易所，之后的 2022 年 1 月 7 日证监会对《关于全国中小企业股份转让系统挂牌公司转板上市的指导意见》进行修订，形成了《关于北京证券交易所上市公司转板的指导意见》，2022 年 3 月，沪深交易所也相应地将原来新三板转板上市办法修订为北交所转板上市办法。

　②　2021 年 4 月，中国证监会修改公布了《科创属性评价指引(试行)》，完善科创属性的评价指标体系，修订后科创属性的标准为"4+5"。4 项常规指标：(1)企业最近 3 年研发投入占营业收入比例 5% 以上或最近 3 年研发投入金额累计在 6000 万元以上；(2)研发人员占当年员工总数的比例不低于 10%；(3)企业形成主营业务收入的发明专利 5 项以上；(4)企业最近 3 年营业收入复合增长率达到 20% 或最近 1 年营业收入金额达到 3 亿元。5 项例外条款：(1)发行人拥有的核心技术经国家主管部门认定具有国际领先、引领作用或者对于国家战略具有重大意义；(2)发行人作为主要参与单位或者发行人的核心技术人员作为主要参与人员，获得国家科技进步奖、国家自然科学奖、国家技术发明奖，并将相关技术运用于公司主营业务；(3)发行人独立或者牵头承担与主营业务和核心技术相关的"国家重大科技专项"项目；(4)发行人依靠核心技术形成的主要产品(服务)，属于国家鼓励、支持和推动的关键设备、关键产品、关键零部件、关键材料等，并实现了进口替代；(5)形成核心技术和主营业务收入的发明专利(含国防专利)合计 50 项以上。

提出的科创属性评价指标，对截至 2021 年 7 月的新三板挂牌高新技术企业进行创新投入和成果的解析，以全面了解新三板科技型中小企业的创新能力。

一、样本企业基本情况

本文以截至 2021 年 7 月，Wind 新三板概念板块（高新技术企业）圈定的 300 家挂牌企业为研究对象，收集 2016—2020 年 5 年年报①披露的数据进行分析。

（一）所属分层及存续时间

新三板挂牌的 300 家高新技术企业中，精选层 11 家（3.7%），创新层 90 家（30%），基础层 199 家（66.3%）。其中，精选层 11 家占新三板全部 59 家精选层企业的 18.6%，表明样本企业的实力较强。

由表 3.2.1 可知，新三板高新技术企业存续期普遍较长，其中存续期占比最多的是 15~20 年的企业（即成立时间为 2001—2005 年），占比 34.7%；其次为 10~15 年的企业，占比 34%；2000 年及以前和 2011 年及以后成立的企业分别占 18% 和 13.3%。这表明新三板高新技术企业以成立十几年的企业为主，企业较为成熟。

表 3.2.1 新三板高新技术企业成立年份分布

	2000 年及以前	2001—2005 年	2006—2010 年	2011—2014 年	总计
企业数量	54	104	102	40	300
占比	18.0%	34.7%	34.0%	13.3%	100%

（二）区域及行业分布

从区域分布看（见表 3.2.2），新三板高新技术企业集中在东部地区（206 家，68.7%），其次为中部地区（63 家，21%），西部最少（31 家，10.3%）。

表 3.2.2 新三板高新技术企业区域分布

东部	206	中部	63	西部	31
北京	45	河南	22	四川	8
广东	39	安徽	15	贵州	5
江苏	29	湖北	12	陕西	4
浙江	25	湖南	8	新疆	3
上海	18	江西	4	云南	2

① 数据主要来自企业年报、Wind 和同花顺，年报下载于巨潮资讯网（CNINF）。

续表

东部	206	中部	63	西部	31
山东	16	山西	2	内蒙古	2
福建	13			重庆	2
河北	7			宁夏	2
辽宁	5			甘肃	1
天津	3			广西	1
吉林	3			青海	1
黑龙江	2				
海南	1				

从行业分布看(见表 3.2.3),样本企业共涉及证监会 51 个二级行业,公司数量前 10 的行业共计 189 家,占样本企业的 63%,其中公司数量占比最多的为软件和信息技术服务业(占比 13.3%),另外与计算机、互联网相关的设备制造与服务行业企业数量也较多,医药制造业位列第九(占比 4.7%)。

表 3.2.3 新三板高新技术企业数量前十的二级行业

序号	二级行业	公司数量	占比
1	软件和信息技术服务业	40	13.3%
2	电气机械和器材制造业	22	7.3%
3	计算机、通信和其他电子设备制造业	21	7.0%
4	专用设备制造业	19	6.3%
5	化学原料和化学制品制造业	17	5.7%
6	互联网和相关服务	16	5.3%
7	通用设备制造业	15	5.0%
8	专业技术服务业	15	5.0%
9	医药制造业	14	4.7%
10	仪器仪表制造业	10	3.3%

(三)公司属性及企业规模

从公司属性看,新三板高新技术企业主要以民营企业为主,共计 284 家,占比 94.7%,国有企业(12 家)和外资企业(4 家)分别占比 4% 和 1.3%。从企业规模看,以小微型企业(166 家,占比 55.3%)为主,中型企业 108 家(36%),只有 26 家为大型企业(8.7%),如图 3.2.1 所示。

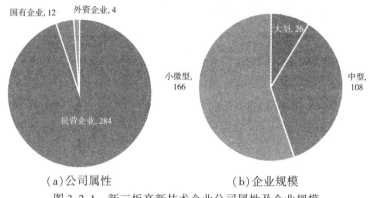

　　（a）公司属性　　　　　　　　（b）企业规模
图 3.2.1　新三板高新技术企业公司属性及企业规模

二、新三板高新技术企业研发投入分析

　　企业的创新离不开持续有效的资源投入，最为明显和直接的投入就是研发人员和研发费用的投入。依据《科创属性评价指引（试行）》的标准，本文以近三年研发费用占营业收入比例5%以上，研发人员占员工总数的比例不低于10%作为标准线，分析新三板高新技术企业研发投入情况。

（一）研发费用

　　研发费用是形成企业技术优势和无形资产的重要源泉，也是衡量科技型企业的一个重要指标。国际上一般认为，研发投入强度①在1%以内的企业难以生存，达到2%则勉强维持，5%以上的企业才具备竞争力，这和科创属性评价标准一致。

表 3.2.4　　　　　　　　　　新三板高新技术企业研发支出情况

		2016 年	2017 年	2018 年	2019 年	2020 年
研发投入强度	平均值	7.6%	7.7%	7.8%	8.0%	8.5%
	最大值	61.1%	60.1%	53.6%	66.1%	58.1%
	最小值	0.004%	0.01%	0.1%	0.2%	0.01%
强度高于5%的企业数		148	153	170	179	172
占比		55.0%	54.8%	59.0%	60.9%	59.9%
研发费用（万元/家）	平均值	731.5	850.6	968.3	998.5	1021.0
	最大值	17321.0	18862.2	21467.7	18052.9	19144.4
	最小值	0.7	1.2	1.3	10.1	13.9

（注：最小值为剔除 0 值后的数值）

---

　　①　研发投入强度，即研发费用与营业收入之比。

从研发投入强度(即研发费用占营业收入比例)看(见表3.2.4),近五年新三板高新技术企业的研发投入强度均值都在7%以上,而且呈现出递增趋势,从2016年的7.6%增至2020年的8.5%,整体上看企业的投入具备一定的竞争力。进一步分析,可知一半以上的企业研发投入强度都达到5%以上的水平,其中2019年样本企业中有60.9%的企业当年度研发投入占营业收入比例超过了5%。

从研发费用支出金额看,2016—2020年,新三板高新技术企业的研发费用金额在波动中不断上升,由2016年的731.5万元/家增至2020年的1021万元/家,虽然数值在增加,但研发费用绝对支出依然偏少。研发费用五年支出均最多的是颖泰生物(833819),[①]这是一家从事农药原药、中间体及制剂产品研发的制造业企业。

不同行业依赖的技术不同,研发投入强度存在差异。在样本企业数量位居前十的证监会二级行业中(见表3.2.5),研发投入强度最高的为仪器仪表制造业,五年均值高达21.6%,软件和信息技术服务业,计算机、通信和其他电子设备制造业,互联网和相关服务业研发投入强度也较大,分别为14.8%、10%、9.7%,医药制造业虽然在第十位,但历年研发投入强度均值都在5%以上。

表3.2.5　　　　　　　企业数量前十的二级行业研发投入强度(%)

证监会二级行业	企业数量	2016年	2017年	2018年	2019年	2020年	五年均值
仪器仪表制造业	10	24.8	25.5	18.9	24.7	14.2	21.6
专用设备制造业	19	19.4	9.3	22.6	21.6	12.5	17.1
软件和信息技术服务业	40	14.3	13.7	13.8	18.0	14.0	14.8
计算机、通信和其他电子设备制造业	21	9.7	7.9	10.6	10.3	11.3	10.0
互联网和相关服务	16	9.6	10.7	9.2	8.1	11.0	9.7
化学原料和化学制品制造业	17	6.0	10.1	10.0	8.7	5.9	8.1
通用设备制造业	15	8.0	8.0	7.6	7.3	7.0	7.6
电气机械和器材制造业	22	5.0	5.3	6.4	6.9	8.4	6.4
专业技术服务业	15	6.5	6.2	4.8	5.8	6.0	5.9
医药制造业	14	5.8	5.3	6.1	6.4	5.4	5.8

(二)研发人员

科技研发人员是创新的基础和来源,科创属性评价指标之一就是研发人员占员工总数

---

① 颖泰生物主要从事农药原药、中间体及制剂产品的研发、生产、销售和GLP技术服务,目前已形成工艺技术较为先进的除草剂、杀菌剂、杀虫剂三大品类百余种产品。2016—2020年研发费用为15670.74万元、17321.04万元、18862.18万元、21467.7万元、18052.92万元、19144.38万元。

的比例不低于 10%。

由表 3.2.6 可知,新三板高新技术企业研发人员占比近五年维持在 30%上下,远高于10%的水平,研发人员占比最高达 92.9%以上,最低的只有 0.2%;进一步分析可知,2016—2020 年,每年研发人员占比超过科创板要求 10%水平的企业达到七八成,且呈现不断上升的趋势。总体来看,新三板高新技术企业的研发人员占比较高,企业都十分重视研发人员。

表 3.2.6　　　　　　　　　　　**新三板高新技术企业研发人员**

		2016 年	2017 年	2018 年	2019 年	2020 年
研发人员占比	平均值	27.9%	29.3%	30.4%	30.3%	30.4%
	最大值	92.6%	92.6%	91.5%	92.9%	91.7%
	最小值	0.2%	2.2%	1.5%	2.3%	1.7%
占比高于 10%的企业数		216	235	255	261	262
占比		79.4%	81.3%	85.9%	87.3%	87.3%

(注:最小值为剔除 0 值后的数值)

分析行业情况可知(见表 3.2.7),研发人员占比在 30%以上的行业有 4 个,其中专业技术服务业、软件和信息技术服务业、互联网和相关服务业的研发人员占比位居前列,近五年均值分别为 62.3%、52.5%和 36%。医药制造业近五年研发人员占比均值为 17.4%,位列第九,与整体样本企业 30%左右的水平有较大差距。

表 3.2.7　　　　　　**企业数量前十的二级行业研发人员占比情况(%)**

证监会二级行业	企业数	2016 年	2017 年	2018 年	2019 年	2020 年	五年均值
专业技术服务业	15	59.4	63.6	66.4	60.7	61.2	62.3
软件和信息技术服务业	40	46.7	53.4	52.2	54.5	54.1	52.2
互联网和相关服务	16	37.4	32.8	34.9	38.0	37.1	36.0
仪器仪表制造业	10	31.0	37.4	33.7	33.2	33.5	33.8
计算机、通信和其他电子设备制造业	21	23.0	22.3	26.6	28.0	26.7	25.3
专用设备制造业	19	19.4	23.5	25.1	26.2	26.8	24.2
通用设备制造业	15	21.5	21.2	20.8	20.9	21.3	21.1
化学原料和化学制品制造业	17	21.2	21.1	19.5	19.5	19.0	20.0
医药制造业	14	15.4	16.0	19.0	17.8	18.8	17.4
电气机械和器材制造业	22	16.2	16.4	16.3	16.8	17.3	16.6

三、新三板高新技术企业知识产权成果分析

知识产权(Intellectual Property Rights,IPR)指权利人对其所拥有的知识资本所享有的专有权利,一般只在有限时间期内有效。它是一种无形财产权,是从事智力创造性活动取得成果后依法享有的权利,分为"工业产权"和"版权"两部分。本文选取专利权、商标权和著作权作为代表,分析新三板高新技术企业的创新产出成果状况。

(一)专利

专利是以知识产权形态存在的发明创造,分为发明专利(保护期自申请日起20年)、实用新型专利(10年)和外观设计专利(10年)三种。① 申请专利的技术必须具备新颖性、创造性和实用性。②

由于发明专利的要求最高,相较于实用新型和外观设计,在申请审核时有实质审查环节,其通过难度较大,审核周期更长,因而更能代表企业的技术创新水平。科创属性评价体系中也聚焦发明专利,明确要求企业形成主营业务收入的发明专利在5项以上,或形成核心技术和主营业务收入的发明专利(含国防专利)合计50项以上。

总体来看,300家新三板高新技术企业的专利总量、均值和发明专利总量、均值都呈现逐年上升的趋势(如图3.2.2所示)。专利总量从2016年6144项升至2020年的12209项,将近翻了一倍,均值也由22.6项/家升至2020年的44.9项/家。作为"含金量"体现的发明专利,其总量由2016年的4870项增加至2020年的7425项,是2016年的1.5倍,增幅不及专利总量,均值由17.8项/家增至27.2项/家。

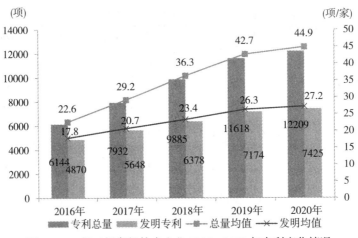

图 3.2.2 新三板高新技术企业 2016—2020 年专利变化情况

---

① 发明,是指对产品、方法或者其改进所提出的新的技术方案;实用新型,是指对产品的形状、构造或者其结合所提出的适于实用的新的技术方案;外观设计,是指对产品的形状、图案或者其结合以及色彩与形状、图案的结合所作出的富有美感并适于工业应用的新设计。

② 《中华人民共和国专利法》,全国人大常委会2010年修订。

从发明专利占比来看(如图 3.2.3 所示),2016—2020 年新三板高新技术企业的发明专利占比均在 60% 以上,最高为 2017 年的 79.3%,一则说明新三板高新技术企业的专利中,以发明专利为主,技术创新质量较高;二则可以发现发明专利占比呈现逐年降低的趋势,表明新三板高新技术企业可能后续创新能力不足,或是实用新型和外观设计专利的数量增长幅度超过了发明专利的增幅。

图 3.2.3　新三板高新技术企业发明专利占比变化情况

依据科创属性常规指标要求形成主营业务的发明专利在 5 项以上,例外条款之一是形成核心技术或主营业务收入的发明专利合计 50 项以上,对样本企业进行了分层统计(见表 3.2.8),可知拥有 50 项以上发明专利的企业较少,到 2020 年也仅占 7.7%;在 2018 年之前,新三板高新技术企业中大部分企业拥有的发明专利数量都在 5 项以下;2018 年之后,拥有发明专利数量在 5~50 项的企业数量越来越多,到 2020 年超过了一半,达到了 57.7%。表明单从发明专利拥有量角度考虑,大部分新三板高新技术企业具有转向科创板的潜力。

表 3.2.8　　　　　　　新三板高新技术企业发明专利数量分层统计企业比例

	2016 年	2017 年	2018 年	2019 年	2020 年
(0, 5]	61.4%	51.5%	44.9%	38.6%	34.6%
(5, 50]	36.0%	44.1%	48.9%	54.4%	57.7%
(50, 400]	2.6%	4.4%	6.3%	7.0%	7.7%

(二)商标

商标权是商标主管机关依法授予商标所有人对其注册商标依法享有的权益,一般包括排他专用权(或独占权)、转让权、许可使用权、继承权等,注册商标有效期为十年,到期可续展。① 商标不仅使企业的产品和服务区别于其他企业，也是企业品牌形象和市场口碑的载体，是企业的一项重要知识产权。

在 300 家样本企业中，披露拥有商标的企业 259 家，占比 86.3%，其中商标最多的为从事教育培训服务的亿童文教(430223)，截至 2020 年年底拥有 892 项注册商标，最少的为 1 项，共有 25 家企业。如图 3.2.4 所示，2016—2020 年新三板高新技术企业的商标总量和均值都稳步增加，总量从 2016 年的 4498 项增加至 2020 年的 8093 项，增幅 80%，均值由 2016 年的 17.4 项/家增至 31.2 项/家。但可以发现 2019 年之后，总量和均值的增速明显在放缓。

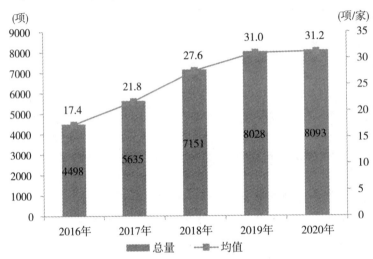

图 3.2.4　新三板高新技术企业 2016—2020 年商标变化情况

(三) 著作权

著作权，又称版权，我国《著作权法》中保护的作品指文学、艺术和科学领域内，具有独创性并能以某种有形形式复制的智力创作成果，包括文字作品；口述作品；音乐、戏剧、曲艺、舞蹈、杂技艺术作品；美术、建筑作品；摄影作品；电影作品和以类似摄制电影的方法创作的作品；工程设计图、产品设计图、地图、示意图等图形作品和模型作品；计算机软件；法律、法规规定的其他作品。②

新三板高新技术企业年报中披露著作权分为作品和软件两类，在 300 家样本企业中，披露拥有作品著作权的企业 61 家，占比 20.3%，披露拥有软件著作权的企业 160 家，占比 53.3%。这一则表明新三板高新技术企业中拥有软件著作权的企业远多于拥有作品著作权的企业；二则相较于拥有专利和商标的企业比例而言，著作权覆盖企业数较少。

---

① 《中华人民共和国商标法》，全国人大常委会 2013 年修订。
② 《中华人民共和国著作权法》，全国人大常委会 2010 年修正。

表 3.2.9　　　　　　　　新三板高新技术企业拥有著作权情况

		2016 年	2017 年	2018 年	2019 年	2020 年
软件著作权	总量	1123	1746	2531	3298	4148
	均值	7.0	10.9	15.8	20.6	25.9
作品著作权	总量	2124	2406	5057	7029	7220
	均值	34.8	39.4	82.9	115.2	118.4
	剔除亿童文教后均值	1.8	3.2	6.9	8.0	8.7

由表 3.2.9 可知，新三板高新技术企业拥有的软件著作权数量在快速增加，2020 年软件著作权达到 4148 项、均值 25.9 项/家，为 2016 年总量 1123 项、均值 7 项/家的 3.7 倍。拥有作品著作权的企业本就只有 61 家，其中亿童文教（430223）一家企业拥有的作品著作权就占全部著作权的 90% 以上，剔除该企业后，拥有作品著作权的企业 2016—2020 年平均每家拥有量为 1.8 项、3.2 项、6.9 项、9.0 项和 8.7 项，可以发现均值也在快速增加，但还是较少，这和新三板挂牌企业所属行业相关，作品著作权多为新闻出版、文学创作行业的企业所拥有，而新三板该类企业数量并不多。

（四）行业知识产权差异

按照证监会一级行业统计分析可知（见表 3.2.10），不同行业的知识产权类型侧重不同，制造业中拥有发明专利的企业数量较多（168 家），且企业发明专利平均拥有量（27.8 项/家）大幅度领先于其他行业。信息传输、软件和信息技术服务业拥有软件著作权的企业数量（55 家）和平均拥有量（39.3%）表现较为突出，表明该行业的创新主要体现在软件著作权上。科学研究和技术服务业在商标和软件著作权的企业平均拥有量方面表现较好，尤其是商标，平均每家企业拥有 41.5 项。文化、体育和娱乐业主要偏向作品著作权和商标，除该行业的特性之外，有一家企业拥有大量的商标、软件著作权和作品著作权，拉高了整体行业的数值，即从事教育培训服务的亿童文教（430223），截至 2020 年年底，其拥有 892 项商标、117 项软件著作权、3186 项作品著作权。

此外，可以看出制造业，信息传输、软件和信息技术服务业，科学研究和技术服务业，文化、体育和娱乐业，批发和零售业等多个行业企业的商标均值都较高，可知商标作为一类重要的知识产权，虽然不能代表企业的技术创新能力，但却是企业市场影响力和品牌的体现，因而不同行业的企业都有申请并使用好商标的动力，即商标对不同行业具有普适性。

表 3.2.10　　　　　　2020 年新三板高新技术企业不同行业知识产权情况

一级行业	发明专利		商标		软件著作权		作品著作权	
	企业	均值	企业	均值	企业	均值	企业	均值
制造业	168	27.8	152	28.1	56	15.5	26	3.5

续表

一级行业	发明专利		商标		软件著作权		作品著作权	
	企业	均值	企业	均值	企业	均值	企业	均值
信息传输、软件和信息技术服务业	42	6.1	50	36.3	55	39.3	17	5.5
建筑业	16	6.3	13	20.9	8	8.8	4	1.0
科学研究和技术服务业	14	5.6	14	41.5	18	22.9	6	3.5
水利、环境和公共设施管理业	8	15.6	4	7.3	2	11.5	—	—
农、林、牧、渔业	6	11.8	6	30.8	5	7.8	3	4.0
文化、体育和娱乐业	6	3.8	4	175.0	5	51.0	4	1749.8
批发和零售业	5	5.2	5	33.6	4	18.0	—	—
采矿业	2	14	1	2.0	2	9.0		
租赁和商务服务业	2	4.0	3	4.7	2	70.5	—	—
电力、热力、燃气及水生产和供应业	1	9	2	9.5	1	16.0	—	—
交通运输、仓储和邮政业	1	2	1	1.0	—	—		
金融业	1	2	1	20.0	2	19.5	1	2.0
房地产业	—	—	1	4.0	—	—		
教育	—	—	2	8.0	1	35.0	—	—

（注：企业数量少于4家的行业不参与分析，企业数指披露拥有该类知识产权的企业数量）

分析证监会二级行业不同类型知识产权披露企业数及平均拥有量，也可以发现类似于一级行业的情况，即不同行业对知识产权类型有偏向，存在差异性。具体而言，信息传输、软件和信息技术服务业的软件著作权的平均拥有量高于其他行业，互联网和相关服务也偏向软件著作权；化学原料和化学制品制造业、医药制造业、汽车制造业等制造业细分行业则发明专利拥有量较高；新闻和出版业，广播、电视、电影和影视录音制作业相较于其他行业拥有较多的作品著作权。

（五）知识产权区域差异

由前文可知，新三板高新技术企业集中在东部地区（206家，68.7%），其次为中部地区（63家，21%），西部最少（31家，10.3%），因而各类知识产权总量也是按东中西递减分布。从均值上看（见表3.2.11），东部和中部地区的专利总量、发明专利、商标和软件著作权都高于西部地区，且东部和中部地区之间差异较小。表明西部地区科技型企业的知识产权水平和质量不如东部和中部，而中部和东部地区相比并无多大差距。并且，单从作品著作权看，即使中部剔除拥有巨量作品著作权的极端个案亿童文教（430223），其均值（3.4项/家）也远高于东部（1.4项/家）和西部（1.1项/家）地区。

表 3.2.11　　　　　2020 年新三板高新技术企业各区域知识产权情况

区域	企业数	专利总量	均值	发明专利	均值	商标	均值	软件著作权	均值	作品著作权	均值
东部	206	8740	42.4	3842	18.7	5327	25.9	3000	14.6	289	1.4
中部	63	2378	37.7	1109	17.6	2074	32.9	850	13.5	213	3.4
西部	31	1091	35.2	454	14.6	692	22.3	298	9.6	34	1.1
总计	300	**12209**	40.7	**5405**	18.0	8093	27.0	4148	13.8	536	1.8

（注：因中部地区的亿童文教（430223）拥有巨量作品著作权，属于极端个例，故不参与作品著作权的比较。专利总量是发明专利、实用新型专利和外观设计专利的总和）

四、研究结论与建议

在多层次资本市场中，新三板处于承上启下的枢纽环节，聚焦发挥"育英"小特精专功能，服务中小企业高质量发展。截至 2020 年年末，培育和服务了一批小特精专企业，336 家公司被评为专精特新"小巨人"，26 家成长为"单项冠军"企业。2020 年 7 月 27 日，精选层平稳开市，市场形成了"基础层-创新层-精选层"梯次递进的结构，挂牌公司质量基础有效提升。2021 年 2 月，沪深交易所关于转板上市的相关办法落地实施，明确在精选层挂牌满一年，符合科创板、创业板定位，达到交易所规定上市条件的企业，可直接向交易所申请转板上市。在此背景下，新三板高新技术企业在技术创新方面是否符合转板的要求，成为众多挂牌公司、市场机构必须关注的焦点，本文基于 300 家样本企业的年报披露数据，对此进行了研究分析，研究发现如下：

一是新三板高新技术企业以民营中小企业为主，民营企业占比超九成，小微型企业占比过半，中型企业占比 36%；企业集中分布在东部地区（68.7%），以制造业及信息传输、软件和信息技术服务业为主。整体来看，新三板高新技术企业存续发展周期较长，大多持续发展了 15～20 年（68.7%），企业实力较强（精选层企业比例较高）。

二是研发投入具有竞争力，与科创属性评价标准契合度高。2016—2010 年，新三板高新技术企业的研发费用与营业收入之比均值都在 7% 以上，且呈现出递增趋势，超半数企业研发费用与营业收入之比都达到 5% 以上的水平；企业研发人员占比近五年维持在30% 上下，远高于 10% 的水平，2016—2020 年每年研发人员占比超过科创板要求 10% 水平的企业达到七八成。

三是新三板高新技术企业普遍拥有知识产权，彰显"专精特新"的特征。300 家样本企业中，专利覆盖率①达到90.7%，商标覆盖率为86.3%，著作权覆盖率53.3%。其中，专利以发明专利为主，发明专利占全部专利之比在60%以上，2020年拥有5项以上发明专利的企业达到全体样本企业的65.4%，表明单从发明专利拥有量角度考虑，大部分新三板高新技术企业具有转向科创板上市的潜力。著作权方面，新三板高新技术企业主要以软件著作权为主，拥有作品著作权的企业较少。

四是新三板高新技术企业的知识产权存在行业差异。制造业企业大多偏向发明专利，信息传输、软件和信息技术服务业企业则在软件著作权方面表现突出，文化、体育和娱乐业主要偏向作品著作权。而商标作为企业市场影响力和品牌的体现，对不同行业具有普适性，即不同行业的企业都有申请并使用好商标的动力。

五是新三板高新技术企业的知识产权的区域差异方面，东部和中部地区挂牌企业明显优于西部地区的挂牌企业；但是东西部两者之间差距很小，甚至在某些方面(作品著作权)，中部地区的挂牌企业要优于东部地区。

在分析新三板高新技术企业知识产权的过程中，发现企业除将知识产权用于日常经营外，较少发现利用知识产权融资、进行价值变现的行为。拥有专利、商标、著作权等知识产权，却因流动资金缺乏无法快速发展，这是众多科技型中小企业面临的困境。因此建议科技创新型企业由追求知识产权数量向追求质量转变，加强知识产权资本运营。一方面，可以使用知识产权进行投资，即知识产权作价入股，具体是指知识产权人依法将专利权、商标权或著作权等知识产权资产评估作价，作为对企业的非货币、非实物出资，以获得所对应的公司(企业)股权的行为。另一方面，利用知识产权进行融资，包括知识产权质押、融资租赁、信托和证券化融资等。2020年，我国专利、商标质押融资登记金额达到2180亿元，同比增长43.9%，质押项目数1.2093万项，同比增长43.8%；2021年，全国专利、商标质押融资金额达到3098亿元，融资项目达1.7万项，覆盖企业1.5万家，同比增长均为42%左右。截至2021年11月，已在沪深交易所发行的知识产权ABS共计41单，募集资金105.18亿元。通过加强知识产权资本运营，实现知识产权价值变现，以"知产"引来"资产"，拓宽了科技型中小企业的融资渠道，为企业发展带来了新的契机。

参 考 文 献

[1]汪海粟，曾维新.科技型中小企业的知识产权证券化融资模式[J].改革，2018(4)：120-129.

[2]杨卫东，高义琼.武汉企业发展报告(2020)[M].武汉：武汉大学出版社，2021.

[3]曾维新.中国知识产权证券化发展现状及实践模式总结[J].中国发明与专利，2021，18(7)：64-72.

[4]中国证券监督管理委员会.关于修改《科创属性评价指引(试行)》的决定〔2021〕8号[EB/OL].〔2021-04-16〕.http://www.gov.cn/zhengce/zhengceku/2021-04/17/content_5600280.htm.

---

① 专利覆盖率，即拥有专利的企业与全部样本企业之比，商标覆盖率和著作权覆盖率亦同。

关于汉阳区数字经济的调查与分析[①]

最近，汉阳区企业联合会、汉阳企业家协会会同汉阳区科学技术和经济信息化局对近年来汉阳数字经济工作的推进、发展情况进行了调查与分析。

一、政策背景

根据省、市和区委、区政府关于数字经济的工作部署，在区委、区政府的领导和区政协的大力支持、协调下，全区上下联动，积极把握数字经济战略机遇，加快推进"十四五"数字经济发展，全力保障数字经济发展各项任务的推进落实。

二、工作开展情况

1. 推进数字基础设施建设

截至2021年，汉阳区建成5G基站479个，协调解决疑难站78个。政务共享平台已汇集48个区级部门和街道330项资源目录，上报数据484541条；汉阳区视频汇聚共享平台接入4151路视频监控探头，同步完成与市级平台的对接。

委托汉阳数字经济研究中心采用调查问卷形式对辖区企业进行了摸底，完成调查问卷66份，形成了《汉阳区新基建发展相关企业调研分析报告》。2021年9月17日，由数字经济研究中心召开视频会议，讨论推进新基建相关工作。组织汉阳区内可能涉及新基建业务的18家企业填报《新基建相关项目情况统计表》，进一步掌握全区新基建需求情况。拟于10月制定汉阳区新基建推进计划。

2. 加强数字产业招商

由区领导带队先后赴北京、上海组织数字经济招商考察活动，抢抓顶级资源，集聚数字产业。

2021年7月12日，汉阳区举办"区块链赋能数字经济新基建"专题学习报告会，特邀工信部中国信通院可信区块链推进计划副理事长、纸贵科技执行总裁陈昌作专题辅导。全区领导干部主动带头学习数字经济新知识，把握区块链产业发展风口，加快推动全区产业数字化赋能、治理智慧化提效。

8月26日，"星火·链网"骨干节点(汉阳)建设评审会在中国信通院顺利举行，汉阳建设湖北省首个"星火·链网"骨干节点，在打造华中地区区块链建设样板标杆上迈出坚

[①] 本报告由汉阳区企联/企协提供。

实步伐。

根据《自然资源部科技发展司持续推进自然资源省级卫星应用到技术体系建设的函》和《省自然资源厅关于推进自然资源卫星应用技术体系建设的通知》要求，我区高度重视自然资源湖北省卫星应用技术中心社会化应用节点建设工作，前期进行了详细调研，和省交投、省农业厅、博汇油田、省能源局等进行了遥感社会化应用的沟通，初步判断未来可以依托卫星应用节点，围绕交通、农业、石化管线、光伏选址等方面展开应用合作，社会化应用前景广泛。在专家指导下，按照申报要求，突出社会化应用特色，形成了《自然资源湖北省卫星应用技术中心社会化应用节点建设方案》，对节点建设环境、技术开发、人才团队、资金保障等进行了明确，9月26日组织通过了建设方案的专家评审会。目前，我区已向省自然资源厅提交建设方案，请省厅报批"自然资源湖北省卫星应用技术中心社会化应用节点"落户汉阳。

按照区委、区政府的决策部署，积极协调，推进武汉泽塔云科技股份有限公司与国家超算广州中心(天河二号)达成意向，建设汉阳超算分中心，打通"天河二号"计算资源，共同在华中地区推出"CPU+GPU"行业云服务，为汉阳区数字经济的快速发展提供国际领先的算力基础支撑。

3. 产业数字化赋能步伐加快

为了更好支持辖区企业攻关核心技术、转化科技成果，今年，汉阳区政府携手辖区企业与武汉理工大学、湖北工业大学，成立"两院四中心"，即智慧交通(城市)研究院、汉阳工业研究院，新能源汽车服务研究中心、大学生创新创业中心、科技成果转化中心、数字经济中心，多维支撑全区"1+6"产业高质量发展，助推武汉加快建设"国家科技创新中心"。

举办"汉阳区招商招才展示中心揭牌仪式暨汉阳区楼宇经济峰会"招商活动以及数字+科技、数字+大健康专场科技成果转化活动，四场活动现场共签约21个合作项目，签约金额共计3285.88万元。举办"汉阳数字经济高峰论坛暨数字经济特色楼宇揭牌仪式"，抢抓全市打造"五个中心"重大战略机遇，促进数字企业集聚，为我区经济发展插上"数字翅膀"。

推荐交投智能检测、大桥局、星云海等公司的7个场景项目入选武汉市首批数字经济应用场景发布项目清单。引入院士候选人张旭教授泌尿外科手术机器人产学研项目和特蒙生物科技增材打印项目，带动高性能创新医疗器械发展。武汉汽车运动文化小镇、莲花湖等数字文旅项目初步达成签约意向，进一步实现传统文旅数字化转型。区教育局成功获批2020年教育部科技司教育信息化应用实践共同体项目(湖北省唯一)，被评为《教育部办公厅关于开展2020年度网络学习空间应用普及活动》优秀区域称号。

召开3场次市级工业智能化改造提升在线推广会，对16户规上工业企业进行免费的工业智能化评估诊断。推荐健民药业公司"口腔崩解片、口腔速溶膜等提高儿童药依从性的新型制剂技术平台建设项目"、九州通公司"工业互联网标识解析二级节点(医药制造行业应用服务平台)项目"申报国家2020年高质量发展专项。基本建成百威、健民、黄鹤楼3家企业的数字化车间，工业智能化水平持续提升。

4. 数字产业集聚效应显现

通过建立数字企业项目库，全面梳理重点企业近 3000 家，紧盯目标企业靶向招商。目前全区接洽项目中，90% 为数字经济领域，48 个重点项目中数字产业项目共计 25 个，占总项目数的一半以上。已成功引进国家级高新技术企业北京泽塔云科技、中国独角兽企业深圳云天励飞、德国金融科技独角兽企业 DS 等 5 家数字核心产业企业。

二季度以来，接洽续航网络、安恒信息、国药供应链公司、东投武汉数字化产业新区等项目。鲸宝科技有限公司、湖北桓泰供应链有限公司、武汉棕色创咖科技有限公司、武汉德普迪信息科技有限公司、武汉嘉泽云途科技有限公司、武汉哈行网络科技有限公司、武汉追月信息技术有限公司、武汉齐民盛服科技有限公司以及区块链领军企业湖北纸贵科技有限公司等数字经济企业先后签约落户汉阳。

全力打造五里墩万科未来中心数字经济楼宇桥头堡，目前云天励飞、得力智能研究院、万物云、邻盛智能等多家数字企业意向落户。泽塔云与政府、武汉理工大学正式建立 GPU 云算力联合实验室与人才联合培训基地，带动武汉易米景科技有限公司落户，将助力打造地理信息行业链式发展。省交投、阿里云和武汉理工大学签订未来城创新示范区合作框架协议，推动西部数字产业发展。

三、总结与展望

1. 努力夯实数字产业根基

要进一步加大 5G 网络建设力度，增加 5G 基站站址储备，实现规模化部署，年内力争建成 5G 基站 200 个。在教育、公安、应急管理、专业园区等重点行业和领域建设 5G 专网，开展基于 5G 技术的移动电子政务应用试验建设。加快建设区级物联网数据感知平台，统筹全区现有充电桩、摄像头、停车位等公用设备，抓紧将已有物联感知数据接入平台，形成数据融通。

2. 持续培育壮大数字经济主体

拓展现有产业优势，整合现有园区、楼宇招商平台资源，政企协作打造 5.5 数字大健康产业园、嘉盛数字钢贸交易产业园等特色园区，万科未来中心、纽宾凯总部壹号、华发未来荟等数字经济楼宇。把好招商关口，提前介入楼宇、园区的招商引资工作，重点引进和发展数字经济核心产业。

3. 加快数字产业集聚

巩固提升数字经济龙头骨干企业的市场竞争地位，对于新引进的数字企业，扶上马后再送一程，通过搭平台、拓市场，以企业自身发展带动产业链配套项目招商引资，推动产业链再造和价值链提升。提前策划西部高铁产城融合区和什湖数字产业园，围绕数字铁路，靶向瞄准一批为铁路提供网络通信、卫星遥感、地理信息、图像处理等服务的企业，加快构建以铁路为基础的数字产业体系。全年引入不少于 100 家数字类企业。

武汉市外贸企业发展的现状、问题及对策建议[①]

近年来，在国际贸易对各国贸易都越来越重要的环境下，对外贸易在国民经济中占据很重要的地位。而在推动对外贸易的发展中，外贸企业是我国对外贸易特别需要重视的对象。武汉正在建设全国物流和商贸中心，但面临着内贸和外贸发展严重不平衡问题，内贸强而外贸弱。2019年，武汉市全年社会消费品零售总额7449.64亿元，武汉市进出口总额2440.20亿元，占比32%。2020年，武汉市社会消费品零售总额6149.84亿元，武汉市进出口总额2704.30亿元，占比43%。2021年，武汉市社会消费品零售总额6795.04亿元，全市进出口总额达3359.4亿元，占比49%。虽然，2021年武汉市外贸进出口增速为24%，较2019年更是增长了37.6%。但是，武汉市的外贸发展仍落后于内贸，且武汉市外贸依存度排名在副省级城市中靠后。

因此，研究如何促进武汉市对外贸易的发展具有现实意义，而外贸企业是对外贸易中最重要的环节之一。所以，研究武汉市外贸企业的发展现状和存在的问题，对促进武汉市外贸发展十分重要。

本文研究了近年来武汉市外贸企业的发展现状，将武汉市与其他副省级城市的外贸企业进行对比，综合分析了武汉市外贸企业发展中所遇到的问题并提出解决对策，以期促进武汉市外贸企业高质量发展。

一、武汉市外贸企业发展现状

在分析武汉市外贸企业的问题之前，了解武汉市外贸企业发展现状是有必要的。该部分对武汉市近五年来的数据进行了收集、分析和比对。发现近年来，武汉市外贸总额持续上升，外贸形势逐渐向好；对外贸易方式不断优化，一般贸易比重上升，加工贸易比重下降；不断发展新业态和新模式，跨境电商交易额逐年递增；进出口商品结构不断优化，高新技术产品进出口额逐年增长。

（一）外贸总额逐步上升

近五年来，武汉市外贸进出口总额逐步提升。2017年，武汉市进出口总额为1936.20亿元，比上年增长23.2%。进出口分别为778.60亿元和1157.60亿元。2018年，武汉市进出口总额2148.40亿元，比上年增长11.0%。进出口分别为873.20亿元和1275.20

---

① 本文作者系江汉大学商学院王璐与李丹青。

亿元。2019 年，武汉市进出口总额为 2440.20 亿元，比上年增长 13.7%。进出口分别为 1077.90 亿元和 1362.30 亿元。2020 年，武汉市进出口总额为 2704.30 亿元，比上年增长 10.8%。进出口分别为 1282.60 亿元和 1421.70 亿元。2021 年，武汉市进出口总额达 3359.4 亿元，比上年增长 24.0%。进出口分别为 1929.0 亿元和 1430.4 亿元。从图 3.4.1 可以明显观察出，近五年，武汉市外贸总额不断上升。

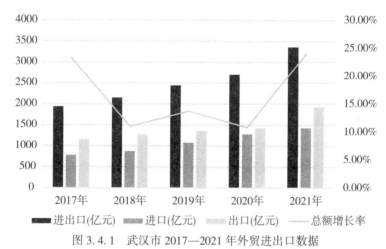

图 3.4.1　武汉市 2017—2021 年外贸进出口数据

（数据来源：武汉市统计局 2017—2021 年武汉市国民经济和社会发展统计公报）

（二）对外贸易方式结构不断优化

近五年来，武汉市对外贸易方式结构不断优化。2017 年，一般贸易进出口 1301.70 亿元，加工贸易进出口 449.60 亿元。2018 年，一般贸易进出口 1552.90 亿元，增长 19.3%；加工贸易进出口 391.30 亿元，下降 12.8%。2019 年，一般贸易进出口 1764.9 亿元，增长 13.7%，占全市外贸总值的 72.3%；加工贸易进出口 418.3 亿元，增长 6.9%；以保税物流方式进出口 164.1 亿元，增长 19.4%。2020 年，一般贸易进出口 1826.40 亿元，增长 3.5%；加工贸易进出口 386.30 亿元，下降 7.6%。2021 年，武汉市一般贸易进出口 2113.7 亿元，增长 15.5%；加工贸易进出口 512.4 亿元，增长 32.7%。

总体来看，一般贸易进出口总额呈上升趋势，加工贸易进出口总额呈下降趋势。与加工贸易相比，一般贸易的产品附加值高，其比重的提高体现了武汉外贸企业的对外贸易方式不断优化，企业自身的竞争力不断增强。

（三）发展新业态新模式

新业态是指近几年新的对外贸易模式。利用新业态、新模式，外贸企业可以开拓新的营销渠道，同时推动企业的转型升级。武汉市外贸企业利用现代技术使用新业态、新模式，例如，虚拟会展和直播带货，从而拓展外贸企业的营销渠道，使外贸企业增加了订单量。同时，跨境电商成为大多数外贸企业转型升级的选择。武汉市外贸企业抓住跨境电商

图 3.4.2 武汉市 2017—2021 年一般贸易和加工贸易进出口总额（亿元）及对比值

（数据来源：武汉市统计局 2017—2021 年武汉市国民经济和社会发展统计公报）

的机会，实现企业转型升级。

2016 年 9 月 27 日，商务部等 8 部门将湖北省武汉市汉口北国际商务交易中心设为采购贸易方式试点单位。采购贸易也是新模式的一种。市场采购可以推动通关便利化，也可以实现内外贸一体化发展。同时，2019 年，武汉综试区在东湖综合保税区内开始运营。2019 年，武汉市市场采购出口 40.1 亿元，增长 2.3 倍；跨境电商进出口 9.9 亿元，增长 11.2 倍。2020 年，跨境电商交易额 3.31 亿美元，增长 77.0%。2021 年，跨境电商交易额 6.83 亿美元，增长 100.3%。

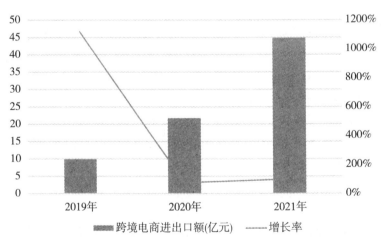

图 3.4.3 武汉市 2019—2021 年跨境电商进出口额（亿元）及增长率

（数据来源：武汉市统计局 2019—2021 年武汉市国民经济和社会发展统计公报）

（四）商品结构不断优化

近年来，武汉市进出口商品结构持续优化，高新技术产品占比稳步提升，机电产品出口大幅增长。据统计，2019 年，武汉市高新技术产品进出口约为 1464 亿元。2020 年，武汉市高新技术产品进出口额为 1469.10 亿元，增长 7.3%。2021 年，武汉市高新技术产品进出口额为 1796.0 亿元，增长 22.3%。

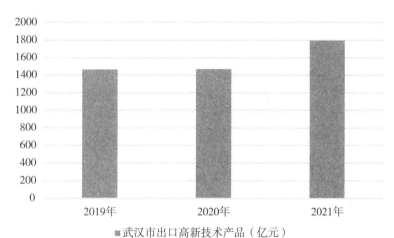

图 3.4.4　武汉市 2019—2021 年出口高新技术产品(亿元)
（数据来源：武汉市统计局 2019—2021 年武汉市国民经济和社会发展统计公报）

二、武汉市外贸企业发展存在的问题
——与成都、杭州、南京的比较

本文选择将武汉市外贸企业与成都、杭州和南京的外贸企业进行对比，原因有二：第一，在 15 个副省级城市中，成都，武汉，杭州和南京位列全国 GDP 前十，经济实力相差不大。而广州、哈尔滨、济南、长春、西安和沈阳 GDP 与武汉相差较大，所以不作比较。第二，在 15 个副省级城市中，深圳、厦门、宁波、青岛和大连是沿海城市，交通运输便捷，对国际贸易影响较大，所以不做比较。综上所述，将武汉市与南京、成都和杭州进行对比分析。

在四座城市中，2021 年，成都市对外贸易进出口总值为 8222 亿元，同比增长 14.8%，占四川省进出口总值的 86.4%。杭州市对外贸易进出口总值达 7369.0 亿元，同比增长 23.7%。其中出口额和进口额分别为 4647.0 亿元和 2722.0 亿元。南京市对外贸易进出口总值为 6366.8 亿元，同比增长 19.2%，占全省进出口总值的 12.2%。而武汉市对外贸易进出口总额达 3359.4 亿元，比上年增长 24.0%。其中，出口额和进口额分别为 1929.0 亿元和 1430.4 亿元。武汉市的对外贸易进出口额相比其他三座城市来说，仍有很大的进步空间。

表 3.4.1　　　**2021 年成都、杭州、南京、武汉四市进出口总值、出口总值、**
GDP 总值、出口依存度和外贸依存度

城市	进出口总值（亿元）	出口总值（亿元）	2021 年 GDP（亿元）	出口依存度	外贸依存度
成都	8222	4832.6	17716.7	0.272770888	0.464081911
杭州	7369	4647	18109	0.256612734	0.406924734
南京	6366.8	3989.9	16355.33	0.243951054	0.389279825
武汉	3359.4	1929	17716.76	0.108879953	0.189617063

（数据来源：成都市、杭州市、南京市、武汉市统计局 2021 年国民经济和社会发展统计公报）

　　进一步对比四个城市 2021 年外贸依存度和出口依存度发现，四座城市中，武汉市外贸依存度和出口依存度最低。外贸依存度和出口依存度在一定程度上反映了一个地区的经济发展水平和参与国际经济程度。可见，武汉市还要进一步提高对外开放水平。

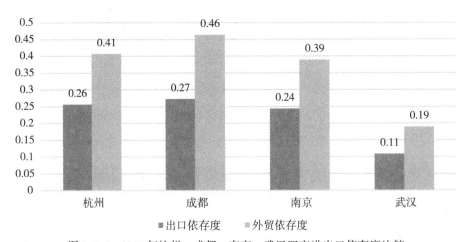

图 3.4.5　2021 年杭州、成都、南京、武汉四市进出口依存度比较
（数据来源：根据成都市、杭州市、南京市、武汉市统计局 2021 年国民经济和社会发展统计公报计算得出）

（一）跨境电商发展差距较大

　　据海关统计，2021 年我国跨境电商进出口规模达到 1.98 万亿元，增长 15%。其中出口总额为 1.44 万亿，增长了 24.5%。自 2017 年以来，我国跨境电商规模快速增长。随着互联网技术的进步，跨境电商得到蓬勃发展。利用大数据和跨境电商平台，传统企业可以直接接触到全球消费者，了解消费者的偏好和选择，及时调整和研发新的出口产品，推动数字化的研发、制造和营销。这使得传统企业可以利用跨境电商平台获得大量的订单。

　　近几年，武汉市外贸企业逐步利用跨境电商发展自身，但是与杭州、南京和成都的外贸企业相比仍有较大差距。数据显示，2021 年，杭州市跨境电子商务销售总额为 171.4

亿美元，增长9.4%。其中出口总额为131.3亿美元，增长20.0%。2021年，南京市跨境电子商务销售总额为313.76亿元，同比增长52.58%。2021年，成都市跨境电子商务销售总额为685.3亿元。而2021年，武汉市跨境电子商务销售为43亿元。对比之下，武汉市跨境电商发展差距较大，仍有很大发展空间。

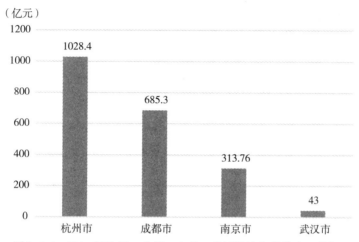

图3.4.6　2021年杭州、成都、南京、武汉跨境电商进出口总额

（数据来源：成都市、杭州市、南京市、武汉市统计局2021年国民经济和社会发展统计公报）

具体分析，武汉市跨境电商综试区的建设力度不够。2022年，国家商务部首次对前5批105个跨境电子商务综合试验区运营情况进行了分析和评估。分析结果显示，杭州市和南京市的综试区位居全国前十。评估内容包括跨境电子商务的基本情况、政策措施、跨境电商进出口、海外仓建设等。其中，具体数据对比上，武汉综试区企业建设海外仓110个，而杭州综试区企业建设海外仓349个。杭州综试区内跨境电商企业1.7万家，而武汉跨境电商企业较少。

杭州是全国第一个开发跨境电商综试区的城市。同时，杭州的跨境电商走在全国前列，其发展经验具有重要的参考和借鉴价值。具体比较杭州和武汉的综试区，杭州拥有60多家跨境电商交易、支付、供应链服务平台。杭州的全球速卖通、阿里巴巴国际站等跨境电商出口平台，年出口额约为2450亿元，覆盖范围广，服务企业多。同时在杭州，以天猫国际和考拉海购为代表的杭州跨境零售进口平台，其出口额占据了全国市场份额的一半左右。与此同时，杭州也拥有许多跨境支付机构，如连连、乒乓、姆珉、万里汇等。而武汉市跨境电商产业链不够完善，缺乏支付、供应链服务平台和本地跨境电商平台。

综上，尽管武汉市跨境电商交易额逐年递增，但是对比杭州和南京，武汉跨境电商仍有很大的发展空间。首先，武汉市跨境电商产业链并不完整，部分企业相对匮乏，如支付企业和平台企业。缺少支付企业和平台企业阻碍了武汉市外贸企业进行跨境电子商务。尤其是平台企业的缺少，使得武汉市外贸企业的外贸市场和跨境电商模式相对其他城市来说不够多元化。其次，武汉市跨境电商综合试验区交易额较小，有较大的发展空间，海外仓等相关的政策和服务尚未完善。最后，武汉市只有少量的跨境电商龙头企业，缺少了龙头企业的引领作用。同时，结合武汉自身外贸企业发展而言，武汉市许多传统产业企业并未实现转型升级，跨境电商企业数量少，武汉跨境电商未将特色商品和优势产业与贸易相结合。

(二) 自主品牌少

对比杭州、南京和杭州，武汉外贸企业自主品牌较少。自主品牌是指由企业自主开发，拥有自主知识产权的品牌。在价值链中，研发设计和品牌、服务附加值较高，而加工和组装附加值低。如果企业没有自主品牌，一方面，会阻碍企业的可持续发展；另一方面，企业的利润空间较低。所以打造属于企业自己的品牌是外贸企业发展的必要选择。企业可以通过创立自主品牌吸引更多的客户。

根据中国商标网统计，2021年前三季度，南京市有效注册商标数量为408067件，杭州市有效注册商标数量为972680件，成都市有效注册商标数量为737023件，而武汉市有效注册商标数量为391556件。

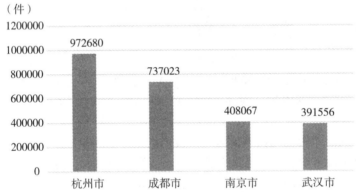

图 3.4.7　2021年杭州、成都、南京、武汉前三季度有效注册商标数量
（数据来源：国家知识产权局2021年前三季度全国省市县商标主要统计数据）

据数据统计，杭州中国驰名品牌有70个，成都60个，南京47个，而武汉35家。对比可以看出，武汉自主品牌较少，仍有较大的发展空间。

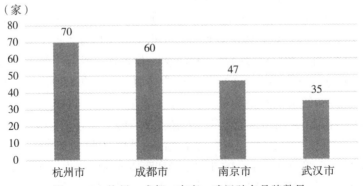

图 3.4.8　杭州、成都、南京、武汉驰名品牌数量
（数据来源：品牌世家网站中国驰名商标）

所以,多个维度对比,武汉市自主品牌较少。外贸企业拥有自主品牌,可以有较好的认知与知名度,有差异化产品,并且拥有一定的品牌忠诚度。

影响武汉市外贸企业建立自主品牌的因素有三个。首先,外贸企业缺少自主品牌意识。其次,外贸企业产品竞争力不强,缺少技术创新和产品创新。最后,外贸企业的营销能力不够,品牌营销策略不健全。

(三)综合保税区优势未显现

开放型经济是湖北省武汉市高质量发展的突出短板。武汉地处内陆腹地,由于对外开放条件不完善,对外开放水平较低,而高水平的开放平台在外贸发展中发挥着重要作用。因此,武汉市应该打造高水平的开放平台。其中,综合保税区是开放平台的重要载体。

作为四川省对外开放重要平台,据成都海关数据显示,2021年,成都综合保税区的总进出口额为6089亿元,其两个保税物流中心的总进出口额为30亿元。其中,成都高新综合保税区进出口总额高达5819亿元,其进出口值在全国综合保税区中位列第一。然而,武汉市三个综合保税区进出口总额523亿元。对比之下,武汉市应该进一步强化开放意识,做大开放平台,完善综合税保区的服务体系。

武汉有武汉经开综合保税区、武汉东湖综合保税区和武汉新港空港综合保税区。但综保区的贸易总金额远低于成都高新综合保税区。目前,武汉综保区为外贸企业提供的服务和综保区自身的战略规划不完善,武汉市综合保税区仍有较大发展空间。

三、武汉市外贸企业发展对策建议

根据第四部分提出的武汉市外贸企业发展存在的问题,包括跨境电商发展不足,自主品牌少和综合保税区优势未显现,该部分从企业和政府两个角度出发,分析如何解决上述问题。

(一)企业方面

1. 利用跨境电商转型升级

外贸企业利用跨境电商实现转型升级的方式有以下几种,如外贸企业设立自己的跨境电商业务部门,代运营,与跨境电商企业联合运营或者外贸企业自身完全转型。

第一,外贸企业自建跨境电商业务部门或完全转型。外贸企业要调整企业的机构设置、人员配置、资金配置和发展战略。同时,外贸企业要注重跨境电商人才的培养。一方面,外贸企业要积极寻求与武汉市高等院校的产学合作,积极努力地完善人才培养机制,培养综合素质的外贸电商人才。另一方面,企业要加大跨境电商人才的引进力度。外贸企业可以设置完善的薪酬体系和晋升渠道,从而来激励人才。

第二,外贸企业要利用现有跨境电商平台,与互联网公司紧密合作。利用互联网公司服务,帮助传统外贸企业进行线上转型,从而降低外贸企业转型的成本和技术壁垒,使外贸企业实现自身服务的创新和商业模式创新。外贸企业可以利用跨境电商平台的大数据和线上服务及工具发展新兴线上营销方式,如视频营销或者社交营销等,增加企业曝光度,建立品牌忠诚度。此外，外贸企业还可以利用跨境电商平台的大数据挖掘海外客户的喜好和偏好，根据实际情况，调整产品，实现个性化和多元化，更好地满足客户的要求。外贸企业也可以利用跨境电商平台的大数据预测市场趋势，规避风险。同时，外贸企业应该注意不能仅限于发展 B2B。随着电子商务的深入发展，武汉市外贸企业要学会运用 B2C、B2B2C、O2O 等多种模式，探索形成具有武汉特色的跨境商务发展模式。

2. 发展自主品牌

自主品牌以其附加值、高利润空间成为影响武汉市外贸企业的决定性因素之一。武汉市外贸企业在利用跨境电商转型的同时，要形成"互联网+外贸+特色产业"的核心竞争力，输出湖北武汉的特色品牌。

首先，武汉外贸企业需要树立自主品牌意识。武汉市的自主品牌主要集中在大型企业和国有企业，中小型企业还需要增强自主品牌发展意识。中小型外贸企业不能因为企业规模小就放弃自主品牌的运营，而是要从长远的角度来看待中小型企业的发展。中小型企业要坚定信心，充分认识自主品牌对企业发展的重要性。

其次，武汉外贸企业要树立创新意识，开展自主研发、技术创新和产品创新，提供品牌支撑。第一，武汉市外贸企业要与武汉高校联合，积极开展技术创新，开发新产品，优化出口商品结构。第二，武汉市外贸企业可以通过引进优秀科研骨干，加强科研团队建设，夯实技术创新的人才基础。第三，武汉市外贸企业要保障技术创新的资金来源，加大技术创新的资金投入。外贸企业通过技术创新和产品创新，在国际市场上具有竞争力，创造差异性产品，从而吸引顾客。

最后，武汉市外贸企业要积极开展品牌建设。第一，武汉市外贸企业要有系统、科学的品牌战略。武汉外贸企业在进行品牌战略决策和规划时，应充分考虑如何根据国际市场的营销形势制订自己的营销战略，充分考虑可能产生影响的各种因素，从而确定企业品牌的战略定位。第二，武汉市外贸企业要努力提高品牌营销能力，特别是要利用跨境电商平台和大数据。一方面，外贸企业要充分利用网络，积极参加线上会展。同时，外贸企业要利用境外注册商标、在境外开设销售分公司、进入国外大批发商和连锁商销售网络等多种方式，不断开拓海外市场，形成品牌营销网络体系，提升品牌影响力。另一方面，外贸企业应根据市场热点和发展趋势，确定品牌营销策略和营销方式。外贸企业要利用各种传播手段，宣传自己的品牌，与顾客建立良好的关系，注意顾客的喜好。

(二)政府方面

1. 发展综合保税区

首先，武汉市应明确各个综保区的发展方向和目标，实现差异化发展，避免同质化竞争。第一，武汉东湖综保区是武汉市重要的开放平台。武汉东湖综保区可以发挥自主创新示范区、自贸试验区、跨境电商综合试验区及综合保税区"四区"的叠加优势，着力于发展机电产品和汽车产品的进出口贸易。武汉东湖综保区可以努力探索和发展新业态和新模式，在武汉市外贸企业中起到表率的作用。第二，武汉新港空港综保区要发挥区港联动优势，充分利用中欧班列、武汉新港等物流优势。武汉新港空港综保区可以重点发展大宗贸易、国际物流、保税仓储、冷链物流、保税加工、跨境电商等业务。第三，武汉经开综保区要以汽车研发和贸易为中心，形成产业规模效应和集聚效应。

2. 发展综试区

首先，综试区可以利用政策鼓励企业完善全球的海外仓网络。第一，综试区可以支持企业自建或共建海外仓，为企业建设海外仓提供政策扶持，这样可以加快打造重点国家和市场的海外仓布局，从而完善全球物流服务网络，并建立起属于武汉市品牌的专门运输和销售渠道。第二，政府可以鼓励海外仓建设企业对接综试区的线上综合服务平台、国内外电商平台等，从而匹配市场的需求和供给信息。第三，政府还可以提出快递运输等政策措施，支持海外仓企业建立完善的物流体系，延长供应链，利用数字技术建设物流智能化管理平台。

其次，综试区可以大力引进支付企业、平台企业。武汉市跨境电商产业链并不完整，尤其缺乏支付企业和平台企业，限制了外贸企业的发展。目前，武汉市大多数中小型跨境电商企业采用的第三方支付平台是国际版支付宝、京东网银、易宝支付等。综试区可以重点引进支付企业和平台企业，形成完整的产业链。助力武汉市外贸企业达成贸易合作，帮助武汉市外贸企业实现跨境电商转型。

案例分析

基于项目价值链分析的智能数字化管理体系建设[①]

国网电力科学研究院武汉南瑞有限责任公司(以下简称"武汉南瑞")2009 年成立，位于武汉市东湖新技术开发区，母公司为上海置信智能电气有限公司，所属的集团总部(最终母公司)为国家电网公司。

武汉南瑞传承原国网武汉高压研究院深厚的文化底蕴和雄厚的科技实力，经过不断创新发展，业务范围涵盖电网智能运维、高端材料装备、节能环保工程三大领域，是专业从事智能电网输变电相关产品研发、设计、制造和工程服务的高新技术企业，现已形成传统产业与新兴产业并重、新技术装备与工程项目并举的多元支柱产业体系。2020 年实现营业收入 23 亿元，年末资产总额近 40 亿元。

现有员工 1104 人，本科及以上学历占员工总数 70.2%(博士 36 人，硕士 322 人)。下设综合办公室、人资部等 8 个职能部门，防雷输电技术中心、运检中心、电气中心等 9 个业务部门，7 个专业支撑机构，是湖北省电力新材料工程技术研究中心、配电网智能化与节能环保产品湖北省工程研究中心、电网雷击风险预防湖北省重点实验室、国网输变电设备状态评价指导中心和国网雷电监测预警中心的依托单位。

武汉南端累计获得国家、省部级科技奖励 137 项，其中国家科技进步二等奖 1 项，中国专利金奖 1 项；获发明专利授权 339 件，其中 PCT 国际专利授权 2 件；主持和参与制定国家标准 20 项，行业标准 22 项，国网企业标准 13 项。近年来，武汉南瑞大力推进管理数字化提升，专门成立数据中心，统筹推进产业数字化和数字产业化方面工作，数字化的人才梯队建设荣获 2020 年全国设备管理与技术创新成果一等奖。

一、实 施 背 景

(一)应对当前复杂经济形势的需要

当前，国内外经济形势错综复杂，新一轮科技革命和产业变革深入发展。十九届五中全会提出要加快发展新能源新材料等战略性新兴产业，推动互联网、大数据、人工智能等同各产业深度融合；要加快数字化发展，推进数字产业化和产业数字化，推动数字经济和实体经济深度融合。武汉南瑞构建基于项目价值链分析的智能数字化管理体系，有利于推进产业数字化提升，推动各项业务活动降本增效，增强风险防控能力，促进企业高质量发展。

---

① 本案例由国网电力科学研究院武汉南瑞有限责任公司提供。

（二）电力行业发展的需要

国家电网有限公司聚焦电网主业，围绕绿色发展、智慧赋能、安全保障、价值创造四个方面，形成"一业为主、四翼齐飞、全要素发力"总体布局，大力推动全业务、全环节数字化转型。明确提出加强提质增效，推进产业升级，全力打通产业链、价值链、创新链，提升公司产业核心竞争力，培育增长新动能。价值链各环节的竞争优势，事关企业整体核心竞争力，武汉南瑞以数字化管理工具进行价值链分析和管理提升，对各环节进行强弱项、补短板，培育更优质的产品和服务，为国家电网公司绿色清洁能源战略提供更有力的支撑，符合电力行业绿色发展的整体要求。

（三）企业提质增效的要求

以新兴产业的产品和项目作为切入点，开展基于项目价值链分析的数字化管理体系建设，可以突破传统财务分析体系局限于传统财务报表收入成本费用层面，业财数据穿透不足、挖掘不深的天然局限性，以业务即财务的数字化思维，深度揭示和评估分析武汉南瑞研发、营销、生产等各项业务活动的价值创造情况，树立经营管理价值导向，解决武汉南瑞新兴产业科研投入产出转化效率不高、新产品营销策划市场拓展不足、部分营销人员惯性低价中标、项目管理风险和成本管控不足等经营活动中存在的问题。加强企业营销、生产、研发设计等各项业务活动的价值创造能力，加快新兴产业发展和数字化转型，深入推动产业升级和提质增效，全方位提升经营能力和质量，提升企业整体核心竞争力。

二、成果内涵和主要做法

基于数字化管理提升的背景，为推动武汉南瑞研发、营销、生产采购等业务活动提质增效，增强公司各业务环节的价值创造能力。武汉南瑞以新兴业务产品销售项目全流程为主线，有机融合企业价值链管理和财务管理，以价值链分析方法对电工装备产品项目全流程的营销、生产采购、安装调试等价值链环节进行价值分析管控，聚焦项目全流程价值创造，建设价值链分析数字化平台，创新构建电工装备产品销售项目的价值链分析管理体系，推动公司各业务环节优化，实现整体价值提升，在电力行业中首创基于项目价值链分析的智能数字化管理体系。主要做法有如下几个方面。

（一）坚持战略引领，确立工作目标

1. 战略目标

武汉南瑞按照国网公司和集团提质增效工作总体部署，坚持价值思维与效益导向，通过基于项目价值链分析的智能数字化管理体系建设，增强企业研发、营销、生产等各业务环节管理水平和价值创造能力，支撑武汉南瑞建设智能化电气设备行业领军企业的战略目标。

2. 工作思路

以价值链分析的管理理念，以武汉南瑞新兴业务的产品和项目为切入点，运用数字化管理工具，对项目全流程涉及的营销、设计、生产采购和安装调试等关键业务活动的价值创造情况进行数字化的监测分析，发现各价值链环节经营活动中存在的问题，及时进行价值管理分析、应对和提升，提升各价值链环节的价值创造能力，驱动企业经营管理水平提升，打造企业核心竞争力。

3. 工作内容

按照精益管理的总体要求，依据"数字化、智能化、精益化"的管理理念，以企业生产经营的大数据为核心业务资源，开发针对项目和产品的价值链分析数据平台，构建价值链分析管理体系，常态化开展项目和产品的价值分析和监督改进，开创企业价值分析和价值管理的新模式。

(二)梳理确定价值链环节，完善项目多维精益管理

1. 梳理确定价值链环节，准确把握价值创造活动

价值链环节是衡量项目最终价值创造和后续管理改进价值提升的具体对象，按照企业战略价值链管理的方法，通过对武汉南瑞产品销售项目涉及经营活动的梳理，综合考虑各业务环节成本驱动因素，对项目整体收益的影响程度等因素，最终确定营销、设计、采购、生产组装、安装调试五个项目执行关键业务环节，作为分析管理体系的价值链环节。各价值链环节的责任部门，根据其在项目执行过程中开展的业务活动，梳理提炼出促进公司整体价值提升的关键价值创造活动，见表4.1.1。

表4.1.1

价值链环节	业务活动	价值创造重点	责任部门	配合部门
销售	开展前期市场运作、投标报价并签订合同	争取高价中标，提升签订合同利润；扩大市场份额，提升产品市场占有率	营销中心	技术中心
设计	按照签订合同的项目需求，组织项目方案设计	优化项目方案设计，实现设计与项目安全、质量、进度深度融合，降低项目成本，体现武汉南瑞技术优势，提升项目质量，为客户提供高性价比的产品和服务	技术中心	
采购	采购物料的供应商调研，采购询比价及采购策略实施，完成所需物料采购	在保障采购物资质量的同时，降低采购成本，减少采购占用资金	生产部	技术中心
生产	组织实施自产产品的生产、检验及仓储配送	优化生产工艺，缩短生产制造周期，降低生产制造成本，提升产品出厂合格率；强化产销协同，降低库存资金占用及仓储配送成本	制造中心	储检配中心

价值链环节	业务活动	价值创造重点	责任部门	配合部门
安装调试	对需要安装调试的项目设备组织完成现场安装调试，完成项目目标	在完成既定的项目安装调试工作内容同时，减少人工及费用，降低项目安装调试成本	技术中心	
项目回款	按照合同约定的付款时间和项目执行情况，组织项目款项催收	及时收回项目款项，减少项目资金占用，降低坏账风险	营销中心	技术中心

2. 项目多维精益管理，支撑构建分析体系

为完善价值链分析需要的各项价值信息数据，武汉南瑞整合以往项目管理经验做法，建立了较为完善的项目财务分析管控机制，按照项目投标、合同签订、项目执行三个关键项目执行节点的财务管控，形成项目估算、项目预算、项目核算三级闭环的项目多维精益管理数据体系，对项目目标收益、预算收益、实际收益进行跟踪监督和分析评价，项目多维精益管理数据体系为构建价值链分析提供了充分的支撑保障。

(1)项目估算(目标收益)：在项目投标前，根据客户的预期项目需求，按照武汉南瑞制定的设备目标价格(销售指导价)、各价值链环节目标成本，结合项目具体的安装实施需求，各技术中心配合营销中心测算项目目标收益，指导项目销售投标报价。

(2)项目预算(预算收益)：在项目合同签订后，根据合同签订的销售价格、约定的项目设备以及安装调试等各项具体项目需求，预计设备生产采购成本、项目安装调试所需人员周期及费用等信息，各技术中心制定项目预算收入、各价值链环节预算生产采购成本及安装调试费用等各项项目预算收益数据，项目预算管控是项目管理工作的主要目标之一。

(3)项目核算(实际收益)：在项目实际执行过程中，依托 SAP 系统进行项目专项核算，通过国网多维精益管理核算模式，实现部门、项目、项目阶段等多个维度的核算。项目完成设备交付、安装调试等各项项目任务后，按照各价值链环节实际发生的项目收入、成本费用，计算项目实际收益。

(三)构建价值链分析体系，建立数字化管理平台

1. 构建价值链分析体系，深度揭示价值创造情况

基于增加企业经营活动边际收益和提升价值创造能力的原则，按照项目(产品)的目标收益与实际收益的对比分析，武汉南瑞构建了项目级到产品级的价值链分析体系。

(1)在项目级价值链分析体系方面，通过对项目全流程各价值链环节的多维精益数据进行对比分析，计算各个环节价值创造金额，汇总形成项目整体价值创造金额，也即项目(产品)实际利润超过目标利润的金额，实际利润低于目标利润则体现为价值减损。以销售环节为例，该环节价值创造金额设定为项目目标收益与预算收益的差额。预算收益越高，超过目标收益幅度越大，意味着销售环节价值创造金额越高。后续生产、采购、安装调试各环节，按照该环节实际发生的成本费用与经设计后的预算成本费用的节支情况，计

算该环节的价值创造金额。各环节价值创造情况计算逻辑见表4.1.2。

表4.1.2

价值链环节	目标收益	预算收益	实际收益	价值创造金额	备注
销售	目标销售价格	签订的合同金额	签订的合同金额	预算收益-目标收益	
设计	—	—	—	预算收益(设计后)-预算收益(设计前)	
采购	目标采购成本	预算采购成本	实际采购成本	预算采购成本-实际采购成本	
生产	目标生产成本	预算生产成本	实际生产成本	预算生产成本-实际生产成本	
安装调试	目标安装调试成本(包含目标实施周期测算的成本和需要发生的目标费用)	预算安装调试成本	实际安装调试成本	预算安装调试成本-实际安装调试成本	
项目收益	目标销售价格扣除目标成本后的收益	签订合同金额扣除预算成本费用后的收益	实际利润	实际利润-目标利润	
项目回款		合同约定回款日期	实际回款日期	项目逾期应收账款资金时间成本,以应收账款的账龄参照同期贷款利率计算	主要测算未能按期回款对项目价值的减损影响,因项目回款一般滞后于合同约定日期,故该环节一般体现为价值减损

(2)在产品级价值链分析体系方面,目标产品的各个销售项目价值链分析数据自动汇总成为产品级的分析体系,总体展现产品各价值链环节价值创造情况。鉴于研发和售后服务两个业务环节价值创造情况在单个项目中无法衡量,武汉南瑞单独提炼出研发和售后服务两个价值链环节的价值创造活动重点,补充反映至产品级价值链分析体系中。研发环节价值创造情况主要分析研发活动对新产品收入增长的驱动效应和研发投入的效率,分别通过新产品收入增长率和研发投入占收入比进行反映;售后服务环节价值创造情况主要分析售后服务的质量和费用管控情况,通过售后响应及时率、售后客户满意度以及售后费用占收入比等指标衡量,如图4.1.1。

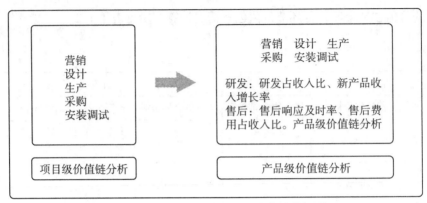

图 4.1.1　项目价值链与产品价值链分析图

2. 打破信息系统壁垒，构建数字化管理平台

价值链分析管控体系涉及的价值信息资源区别于传统的财务分析体系，在传统财务分析体系涉及的项目合同、收入、成本费用等财务信息数据以外，还涉及产品销售指导价、项目安装实施周期等业务前端的价值信息数据。武汉南瑞按照价值链分析体系顶层设计的需求，基于数字化管理的原则，打破现有营销投标报价数据平台、SAP 等信息系统壁垒，整合价值信息数据资源，建立项目全流程信息数据库，按照项目和产品级的价值链分析数据模型，构建分析可视、反馈及时、管控精益、决策智能的价值链分析数字化管理平台。平台全景展现项目全流程各业务环节价值创造情况，有利于分析各业务环节的优势和短板，优化资源配置，推进公司整体价值创造能力提升。数字化管理平台主要包含以下几个模块：

价值信息模块：在项目层面，平台全景展示项目盈利情况，揭示营销、生产、采购等各业务环节对项目边际利润的波动及贡献情况，随着项目执行进度的推进，动态跟踪项目执行过程中各环节的项目利润率波动情况及边际利润增减情况；在产品层面，揭示各业务环节对产品边际利润的波动及贡献情况，反映研发和售后服务对产品发展的驱动情况。

价值评估模块：模块反映各价值链环节责任部门针对各环节的评估情况，存在需改进提升的问题清单。系统设定重点关注实际成本、收益偏离目标成本及收益比较大的环节，对价值减损的环节系统强控必须进行评估，价值增值环节增值比例超过 10%的必须进行评估。

价值提升模块：模块反映各价值链环节价值提升的管理解决方案及方案实施进度情况。各环节责任部门针对需改进提升的问题，制订建议管理解决方案，建议方案经相关职能管理部门审核通过后加以组织实施，如图 4.1.2。

(四)价值评估分析与价值管理提升

针对数字平台统计提供的各个项目和产品的价值信息，为发掘各价值链环节业务活动中存在的问题，分析问题成因、提出问题解决方案并加以实施改进，达到补短板、强弱项，不断提升各环节价值创造能力的目的。武汉南瑞利用数字平台，构建了价值评估分析和价值管理提升的工作机制，确保价值链环节中存在的问题得以及时发现并改进提升。

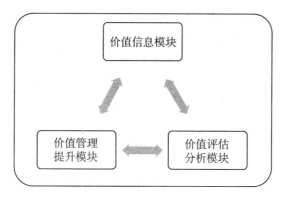

图 4.1.2 价值链数字化管理平台

1. 系统开展价值评估分析

为发现需要价值提升的价值链环节和其存在问题，武汉南瑞根据数字平台中各环节的价值创造数据信息情况，按照价值创造提升的管理思路和要求，主要分析该环节在降低成本的同时能否维持项目整体价值（收入）不变，在提高项目整体价值的同时能否保持成本不变。根据武汉南瑞的经营业务特点和各环节对项目或产品总体价值创造的影响程度，重点分析评估能够最大限度提升总体价值创造的业务环节。各业务部门在针对本部门对应的价值链环节进行分析时，主要围绕以下方面展开：

（1）价值创造金额较大的环节成功因素、主要做法。

（2）价值创造金额为零的环节是否可进行提升。

（3）价值创造金额小于零（价值减损）的业务环节主要问题。

（4）各环节目标成本与收入的指标是否合理，是否需要修正。

各价值链环节责任部门在管理平台的价值评估模块中，评估各环节价值创造金额情况，价值创造幅度较大的环节是否属于正常情况以及理由，成功因素或存在的问题，存在问题填列问题归口部门并在系统中进行信息推送提醒。

2. 持续深入价值管理提升

价值提升策略主要围绕构筑企业竞争优势的目标进行，基于武汉南瑞研发技术实力雄厚、生产制造偏弱的实际情况，在价值提升策略选择时更多偏向于差异化战略，也即在保持成本不变上提升客户价值，保持客户价值提升的比率高于成本提升比率。对于各环节中的成功因素不断提炼总结并持续保持；对于存在的问题，问题归属部门需要详细分析原因、制订管理解决建议方案并加以实施改进。通过持续开展价值评估与价值提升工作，武汉南瑞近年来在研发、营销、采购等各环节管理水平不断提升，价值创造能力显著增强。

在研发环节，建立和完善了研发项目投入产出评价机制，促进研发精准投入；探索重点研发项目投入产出激励绩效方案，研发人员干事创业激情得以激发。

营销环节，建立利润导向机制，签订合同并同时考核合同利润而不仅仅局限于只考虑合同金额大小，合同质量得以显著改善；建立网格化营销，下沉地市级业务市场，深耕系统内市场拓展系统外市场，做深做透湖北、江苏、浙江等营销区域；针对金额较大的重大项目，建立标前风险评审机制，强化项目风险管控，项目风险管控明显增强。

采购环节：对市场紧缺性资源，逐步建立战略合作关系，形成产需供应链，稳定大宗原材料价格和供应量；对标准物料大宗消耗品统一采购，与供应商建立长期战略伙伴关系，签订框架采购协议；对市场非紧缺性的材料，实行招标采购，加大采购程序监控力度，提高采购质量。在采购成本有效压降、议价能力不断提升的同时，与战略供应商形成利益共同体，有效构建行业价值链生态圈。

（五）强化支撑保障，推进管理提升

1. 完善人才培养机制

企业价值链各环节的价值管理提升依赖于人员素质的提升，武汉南瑞始终注重人才培养，建立了完善的人才培养机制。围绕经营和专业重点，开展人才遴选工作，建立晋级、保级、退出机制，有的放矢加强人才创新创效激励；构建人才交流机制，持续开展"师徒结对""专家讲坛""青年人才讲堂"等系列活动，打造人才创新创效阵地；构建人才数字化分析平台，不断推动梯队人才培养建设，拓宽人才成长通道，实现优秀人才专业托举。

2. 建立闭环管理机制，促进问题解决管理提升

建立管理体系问题清单管控机制，按照价值评估分析发现的问题，动态编制涵盖市场营销、生产采购、研发设计、人力资源等职能模块的问题清单库，每项问题按照业务领域或管理范畴确定相应责任部门，责任部门提出问题解决方案并加以实施，数据中心定期开展问题解决进度跟踪、问题清单销号等协同监督工作，促进价值链管理体系中发现问题的整改提升。

三、实 施 效 果

武汉南瑞项目价值链分析数字化管理体系建设以来，进一步增强了企业生产经营的价值理念，企业提质增效工作取得良好成效，在企业的管理效益、社会经济效益等方面成效显著。

（一）经济效益方面

以价值分析为向导，寻找出新的利润增长点，战略新兴产业拓展成效显著，2020年全年合同额10亿元，同比增长49%。应收账款回款大幅上升，同比增长32%，有效降低应收账款对武汉南瑞经营资金占用的价值侵蚀。通过内部价值链分析，重构项目价值链，湖南电力特种车辆租赁项目外购环节转变为自主设计、生产外包的模式，降低项目成本价值的创造金额约400万元。通过加大项目设计环节资源投入，积极开展项目前期策划，2020年度各类项目在预期利润率基础上创造价值超2000万元。

（二）管理提升方面

管理体系的建立，突破过去停留于项目整体利润、无法深入分析项目利润变动的局限，深化业财价值信息挖掘和分析，使企业发现项目的核心价值创造环节，通过优化价值

链活动，有力提升武汉南瑞在研发、营销、生产采购、项目实施等各环节价值的创造能力。研发驱动发展有力，集团内首家申请新兴产业项目收益分红激励实施方案，纳米金具、复合套管、直流支撑电容器等新产品逐步推向市场，形成新的利润增长点。营销管理水平不断提升，合同利润导向深入人心，优质合同结构不断攀升，2020 年客户服务满意度达到 97.2 分，中标金额同比增加 12.4%。采购降本节支成效显著，与核心供应商建立战略合作关系，加大框采覆盖率，供应商续签框架较历史采购价格平均下降 5.76%；引入供应链融资模式，打破供应商融资瓶颈，降低供应链条融资成本，提高武汉南瑞及合作供应商的竞争力，实现价值链上下游企业间双赢局势。

（三）社会效益方面

价值链管理体系建设的工作开展，有力促进了武汉南瑞新兴产业发展。自主研发了纳米金具、复合材料横担、复合套管等多种电力新材料产品，为实现电网绿色低碳、节能环保提供有效保障。纳米金具、复合套管等新兴产品逐步在电网系统内推广应用，纳米金具轻量美观，较铸铁金具可降低能耗 22%～24%，且摒弃了铸铁金具需要热镀锌工艺环节，减少污染物排放。自主研究的全钒液流电池储能技术，相比目前主流的锂电池技术，以其在安全性和长期经济型方面的优势受到国家电网公司的高度关注。成功研制的 1200kV 特高压胶浸纤维穿墙套管，打破国际垄断，实现卡脖子技术突破。节能环保的新产品新技术不断涌现，为支撑国家节能减排、绿色发展，助推双碳目标实现作出了积极的贡献。

专精特新"小巨人"企业的成长之路*
——武汉爱迪科技股份有限公司发展案例

【内容提示】爱迪科技作为中小科技型企业，2015 年登陆新三板，2021 年成功入选国家专精特新"小巨人"企业，其发展成长的历程及支撑因素值得探究。发展主因归结有：优秀的经营管理团队、完善的员工培养激励机制、一体化的经营模式、较强的研发能力和技术优势、稳健的公司治理、产业链整合能力强以及优质的客户资源和资金运作能力。公司的发展也面临着疫情冲击、市场拓展乏力和融资渠道有限等问题，需要抓研发、抢市场，力争将社会危机转化为公司的发展机遇，并借助中国资本市场深化改革的机遇，争取由新三板创新层转入北交所或创业板、科创板，获得资本市场更有效的融资支持。

一、爱迪科技创新发展的实践

(一)公司简介和发展历程

武汉爱迪科技股份有限公司(以下简称"爱迪科技"或"公司")由毕业于华中科技大学的张振创立，主营业务为智慧交通系统、建筑智能化系统、自动识别系统、信息安全及信息管理系统的设计、研发、集成和运维服务，是集软件产品研发、系统集成项目实施、信息安全和智慧运维服务于一体的综合性信息化服务平台，是城市级智慧城市建设示范项目单位和解决方案提供商。

公司前身为武汉爱迪科技发展有限公司，成立于 1999 年 8 月 30 日，在武汉市武昌区市场监督管理局登记成立，初始注册资本为 32 万元，后历经多次增资，目前注册资本为5850 万元。2011 年，公司抓住智能停车行业的巨大商机，组建团队研发了全国首套智能停车管理系统，并在武汉高校铺开市场，得到了行业和客户的广泛认可，树立了良好的市场口碑。持续发展的潜力也为公司赢得了资本市场的青睐，2015 年，武汉爱迪科技发展有限公司整体改制为股份有限公司，并于当年 12 月 10 日在新三板挂牌；2016 年入选新三板创新层，并于当年以 5 元/股的价格定向增发 80 万股，通过资本市场再融资 400 万元；2017 年作为新三板企业代表入围了中国战略新兴产业综合指数。公司在新三板挂牌后，基于良好的业绩表现，分别于 2015 年、2016 年、2018 年、2019 年和 2020 年以现金、送股或转增的方式向全体股东进行分红，给予股东丰厚的投资回报。

---

* 企业案例报告由中南财经政法大学企业价值研究中心师生合作完成，汪海粟教授负责提供研究思路和案例终审，曾维新博士负责撰写案例分析报告。

爱迪科技作为成功登陆新三板的中小科技型企业典型代表,于 2015 年、2018 年和 2021 年连续三次通过"高新技术企业"认证,2021 年成功入选国家专精特新"小巨人"企业名单。公司目前在湖北(6 家)和湖南(1 家)共有 7 家分公司,并控股 2 家公司,① 拥有智能建筑设计、系统集成、安防、消防、装修装饰、电子与智能化、ITSS 运维、涉密、信息安全等多项资质,通过 ISO 9001、ISO 14001、OHSAS 18001、ISO 20001、ISO 27001 等质量体系认证、CMMI3 和知识产权贯标认证,是湖北省同行业资质最齐全的公司之一。此外,公司先后荣获"湖北省优秀软件企业""武汉市优秀软件创新企业""武汉市民营创新企业 100 强""武汉软件 100 强企业"等荣誉称号,被华商研究院、《楚商》杂志评为"最具投资价值企业"。

(二)公司主要产品和服务

公司建立了集"研发、系统建设、运维服务"于一体的经营模式,提供自主软件产品和定制产品研发、信息化系统的建设和运维服务。主要产品和服务如下。

1. 智慧停车

爱迪科技专注智能停车领域 20 年,能够为客户提供从停车管理系统到城市级管理平台的解决方案,提供方案设计咨询、工程实施、运维服务、运营管理的一条龙服务。开发的智能停车管理系统,可以对单一停车场进行智能化管理,通过车牌自动识别,实现车辆的快速进出、车位动态管理,提供有人值守和无人值守两大模式及多种支付方式满足客户不同需求。而开发的城市级智慧停车管理平台,则可以实现对区域级众多停车场(场内、路边)进行综合管理,通过停车场之间的数据互联互通,实现车位预约、停车诱导、车位共享、自助缴费,提升车位的使用效率。

2. 人脸 AI+LOT

在人工智能与物联网技术的推动下,爱迪科技面向核心应用场景,利用人脸识别技术、深度学习与大数据分析技术构建在人脸领域全面的业务体系。开发的人脸识别综合应用管理平台,可实时采集人脸、体温、口罩信息,具备人员、设备、通行/门禁权限管理功能;通行记录/告警记录查看;考勤报表输出功能;人流量统计、访客预约、一卡通管理、轨迹分析、黑名单布控功能等。实现全天候实时监测,可为健康大数据提供基础数据的采集、汇聚、分析及呈现,为数据中台提供基础数据支撑。

3. 智慧校园

爱迪科技的智慧校园解决方案,以面向校园安全、教务管理、校园智慧交通管理、师生服务为核心,以人工智能、大数据等新兴信息技术运用为基础,致力于构建便捷、智能、安全的智慧校园。

4. 智慧法院

爱迪科技依托现代人工智能,以高度信息化方式支持司法审判、诉讼服务和司法管理,实现全业务网上办理、全流程依法公开、全方位智能服务的人民法院组织、建设、运行和管理形态。目前已开发的产品包括机关智慧后勤管理平台、案件质量监控系统、检察

---

① 武汉爱迪软件技术有限公司和武汉玺瑞通达科技有限公司。

大数据分析研判系统、绩效考核智能辅助系统等。

5. 建筑智能化解决方案

采用行业最新技术，注重科技创新，整合系统功能模块，方便智慧管理，形成一套3D可视化的智能化管理平台。以 IBMS 智能楼宇管理系统为基础，集成了基础设施、通信网络、安全防范、数据中心专用设施、建筑设备监控5个大类，实现信息集成、资源共享和科学管理。整套智能化系统以"人、车、物"为管理要素，通过大数据、可视化展现技术，充分体现建筑的现代化、智能化建设水平，实现"全要素智慧管理、全方位智慧服务、全领域智慧支撑"，集结构、系统、服务、管理及其优化组合为一体，提供安全、高效、便捷、节能、环保、健康的建筑环境。

（三）爱迪科技的经营业绩

爱迪科技在全国拥有 1000 余家典型客户，产品及解决方案在高校、医院、政府机关、企事业单位、公共场所以及平安社区得到广泛应用，在智慧城市建设细分领域处于领先的优势地位，其中智慧交通在湖北高校等细分市场占有 80% 以上份额，武汉市规模最大的六家三甲医院都是公司稳定的客户。

爱迪科技注重研发，不断创新，市场稳定，营业收入、净利润、净资产等财务指标一直处于稳定增长态势，尤其是 2015 年登陆新三板后，业绩表现更为稳健。但受疫情影响，2020 年营业收入和净利润均有下降的趋势（如图 4.2.1 所示）。另外，2017 年因为大部分项目都集中在下半年中标，受施工周期限制，部分项目报告期内没有竣工验收，影响了收入确认，导致报告期内营业收入和净利润相较于其他年份异常下滑。

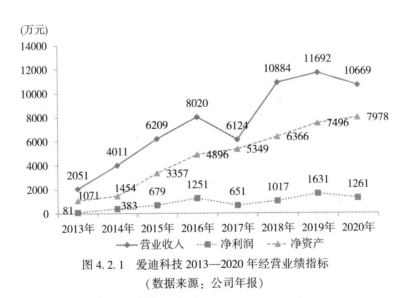

图 4.2.1 爱迪科技 2013—2020 年经营业绩指标
（数据来源：公司年报）

分析图 4.2.2 可知，具体到各业务和产品，爱迪科技的主要营收来源为智能建筑和智能停车两个业务领域，尤其是智能建筑占绝对比重（占比 55% 以上）。从 2017 年开始，信息安全领域的营收占比开始提升，2020 年人脸识别系统业务也开始成为公司的一项核心

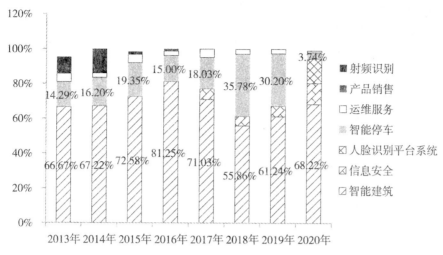

图 4.2.2　爱迪科技 2013—2020 年各业务和产品营业比例

（数据来源：公司年报）

业务。从业务收入比重变化情况可知，爱迪科技在坚持主营业务的同时，面对市场需求和技术进步，不断开发新产品，拓展新业务。

二、爱迪科技快速发展的主因

爱迪科技自创立至今已有 23 年，经过创业团队和全体员工的不懈努力，不仅形成了自有的经营模式，区域市场占有率名列前茅，而且成功登陆新三板，成为公众企业。我们认为其能取得这些成绩的主要原因有以下几点。

（一）优秀的经营管理团队和员工培养机制

公司创始人张振毕业于华中科技大学工商管理专业，现任公司董事长、总经理。在公司成立之初，他成功将自动识别技术领域的优质供应商引入了湖北，2011 年察觉到智能停车行业的商机，他迅速组建团队研发了全国首套不停车智能停车管理系统，为公司开创了新的局面，奠定了快速发展的基础。目前张振是武汉市黄鹤英才、武汉市创业明星、武汉市杰出创新劳模企业家、武汉市突出贡献中青年专家、15 届人大代表、武汉市工商联职委会副主席。公司早期创业者们拥有丰富的管理经验和行业经验，公司核心骨干人员中，中、高级职称 10 余人，中、高级项目经理及建造师 20 余人；公司的专家团队均是来自知名高校和科研院所的专家教授，擅长企业信息化管理、物联网技术、财务管理和资本运作。

爱迪科技建立了完整的员工培训体系，包括学历提升、岗位培训、专业资格考试、职称评定等，全面提升员工职业素养；实行核心员工制和岗位责任制，树立员工的主人翁意识。随着公司的发展，公司早期的部分创业者成为了公司的股东，公司股份制改造后，建立了员工持股平台，公司的核心员工纷纷加入了爱迪合伙平台，成为公司的合伙人，为公司持续稳健发展提供强劲动能。

(二)一体化的经营模式和全生命周期服务

公司建立了集"自主研发、项目销售、项目实施、运维服务"于一体的经营模式和闭环式的业务流程,提供咨询、规划、方案设计、定制开发、销售、技术实施、培训、运行维护项目全生命周期服务。爱迪科技在深度理解国家、省市政策导向的基础上,准确把握市场方向,深挖客户需求,不断提高产品研发转化率,增强产业化能力;公司通过持续强化运维服务业务,使得运维服务业务与信息系统集成业务相辅相成,集成业务成为运维业务的资源和基础,运维服务业务成为集成业务的保障和动力。多种经营模式的协同发展,奠定了其信息化综合解决方案服务商的地位。

(三)持续的研发投入构筑领先的技术优势

爱迪科技所属行业为软件和信息技术服务业,属于技术依赖较强的行业,先进的技术和研发能力是公司的核心竞争力。公司坚持自主研发投入、创新驱动发展,采取自主研发、与相关科研院所/研究单位联合开发以及建立校企研究中心等多种研发模式。公司多年来对研发费用和人员的持续投入,使其在业内形成了领先的技术优势。2020年爱迪科技研发费用投入为729.58万元,约为营业收入的6.84%,相较于2019年的677.98万元(占营收比例为5.8%)提升了7.67%。截至2020年年底,公司研发人员29人(其中博士1人,硕士2人,本科26人),占全体员工的18.95%。持续的研发投入,使得爱迪科技取得了较为显著的创新成果,形成了大量的无形资产,这些无形资产是公司保持市场领先地位的重要支撑。截至目前,爱迪科技共有73项软件著作权、29项专利、8个商标、1个网络域名(见表4.2.1),其中多项研发成果已成功应用于市场,取得了良好的经济效果,荣获省市科技部门的多个荣誉奖项,如公司是湖北省科学技术厅授牌的"湖北省校企共建研发中心",也是武汉市科学技术局授牌的"武汉市企业研发中心"。

此外,爱迪科技还取得了大量的资质证书,其是华中地区首批取得信息技术服务标准(ITSS)符合性评估和涉密信息系统集成资质的企业,此外还拥有计算机信息系统集成资质、安防资质、电子与智能化专业承包资质、信息安全集成服务资质、ISO 27001信息安全管理体系、ISO 9001质量管理体系等共计33项资质和政府行政许可,使得爱迪科技成为湖北省业内资质最齐全的公司之一。这些资质的取得,是对公司技术水平和创新能力的证实,通过资质、荣誉平台的建设,不仅打造形成了品牌效应,还推动公司经营管理和业务结构的调整,为公司赢取了更大的市场份额。

表 4.2.1 　　　　　　　　　　　　爱迪科技核心无形资产情况

类型	数量	详 细 说 明
专利	29	14项发明专利,15项实用新型专利
商标	8	目前公司拥有的有效商标共计8个,其中第09类-科学仪器3个,第35类-广告销售3个,第42类-网站服务2个

类型	数量	详　细　说　明
软件著作权	73	其中行业应用软件 15 项，操作系统 5 项，企业管理软件 4 项，事务管理软件 4 项，交通应用 3 项，工业控制 2 项，业务中间件 2 项，通用软件 1 项，地理信息软件 1 项，其他软件 36 项
网络域名	1	idtechwh. com(备案号：鄂 ICP 备 05013933 号-1)
资质认证	33	包括建筑业企业资质、设计资质 2 项建筑类资质，包括医疗器械经营(批发)许可证等 10 项政府许可，以及包括环境管理体系认证、高新技术企业认证、信息安全管理体系认证、信息技术服务管理体系认证、企业知识产权管理体系认证在内的等 21 项资质证书

(四)持续优化公司治理实现规范稳健经营

爱迪科技始终坚持将规范经营、诚信守则看作持续健康发展的前提和保障，产业链上下游企业共同遵守的约定和法则。多年来公司一直坚持审慎、稳健的经营方针，凭借优质的创新基因，清晰的发展策略，持续稳定的经营业绩，实现了平稳快速发展。

公司深化制度体系建设，一是完善公司管理制度条例，规范内部管理结构，提高公司经营管理水平；二是贯彻风险管控机制，运用管理制度条例、风险管控机制、财务资金管理制度以及员工职业行为操守等机制，规范权限指引，不断完善风险控制矩阵等内控建设体系。通过一系列由浅入深的制度优化和内部治理，使得企业自身的运作进入良性循环，企业的资源得到优化配制，效率提高，增强了核心竞争力、提高了经营业绩、规避了市场风险、实现了企业的可持续发展。

(五)以市场为导向整合产业链上下游资源

市场是企业发展的航标灯，爱迪科技始终以市场为导向，积极做好市场信息开发工作，对信息保持灵敏的嗅觉。不断探索前沿技术，分析市场显性与隐性需求，努力开发贴近或引领客户需求的产品和信息化解决方案；再利用后端市场，根据客户反馈意见，梳理、优化、完善产品和方案。经过多年来在智慧城市建设领域的深耕，对行业客户精准画像，产品和服务品质得到了广泛认可。

爱迪科技合理布局业务范围和产业链，集中上下游企业优势资源，先后与多家协议厂家、合作伙伴结成了战略联盟，以实现信息、平台等资源共享的价值共同体，建立起稳定的、双赢的、面向未来的良性关系。公司围绕主营业务，不断拓展产业领域，做到多方向、宽领域平衡发展，产业集群效应凸显，有效防范和抵御经济风险。

(六)优质客户资源和良好的资金运作能力

爱迪科技经过二十多年的积累，客户遍布教育、医疗、能源、党政、金融等行业的诸多知名企业，公司与这些客户建立了良好的长期合作关系。经过多年的实践积累，公司已拥有丰富、成熟、完善的解决方案和专业服务能力。公司坚持"以优质服务为核心，以客户满意为目标"，致力于客户价值最大化，努力开发贴近用户需求的产品和解决方案；倡导工匠精神，以最佳的解决方案和精湛的技术服务，赢得客户信赖，提升客户对公司的黏性和依赖度。

此外，由于爱迪科技的客户资源比较优质，因而应收账款的账期比较短，资金回笼能力较强，资产流动性较其他企业更好。随着公司市场开发能力和项目管控能力的提升，承接的千万级规模项目逐年增多，规模效应逐步扩大，良好的资金运作能力，为爱迪科技承接大型综合体项目，提供了资金保障。

三、爱迪科技发展面临的问题

爱迪科技目前正处于发展相对稳定的成熟期，市场和客户较为稳定，业绩表现趋于稳健。但这说明公司的发展到了瓶颈期，需要寻求突破，实现企业的"二次成长"。当前公司发展面临的不利情况有：

一是新冠肺炎疫情对公司的发展带来了较大的不确定性。2020年年初，突发的新冠肺炎疫情极大地影响了国内外经济活动和社会秩序。武汉受疫情影响尤为严重，特别是包含科技型中小企业在内的广大中小微企业，由于规模小、营运资金不够充足、融资渠道单一等原因，在新冠肺炎疫情的冲击下，普遍面临着生存和发展的极大挑战。[①] 作为武汉企业的爱迪科技不可避免地受到较大冲击，2020年的营业收入较2019年下降了8.75%，净利润更是下降了22.69%。虽然我国政府对疫情的防控工作做得比较到位，但疫情始终未能消除，这对爱迪科技的市场和客户的拓展，尤其是湖北省外的市场拓展形成了较大的障碍。

二是新市场拓展乏力。公司的主要市场和客户都在以武汉中心的湖北地区，目前公司已在湖北的汉口、宜昌、荆州、襄阳、江岸、麻城建立了6家分公司，公司目前约90%的市场集中在湖北市场。但湖北省外，只在湖南建了1家分公司，除此之外没有其他区域的拓展着力点，公司在全国市场的拓展存在一定的不足。由于市场上存在"赢者通吃"的必然趋势，爱迪科技要进入其他区域市场，发掘新客户，还需投入更多资源和精力。

三是新三板融资功能有限，无法满足公司发展日益增长的融资需求。公司的系统集成业务是由企业承担工程项目的设计、施工、调试等所有交付前的工作，上述环节要求企业具备一定的资金垫付和融资能力。随着竞争的深入，业主对系统集成企业的垫资和融资功能的要求呈日益提高的趋势。因此需要找到畅通的融资渠道，满足公司的融资需求。2015年，爱迪科技成功在新三板挂牌，2016年进入创新层，并通过定向增发，实现股权融资400万元，在一定程度上满足了公司的融资需求。但新三板对投资者的门槛要求较高，流动性相对不足，融资功能有限，对于爱迪科技后续的融资需求可能无法及时的满足。截至2022年2月25日，公司最新股价报收3.65元/股，总市值2.14亿元，相较于最高峰9元每股（总市值3.51亿），每股下跌59.4%，总市值跌去39%。爱迪科技应及时认识到这一问题，提早应对，积极拓展融资渠道。

---

① 杨卫东，高义琼.武汉企业发展报告（2020）[M].武汉：武汉大学出版社，2021：89.

四、爱迪科技发展的相关建议

通过前文分析可知，爱迪科技的优势在于经营管理团队、经营模式、核心技术、公司治理、产业链整合、客户优质等方面，但也面临着突发疫情带来不确定性、新市场拓展乏力和融资通道不给力的问题。为此，爱迪科技应直面问题，积极寻找解决办法。

第一，在应对新冠肺炎疫情影响方面：爱迪科技全体上下应树立正确意识、危机意识，积极应对，同舟共济，共克时艰，通过线上和线下办公相结合，抓研发、抢市场，力争将社会危机转化为公司的发展机遇。比如结合疫情下社会对无接触防疫产品的需求，利用自身的技术积累，积极开发防疫产品和系统（智能测温人脸识别系统），开拓新的业务。

第二，在新拓市场方面：一则抓住机遇提高技术水平，建立自身的品牌优势。二则依托核心产品占领市场，深入挖掘客户需求，继续创新优化业务模式，发挥服务优势，牢牢把握湖北省市场，并在其他市场加强与本土企业或业内其他知名企业合作，加强优势互补，拓展市场。此外，要不断加强提升自身和合作伙伴的销售网络，加大在全国销售的力度，利用国内市场持续增长的有利时机，继续扩大市场份额，实现公司的加速发展。

第三，在拓展融资渠道和方式方面：一则可以使用自身拥有的核心知识产权进行融资，可以采用包括但不限于知识产权质押、许可、证券化的方式融资。2021年，我国的专利、商标质押融资金额达到3098亿元，融资项目达1.7万项，覆盖企业1.5万家；截至2021年11月，已在沪深交易所发行的知识产权证券化债券有41单，募集资金105.18亿元，可见在我国，企业将知识产权用于质押或证券化融资已经成为一种重要的融资方式。爱迪科技可将自身的专利、商标、软件著作权等进行评估定价，再通过各种方式进行融资。

二则抓住我国资本市场改革的机遇，尤其是关注新三板改革举措，以便能进入更好的融资平台，畅通融资渠道。2018年以来，中国资本市场进行了系列改革，新三板也适时推出了改革措施，一是2019年10月在原来创新层和基础层之外，设立精选层，筛选一批科技创新型的优质中小企业，有效提升融资并购交易效率。二是2020年6月证监会颁布和实施《关于全国中小企业股份转让系统挂牌公司转板上市的指导意见》，允许符合条件的新三板公司转至"科创板"和"创业板"上市。沪深交易所于2021年2月分别出台了新三板挂牌公司转向"科创板"和"创业板"上市的试行管理办法，就"转板"条件、审核程序、制度衔接等做出了具体的规定。三是2021年9月设立北京证券交易所，将原新三板精选层企业平移至北京交易所，打造服务创新型中小企业主阵地，并明确规定北交所上市企业必须来源于符合条件的创新层企业。爱迪科技可根据北交所的上市要求，以及沪深交易所对"转板"至"科创板"和"创业板"提出的要求，基于自身实际情况，选择由现在的新三板创新层适时进入北交所或转板至"科创板"和"创业板"，以便更好地借助资本市场满足融资需求。

建筑信息模型助力项目精细化管理①

一、实 施 背 景

近年来，国家一直在倡导产业转型升级、推动高质量发展，建筑业最关键的是通过技术、管理、商业模式和机制体制等一系列创新实现建筑业生产方式的转变，通过提升产品品质、强化精细管理、推动绿色建筑来增强行业健康发展能力。

习近平总书记在《求是》杂志撰文指出："国际竞争新优势也越来越体现在创新能力上。谁在创新上先行一步，谁就能拥有引领发展的主动权。"将创新着眼于建筑企业转型升级，可以不断挖掘企业的体系创新、制度创新、管理创新和技术创新，管理创新需要具备高效、完善的企业与项目信息互通的渠道，借助信息化的手段，实现企业对项目管理数字化。

山河集团坚持"在创新中坚守，在坚守中创新"，坚守"1+3"样板引路标杆工程，坚守双标化制度，创新"双准入"制度，创新管理机制，创新运营模式，积极推进企业级信息化平台建设。

山河集团在多个项目上具体应用实施了基于 BIM 技术的项目管理平台，将工程 BIM 实体模型导入平台当中，再将工程进度管理、安全管理、质量管理过程信息与工程实体模型建立关联关系，实现项目管理的数字化，提升项目管理精细化水平。

二、成 果 内 容

（一）管理结构优化

山河集团逐步完善 BIM 体系建设，普及 BIM 建模技术，推动 BIM 项目平台式管理，定期组织集团内部开展 BIM 培训和成果分享活动，在集团内部形成了一个 BIM 应用良性发展环境。为推动 BIM 技术应用示范工程覆盖，各区域公司也积极成立 BIM 中心，由集团 BIM 中心制定整体发展思路，通过培训为各区域公司培养并输出 BIM 技术人才，加强区域 BIM 中心的 BIM 实施能力。

通过打造多个 BIM 应用的标杆项目，集团始终将 BIM 技术应用定位到项目中，结合项目实际进展同步落实 BIM 策划应用点，编制项目 BIM 管理流程，充分利用数据解决相关问题，搭建 BIM 协同平台，助力项目进度、质量、安全管理目标的达成。

---

① 本案例由山河集团提供。

BIM 技术应用程度已经基本趋于稳定，正逐步改变着传统的施工方式，精细化管理方式逐步替代以往粗放式管理，在进度、质量、安全等多个施工管理环节都形成了数字化的管理流程。

(二)新生产管理模式实现生产效率提升

1. 内涵

现场的生产管理通常围绕施工进度，配合相关管理内容，一般以时间作为进度的度量单位。相关管理内容与进度计划相互关联，根据进度计划工作内容、工作节点，进行劳务、物资、质量、安全等落地执行。传统的生产管理存在多方协同难度大、计划落地难、责任界定不清晰、过程资料无法追根溯源等弊端，新生产管理模式采用管理与信息技术相结合，将现场生产管理架构、管理标准植入平台中，制订严谨可靠的进度计划，及时跟踪信息并完成有效传递，实现高效便捷的生产协作，达到现场的全面动态管控。

2. 主要做法

(1)编制进度计划、管控体系植入平台

现场生产负责人根据控制节点，分解任务项对应到具体工序中，以周或天为单位，安排生产计划，通过信息平台将任务派分到工序负责人。在整个生产计划链条上的每位参与人都清晰地知道自己的工作任务，思路清晰、目标明确。每日或每周的计划对应到每月或每季度中，最终在总进度计划中体现具体的变化，环环相扣，有效地避免总工期脱节、控制节点不清晰、节点随意变动的不利因素。

在进度管理中，利用 WBS 工作分解结构，把项目细化到更小、更易执行、更易于管理的分层级结构，通过对项目工程进行逐层分解，形成不同层次可交付的工作包，并对各工作包进行项目的描述。通过对工作计划的逐级拆解，细化到工序级任务管理，通过将经验知识和精益建造理论及技术相结合，优化流程，实现消除浪费，通过反复的科学校验与数据论证，形成工序级的标准，为施工过程的精准操作、绩效考核、成本估算、质量提升等提供依据，从而实现高效系统的管理。各工序级任务包利用 WBS 进行更为详细的工作分解，形成末位计划小时级高效精准管控。通过以末位计划为切入点，推行作业工法及流程的全面管理，实现持续地减少和消除浪费的目标控制，末位计划系统管理能够实现高效的小时级任务、工序级管控，工程参建单位的任务通过一个平台进行排程，同时约定各工序任务间的逻辑关系，形成自动调整的看板体系，如图4.3.1所示。

现场管理人员通过移动端获取自己负责的施工任务，实时反馈现场进度信息，积累数据，形成进度汇总情况记录，管理层可实时查询现场实际进度，掌握现场运转情况。系统对现场管理的流程形成标准化，方便现场人员操作与管理，为数字化管理数据收集提供基础，同时对管理层分析决策提供有力的数据支撑。

(2)现场劳动力统计、数据汇总分析

项目施工组织设计阶段模拟施工现场劳动力投入情况，通过数据分析为劳务投入数量提供参考。在现场实际进度推进过程中，现场人员通过移动端每日对劳动力复核调整，平台可完成数据汇总并做出分析。统计分析可衡量各个工种劳动效率，为编制企业定额提供数据参考，同时可以甄别劳务分包单位的工作能力，并提供客观的分析。

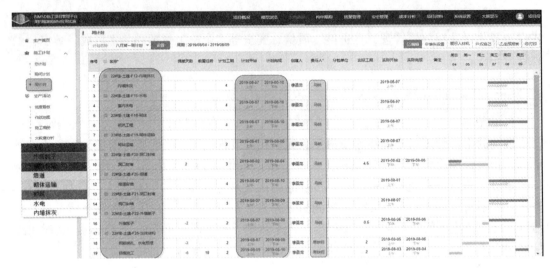

图 4.3.1　各工序任务间的逻辑关系图

（3）生产例会高效、简洁

生产例会利用数据平台不同维度分析结果，有针对性地完成汇报内容，可以分类列举高频问题，可以聚焦问题的争论点。生产例会开展起来更加清晰、直观、简洁，实现无纸化办公。完成当期工作复盘后，可直接安排、宣贯下周进度任务，有异议可现场进行沟通。

3. 实施效果

（1）提升标准化建设

管理系统标准化，可为现场管理人员提供统一的、可视化、可量化、可度量的管理标准，提升管理人员的素质和水平。通过信息化的手段使公司各职能部门全面深入地了解项目情况，更加针对性地进行检查。

（2）实现协同管理

将公司管理和项目管理融合打通，实现生产进度现场跟踪管控，协同公司管理。

（三）信息化提升工程质量管理水平

1. 内涵

质量管理是指在质量方面指挥和控制组织协调的活动。当前国家推进高质量发展，提升工程的质量水平不仅直接关系到工程的质量，还对企业的可持续发展产生深远影响。

2. 主要做法

（1）管理制度信息化

信息化的质量管理体系要依托适合本企业发展的质量管理制度和管理流程，通过互联网信息化手段，让项目质量管理信息透明化、产品质量可视化、数据精准化、工艺标准化、流程规范化、考核评价定量化、事项质量管理数字化。企业层面通过各项目质量管理过程产生的数据，进行汇总分析，可以实现智能评价，并辅助领导层做出决策，让判断更准确、反应更快捷、评价更全面、指令更精准。

（2）智能获取数据

质量影响因素之一的"人"可以分为两类：管理人员和操作人员。管理人员在数字化建造平台上可以获取大量相似产品的数据，弥补自身技术、管理知识等方面的不足，快速提升业务水平。企业可以通过检查、任务跟踪等方式，督促考核管理人员的工作，激发管理人员潜能，提升管理效率，如图4.3.2所示。

图4.3.2　质量的发现、整改与验收图

材料优劣直接影响着工程的质量。通过数字建造互联网技术的使用，施工企业可以在材料集中采购平台上比对材料性能，优选厂商和材料。进场验收，可通过物料跟踪系统对材料或构配件的生产、运输、存储等各环节进行监控，全程掌握进度质量情况。

信息化质量管理可模拟工程项目在各种条件下施工，对不同方案的优劣进行比选，找出最佳方案。工艺选择前，可以通过云端数据，查找本工艺的大量案例，找到常见质量问题，进行内控和规避。

质量环境的智能化，可以利用传感器对温度、湿度、风速、粉尘、噪声等环境因素的识别，并通过系统智能开启降尘降噪设备，使得质量环境能实时受控。施工过程中，系统对本地区历史同期温湿度进行分析，给出提示建议，系统对预计发生的环境变化提出预警，项目可参考采取防控措施，规避质量风险。

数字化建造借助高科技测量工具和手段，使原本复杂、繁重的测试工作变得更加轻松。通过数据接口，测量数据实时传输到系统，保证了数据收集的及时性和真实性，借助计算机对所采集的测量数据进行统计分析，支持数据的纵横向对比，帮助企业和项目层面找出质量管理方面的不足，有针对性地制定解决方案，达到持续改进的目的。

3. 实施效果

工程质量管理在策划、实施、检查、整改等环节都进行着数字化转型，管理人员的工作方法、工作习惯也随之改变。公司正通过一系列智能化手段，逐步从粗放式管理向标准化、精细化的管理模式转型。

(四)数字化赋能安全管理

1. 内涵

诸多企业陆续建立了数字化支撑的安全双重预防体系与平台，旨在把安全管控置于隐患前面、把隐患排查治理提至事故前面，进而实现有效遏制生产安全事故，运用数字化技术促进传统建造方式升级，提高项目安全管理水平。

2. 主要做法

(1)管理制度信息化

数字化建筑安全管理的意义在于施工安全数字化的应用，方便项目管理人员对安全风险隐患进行预测、预警，安全双重预防体系(风险分级管控隐患排查治理)与平台就是数字化支撑的体现。建筑企业往往同时在建工程数量较多，要确保对所属工程项目安全的有效监管，仅仅依靠传统的人工监管、资料检查、报表审核等方式是无法真正落实的，通过"数字化平台"的应用，帮助企业对各项目部实施有效的"安全生产管控数字化平台"应用，能够高效率地收集、储存和分析大量安全生产的数据，大大提高各类管理信息的质量和效能，并及时准确地掌握和传递信息，进而提高现代安全生产和管理技术水平，提高预测、决策和计划的管理效率，如图 4.3.3 所示。

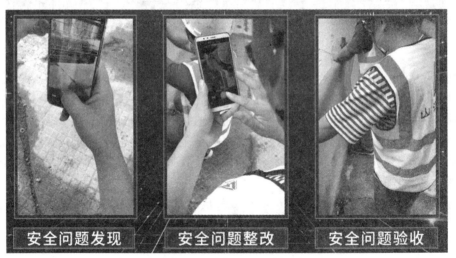

图 4.3.3　手机安全问题发现、整改与验收图

(2)数字化提升安全管理要素

运用"数字化平台"对行业及本企业的安全管理要素进行收集分类保存，便于使用者随时查询，内容包括安全生产责任制，安全生产投入，文件和档案管理、隐患管理、风险源管理等内部安全管理规章制度，安全教育培训和职业健康档案管理和环境管理等内容。可制定相关岗位的安全操作规程，并提交发布于对应的岗位，设置定期管理制度评审提醒功能。功能包括企业内部安全生产制度的管理，内部资料的共享，文件控制清单生成、文件等。

（3）数字化提升安全风险识别能力

数字化技术助力风险分级管控、隐患排查治理的"双重预防体系"进行安全监管，使安全风险管理着眼于事前控制预防为主，把问题消灭在萌芽之中，可大大提高安全风险识别的范围和深度，通过大数据和 BIM 技术分析并预测风险可能造成的后果，增加安全预防预判，进而为管理者进行风险评估、采取科学的防范措施提供决策参考。另外，风险清单通过多项目数字化共享、不断积累完善的方式，提高和弥补企业及项目对风险识别的能力。

（4）数字化提升安全风险管理能力

风险分析就是研究风险发生的可能性及其所产生的后果和损失，以实现项目安全受控为目的，对项目中的危险因素进行分析；运用"数字化平台"管理风险源辨识，评价流程主要包括树形的危险源辨识评价、表单审批和评审、按月风险评价等主要功能，可以输出符合实际项目管理的危险源清单，建立统一危险源档案，管理人员和现场作业人员对危险源管理情况可随时了解查看；平台还能够与视频监控、物联网等传感模块建立联系，将危险源作为企业安全生产管理的基础，进而提高建筑安全的风险管理能力。

（5）数字化提升隐患排查治理能力

提供对隐患按照上报、整改与复查的闭环管理，在流程中对"整改措施、责任、资金、时限和预案等"进行严格控制管理，管理人员可以在平台中即时查询隐患的发现和治理情况，组织人员对发现的问题进行复查。

3. 实施效果

安全管理数字化是应用现代科技，包括云计算、大数据、物联网、移动通信、人工智能、BIM 等技术，助力建筑工程安全管理实现跨越式发展的有效手段。优良的使用特征引领建筑安全管理的发展方向，进而提高安全管理水平。

三、成 果 总 结

建筑工程信息化应该着眼于以建筑施工工程的管理需要，以现有的 BIM 技术为基础，整合、开发适用于建筑工程中深化设计、组织流水穿插的系统、配套的管理系统和软件。要研究服务于基层作业、服务于质量和安全水平评定的软件工具。施工现场使用的隐患排查软件、设备管理软件和管理数据二维码等信息化工具，每道工序的作业质量和工序衔接时机都直接关系到成品质量和工期目标。

企业信息化建设的根本目的在于提高企业管理水平。一方面，通过规范化、标准化建设，整合业务流程，通过企业信息系统的统一规划、建设，实现企业技术质量、安全环保等核心管理职能有效落实，使信息技术与管理业务流程相互整合，提高了企业管理效率。另一方面，优化管理模式，实现企业职能部门业务系统的集约运行。信息系统能在很大程度上帮助企业加强施工过程管理、提高工程质量，使企业整体效益得到提高，并最终提高企业核心竞争力。

山河集团逐步加快企业转型升级，利用技术改造，通过建筑工业化与信息化融合，推动建筑专业化向精细化和高质量、高品质转变，激发市场活力，培育产业新动能，不断提升企业综合实力。

登高不言顶　专注有大成[①]

——记武汉思索未来家居装饰工程有限公司

登高不言顶，专注有大成。2022 年，武汉思索未来家居装饰工程有限公司迎来了 24 周年华诞。走近她，你会感受到扑面而来的家装新风；凝视她，你会发出由衷的赞叹；融入她，你能体验到对家的"思索"。她的存在真实而生动地告诉用户：在家装行业持续迭代升级和多元发展的格局下，作为一家按个性化设计、信息工厂化整装、一站式配齐服务的"武汉建筑装饰行业优秀企业"，"客户第一、创新分享、专业高效、诚信进取"的核心价值观深深地融入了武汉思索未来家居装饰工程有限公司的发展进程之中。

一、艰苦创业，砥砺前行

武汉思索未来家居装饰工程有限公司起步于武汉汉西建材市场，从主要经营石材与木地板、仅仅只有 80 多平方米的小店，发展成为武汉家装行业的知名企业。

(一)扬帆起航，加盟索菲亚集团

1998 年，一直从事石材和木地板行业的刘恒斌创办武汉风云海装饰材料行，凭借多年对行业的洞察和理解，敏锐地捕捉到"定制衣柜"是家装行业的空白，经过多方考察和评估，来自法国的一家专注于"定制衣柜"的品牌——索菲亚，成为刘恒斌创业的选择，2002 年加盟索菲亚集团，将整体衣柜概念引入武汉，20 年来一直以"坚持产品第一、注重用户体验"为目标深耕行业，砥砺前行，店面规模从 20 年前一个仅 80 多平方米的小店，到目前武汉三镇几乎布满了索菲亚超过 500 平方米以上的形象店。

(二)自创品牌，成立思索未来装

随着人们对美好生活的向往更加强烈，家装需求从注重传统的室内空间规划的硬装设计逐步向打造个性化专属空间软装设计转变，由传统的单元式装修服务向整装一站式服务转变。敏锐的市场洞察力让刘恒斌开始对未来家装行业进行思索，创新构建家装行业信息工厂化整装是顺应市场变化的理性选择。2016 年，刘恒斌开始了第二次创业，成立武汉思索未来家居装饰工程有限公司。"站在巨人的肩膀上发展"，思索未来装将索菲亚家居集团下各个强势品牌进行整合，依托集团 18 年的行业经验，汇聚了行业内各专业的资深人士及团队，致力于整装业务及精品定制服务，力争打造全国精优的大家居服务商。

---

① 本案例由北京德成经济研究院吴虹研究员与王安顺副教授联合撰写。

二、探索创新，崭露头角

武汉思索未来装创立之初就走出了传统家装模式，提出更符合市场发展趋势的整装新概念，它们专注产业发展，洞察客户需求，不断探索创新，追求超前一步的家居理念，成为引领武汉家居产业发展的排头兵。

（一）打造企业文化，营造集团凝聚力

办好一家用户满意、员工乐业、社会认可的家装企业，对举办者而言即意味着决策科学，也意味着责任担当。通过多次深入开展企业文化大讨论，引导全体员工统一思想，更新观念，公司上下在"创新与分享"的企业文化上形成高度共识，将创新的关注目光从产品与服务投向公司"家"文化的建设；将分享的视野从与合作商的和衷共济延扩到与员工的和合共生，力求让每一位员工成就最好的自我。

在思索未来装，"以员工为本"不是一句官话，而是实实在在的行动。公司根据《劳动法》规定，及时与员工签订《劳动合同》，按时、足额地为员工办理医疗、养老、失业、工伤、生育、公积金等社会福利保障。设立了管理、技术、职能三大员工职业发展通道，为员工量身定制符合个人需要的职业发展规划，并形成了多个部门联合对员工的成长进行长期跟踪的培养机制，将员工培训与员工晋升考核相结合。实施"安居"工程，公司在武汉三镇各购置了一层楼，装修成酒店式公寓，供员工住宿，同时提供统一的食堂，帮助员工全面降低生活成本，提升幸福感。通过公司和个人捐赠，设立互助、互济"思索未来家"专项爱心资金，帮助因突发事件导致家庭遭遇重大经济困难的员工渡过难关，进一步提高员工保障水平。

（二）专注家装行业，铸就品牌影响力

面对持续迭代升级和数智化程度不断提高的家装行业，公司紧扣时代发展脉搏，在认真总结"十三五"发展的基础上，站在家装行业创新发展的前沿去洞悉市场变化，捕捉市场机遇，在对家装行业发展规律的理性认识和对企业自身定位的科学把控上，明确提出以"通过个性化设计与高效运营，成为全国一流的大家居整装服务商"为愿景的发展理念，肩负"用科技与创意轻松装好家，让世界的美融入新的生活"的企业使命，励精图治，砥砺前行，精心打造"定制装""微家装"和"思索未来整装"业务。

为提升消费者对一站式家装服务的体验，公司不断优化门店布局，截至2022年5月，在汉全品类门店达34家，完善的门店布局以及互联网渠道的不断完善，让消费者的家装体验变得更加便捷、真实，从而能够快速、准确挑选契合消费者个人真实需求的家装方案；为缩短交货周期，节约物流成本，打破定制行业普遍面临的产能瓶颈，公司率先在湖北黄冈成立华中生产中心，该中心4.0车间拥有自主知识产权，占地面积33.3万平方米，集制造、展示、培训为一体，极大提高了生产效率与产能，为客户服务提供了稳固的供应链保障。

（三）满足客户需求，提高产品适应力

新时代，随着收入水平的不断提高，人们对美好生活的向往更加强烈，对一站式家装服务和个性化、差异化的家装追求日益迫切，全方位为用户提供"家的解决方案"将是未来家装行业发展的主流趋势。

在索菲亚衣柜、柏高地板、司米橱柜等大品牌的支撑下，在"拎包入住"式整装主流趋势的号召下，武汉思索未来家居装饰工程有限公司率先启动"精装定制"经营方案，以"做建材商自己的家居装饰公司"为定位，倡导"无精装、不入住"和"所见即所得"的经营理念，致力于为广大消费者提供个性化的家装定制服务，并誓把"做中国精优的大家居服务商"作为企业目标。

思索未来整装的核心价值在于：为消费者提供以思索未来装旗下精品定制家居产品体系为基础的整装交钥匙工程，具体包括一站式前端服务、统一的交付后维保服务、24小时响应的团队服务、透明化施工网络监控等省时省心省力服务，倾心打造"所见即所得"的家居生活。倡导对消费者身体健康无害，对环境资源最有效利用，对服务过程追求完美的健康、绿色、贴心的家居生活体验。

（四）探索经营模式，打造企业创新力

创新，是思索未来装生存的重要保证，是企业核心竞争力的重要砝码。武汉思索未来家居装饰工程有限公司坚持"以用户为本"的精神，依托供应链企业，将家装流程一体化，形成集设计、主辅材甄选、施工、交付、后期维保服务于一体的一站式家装服务，主动迎击传统家装模式普遍存在的价格不透明、工期不确定、施工质量不过关的痛点。

产品套餐化：思索未来装将设计、主辅材料、施工、交付整合为一体，以套餐形式向用户透明报价，实现无增项或变相加价，以增加用户信任感。体验数字化：设计师使用X计划、DIYHOME等先进软件，将装修用户喜爱的装修风格进行前置，在设计之初就可以完美地实现心目中的家居生活空间。主辅材集采化：公司综合不同用户的共同需求，向供应链上的协同伙伴企业批量式集中采购主辅材料，减少中间环节，在降低材料成本的同时，有效地保证了材料的质量。施工标准化：在施工的各个环节制订标准化施工流程和规范，并严格落实，从根本上解决施工进度不可控、工期不确定的弊病。管理智能化：实施24小时远程监控、引入第三方监督的机制，让第三方加入到现场工程监督的过程当中，让他们能够从一个中立的角度来监督施工过程当中出现的问题，从而最终保证现场施工的科学化和规范化，最终保证家装的效果。工人职业化：思索未来装组建了自有施工和安装团队，制订了严格的标准化施工培训体系，通过信息技术对施工和安装工人开展线上线下混合式培训和规范化管理，创生工人职业价值。

（五）参与公益活动，践履社会责任

创新，是企业的灵魂；担当，是企业的底色。思索未来装始终以刘恒斌董事长提出的"用爱回馈社会"作为企业践履社会责任的宗旨，坚持"义利兼济"的中国传统商道，在谋求企业发展的同时，与社会共享发展成果。

2007 年，他向武汉市慈善总会发起设立了 100 万元留本冠名基金。2007—2010 年，连续三年捐赠助力实施"脑瘫患儿康复计划"项目。2008 年汶川地震、2010 年舟曲泥石流、2013 年芦山地震、2016 年武汉市城市内涝……刘恒斌总是挺身而出，率先捐款捐物。在战疫、战洪、战贫三大战中，他与索菲亚集团共同联合捐赠款物总价值近 400 万元。2021 年，向武汉市慈善总会捐赠 1000 万元，成立"索菲亚家居（武汉）慈善关爱基金"用于开展"安老、扶幼、助学、济困"等慈善活动。

刘恒斌董事长"用心经营事业"的态度和"用爱回馈社会"的担当，受到社会各界广泛的肯定和赞誉，2011 年荣获武汉市慈善总会首届"武汉慈善奖"颁发的"武汉慈善突出贡献奖"先进个人称号；2017 年荣获武汉市企协企联颁发的"装饰行业领军企业家"称号；2019 年被武汉市盲童学校评为百年校庆"最美志愿者"，同年荣获武汉市中小企业创新发展"优秀企业家"称号和武汉市企协企联颁发的"杰出企业家"称号；2020 年荣获武汉企业联合会/企业家协会第十八届"优秀企业家"称号，2022 年荣获"武汉五一劳动奖章"，同年 5 月当选武汉市硚口区工商业联合会副主席。

三、"思""想""家"，企业成长之道

分析成功案例，分享成功经验。思索未来装的成功体现在三个字上："思""想""家"。"思"，是要选择正确的赛道，明白发展的方向；"想"，是要适应市场，谋求变革与创新；"家"，是要承担社会责任，感恩与回报社会。

（一）"思"未来，谋发展

我国家装行业市场空间广阔，企业数量庞大，全国的装饰企业总量约为 10.6 万家。随着新时代人们对美好生活的向往，一站式家装服务和个性化装修需求成为消费者的应然追求。如何克服家装流程冗长、效率低下，优化家装供应链流程、改善交付质量，是家装行业面临的突出问题，也是家装企业必须破解的生存命题。

武汉思索未来家居装饰工程有限公司根据新时代家装行业发展态势，结合自身经营条件和供应链优势，审时度势，因企制宜，从顶层设计入手，在"十四五"事业发展规划中确立了"胸怀家国，诚信守法，专注品质，追求卓越"的发展方针。这其中孕育了全新的企业发展观，彰显了企业对国家、民族崇高的使命感和强烈的责任感，突出了依法诚信经营是企业的生命线，昭示了产品品质和服务质量是企业的生存之道，指明了创新是企业可持续发展的必由之路。近年来，武汉思索未来家居装饰工程有限公司进行了包括创新服务模式、改革人事与激励制度、完善员工保障体系等一系列改革措施，各项事业蓬勃发展，服务质量和经营效益达到了预期目标。

（二）"想"创新，求变革

用户个性化的定制需求和标准化服务质量体系的建立，驱使家装行业向全产业链拓展和优质资源整合，为用户提供一套完整的、符合其生活方式和精神需要的"家的解决方案"——整装，已成为家装行业的共识。谋定而后动，战略决定未来，思索未来家装根据

行业发展变化，适时做出战略调整，整合索菲亚全屋定制、司米橱柜、索菲亚木门、索菲亚地板、索菲亚窗帘、索菲亚家品等家居建材，打造立体式营销运营团队，建设自身的产业生产基地，制定标准化施工制度，建立管家式服务模式，勇做家装行业创新发展的探索者、组织人和导航员。

在产业革命、技术革命风起云涌的时代，智能技术作为企业提高经营质量、赢得市场青睐的重要利器，是企业的核心竞争要素。应用科技赋能整装产业，协同供应链企业共生发展，消解行业痛点，提升用户体验，俘房用户芳心，是思索未来家一直在探索的价值方案。思索未来家装应用公众号、短视频媒介技术展开线上线下融合式营销，应用 AR 技术开展沉浸式预期家装体验，应用远程监控技术保障规范化施工，智能技术的创新应用，消解了家装行业发展的痛点，为企业发展插上了腾飞的翅膀。

(三)"家"国情，显担当

企业是社会的企业，企业家必须承担社会责任，只有真诚回报社会、切实履行社会责任的企业和企业家，才能真正得到社会认可，才是符合时代要求的企业家。2020 年新冠肺炎疫情期间，公司在积极响应国家号召全力保障抗疫物资供应的同时，以"等不起、慢不得、坐不住"的责任感，带领员工精准识变、主动求变、科学应变，不仅没有裁员、降低员工薪酬福利，反而为员工购买了公积金、购置了第四员工宿舍，用实际行动展现了当代企业家的精神品质和家国情怀。

2021 年，思索未来家装成立了索菲亚家居(武汉)慈善关爱基金，将公司慈善事业常态化，扶危济困、奉献爱心、服务社会、造福员工，弘扬社会温暖，为创造社会和谐发展贡献了一份力量。

回眸 24 年发展历程，武汉思索未来家居装饰有限公司恪守着她对用户、对员工、对上下游企业、对社会的承诺，将企业自身的成长与行业的发展融为一体。24 年磨砺，塑造思索未来家精神；24 年奋斗，铸就思索未来家辉煌。征途漫漫从头越，扬帆逐梦向未来，武汉思索未来家居装饰有限公司将紧紧围绕"对外以客户为中心，对内以员工为中心"的经营宗旨，改革创新，追求卓越，续写更加辉煌的篇章。

武汉直播优选在线教育科技有限公司案例分析

职业教育培训拥有庞大的市场，尤其随着我国进入新的发展阶段，产业结构的升级，社会对劳动力需求的变化，促使职业培训需求更加迫切。据中国人事考试网数据统计，2021年我国建筑工程、金融财会、消防安全、医护健康、教师资格及法考等几类职业资格考试报考人数突破4000万人，参加职业教育培训的人数也随着报考人数增加而增长。

2021年6月，《全民科学素质行动规划纲要(2021—2035年)》出台，提出构建职业教育、就业培训、技能提升相统一的产业工人终身技能形成体系。当前，我国职业教育发展与社会经济发展还存在较大脱节之处，严重制约了社会经济发展。一方面，随着我国城市化、工业化不断发展，大量未经过系统职业教育的农村剩余劳动力涌入城市，工业发展面临着低质量人力资源限制；另一方面，随着我国高等教育不断普及和发展，我国高校毕业生数量快速增长，但是由于高校教育体制问题，这类毕业生就业能力存在较大短板，就业压力较大。在疫情常态化管理背景下，受学习时间、消费水平和消费观念的影响，职业培训的在线化率比较高。

武汉直播优选在线教育科技有限公司以改善用户体验、提升技术支撑能力、丰富教学资源为核心的举措，成为在线教育竞争的关键因素，通过提高创新能力来增强企业核心竞争力。经过5年的发展，公司人才就业体系日益成熟和完善，为广大人群创造了良好的就业发展机会。通过培训，学员掌握了过硬的就业技能和素质，在全国各地企业、各行业中发挥了重要作用。

近年来国家为互联网教育推出了一系列政策，推动以互联网等信息化手段服务教育教学全过程，并加快推进智慧教育创新发展，构建"互联网+教育"支撑服务平台，为互联网教育发展指明方向并铺平道路。在此背景下，武汉直播优选在线教育科技有限公司商业模式值得学者进行研究分析，并提出进一步的发展对策建议，希望能为职业教育培训发展献计献策。

一、新时代职业教育发展的现状、机遇

职业教育是教育体系中一个至关重要的子系统，是整个教育事业中与国民经济联系最密切、最直接的教育因子。新一轮科技革命和产业变革蓄势待发，职业培训相关的改革也在被推进。职业培训是提高劳动者技能、促进高质量就业的重要手段。职业教育也正在朝着现代化、信息化发展，必须做到与时俱进，推陈出新，找准定位。

（一）新时代职业教育发展的现状

新时代下，职业教育发展进入快速路，许多优秀的职业教育公司涌现出来，职业教育行业蓬勃发展。国家形成了相对完备的职业教育结构，实现了供需适配的教育规模，并且显现出了日益提高的教育质量。

1. 国家政策鼓励营造了良好的发展环境

新修订的《中华人民共和国职业教育法》（以下简称新《职教法》）于 2022 年 5 月 1 日正式施行，这是该法 26 年来的首次大修，新《职教法》着力提升职业教育的认可度，强调深化产教融合、校企合作，完善职业教育的保障制度和措施，这对于提高技能人才培养质量、建设技能型社会具有重要的意义。

2. 资本助力加速扩张发展

职业教育由于需求和地域较分散，全国性的规模化扩张存在一定难度。随着资本更多地参与职业教育，企业职业教育规模不断壮大，目前排名靠前的企业（新东方教育集团、安博教育集团、学大教育集团、环球雅正保远程教育集团、北大青鸟、弘成教育集团、火星时代教育、中公教育）资金力量雄厚，对职业教育的发展有着重要的贡献。

3. 在线职业教育持续升温

2021 年中国职业教育市场规模将达到 7268 亿元，其中学历职业教育市场规模为 2622 亿元，占全国职业教育市场规模的 36.08%；非学历职业教育市场规模为 4646 亿元，占全国职业教育市场规模的 63.92%。2020 年中国在线职业教育市场规模达 3222 亿元，较 2019 年增加了 503 亿元，同比增长 18.50%，成为仅次于 K12 教育的第二大教育市场。无论是用户流量的获取，还是用户习性的长期培养，在线教育都被这场疫情按下了加速键，趁着这股东风，我国在线职业教育市场规模快速扩张，同时，5G、大数据、AI 等技术快速发展，促使教育+直播等线上学习方式逐渐普及，成为近年来"互联网+"领域发展最为迅速的行业之一。

4. 职业教育规模不断扩大

2021 年年末，全国共有职业资格评价机构 6894 个，职业技能等级认定机构 13431 个，职业资格评价或职业技能等级认定考评人员 41.2 万人。全年共有 1078.4 万人次参加职业资格评价或职业技能等级认定，898.8 万人次取得职业资格证书或职业技能等级证书，其中 30.2 万人次取得技师、高级技师职业资格证书或职业技能等级证书。

2021 年，我国经济保持稳定恢复，发展动力不断增强，市场主体活跃度高，为就业形势总体稳定提供了有力保障。但我们也要清醒地看到，就业形势保持稳定仍面临着挑战和压力。同时疫情的影响仍在持续，部分行业和企业的生产经营可能受到影响或冲击，用工需求将会出现波动。加强职业技能培训，促进创业和就业成为一种趋势。因此，2021年报名参加专业技术人员资格考试的人数为 1880 万人，比 2017 年增长了 71%，取得资格证书的人数为 347 万人，比 2017 年增长了 35%，年末全国累计取得资格证书的人数 3935 万人，比 2017 年增长了 50%。由此可见，不断增加的参考人数和获取证书的人数反映出人们对职业培训的强烈需求。

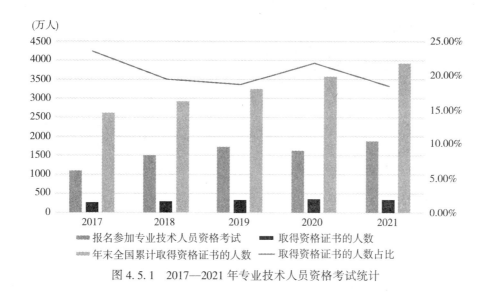

图 4.5.1　2017—2021 年专业技术人员资格考试统计

(二)新时代职业教育发展的机遇

1. 国家政策的大力支持

近年来国家对职业教育的支持力度不断加大,新职业教育法也在修订中。《国家职业教育改革实施方案》中提到,职业教育与普通教育作为不同教育类型同等重要。2021 年,中共中央办公厅、国务院办公厅印发《关于推动现代职业教育高质量发展的意见》,再次重申职业教育是国民教育体系和人力资源开发的重要组成部分,肩负着培养多样化人才、传承技术技能、促进就业创业的重要职责。《中华人民共和国教育法》规定"国家实行职业教育制度和继续教育制度",《全民科学素质行动规划纲要(2021—2035 年)》提出,"实施职业技能提升行动"。从以上政策可以看出,国家将职业教育摆在了教育改革创新和经济社会发展中更加突出的地位,并从制度、产业、技术、人才等方面提出多项配套支持措施,按照"十四五"规划部署,围绕"增强职业技术教育适应性"和"开展职业教育提质扩容工程"两大重点促进职业教育行业蓬勃发展,增强科技创新、社会资本等多种元素的参与程度。这一系列政策红利,为职业教育及其相匹配的上下游产业提供了广阔的发展空间。

2. 企业对技能型人才的需求增加

近年来,我国技能人才队伍不断发展壮大,为社会建设做出了重大贡献。

然而,目前技术工人特别是高技能人才占就业人员总量的比例依然不高。人社部数据显示,截至目前,我国技能劳动者超过 2 亿人,其中高技能人才超过 5000 万人。从市场供需来看,近年来技术工人的求人倍率一直在 1.5 以上,高级技工的求人倍率甚至达到 2 以上水平,全国高级技工缺口达 1000 万人。从整个就业和经济发展需求看,我国技能人才总量仍然不足。高技能人才的长期短缺,已成为我国产业转型升级的一大瓶颈。

"十三五"期间,我国新增高技能人才超过 1000 万人,但高技能人才仅占技能人才总量的28%,这个数据与发达国家相比,仍然存在较大差距。特别是随着我国发展质量效率提高、经济结构不断调整、产业转型升级,对高技能人才的需求将日益旺盛。

3. 刚性需求强烈

近几年，我国进入新的发展阶段，产业结构升级，劳动力供需的结构性矛盾突显。在政策推动和经济主体需求转变的共同影响下，资本、技术开始向职业培训领域流入，线上业务迅猛发展，职业教育行业迎来了新的发展机遇。

绝大多数人参加各类职业培训的目的非常明确：找一个更稳定或更高薪酬的工作。毋庸置疑，无论是公务员考试，还是 IT 培训，其目的都是围绕"就业"这个刚性需求进行的。随着岗位对知识技能要求的不断增加，人们对各类职业技能提升的需求非常强烈，如数据分析师、产品经理等培训的需求随之上升。有需求就有市场，供求关系的守恒定律一直是市场持续前进的推动力。职业教育人员数量的倍增，将给在线职业教育培训带来庞大需求。

4. 职业技能证书的含金量提高

根据国务院的要求，"目录之外一律不得许可和认定职业资格，目录之内除准入类职业资格外一律不得与就业创业挂钩"，严格控制新设职业资格，坚决防止已取消的职业资格死灰复燃，有关部门应提高职业技能鉴定质量管理，严格执行工作规范、技术标准和管理规程，严厉打击各种违法违规行为，不断净化职业资格证书市场，切实维护职业技能鉴定的权威性，不断提高职业资格证书的"含金量"，为规范行业管理、稳定和促进就业发挥积极作用。

5. 技术的推动

在信息全球化高速发展的大背景下，中国教育信息化发展得最快的领域当属在线教育。随着互联网技术的飞速发展，5G、宽带的普及，中国的在线教育尤其是移动端在线教育发展如火如荼。互联网的快速发展正在颠覆传统的学习模式，当知识的传播不再局限于课堂的面授和书本的方块字时，现代人可以借助网络将碎片化时间得以整合利用。不同于传统机构的面授培训需要抽出整块的学习时间，在线职业教育可以利用碎片化时间，实现随时随地学习，迎合人们的快生活节奏，同时提高了学习效率。

随着互联网、大数据技术的不断进步，加上职业教育本身实用性强、用户愿意付费、用户在线学习习惯容易培养等特点，必将更好地促进在线职业教育产业的发展。

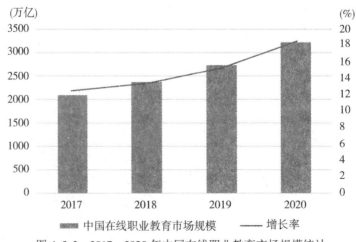

图 4.5.2 2017—2020 年中国在线职业教育市场规模统计

二、武汉直播优选在线教育科技有限公司的历史与成就

武汉直播优选在线教育科技有限公司成立于 2017 年，经过 5 年发展，凭借先进的技术优势、不断创新的教学产品、领先的互联网教育运营理念以及"大班直播课 班主任"的模式优势，正朝着成为"中国新锐互联网大学"的目标大步迈进。

武汉直播优选在线教育科技有限公司是尚德机构的武汉分公司，尚德机构是中国领先的互联网教育机构，2003 年创立于北京，专注于成人职业与学历类考试、技能培训、国际教育和兴趣培训。2018 年年初在美国纽交所上市，成为国内首家赴美上市的成人在线教育公司。

2014 年 6 月 6 日起，尚德机构从线下培训模式全面转型为互联网教育模式，建立起国内领先的成人教育在线直播平台。截至目前，尚德机构已累计服务全国百余万学员。凭借先进的技术优势、不断创新的教学产品、领先的互联网教育运营理念以及"老师大班直播+班主任课后督导+AI 老师个性化辅导"的三师体系，尚德机构正朝着成为"中国新锐互联网大学"的目标大步迈进。

职业培训受到了学员的高度认可，还得到了行业里的诸多嘉奖，如"年度影响力在线教育品牌""最受信赖职业教育品牌""广受学员好评职业教育机构""中国在线教育十强""最具影响力职业教育品牌""最具学员满意度在线教育品牌""最具社会满意度职业培训机构""中国十大职业资格培训机构"。

三、武汉直播优选在线教育科技有限公司的优势

(一)优秀的组织协作能力

武汉直播优选在线教育科技有限公司是尚德机构的武汉分公司，公司董事会和教师队伍都是由具有多年企业管理经验和一线教育教学经验的人员组成。所以，在落实执行企业的战略远景和实践教学改革评价教学效果等方面，每一个教培协作团队都有着极强的执行力和执行效果，为公司各项绩效指标的达成给予了强大的支持。这些经验丰富的教培专业团队是公司的宝贵财富与优势资源，是武汉直播优选在线教育科技有限公司核心竞争力的重要保障。

(二)雄厚的客户资源潜力

尚德公司深耕教育培训行业近二十年，深厚的行业底蕴和雄厚的客户资源，是从业竞争对手难以匹敌的。客户即是口碑，客户即是资源。公司数十万实实在在的客户以及其不断变化的教育需求是武汉直播优选在线教育科技有限公司尚未被开发的资源池，也是企业业绩突破的新增长点。

(三)深耕线上教育

基于互联网技术的运用,各种教育资源通过网络跨越了空间距离的限制,使教育成为可以超出线下向更广泛地区辐射的开放式教育。武汉直播优选在线教育科技有限公司充分发挥自己的培训项目优势和资源优势,把最优秀的教师、最好的教学成果通过网络传播到四面八方。

在教育大班课场景中,直播可以有效提升教学体验,增加用户转化,老师端的音视频流、白板内容可以快速同步到学生端,学生也可以上线与老师连麦互动,极大提升了教学体验和学生学习效率。同时,在上课过程中,老师与学生端的延时在 $1.5 \sim 2s$ 之间,低延时、强同步可以助力大班课提供抢答、抢积分、分组 PK 等教学新形式。

四、武汉直播优选在线教育科技有限公司面对的挑战

武汉直播优选在线教育科技有限公司,是在线教育产业链上的内容提供商,是由其自主研发教学产品(课程、音频、题库等)并直接提供给学习者,转型前后,此模式一直是其主要的收入来源。相较于线下教育,其主要优势为:突破地域限制;突破师资限制;对于产品质量有较好的把握;价格相对低廉;学习次数不受限制;内容库累积后延展性较好等。同时,公司发展还面临以下几个方面的挑战。

(一)新岗位催生技能

随着科技的发展和进步,生活中的工作岗位已经越来越丰富,工作内容也已经发生了巨大的迭代和变迁。在疫情防治中,科技的巨大作用愈发彰显。受疫情影响,线下交流机会减少,以通信服务、在线服务、人工智能、智慧服务平台为代表的科技行业在近两年获得了快速发展。在新型岗位中,最有代表性的就是互联网,互联网产品经理、运营等,这些岗位都是没有教育资源充分供给的,但现在的企业当中大量地存在着这一类工作的需求。新岗位不仅催生新技能,同时也对职业教育师资和培训提出了更高的要求。

(二)新模式催生新职教

随着科技逐渐渗透进教育领域,传统的教学模式也开始发生了变化。传统的培训以线下为主,这不仅是因为科技手段的限制,也有教学内容性质的限制。比如将挖掘机等大型设备用线上的方式进行教学,效果肯定会大打折扣。而现在新出现的岗位,很多都与互联网息息相关,这种工作内容的性质是非常适合用线上的教学方式来呈现的。特别是随着人工智能、大数据、SG、区块链等新技术、新产业的兴起,智能化、网络化、数字化叠加,多样化、个性化与标准化共存,如何推进定制式、个性化人才培养,以适应经济社会发展需求,对职业教育发展提出了全新的挑战。

(三)新业态催生新需求

传统职业教育的用户生命周期很短,用户在得到一个专业证书或学成本领后,便会停

止学习。而现在的职业教育的学习，则是面向越来越激烈的社会竞争大环境。新兴产业和新型岗位在不断更新和涌现，用户希望能够在一个平台上不断更新自己的知识体系，不断开发自己的内在潜能，从而去适应当下的工作环境。所以用户自发将生命周期拉长，从单独购买变成长期需求。如何推进教学管理改革，以适应学生弹性学习、模块化学习、个性化就业要求；如何提升学生自主学习能力，以适应在线学习的要求；如何改革学习管理模式，推动管理手段的数字化、智能化，变专业管理、班级管理为课程学分管理，以适应弹性化学习的要求等，职业教育发展面临新的挑战。

五、在线职业教育发展的几点建议

（一）设计品牌形象，加强品牌传播

公司要强化品牌竞争意识，科学规划品牌发展战略，在各个经营环节融入品牌竞争意识和元素。公司要树立长期发展观念，利用社会媒体资源打造一个响亮的职业培训品牌，与广大学员保持密切沟通和接触，了解他们的培训需求并不断改善自身培训服务质量。公司在开展品牌宣传过程中，要为学员提供从课程选择到职业规划，再到入职培训的一站式多样化职业培训和指导，满足其不同职业发展阶段需求。企业只有用优质、真诚的服务才能够赢得广大客户的信任和认可。近年来，公司培训的学员介绍了许多新学员前来公司培训，这是因为他们对公司的培训有较高的认可度，能够切实提高其职业素质和技能。因此，公司在推行品牌战略过程中，要以提升教学质量为根本，实现公司长期可持续发展目标。

（二）推动产品创新，打造差异化产品

教研产品是教育培训机构生存之根本，教育产品差异化的根本目的就是要保证学员的课堂学习效果和听课体验，提高学员的学习兴趣和学习效率，从而促进学员转化率和升班率的进一步提升，这就要求兼顾学员的学习需求和讲师的授课需求，并且能够及时发现用户需求的变化，做好产品的迭代更新。

互联网教育产品对产品质量要求高，为了提升用户的学习兴趣，提高课程培训效果，保证用户转化率和留存率，就要既满足学生的学习需求又要满足教师和运营管理者的使用需求，互联网教育产品设计差异化的关键是要正视用户的课程体验。所以公司要及时发现用户需求的变化，完成好产品快速迭代。

目前公司在成人自考培训业务方面，产品分为 AI 不过退费班、AI 智能学习班、AI 企业定制班、培优学年班、钻石奖学金班和黄金条款班。这些产品班型通过对价格体系、服务期业务、课程模块、课后 AI 智能学习模块、保险服务、分期业务、奖学金等进行差异化区分，匹配不同用户群体的产品需求，这样才能将产品的核必竞争优势和价值充分发挥出来。

（三）优化运营模式，推行差异化服务

互联网教育产业的服务主要包括课程学习解决方法、个性化学习内容与评价、详细的诊断服务和问题解决。在课后运营服务过程中，将学员在精讲、串讲、题海和补课等学习环节的学习情况，经过 AI 智能学习系统的大数据积累和分析，给出 AI 估分、AI 辅导、AI 冲刺机制，第一，提供给学员个性化学习报告，分析考试规律，分析学员对每个知识点的掌握程度；第二，提供给学员个性化智能推荐模型，针对每个学员薄弱知识点，给出每日推荐题目；第三，提供给学员个性化冲刺模型，针对每个学员推送考前最后冲刺练习。再者，尚德机构通过系统产生的学生数据，可以进行运营后端销售转化，在对学员提供优质服务的同时，也对学员进行业务转介绍的推动。

技术部门也需与学员服务中心做好配合，提供相应的个性化产品，具体方式如下：第一，提供给学员个性化、智能化的题目练习，针对每个学员薄弱环节，生成每日有针对性的练习题目，同时对于 APP 中的题目进行难度等级的划分；第二，生成学员的个性化学习报告，为学员对每个知识点的掌握程度进行评分，并针对薄弱内容给予系统化的指导建议；第三，设置自动化打卡系统，统计学员的到课率和完课率等指标，对于完成度较高的学员予以积分的累计并排名，对于排名靠前的学员给予相应的奖励，促使学员更好地完成课程。

班主任应该主动出击，定期帮助学员分析学习报告和听课情况，真正起到督促学员、提升学员学习效果的作用。同时对于学员在评分系统中的评价，要第一时间进行了解和反馈，尤其要重视课程的非五星评价。有些学员在进行了非五星评价之后没有写明具体的评价原因，这时作为班主任应该主动致电，询问学员问题所在，若是对于知识的理解方面存疑，要及时予以解答，若是对讲师的授课情况有相应的意见和建议，也要及时记录，并且第一时间反馈给对应的老师，以便帮助老师意识到问题所在，做好后续的改进处理。除此之外，还要进行学员考前的心理疏导。部分学员在考前会异常的紧张、焦虑，甚至情绪崩溃，这时一定要及时关注学员的心理变化，帮助学员缓解焦虑情绪，在考试中正常发挥。

同时，对于退费学员的后续服务也是至关重要的，一定要考虑退费学员的心境变化。一些退费学员本身由于考试失利会变得心态失衡，因此很容易因退费流程而产生不满，甚至在网上发帖，并且将事件放大，这将对公司的品牌形象造成不可估量的损害。因此要优化退费流程，注意与学员沟通的态度，而且在学员签署相应的协议之前，一定要逐条对学员进行说明，以免产生后续纠纷。

（四）培育新主体，拓展新空间

1. 服务乡村振兴，培育新型职业农民

十九大报告明确提出了"三个优先"：农业农村优先发展、教育优先发展、就业优先发展。"三个优先"发展战略的实质即农民教育、农村教育与农业教育的发展问题，也就是优先发展的优先序，意即优先中的优先。农民教育、农村教育与农业教育是当前我国四个现代化能否顺利实现的最大障碍，是我国能否走出中等收入陷阱，实现可持续发展的关键。因此，加强以农村职业教育和培训为主题的内容开发，培育符合农村发展需要的新型

职业农民以及其他各级各类人才，是未来的重要方向之一。

2. 服务"制造业+"，培育高技术职业工人

顺应全球制造业发展趋势与我国经济发展的要求，《中国制造 2025》提出制造业强国发展战略，"完善多层次多类型人才培养体系，促进产业转型升级"。这是我国第一次从国家战略层面描绘建设制造强国的宏伟蓝图，并把人才作为实现制造业强国的根本。公司可以开发与完善现代制造业体系相契合的人力资源培训课程，为实现制造业转型升级奠定坚实的人才基础。

3. 服务于"一带一路"战略，培育国际化人才

教育为了能够更好地服务于"一带一路"战略的建设发展，必须要突破办学水平不高、缺乏国际化师资以及办学机制不健全的障碍和壁垒，坚持团结合作、互学互鉴以及开放包容的发展理念，加强自身的产业调整，实现职业教育国际化发展进程。同时，在全球化的大背景下，区域经济的发展更多体现的是一种国际化的合作和共赢，在庞大的教育系统中，职业教育与经济发展的关系最为紧密，职业教育通过培养劳动力、提高劳动力的生产效率推进经济增长，培养面向国际化的专业技术人才。

理论文章

关于武汉生态环境投资发展集团的思考[①]

从市政集团到航发集团再到武汉生态环境投资发展集团，一路走来，笔者一直在跟踪调研。2020年参与武汉生态环境投资发展集团十四五规划的制作，调研更细，感触较深，粗略梳理出如下浅见，供参考。

一、组建武汉生态环境投资发展集团是一项有创意的顶层设计

2020年9月13日，武汉市委市政府办公厅印发了7家市属出资企业整合重组工作实施方案的通知，其中原航发集团、碧水集团与环投集团整合重组为武汉生态环境投资发展集团。笔者以为，在这些重组中，生态集团的重组是最值得赞扬的。

从政治上看，"大力推进生态文明建设"是党的十八大从新的历史起点出发，做出的重大战略决策，生态文明建设被纳入中国特色社会主义"五位一体"总布局之中。为此，国家出台了一系列促进生态文明建设的配套文件。党的十九大，习近平总书记进一步强调"加快生态文明体制改革，建设美丽中国"。对中央的战略决策我市贯彻是积极的，但总的来看差距仍然很大。在武汉的国企中虽然也有专司生态环境的公司，但规模较小，力量分散，难以发挥应有的作用。重组武汉生态环境投资发展集团，有利于落实中央生态文明建设战略，有利于提升全市生态环境综合发展能力。

从市场上看，生态环境产业是国家战略性新兴产业，在国家环境保护政策及环境保护投资的协同带动下，市场需求增长很快。有资料显示，2019年，企业环境治理项目投资额同比增长显著，被调查企业环境治理项目投资额656.7亿元，同比增长18.5%。其中水污染防治、固废处理与资源化、环境监测领域的投资额分别占企业环境治理投资额的54.0%、27.3%、2.3%。与2018年相比，2019年相同样本企业的水污染防治、固废处理与资源化领域的年投资额分别提高了70.9%和6.6%。[②] 无疑，生态环境产业在我国是朝阳产业，市场潜力和空间巨大，在未来发展前景广阔。

从实践上看，重组后的生态集团发展也是令人满意的，2020年，面对疫后复苏的多重挑战，他们克难攻坚、奋勇争先，主要经济指标均超额完成年度目标并创历史新高。尤其是今年以来，生态集团全力推进武汉百里长江生态廊道、三湖三河综合治理、千子山循环经济产业园、武阳高速、南泥湾大道改造工程等重点项目建设，汉阳碧道、江北碧道、江滩闸口等6个项目如期开工，9个工程按节点完工。截至6月30日，完成城建投资77

[①] 本文作者系江汉大学武汉研究院杨卫东教授。

[②] 此部分数据来源于《中国环保产业发展状况报告（2020）报告》。

亿元，完成营业收入 118.4 亿元，实现利润 4 亿元，主要指标均实现"双过半"。

二、行百里者半于九十，实现重组目标，还有一段更艰难的路要走

市委、市政府重组生态集团的思路是先将航发集团直接更名为生态集团，然后"将碧水集团、环投集团整体划入生态集团。后期通过资本注入及资本公积转增资本等方式，将生态集团注册资本扩大至 50 亿元"①（目前注册资本是 10.25 亿元）。现在看来，组织上的重组是顺利的，但重组中的设计思路如何逐步落地没有部门负责。例如，后期扩大注册资本的问题。"后期"的时间没有界定，谁负责操作"资本注入"也没有规定。另外，将航发集团直接更名为生态集团，意味着公司业态的全面调整转型，怎么"调"？怎么"转"？似乎缺乏相应的配套措施和政策。2021 年，生态集团按照业务在内部进行了重组，下设市政集团、碧水集团、产业集团、环投集团、生态设计院、机场高速公司、武天高速公司 7家二级集团公司。按照生态集团 2020 年的统计，我们发现市政集团一家的营业收入占整个集团的 91.03%，利润总额占整个集团的 159.93%。换言之，在整个集团中，生态环境产业的份额几乎到了忽略不计的地步，如何让生态集团名副其实，是摆在公司面前的一个严峻问题，也是摆在市委市政府面前的一个课题。

表 5.1.1　　　　　　　　生态环境投资发展集团合并情况表　　　　　　（单位：亿元）

项目	2020 年完成数		占总额比重	
	营业收入	利润总额	营业收入	利润总额
生态合并	147.92	3.13	100.00%	100.00%
合并抵消	-0.49	-1.17	-0.33%	-37.35%
生态本部	0.00	0.04	0.00%	1.28%
市政集团	134.65	5.01	91.03%	159.93%
碧水集团	6.21	0.83	4.20%	26.50%
环投集团	2.49	-0.37	1.68%	-11.72%
产业集团(含星辰产业)	2.40	0.11	1.62%	3.51%
机场高速	2.66	-1.32	1.80%	-42.14%

三、市委市政府应该为"做强做大"提供基本条件

这次重组的指导思想是："突出资源整合，以做强做大为重点，……打造全市生态环

---

① 武办文〔2020〕31 号《关于重组武汉生态环境投资发展集团有限公司的实施方案》（以下简称《方案》）。

境综合开发主力军。"一般而言，我们主张国企应该在市场竞争中做强做大。但是生态集团有很大的特殊性，它原本的主业是市政工程和城建，市委市政府要求它转向为生态环境产业。这是政府贯彻中央精神作出的战略决策，不是市场行为，政府理应为它的转型创造必要的条件。

一是要下大力气为生态集团减债降负。截至 2021 年 6 月末，生态集团全口径债务余额 560.69 亿元，资产负债率高达 72.45%，它不仅高于全市国企资产负债率 3.49 个百分点(2019 年)，也高于资产负债率警戒线 2.45 个百分点，更高出全国地方国有企业负债率达 10 个百分点以上(2019 年)。从债务余额分类看，政府债务 164.07 亿元；政府隐性债务 81.49 亿元；其他政府性债务 133.95 亿元，政府性债务占比共达 67.68%。显然，这不是靠集团一己之力能化解的，需要市委市政府对项目平衡资源的方案进行研究和协调。对有资金缺口的项目安排一定的地方政府债券资金或财政专项资金等，解决集团资产负债率居高不下的问题，让生态集团轻装上阵。

二是尽早解决生态集团武汉天河机场股权问题。生态集团中的原航发集团为武汉天河机场的建设作出了巨大贡献。2014 年 12 月，省委、省政府决定用 45.68 亿元向首都机场回购武汉天河机场股权和相关资产，按省市 3∶7 比例分别出资 13.67 亿元和 31.98 亿元，并持有相应股权。2015 年以来，航发集团按照政府的要求对天河机场的直接投资达 97.56 亿元，其中包括天河机场股权回购资金 31.98 亿元。截至 2021 年 6 月底，加上累计支付贷款利息 11.34 亿元，已出资 43.32 亿元，2021 年预计新增利息 2 亿元。

除此之外，作为市委、市政府批准成立的武汉临空经济区投融资和建设主体平台，他们为机场配套基础设施投资 113.61 亿元，但至今他们在天河机场的股权关系仍未明确。目前武汉天河航空港(第三跑道及 T4 航站楼)新一轮建设已开始，机场股权关系未理清，已严重影响到企业权益和政府信誉，更影响了天河机场的进一步发展。因此，需要市委、市政府统筹理顺天河机场股权关系。

三是要让主力军冲上生态文明建设的主战场。市委市政府对生态集团的明确定位是打造成全市生态环境综合开发主力军。但在实际操作中，它常常只能当预备队，没有机会上主战场。笔者发现武汉有一个奇怪的现象：国际开放度不是很高，但国内开放度极高。武汉的重大工程到处是央企的影子。是武汉企业做不了这些工程吗？还是有别的原因？笔者认为，如果不用心培养本土企业，武汉经济不会有后劲，武汉人民也不会富起来。

四是要创造条件让承担公益类项目的公司良性循环。多年来，碧水集团、环投集团承担了大量生态环境治理的公益类项目，这是国企本应发挥的功能之一。但是，由于公益项目未有配套的经营项目支撑，效益低下，从 2020 年的报表看，碧水集团处于微利状态，环投集团则处于亏损窘境。公益类项目都属于公共产品，应由政府无偿提供，这是政府的职责和责任。要保证公共产品保质保量地源源不断提供，必须让承担这项任务的企业实现良性循环。不能克扣公益类企业的利润，更不能让他们买单。"打造全市生态环境综合开发主力军"，必须从多途径构建生态集团发展的良性循环机制。

五是要加大对全市生态环境治理顶层设计。市委市政府历来高度重视生态文明建设，但涉及生态环境治理的相关部门很多，水务局管水治理，城管局管固废垃圾治理，环保局专司生态环境综合治理，发改委管生态环境宏观治理。政出多门，缺乏顶层设计和整体协同推进的机制体制，市委市政府应该加快推进全市生态环境治理顶层设计，同时，可以考虑让生态集团的生态设计院参与此项工作，以便发挥全市生态环境综合开发的主力军作用。

表 5.1.2　　　　　　天河机场直接投资情况表（截至 2021.06.30）　　　（单位：亿元）

项目	总投资	已投资	本金	利息
机场股权并购	43.32	43.32	31.98	11.34
机场三期资本金	37.2	37.2	30.756	6.43
机场周边环保降噪	22.98	14.13	10	3.27
口岸及北排水	2.76	2.91	2.72	0.19
合计	106.26	97.56	75.46	21.23

表 5.1.3　　　　投资天河机场配套基础设施项目情况表（截至 2021.06.30）　（单位：亿元）

项目	总投资	已投资
临空经济区五条路	24.24	13.78
机场一二通道股权收购	13.57	13.57
S9 标孝汉大道武汉段	15.2	8.27
机场路改线工程	7.23	6.84
机场路高架	10.26	7.32
江北快速路	65.94	57.98
航发智慧城	10	5.85
总计	146.44	113.61

四、加快推进混合所有制改革是做强做大生态集团的关键

据调查，生态集团大多数干部都不热衷混改，在市属出资企业中，它的混改率是比较低的：二级公司 7 家均为全资子公司；三级企业 32 家，全资企业有 22 家，控股 3 家，参股 7 家；甚至连四级企业也是如此，49 家中全资占 38 家，控股 5 家，只有 6 家是参股。市委市政府关于重组生态集团实施方案的基本原则是："坚持市场化改革方向，明确主业，理清边界创新企业运作模式，健全激励约束机制，管住一级企业，放开搞活二、三级企业，增强国有经济活力。"文件强调："生态集团强化对所属二、三级企业的管理，以市场化、社会化、业绩导向为目标，创新体制机制，积极发展混合所有制经济……促进企业

成为持续健康发展的市场主体。"①不言而喻，生态集团的成立只是重组的第一步，要达到预期目标，必须按照实施方案的精神，坚持市场化改革方向，发展混合所有制经济。我认为，混合所有制改革是解决生态集团许多问题的金钥匙。

第一，它有利于解决集团的发展问题。目前，生态集团在生态环境产业的力量十分薄弱，既缺人才，又缺技术，也没有核心竞争力，历史证明仅仅依靠政府的扶持，很难在市场上独自前行。最好的发展思路就是有效调动社会资源，与有人才、有技术、有市场的民企进行高位嫁接。由于种种原因，民企希望与国企合作成为当下一种潮流，这使国企混改处于十分有利的地位，比较容易找到有实力的合作者。生态集团的二、三、四级企业应把握好时机，适时推进混合所有制改革。

第二，它有利于解决集团的经营机制问题。由于国企与政府不可分割的关系，各类规章制度愈来愈严格，企业很难靠自身的努力搞活机制，因此，市委市政府提出："管住一级企业，放开搞活二、三级企业。"即一级企业必须是国有独资，按国企制度管理，二三级企业，实行混合所有制经济，放开搞活。用混合所有制搞活企业机制的成功经验，在过去的国企改革中屡试不爽。如20世纪90年代上海的"斯米克现象"等都是通过混改转换企业机制，在人员不变、厂房不变、机器设备也不变的情况下，经营效率显著提升。

第三，它有利于建立健全现代企业制度。1993年《中共中央关于建立社会主义市场经济体制若干问题的决定》明确指出："建立现代企业制度，是发展社会化大生产和市场经济的必然要求，是我国国有企业改革的方向。"但国有独资公司很难真正建立现代企业制度，因为它很难划清所有权与经营权的边界，很难实现政企分开。从这个意义上讲，混合所有制是现代企业制度的基础。要建立规范的现代企业制度，必须大力推进混合所有制改革。

当然，生态集团内部还有很多工作要做，譬如要统一思想，坚定不移地把生态环保产业作为公司的主业；要调整集团思路，加大内部资源的重组；开展集团组织再造；向商业化、市场化转型等。这些在生态集团十四五规划中有详细分析，故不再赘述。

---

① 武办文〔2020〕31号《关于重组武汉生态环境投资发展集团有限公司的实施方案》。

对商贸集团重组的几点建议[①]

2020 年 9 月，市委市政府发文重组商贸集团，这在武汉国资一盘棋中是极有意义的一件事。武汉是商家必争之地。武汉国资分布在商业领域的资源较多，如果资产分散管理，可能形成无序竞争，产生内耗。因此，此次重组计划不仅要把国资公司和商贸控股的商业资产整合到一起，而且要把全市的商贸物流资产整体整合到商贸集团。[②] 这一举措有利于国有资本形成合力，增强市场的影响力、引导力。武汉的区位优势和经济优势十分有利于全国性的商贸物流产业发展，无论是原国资公司还是商贸控股都曾有大力发展商贸物流的设想，有的甚至作了较详细方案，但受体制限制，难以实施。而本次重组，优化了商贸物流资源布局，把长期分散在不同市属企业管理的商贸物流资产集中起来，形成了商业零售、仓储物流、商贸批发全产业链，为实现业态创新，打造线上线下融合发展的全国一流的商贸物流产业创造了条件。最为重要的是，武汉"十四五"期间提出了打造国家商贸物流中心的战略任务。毋庸置疑，商贸集团将成为市政府实现这项战略的主要抓手和重要生力军。

从实践来看，集团重组的效果也是可喜的。截至 2021 年 6 月 30 日，集团资产总额892.37 亿元，比年初增长 24.88%；今年上半年实现营业收入 161.5 亿元，同比增长 28.1%。

中肯地说，这次重组只是开了一个好头。虽然从组织形态上集团公司已经组建成立，但产权的重组并没有到位。例如，重组计划中将金控集团持有商贸控股 51% 的股权划还商贸集团，以及再将其他集团现有的商业物流资产也划给商贸集团的步骤都没有推进。重组工作至今已经有一年的时间了，但仍然没有关于启动第二步重组的消息。

如果重组变成半拉子工程，产生的问题可能会更严重。以商贸控股为例，以前虽然将它的 51% 股权划拨到金控集团，但市委市政府明确背书，证明商贸控股是独立法人实体，不是金控的子公司。而现在商贸控股的 49% 划给了商贸集团，51% 仍在金控集团，理论上，金控集团可以与商贸控股公司并表，而商贸集团则不能并表。商贸控股变成一种被撕裂的状态：商贸集团管班子，金控集团管资本。因此，商贸集团的重组只是名义上的重组，商贸控股的所有资产变动都必须经金控集团同意。总之，企业重组的本质是产权的重组，企业只是产权的一种组织形式。从这个意义上讲，重组计划的第二步必须走下去。

怎么完善商业集团的重组？笔者以为需从以下几方面下工夫：

第一，要排除万难理清重组企业间的产权关系。按照重组计划的安排："2. 适时将武

[①] 本文作者系江汉大学武汉研究院杨卫东教授。

[②] 见武办文〔2020〕31 号《关于重组武汉商贸集团有限公司的实施方案》。

汉金融控股(集团)有限公司所持有的商贸控股51%股权无偿划转至市国资委,再由市国资委将持有的商贸控股股权整体划转至商贸集团。"①从理论上讲,国资委是金控集团的出资人,也是商贸集团的出资人,进行这样的无偿划转是没有问题的,但是,在实践中是行不通的。作为一个运行中的企业,其信用多是以产权相联系的,由于金控发行了海外债,一旦它的资产出现大的变动便会影响相关信用。该公司于2018年年底发的3年期美元债,2021年12月份到期。所以方案用了"适时"二字。问题是到期后就可以无偿划转股权到国资委了吗?笔者以为是不可能的。首先,金控集团到期还款后有没有实力可以不续发?通常还旧债续新债已经成为现有公司运作的固定模式;其次,金控集团不止有美元债这一个债,还有n个债,比如:scp、中票、永续中票、公司债、永续公司债、疫情防控债等,任何无偿划股权的事情都会影响它的信用。因此,只要公司在正常运营,"适时"将永无期限。可见,"无偿划转"是重组中的死结。

这一道题有没有解呢?答案是肯定的。只要我们换一个思路,重组便可以继续推进,即将"无偿划转"变为"有偿置换"。我们知道,武汉市国资委是全市国有资产的出资人,完全有能力在全市范围内用更大更优的资产将商贸控股的51%股权置换出来。或者通过融资的方式,将商贸控股的股权买回来。虽然这些操作会比行政划拨复杂得多,但它更符合重组方案制定的基本原则,即"坚持市场原则、依法依规。坚持市场在资源配置中的决定性作用和更好发挥政府作用,确保重组合乎法律法规、遵循市场规律,不留风险隐患"。② 只有这样的方案不会给市场带来负面影响,更有利于企业的发展。

第二,要因势利导、扬长避短发挥商贸集团已有优势,在做大商贸板块的同时加大资本运营的力度。我市2020年的重组有一个鲜明的特色目标,即以重组方式打造全市重量级的产业公司。武汉国有企业这些年虽然发展很快,但是没有真正的龙头企业,在每一个行业都做得不大。因此,本次重组,市委市政府下了很大决心,根据武汉国企实际情况,将若干行业内的国有资产分类集中,组成有实力的产业集团公司。这样的设计初衷当然是好的,但一定要实事求是,要以能最大限度发挥企业优势为宗旨,不能用行政计划强行改变企业在市场竞争中形成的特点。武汉有些被重组的企业在过去的市场经济中都往往不是在一个行业而是多个行业发展并形成一定特色,被重组到一个特定的产业公司后,在"聚焦主业""突出主业"的要求下,有的优势很难发挥,形成尴尬的局面。

例如,武汉国资公司虽然控股武商、中百两家商业上市公司,但它更擅长国有资本运作,如果按照只能发展商业的规定,它的专长就会受到很大限制,它的人才也难尽其用。武汉国有资产经营公司是全国最早成立的国有资本运营公司,1994年组建时以全市24家股份公司的国家股为注册资本金,在全国开创了国有资本运营的经验,《经济日报》曾连篇推介武汉国有资产管理模式,湖北省委省政府专门在武汉开现场推介会。尽管后来根据要求武汉国资公司在不断朝产业公司方向发展,但资本运营的特性一直保留,直到并入商贸集团以后,它仍然受命融资近40亿元,收购华工科技19%的股权,使武汉商贸集团成为华工科技第一大股东。目前商贸集团名义是一个产业集团,但从现有资产分布和企业股

---

① 见武办文〔2020〕31号《关于重组武汉商贸集团有限公司的实施方案》。
② 见武办文〔2020〕31号《关于重组武汉商贸集团有限公司的实施方案》。

权结构来看，主要实行的是国有资本运营（投资）公司管理模式，如果该公司不受"聚焦主业"的影响，发挥资本运营的优势至少有三大好处：一是有利于商业产业更好更快的发展。因为，发挥国有资本运营优势，商业资产并不会因此而减少。相反，资本运营可以在更大空间整合商业资产，撬动社会资源推动武汉商业的发展，尤其是有利于扩大或增强国有资本在武汉商业的影响力。二是有利于国有资本的管理。如果将重心放在资本运营上，公司自然会从管企业向管产权转变，从注重产值、销售规模向注重保值增值转变。三是有利于市场化经营。国有资本运营突破了产业的局限，更有利于根据市场行情，根据自身的优势，以追求资本增值、利润最大化为目标开展自主经营。

第三，要进一步完善对商贸集团的授权经营和监管方式。重组方案明确规定市国资委代表市政府依法对商业集团履行国有资产出资人职责，"按照国有资产经营管理的有关政策法规，对国有资产经营情况进行监管，制定经营业绩目标责任，组织考核评价，负责确定公司负责人薪酬"。[①] 这好像是一个老生常谈的话题，实则涉及企业怎么发展的关键问题。因为，监管方式、目标责任、考核评价是企业的牛鼻子，你往哪里牵，它往哪里走。

十八届三中全会决定指出"准确界定不同国有企业功能"。这是一条全新的思路，意味着国企不再被视为一个整体板块，改革不再是一个统一的模式。必须按照国企的不同功能进行分类监管、分类考核、分类指导、分类改革。按照功能划分，商贸集团是武汉市为数不多的商业一类集团。所谓商业一类国有企业是指由国家出资，以实现利润最大化为目标而实行商业化运作的企业。我们要以此为前提来设计监管方式、目标责任、考核评价，创造条件让企业面向市场，进入市场，在市场竞争中成长。

一是要坚持政企分开。改革开放以来，我们一直把政企分开作为国企改革的主要内容之一，虽然取得了一些成绩，但与理想目标相差还很远。如果说商业二类企业的经营涉及许多政府工程、政府目标，政府关心和插手他们的经营还有些许理由，而商业一类企业属于完全市场化的企业，理应给予他们充分的自主经营权。从名义上讲，商贸集团是有权自主经营的，但实际上包括集团的二级企业，上级领导有时都会亲自过问。例如，我市的商业上市公司，历来是市委市政府关注的重点。而随着市委、市政府领导人员更替，思路也在不断变化。这也是导致多年来传统三大零售上市公司常有股权之争、发展不快的原因。因此在分类授权经营和监管方式的基础上，还应明确权责清单。二是要强化混改力度。推进市场化的最好方式是发展混合所有制经济。因此，对商业一类的企业应有混改的刚性指标，作为目标管理和考核的重要内容。应该说，商贸集团的混改在全市国企中的比例是比较高的，但存在两个问题：（1）形改而实未改。如有的企业曾经在 21 世纪初进行改制，实行职工持股，但是国企的机制没有变。（2）改制未完善制度。即改制企业没有按照产权制度建立合理的治理结构。混改是否真正实现，其检验的制度标准就是看它能否按市场规则建立现代企业制度。所以，混改一定要与建立现代企业制度结合起来。三是要强化激励约束制度。目前，政府和国资委颁布的关于激励机制的文件都讲得很好，但操作起来却会走样变形。国有商业一类企业与普通企业一样都是追求利润的最大化，只有最大限度地调动经营者的积极性、创造性，企业才有发展的动力。因此，要从企业实际出发，加大对商

---

① 见武办文〔2020〕31 号《关于重组武汉商贸集团有限公司的实施方案》。

业类企业的激励和约束力度，按市场化的机制与标准作制度安排。

最后，市直有关部门要抓紧对全市商业规划和管理的工作。

武汉"十四五"期间如何打造国家商贸物流中心，仅仅提一个口号或目标是不够的，必须有一个科学的规划、顶层的设计。相关部门应该站在全国的高度按照各自的职能协同配合，对全市商业网点布局、城市空间布局、交通运输布局进行通盘谋划。商贸集团作为武汉的国家队应该积极参与到"打造国家商贸物流中心"规划之中，主动作为，把政府目标与市场需求有机地结合起来，在市场竞争中成长为武汉商业的重要生力军。

武汉的商业氛围和区位优势是明显的，其商业社零总额长期在全国排名第三，吸引了众多商业巨头竞相在汉开店。作为高度市场化的行业，商贸物流行业面临着充分、完全的市场竞争。特别是部分民营企业、跨国企业为抢占市场，甚至采取非常规方式进行恶性竞争，对我市商贸流通行业健康发展有较大影响。因此，市相关部门还应加强全市商业的行业管理，为商业提供一个公平、公正、运行良好的市场环境。

集团重组：能否再往前走一步①

2020 年 9 月 13 日，中共武汉市委办公厅、武汉市人民政府办公厅印发部分市属出资企业整合重组工作实施方案的通知（武办文〔2020〕31）号发布了《关于深化武汉国有金融企业改革的实施方案》《关于重组武汉城市建设集团有限公司的实施方案》《关于重组武汉旅游体育集团有限公司的实施方案》《关于重组武汉商贸集团有限公司的实施方案》《关于重组武汉产业投资发展集团有限公司的实施方案》《关于重组武汉农业集团有限公司的实施方案》和《关于重组武汉生态环境投资发展集团有限公司的实施方案》。这是继 1997 年以来武汉市国有企业的最大一次重组。这次重组的最大特点就是希望通过行政划分的方式快速构建武汉的产业类大集团。政府开展的企业重组在理论上是可行的，因为国企的股权都隶属于市政府，通过内部的划转是交易成本最低的方式。②

企业重组的内容涉及机构重组、产权重组、债务重组。目前机构组织的重组已经完成，其他的重组还没有推进。例如，生态环境集团在武汉天河机场的股权还没有落实，金融控股集团和商贸集团分别持有商贸控股的产权纠纷也没有化解，反而变得越来越复杂；另外，政府分别拖欠国有集团的债务也没有通过重组而解决。许多积重难返的问题，仅靠政府的力量估计难以办到。怎样解决这些难题呢？笔者的观点是，向前一步，柳暗花明。即在此基础上进一步重组，用改革的办法解决改革中的问题。

笔者的主要思路是选择一两家公司开展试点，将现有的某些集团的产权重组到试点公司之中壮大资本规模，即在若干产业集团的基础上，将新组建的集团总部独立出来组建国有资本运营公司。该公司作为产业集团的出资人，履行国有资本管理与运营的职责。

组建国有资本运营公司可以从理论和实践上解决目前重组中遇到的一些难题：

第一，有利于增加新的融资渠道，以市场化运作方式化解企业间相互羁绊的产权关系。虽然当下国企融资的环境是宽松的，但也有很多高压线过不去。譬如《银行保险机构进一步做好地方政府隐性债务风险防范化解工作的指导意见》（银保监〔2021〕15 号）明确指出，银行保险机构不得为隐债主体提供流动资金贷款或流动资金贷款性质的融资；不得为其参与地方政府专项债项目提供配套融资；不得通过理财、信托、保险资产管理产品、融资租赁等方式违规向平台公司提供融资或绕道置换不符合条件的隐性债务，不得承销变相增加或虚假化解隐性债务的融资平台公司的债券。这是继 2010 年以来，国务院及相关部委连续多次发文后的进一步补充，规定更严格，把许多变通的路都给堵死了。因此，国企的贷款、融资规模是一定的，很难有大的突破。

---

① 本文作者系江汉大学武汉研究院杨卫东教授。

② 见武办文〔2020〕31 号。

但是，建立国有资本运营公司，可以在国有资产总量不变的情况下，合规打通融资的新途径，使融资规模大幅度扩大。假如，现有 A、B、C 三家产业公司，各拥有总资产 25 亿元，其中，净资产 10 亿元，银行贷款 15 亿元，资产负债率为 60%。需要指出的是，银行贷款的多寡对他们的净资产并无影响。所以，作为 A、B、C 公司股权的持有人，国有资本运营公司仍拥有价值 30 亿元股权，按照 60% 的资产负债率，也可以融资 45 亿元，这是合理、合规、合法的。当年，我们成立武汉国有资产经营公司时，就是将全市 24 家股份公司的国家股授予该公司管理经营，他们正是利用这些股权进行融资，开展资本营运的。如果将若干产业集团合并，合并后的总部改建为国有资本运营公司，其最直接的效果有三：一是集团公司的资本规模更大，在市场上的经营能力和竞争能力会更强；二是国有资本运营公司成为新的融资平台，更容易解决集团公司融资难的问题；三是该公司可以通过资产置换和融资途径以市场的办法回购原集团相互羁绊的股权纠缠，理顺相关产权关系。2020 年 12 月 31 日出台了一则利好信息，交易商协会公布了《权益出资型票据信息披露表》，明确权益出资型票据的募集资金用途可以用于股权投资和基金出资。因此，只要重组到位，无需政府和国资委出钱出力，国有资本运营公司便能解决股权回购问题。

第二，有利于打破行业界线，更加灵活自主地服务市政府的战略目标。武汉市政府设定的目标很多，不可能为每一个目标成立一个产业集团。而产业集团由于受到突出主业的要求限制，又难以顾及自己产业以外的领域，而这种问题，国有资本运营公司可以解决。

首先，它有利于产业集团的打造。我市 2020 年的重组有一个鲜明的特色目标，即以重组方式打造全市重量级的产业公司。但是产业集团不能靠拼凑，很多企业原来在市场的拼打中形成了自身优势，通过行政计划让他们重新转行有一定困难，例如，在生态环境集团的产业中，市政、城建板块的利润和营业额均占集团的 90% 以上，转产生态环境产业非一日之功。武汉国资公司虽然控股武商、中百两家商业上市公司，商业产业的规模较大，但是，上市公司都是在独立运作，国资公司基本插不上手。多年来国资公司专注国有资本运作，如果让它发挥自身优势，开展国有资本运作，国资公司可以通过多种融资方式，为产业集团的发展创造宽松的环境，搭建完善的产业链。如对商业物流产业，可发起设立商贸物流产业基金，整合武汉商业物流，并有条件在较短的时间内走到全国行业内的前列。

其次，武汉"十四五"规划提出加快打造全国经济中心、国家科技创新中心、国家商贸物流中心、国际交往中心和区域金融中心的战略目标，武汉国企作为地方政府调控社会经济的工具，必须服务于这一战略目标。但行业鲜明的产业集团很难和这些目标一一对应，而成立国有资本营运公司则能很好地解决这类问题。如打造"国家科技创新中心"，这项任务的实施涉及各行各业，需要众多的人才支持，需要庞大的资金支持，还需要各类风险投资机构和风险投资基金的支撑，这类经营活动往往不适宜产业集团，而以资本运作为特点的营运公司则如鱼得水。在这个体系架构中，原产业公司的功能不变，仍然按照原来设计的思路在各自的行业领域大显身手；而国有资本营运公司则可以根据市场需要和政府要求，发起各类产业基金，利用社会资本，运用市场的力量推动相关产业的发展。推动国有资本运作与产业发展有机融合，有利于将集团原有的自身优势更好发挥。由于国有资本营运公司是综合性的、以资本运作为特点的企业，不受产业、行业的限制，只要市场认可，有较好效益的项目，它都可以运用融资的优势，把它做大做强，因此，国有资本运营公司是服务政府"十四五"五个中心打造的重要载体。

第三，有利于完善三个层次的国有资产管理体制，夯实"管资本为主"的职责任务。政府重组企业的思路必须与中央国有资产管理体制改革的方向一致。我们知道，国家成立国资委的核心思想就是"按照政府的社会经济管理职能和国有资产所有者职能分开的原则"，实现政企分开。怎么分开呢？就是从政府做起，将管理国有资产的职能授权国家国资委，让它作为国家出资人管理中央所属国有企业；按照国有资产分级管理原则，地方政府则授权地方国资委管理地方国有企业。为了防止国资委代表政府直接管国企，还出台了两个措施，一是规定国资委的性质为特设机构，不是政府机构，《企业国有资产监督管理暂行条例》明确规定："国有资产监督管理机构不行使政府的社会公共管理职能，政府其他机构、部门不履行企业国有资产出资人职责。"即国资委不能像以前政府部门一样管企业。二是在国资委和企业之间设置了一个中介机构——国有资本运营公司或投资公司，国资委不直接管企业，而是授权他们去管企业。这一点，过去做得不是很好，许多地方直接设立了企业集团或产业公司，让国资委直管。所以，十八届三中全会决定明确提出："改革国有资本授权经营体制，组建若干国有资本运营公司，支持有条件的国有企业改组为国有资本投资公司。"即由国资委以管资本方式管国有资本运营公司，运营公司则以股权的方式管权属企业。形成国资委——运营公司——权属企业的三层次国有资产管理体制。需要指出的是，武汉最初的国有资产管理模式就是按照三个层次的体制建立的，我们在全国最早成立了国有资产经营公司，其职责就是对授权企业的股权进行管理与经营。可惜的是，后来政府随大流，又把它变成了产业集团。重建三层次国有资产管理体制，是中央明确提出的要求，而重建的关键，就是建立国有资本运营公司或国有资本投资公司。

十八届三中全会决定提出"以管资本为主加强国有资产监管"。这既是对各级国资委职责的定位，也是对国企管理思路的调整。其实从管资产到管资本的转变，强调的是从管企业到管股权的转变。所谓资产，包括权益与负债两大部分，属于企业法人财产权范畴；所谓资本，是出资人对企业的投入，是所有者权益的概念。换言之，资产管理就是对企业法人财产权的管理，是所有权与经营权合一的管理。而资本管理则是一种股权的管理，对企业的生产经营没有管理权。实现以管资本为主的转变，其前提是完善三个层次的国有资产管理体制。首先，国资委只管国有资本运营公司（投资），主要管什么呢？以股东的身份管股权变动，管资本收益，管公司重大事项的决策，同时受上级党委的委托，管党的工作。其次，国有资本运营公司（投资）经国资委授权，管理一定范围的权属企业。主要履行出资人的职责，对权属企业的国有股权进行管理与运营。最后，第三层次的企业原则上不设国有独资公司，在现代企业制度的框架下独立自主运作。这样的管理体制，一方面，通过管理层级的层层递减，保证了政企的分开；另一方面，以资本构成的股权，可以随着市场变化和政府需要不断增减，成为宏观调控的重要工具。

综上所述，将重组向前再推进一步，组建国有资本运营公司（投资），既是中央的战略决策，也是实现国有资本管理的关键一环。同时它还可以解决目前重组中的种种难题，调动社会资本为我市五个中心的打造服务，具有一举数得之效，是国资管理改革的必由之路。

基于博弈视角的清末混改：官督商办[①]

新古典经济学有很好的理论构架，似乎可以说，新古典经济学就是微积分的应用经济学，理论科学严谨、体系严密，但解释现实则常常差之毫厘，谬以千里。其主要原因就是在新古典经济学这个理论框架中丢失了历史，《经济学是如何忘掉历史的：社会科学中的历史特性问题》[②]这本书很好指出了这个弊端。往事并不如烟，我们回顾一下晚清末年的"官督商办"，对当前国企混改与民企参与混改或许能提供些许经验。

晚清官督商办企业的研究成果颇多，我们为什么还要研究官督商办企业呢？为什么希冀借助官督商办企业的研究给当前国企混改与民企参与混改提供一份经验与教训的借鉴呢？我们以为，绝大多数官督商办企业的研究并没有从博弈论的角度出发。事实上，官督商办就是官、商博弈的过程，这就可以从博弈论的视角，运用博弈论的思维与博弈论的方法进行研究，为当前国企混改与参与混改提供新的视角，得出新的结论。从博弈的视角谈混改，我们认为是必须的。现在的混改，都是从政府的视角、国企的视角、国资的视角谈混改，没有从国企与民企、国资与民资、政府与市场对等的视角谈混改；没有从战略竞争、产业竞争的视角谈混改；没有从国企与民企是两个独立的博弈方的视角谈国企混改与民企参与混改，没有从各自利益需求谈混改，没有从对方利益最大化的视角出发寻求自身利益最大化的视角谈混改的策略选择。所以，我们要从博弈的视角重新探究混改，而且从官督商办切入。

要研究官督商办的博弈，一是要界定博弈方(player)、策略(strategies)、得益(payoffs)。具体来说，就是要清晰地界定官督商办的"官"与"商"的内涵与外延，特别是晚清时期"官""商"的变迁。所以官督商办的博弈分析，首先，要界定官督商办的"官"与"商"的内涵与外延。其次，要界定"官督"之"督"，就是博弈方之一的"官"的策略空间，也要清楚界定博弈方之二的"商"的策略空间。作为博弈方的"官""商"策略不过是获得利益最大化的得益的决策与对策，是"官""商"各自策略的对策与决策。我们知道，策略是指一整套的行动方案，规定了各种情况下的行动，那么，"官督"与"商办"各自的策略是什么呢，那就是在朝廷"朝策"的背景下，"官"与"商"的策略，包括投入多少资本、占有多少股权、获得多少董事会席位、获得企业控制权或经营权，也包括开拓什么市场，进行怎样的组织结构，制订怎样的竞争策略等。

---

① 本文是李丹青副教授主持的"武汉市民营企业参与国有企业混合所有制改革研究"课题的子课题阶段性成果，是由课题组成员甘德安教授与课题负责人李丹青副教授共同完成。

② [美]杰弗里·M. 霍奇逊. 经济学是如何忘掉历史的：社会科学中的历史特性问题[M]. 高伟，等，译. 北京：中国人民大学出版社，2008.

官督商办博弈分析的第三个要素是支付函数（payoff function）。当所有参与人所采取的策略确定以后，他们各自就会得到相应的"收益"，不同的策略可能导致不同的收益。支付函数表征了参与人从博弈中获得的收益或效用水平，它是所有参与人策略的函数。

洋务运动创办了不少官督商办企业，包括轮船招商局（1872）、开平矿务局（1877）、中国电报总局（1882）、上海机器织布局（1890）、汉阳铁厂（1890 年官办，1896 年改为官督商办）等。此外，19 世纪 70 年代后期和 80 年代初期还出现了一批中小型企业，如各地创办的矿冶公司等。它们大多由商人和地方官员出资筹办，并无官款参与其间，但为了争取官僚的庇护，也都以官督商办名义相标榜，如安徽池州煤矿（1877），山东峰县煤矿（1880），山东平度、招远金矿等。1877—1883 年，它们先后在上海招集到相当数量的股金，其股票在市场上也间或表现为溢价出售的景况。新企业的创办和资本市场的活跃，反映了官督商办企业在 19 世纪 80 年代初进入了兴盛阶段。

为了聚焦问题，我们仅仅对轮船招商局进行博弈分析，而轮船招商局的主要背景资料主要是根据曹凯风所著的《轮船招商局：官办民营企业的发端》①，当然，也参考了大量其他研究晚清企业史的专家的研究成果。

轮船招商局历经 150 年，经历了晚清、民国与中华人民共和国三个时代。民国政府经历了北洋政府与南京政府阶段；中华人民共和国也经历了 1978 年前的计划经济与 1978 年后的市场经济两个阶段。在晚清政府官督商办时期，也可以分为商办为主及官办为主两个阶段。我们的研究重点放在晚清官督商办时期。如图 5.4.1 所示。

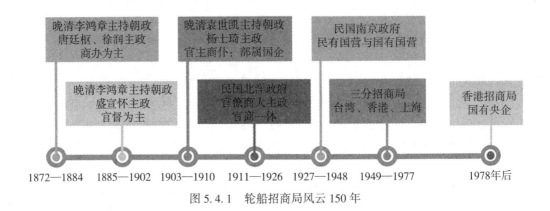

图 5.4.1　轮船招商局风云 150 年

一、官督商办企业的由来

从 1861 年曾国藩创办安庆内军械所，至 1893 年张之洞创办湖北枪炮厂，洋务派官僚先后创办了大大小小 19 个军火工厂。在大兴军工的同时，也创办了一些官办民用工业，如台湾基隆煤矿、湖北织布官局等。洋务派的官办工业，与传统的官营手工业相比略有不

---

① 曹凯风. 轮船招商局：官办民营企业的发端[M]. 成都：西南财经大学出版社，2002.

同。这些企业使用的是新式机器，雇佣了大量的工人，大体按照西方机器大工厂的组织形式来进行生产。

虽然创办了这些军用官办企业，但并没有解决外国轮船公司垄断我国沿海和长江的航运问题。李鸿章说："各口通商以来，中国沿海沿江之利，尽为外国商轮侵占。"①也没有解决外国轮船的兴行对我国旧式航运业的致命打击问题。李鸿章在《试办招商轮船折》中奏称："江浙沙宁船只日少，海运米石日增，……请以商局轮船分装海运米石，以补沙宁船之不足。"②

此时再办官办的企业似乎是不可能的。一是这些官办企业在体制上基本上是衙门式的管理，也设总办、会办、提调若干，类似官场职别，并且受总督、巡抚和总理衙门的监督、节制，此外，冗员充斥、机构臃肿、贪污腐败严重，管理混乱，生产效率低下。二是兴办近代企业需要大量资金，而晚清财政极度困难，官府无法对这些企业提供持久支持。因此，兴办民用企业以开财源、以谋出路，是顺理成章的事。正如李鸿章所说："凡有可设法生财之处，历经搜括无遗，商困民穷，势已岌岌。"③

正是在这种情势下，晚清官督商办企业顺势而生。费维凯认为，李鸿章是结合了盐务管理"官督商销"模式④与西方股份公司模式提出的"官督商办企业"。⑤

可以说，官督商办公司是现代公司在中国社会的最初实现形态，是中西文化交汇融合的产物。它将官督商办治理机制与股份公司运营方式相结合，以"官督"统辖"商办"，呈现亦新亦旧的二重性。

这种状况正如郑观应总结"官督商办"方式的好处："全恃官力则巨费难筹，兼集商赀则众擎易举。然全归商办则土棍或至阻挠，兼依官威，则吏役又多需索，必官督商办，各有责成：商招股兴工，不得有心隐漏；官稽查以征税，亦不得分外诛求，则上下相维，二弊俱去。"⑥

陈锦江认为："盐务管理是有用的，因为它已确立募派当时提供了资本和管理技能的富商的先例。西方模式的股份公司亦有必要，因为现代企业是从西方移植的，并因为股份公司开辟了从大批商人那里吸引投资的可能性。……不过，除了这些总的原则之外，在那时，无论是李鸿章还是其他官方创办人，对官督商办组织都没有任何明确的制度上的总体规划。"⑦

① 李鸿章. 李文忠公全集·卷五六[C]. 上海：上海人民出版社，2000：1.

② 李鸿章. 李文忠公全集·卷二〇[C]. 上海：上海人民出版社，2000：32-33.

③ 李鸿章. 李文忠公全集·卷三[C]. 上海：上海人民出版社，2000：18.

④ [美]费维恺. 中国早期工业化：盛宣怀(1844—1916)和官督商办企业[M]. 虞和平，译. 北京：中国社会科学出版社，1990.

⑤ 官督商销是清代食盐销售制度之一，是由政府命令特许商人行销官盐。此制是由明代所行的纲法演化而来，乃清代盐法中行之最广的行盐办法。国家控制盐的生产，灶户按计划产盐，盐商领取国家颁给之引票，到指定盐场收盐、运盐至指定地区内销售。其各盐场生产，均为场商垄断，所产之盐，由场商收售给运商运销。场商与运商为世业专商，外人不得私运私销，违者即以私盐治罪。

⑥ 转引自朱荫贵. 论近代中国股份制企业经营管理中的传统因素[J]. 贵州社会科学，2018(6).

⑦ 陈锦江. 清末现代企业与官商关系[M]. 北京：中国社会科学出版社，2010：72.

我们可以把晚清政府办不办官督商办企业的"官""商"博弈概图，通过图5.4.2示之。

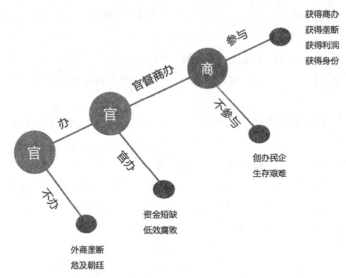

图 5.4.2　政府办不办官督商办企业与商人参不参加的博弈概图

二、官督商办的"官"是什么"官"？

博弈分析必须有三个基本要素：博弈方、博弈策略与博弈得益。我们不清楚博弈方，就会在分析博弈策略与得益时如同无源之水、无本之木，把研究官督商办企业分析建立在沙丘之上。

所以，我们首先要明晰官督商办企业"官""商"两个博弈方的内涵与外延，这样才知道"官""商"的各自策略及策略的合理性，以及各自的博弈得益。

我们知道，在传统的士农工商、重农抑商的价值观主导下，"官""商"的界定与分割是十分清晰的，官就是官，商就是商，官员始终处于中国传统社会阶级的顶层，而商人则处于社会下层。但是，现实的官商关系比儒家价值观的"四民设计"（"士""农""工""商"）要复杂得多。现实是，当官就需要入仕，入仕就需要经济的支持，官商边界开始模糊。

随着明清社会的不断商业化，传统血缘家族为应对这种商业化社会，开始尝试在家族子弟中做出制度性的安排：一是能入仕的子弟入仕，能经商的子弟经商，经商支持入仕，入仕后当官再反哺经商；二是经商成功的商人，也会费尽心思通过捐纳等途径，跻身官场，这是捐纳为官与入仕为官并存的原因；三是部分官员看到经商可以带来巨大的金钱利润，导致不少官员亦官亦商。在晚清末年，官员身份逐渐复杂化。

（一）官商一体之官

这里指的官商一体之官，是亦官亦商，侧重在"官"。清末，朝廷进一步放宽了法律准则上的限制，鼓励大多数官员参与经济活动，但许多官员仍然不敢公开承认自己及其直系亲属商人身份。陈锦江指出："某些人虽保留其官方任职，但却把他们的大部分精力专用于监督官办和私办企业，有的人则正式退出官场以便全力投入企业。"①可见，官督商办的"官"既是官员，也是商人，但首先是官员。

孙家鼐算亦官亦商，侧重在官。孙家鼐，清咸丰九年（1859）状元，与翁同龢同为光绪帝老师。1898 年 7 月 3 日，以吏部尚书、协办大学士受命为京师大学堂（今北京大学）首任管理学务大臣。

孙家鼐重科学、兴实业，与马吉森创办安阳广益纱厂，与其子孙孙多森开办上海阜丰面粉厂、中孚银行，又投资启新洋灰公司、北京自来水厂、井陉矿务局、滦州煤矿、天津劝业道等民族工业。按唐力行的看法，孙家鼐算是亦官亦商，以官为主。②

官督商办的"官"，盛宣怀应该是一个典型代表。陈锦江认为，盛被认为是参与了企业活动的一个官僚。盛宣怀首先自认为是官员，其次才是企业家。③

盛宣怀出身于官宦世家，办理洋务出身。盛宣怀在李鸿章的权力羽翼下，参与组建轮船招商局，并任招商局会办（相当于副总经理）；主持办理湖北煤铁矿务；创办天津电报局，并任电报局总办（相当于公司总经理）。到1896 年，52 岁的盛宣怀已经掌控了整个大清帝国的轮船、电报、矿务和纺织四大洋务产业，并获授太常寺少卿官衔（正四品）和专折奏事权。

盛宣怀是"官办"企业、"官督商办"企业的官方代理人。当然，盛宣怀之志，也不是当一名纯粹的商人，而是做官，做大官。后来他经四处活动，上下打点，花了一大笔贿金，终于当上邮传部尚书。

根据经济史学家严中平的研究，1890—1910 年，中国建立的约 26 家纺织厂的主要创立者的社会背景：高级官员 13 位，占比 50%，退休官员 7 位，占比 27%，高级官员与退休官员占比高达 77%。④

（二）商人捐纳之官

中国封建社会以儒家思想为指导，形成"士农工商"的四民社会结构。官本位观念深入人心，商人作为"四民之末"备受歧视。虽然如此，但官员艳羡商人财富、商人觊觎官员社会地位的现象依然存在。

到晚清，随着资本主义在中国社会的商业化，官商合流加剧，商人竞相入仕做官，而由商入官的捷径就是捐纳。光绪时期，捐银数额较大的商人，有资格获得破格奖赏或录用，这极大地吸引了富商入仕，促进了官商两大阶层的阶级流动。商人以其优厚的经济实力，成为晚清捐纳的主要参与者，由此抬高自己的身份地位。

① 陈锦江. 清末现代企业与官商关系[M]. 北京：中国社会科学出版社，2010：52.
② 唐力行. 商人与中国近代社会[M]. 杭州：浙江人民出版社，1993：242-243.
③ 陈锦江. 清末现代企业与官商关系[M]. 北京：中国社会科学出版社，2010：54.
④ 陈锦江. 清末现代企业与官商关系[M]. 北京：中国社会科学出版社，2010：64.

三、官督商办的"商"是什么"商"？

（一）不同类型的晚清商人

唐力行在《商人与中国近代社会》中指出，19 世纪中叶，天朝紧闭的国门被洋枪洋炮打开了。在这"数千年来未有之变局"下，中国商人的命运也随之大变。一些依附封建政权、依靠商业特权起家的商帮瓦解了，例如徽商；还有一些商帮，在西方资本主义势力的打击下消亡了，例如晋商。①

唐力行认为晚清商人，应该分成五个层次，并分析了五个层次商人的分化。第一层次的商人是官商，兼备权力、财产和地位，盛宣怀为其代表人物；第二层次的商人拥有财富与地位，胡雪岩为其代表人物；第三层次的商人只拥有财产，这一层次最引人注目的是华侨商人的兴起；第四层次的商人是财产有限的下层商人，近世后期社会的大变动，为下层商人的崛起提供了机会，徐润是其代表，还有荣氏兄弟；第五层次的商人是指近世后期形成的买办，他们拥有权力和财产。②

傅国涌在《大商人：追寻企业家的本土传统》中指出：官督商办的"商"更多的是买办商人，以唐廷枢、徐润、郑观应为代表；官僚型商人，以盛宣怀为代表。③

晚清社会精英最大的特征是由绅入商的流动。19 世纪的沈圭是第一个指出这一趋势的社会含义的学者。他认为，这种趋势意味着，第一，当商人的社会地位上升之时，社会四个等级的划分便瓦解了；第二，学问的追求和官方的任命需要一定的经济基础，而商人能够对此给予支持；第三，对外贸易给商人带来了新兴企业和新的社会经济价值观念，还有通商口岸这样做生意的新环境，通商口岸和现代企业为整个商人集体的社会地位全面提升做出了贡献。陈锦江曾指出："19 世纪下半叶，中国商人真正享受到社会地位的提高。"④

其实，由绅入商还有更重要的原因，那就是废科举。1906 年不再施行科举制度后，传统的功名身份已经失去了以往维系其社会地位的功能，各省数以万计的举贡、生员、童生都不得不另谋出路，分别流向教育、商业、法律等不同的社会阶层。加之清末新政设立商部以振兴商务，制定商律以保护商人的经商活动，颁行奖商章程以鼓励工商实业的政策，商人的社会地位大幅度提高，这促使绅商合流趋势空前增强。在 1895—1913 年中国近代民族资本企业创建的过程中，士绅从事商业活动已经极其普遍，当时较大型的工厂企业和农牧场垦殖公司几乎都是由士绅创办的。

由绅入商还有土地因素。士绅一般也是地主，随着社会的商业化，他们把投资土地的

① 唐力行. 商人与中国近代社会[M]. 杭州：浙江人民出版社，1993：242-243.
② 唐力行. 商人与中国近代社会[M]. 杭州：浙江人民出版社，1993：262、264、266、268、270、273.
③ 傅国涌. 大商人：追寻企业家的本土传统[M]. 北京：五洲传播出版社，2011：4-7.
④ 陈锦江. 清末现代企业与官商关系[M]. 北京：中国社会科学出版社，2010：40.

传统改成投资实业。18世纪后期，土地投资的年利润率在完税以前计达10%。到19世纪20年代，由于土地价钱几乎增长了5倍而稻米价格仅增长2倍，利润率降到4%。后来，在19世纪80年代，因为土地价钱又涨了3倍，利润率在完税后进一步滑落到2%以下。①越来越多的标准士绅和官员卖掉了他们的土地，或者把他们的官僚收入从较多的购买土地转入工商资本。②

另一个影响大量官和绅经商的因素是19世纪和20世纪初绅士阶层内的社会压力。由于人口增长，功名拥有者的定额和官职的定额不能平衡，书生精英为了功名和官职的竞争就更为激烈，官僚政治的商品化和官衔的贬值，使得他们把其职业追求从官场转到企业界，张謇便是一个恰当的例子。③

（二）不同来源的晚清商人

陈锦江认为："当把这些人与那些出身于商人家庭环境的人，以及通过各种方法获得官方或半官方身份同时又继续作为商人的人，也就是像胡光墉（胡雪岩）、孟洛川④、徐润和唐景星（唐廷枢）等各有所不同的人，放在一起考察的时候，人们会毫不犹豫地承认新成分已悄悄渗入商人阶层。"⑤

第一类是由官入商的商人。

官商一体之官与由官入商之官是存在差别的。官商一体之官侧重为官员，由官入商侧重为商人。

随着晚清商品经济的发展和民族工业的崛起，官商之间严格的等级界限被进一步打破，由官入商成为官商合流的重要表现。官员下海从商是由官入商的最主要途径。当这些商人呈现出某种程度上的官方身份时，其他具有官方背景的人开始渗入商人阶层。某些人虽保留其官方任职，但却把大部分精力专用于监督官办和私办企业，有的人则正式退出官场以便全力投入企业。比如盛宣怀，他被认为是参与了企业活动的一个官僚。⑥

第二类是由绅入商的商人。

传统农耕经济基础上的"四民社会"结构，在"重农抑商"的基本国策和"士首商末""士贵商贱"的社会价值观的维系下，平稳安详地度过了几千年，但在晚清"兵战"失利，"商战"求生的主张和重商主义思潮的冲击下，传统"士农工商"的社会结构发生了亘古未有的错动，商人的社会地位扶摇直上。而绅商正是伴随着中国社会的"千古变局"而流变出的一个新的社会阶层，它既不是传统意义上的绅士群体，也不是近代工商资本家阶级，而是介于二者之间，既从事工商实业活动又兼具传统功名和职衔的过渡性社会阶层。晚清状元张謇兴办实业便是士绅转型为商的成功典范。

① 张仲礼. 中国士绅的收入［M］. 上海：上海社会科学院出版社，2001：138-139.
② 张仲礼. 中国士绅的收入［M］. 上海：上海社会科学院出版社，2001：145.
③ 陈锦江. 清末现代企业与官商关系［M］. 北京：中国社会科学出版社，2010：63-64.
④ 孟洛川（1851—1939年），著名商人，善于结交权贵，其中最著名者为袁世凯。
⑤ 陈锦江. 清末现代企业与官商关系［M］. 北京：中国社会科学出版社，2010：61.
⑥ 陈锦江. 清末现代企业与官商关系［M］. 北京：中国社会科学出版社，2010：54.

张謇(1853—1926)，17岁便考中秀才，41岁中状元。张謇通过24年的努力，好不容易中了状元，为何见了慈禧就弃政从商。

我们回放历史，1894年，紫禁城外风雨交加。一众大臣在没膝的积水中，跪迎"凤驾"。雨水瓢泼似的自顶带而下，然而，他们却只敢望着身下的泥水，一动不动。许久，一座28人抬的龙凤大轿才旌旗招展地由远及近。就在此时，一老臣突因体力不支晕倒，砸起一坑泥水。端坐轿中的慈禧太后行至此处，却眼皮也没抬地进了紫禁城。雨幕里，新科状元张謇慢慢抬头，眼中的失望已难以遮掩。时值甲午海战惨败，作为清廷的当家人，慈禧对外不惜割地赔款苟安求和，对内却冷酷傲慢只知享乐。狼狈的日常，顺着雨水透心而下，浇灭了张謇心中入仕救国的火焰。

张謇毅然离京，转做起了商人。但张謇做的"商人"不是传统意义上的商人与商业。陈锦江指出，到19世纪90年代后期，渐渐把作为商业企业的"商业"和作为工业企业的"实业"区别开来。……"实业"这个从日本借来的词刚得到通用，以强调现代工业企业。旧的"工业"一词保持其传统的含义并指手工业者的职业或手工业。[①]

张謇做出这样的决定着实需要勇气，因为张謇的官职得来并不容易，但他认为，做些实事，也好过奴颜婢膝、庸庸碌碌地做官。

商人在清代不受尊重，状元经商更是闻所未闻。张謇创办的第一个纱厂名曰大生。他曾对好友说："天地之大德曰生。要使得多数的百姓，都能有饭吃，才叫大生。"并说："当今国计民生，须以谋衣食为先务。而谋衣食，就要办实业。"为了突出办厂初衷，张謇将名下许多企业都以"大生"命名。他还曾两次将"大生"二字写入对联，贴在厂门口。一副是："通商惠工，江海之大；长财饬力，土地所生。"大意是，只有拥有江海那样的大胸怀，才能将关系国计民生的工商业发展起来。另一副是："秋毫太行，因所大而大；乐工兴事，厚其生谓生。"大意是说经商要从大处着眼，造福于人，才能长盛不衰。他人经商以逐利为己任，张謇从商却以为天下谋利为志向。

晚清还有严信厚这样由绅入商的代表。严信厚早年就读私塾，辍学后在宁波鼓楼前恒兴钱铺当学徒。1885年，受李鸿章委派任长芦盐务督销、署理天津盐务帮办等职。光绪十二年在天津自设同德盐号，经营盐业，10年间积聚大量家财。后在上海创办"源丰润票号"，分号遍设天津、北京及江南各省重要城市共10余处，形成较为新型的钱庄网络。源丰润票号业务不断发展，严信厚把主要精力集中于金融事业。嗣后，受盛宣怀委派，筹备中国第一家新式银行——中国通商银行，该行成立之时任首届总经理。陈锦江认为，严信厚被上海的商界同行认为是一个具有官绅身份的企业家。他就是所谓"绅商"的一个很好的代表。[②]

第三类是买办商人。

严中平在《中国棉纺织史稿》中说："买办不但拥有创办现代工厂所必需的大量资金，并且拥有创办现代工厂所必须具备的某些'洋务'知识，而这却是一切官僚、地主、高利

---

① 陈锦江. 清末现代企业与官商关系[M]. 北京：中国社会科学出版社，2010：35.
② 陈锦江. 清末现代企业与官商关系[M]. 北京：中国社会科学出版社，2010：54.

贷者等土财主纵使花费巨额资金也无从购买的。"①

自从签订《南京条约》，初步打开中国市场后，中国的对外贸易额就一直在持续走高。但是，东西方语言不一样，货币不统一，社会商业习俗不同等问题，严重限制了两者之间的贸易往来。于是，为了解决这一问题和促进贸易自由化，人们急需一位既精通双方语言，又擅长贸易的人才。由此，"买办"应运而生。买办商人就是中国第一批不被官员压榨，靠自己本事经商，并获得大量财富的商人。

所谓的买办，是指外国人在中国开设洋行的经理，其在外国人与中国人的贸易中，扮演着一个中间人的角色，为双方牵线搭桥。也因此，买办的首要职能是经济职能。在洋行里，买办的主要工作是招聘和管理中国员工，保证银库的安全，为外国商人提供一定的中国经济形势情报，替钱庄票据做担保人，为外国人与中国人的贸易提供各方面的帮助。

买办还以另一种形式参与到中国近代工业化发展中，那就是按照西方的经营方式，出资成立中国企业，同时模仿洋行，雇佣买办。当时的轮船招商局和中国通商银行，就是两个最具有代表性的例子。不过，中国的买办和洋行的买办还是有所区别。

参与官督商办的买办涉及晚清"四大买办"的三位：唐廷枢、徐润与郑观应。这里简要介绍之。

唐廷枢是中国第一位近代企业家。1873 年应李鸿章之召，入上海轮船招商局任总办，主持全局大计。在招商局即将面临夭折之际，李鸿章决定聘请时任怡和洋行总买办的唐廷枢出任轮船招商局总办，以挽救危局。李鸿章委任唐廷枢为首任总办(局长)，徐润为会办，唐、徐二人是拥有实权的一二号人物。而轮船招商局是"官督商办企业"，企业由商人出资，合股的资本为商人所有，企业在政府监督之下，盈亏全归商办，与官无涉。

徐润的家族是一个买办世家。他的伯父徐昭珩是上海宝顺洋行的买办，堂族叔徐关大是上海礼记洋行的买办，季父徐瑞珩(荣村)在上海开埠不久即经营荣记丝号，估计也是一个为洋行服务的商人。徐润 15 岁来到上海，就在徐昭珩"总理行内办房事务"的宝顺洋行学艺办事。他之得以进入洋行，是由于买办的提拔，而其得以委身工商界，则又是由于自己的买办地位。"伯叔余荫"和"行中招牌"是他发迹的两大要素。

1859 年徐润在洋行买办之外，开始自营商业。他和宝顺洋行另两名买办在上海伙开绍祥字号，包办各洋行的丝、茶、棉花生意，又与人合股开设敦茂钱庄，周转商业上的金融需要。从 1859—1864 年的短短 5 年中，他先后设立经营出口茶丝和进口鸦片的行号以及钱庄共十三四家，分布在温州、宁波、河口等处。除丝茶、鸦片以外，他还大规模地进行房地产和其他投机活动，迅速积累资本。1868 年离开宝顺洋行，自设宝源祥茶栈，在河口、宁波、沣溪、漫江、羊楼洞、崇阳、湘潭等地，遍设茶号，并先后在上海、汉口发起茶叶公所，结纳绅商权贵，成为商业界的知名人物。

1873 年，上海轮船招商局从官办改为官督商办，唐廷枢被委任为总办，徐润为会办。其上任后，实行招股，首期招 100 万两白银，其本人认股 24 万两，又发动亲友入股，此举在商界引起轰动，认股者踊跃，100 万两很快筹满，改变招商局仅存不足 20 万两白银的资金困难局面，到第二期再招 100 万两，其再次认股 24 万两，由其经手筹集的股金竟

---

① 转引自傅国涌. 大商人：追寻企业家的本土传统[M]. 北京：五洲传播出版社，2011：4-7.

占招商局全部股金的一半以上。采用先进的经营管理方法，不仅顶住外资的联合和压价竞争，而且还迫使当时东亚最大的美资旗昌轮船公司接受招商局的收购，从而控制了长江和沿海航运的大部分经营权，奠定了中国近代航运业的基础。

郑观应不仅是买办商人，还是中国近代最早具有完整维新思想体系的理论家、启蒙思想家。

自 1871 年始，郑观应投资于清廷所办的洋务企业，在上海机器织布局，津沪电报局，轮船招商局，开平煤矿局，山东登、莱、青、莒四府和东北锦州的五金矿等企业中都有他的投资或股份。此外，他还联络同人集股开办造纸公司和开垦公司。

1880 年正式委派郑观应为织布局总办，旋又委郑观应为上海电报局总办。同年，郑观应编定刊行反映他改良主义思想的《易言》一书，书中提出了一系列以国富为中心的内政改革措施，主张向西方学习，组织人员将西方国富强兵的书籍翻译过来，广泛传播于天下，使人人得而学之。并主张采用机器生产，加快工商业发展，鼓励商民投资实业，鼓励民办开矿、造船、铁路。还对华洋商税赋不平等的关税政策表示了强烈的不满，主张"我国所有者轻税以广去路，我国所无者重税以遏来源"的保护性关税政策。郑观应在《易言》中还大力宣扬了西方议会制度，力主中国应实行政治制度的变革，实行君主立宪制。

1881 年任上海电报局总办。1882 年，接受李鸿章之聘，出任轮船招商局帮办。上任伊始，即拟救弊大纲十六条上呈李鸿章，从得人用人、职责相符、赏罚分明、增加盈利、降低消耗等方面提出了一系列建议并付诸实施。对外为制止太古、怡和洋行的削价竞争，郑观应亲与二洋行交涉签订了齐价合同。由于他的内外治理，轮船招商局的营业额和股票市值大幅提高。1883 年 10 月，李鸿章擢升郑观应为轮船招商局总办。

1891 年 3 月，自请盛宣怀举荐，由李鸿章委任为开平煤矿粤局总办，负责购地建厂，填筑码头。

1893 年，李鸿章再度委任郑观应为招商局帮办，整顿经营不景气的招商局，入局伊始，郑观应即与最大竞争对手太古、怡和洋行再签齐价合同。并拟出《整顿招商局十条》，旋又作《上北洋大臣李傅相禀陈招商局情形并整顿条陈》十四条，内容涉及开源节流及具体经营方略。

1896 年 5 月，张之洞委任郑观应为汉阳铁厂总办。1897 年正月，郑观应兼任粤汉铁路总董。5 月，由轮船招商局帮办改称为会同办理。

1909 年第三次入招商局，历任董事、协理、稽查等职。1904 年春，郑观应回到广州，担任粤汉铁路购地公司负责人，参与创办广州商务总会并担任协理。他提出："采用西法，收养贫民，延请教习授以实学，举凡织纴、制造、机器、电化之法，皆因材而教育之，不及十年，共商进步，非特盗贼可免，抑且乞丐可无矣。"郑观应与政府、商界关系密切。1905 年年底，他说服商务总会同仁，创办广东工艺院，招收贫民子弟，让他们学会专门技能。郑观应起草了《劝办广东上下工艺院集股公启》，提议集股 100 万元，面向广东殷商及海外华侨招股。

纵观郑观应一生，就其职业定位，主要是一名从买办到洋务，再到资本家的过程，是一名具有"公共知识分子"范的成功商人。他渐渐由体制外买办、商人被吸纳至体制内，成为近代中国著名"红顶商人"之一，为近代中国洋务新政重要实践者、见证者。与洋务新政其他参与者稍有不同，郑观应一方面为中国踏上现代化道路感到庆幸，又几乎从一开始就没有满足于中国的进步，一直对中国艰难、迟缓转身抱有一种惋惜。郑观应是"同光中兴"盛世背景下最为警醒的思想者，他不是抱怨体制，抱怨朝廷，而是感到中国的进步远远不够，总在思索发展中的问题。

轮船招商局首期推选的7名商董，分别是上海的唐廷枢、徐润、朱其莼，天津的宋缙，汉口的刘绍宗，香港的陈树裳、汕头的范世尧。在这7人当中，唐廷枢、徐润、刘绍宗、陈树裳均为买办出身，另外3人是地方绅商。①

第四类是传统商人转型的商人。

晚清红顶商人胡雪岩从白手起家到富可敌国，他同时也是晚清传统商人向官督商办时期商人转型的典范。

胡雪岩（1823—1885）在鲁迅先生眼中是"中国封建社会的最后一位商人"，实际上，鲁迅先生这句评语是可以商榷的。他从一个钱庄里"扫地、倒溺壶"的学徒，一跃成为"官居二品、头戴红顶、身穿黄马褂、拥资数千万两白银"的总办、"四省公库"中唯一一位红顶商人。但胡雪岩没能得以善终，才花了3年时间就倾家荡产，自己也被革职抄家，不久后在贫恨交加中郁郁而终，享年63岁。

胡雪岩成功与失败的因素在哪里？首先，在于他的勤勉、能力、诚信、格局，这是那个时代成功商人的共同特征，本质上不是胡雪岩脱颖而出的根本原因，这就不多论及了。

其次，胡雪岩成功的必要条件是他的徽商背景与环境。徽商活跃于宋代，全盛期则在明代后期到清代初期。由于中国几千年的血缘观念与宗族意识，形成了徽商彼此之间强烈的患难与共意识。

胡雪岩出生于安徽徽州绩溪，13岁起便移居浙江杭州。胡雪岩深受徽商价值观的影响。他在钱庄干活，非常敬业，能吃苦、不偷懒，具有徽州商人吃苦耐劳、勤俭节约、小本经营、由小博大的品质，加上自己的聪明、经商天分与格局，无儿无女的于老板最后把钱庄留给他。

当然，胡雪岩成功的充分条件是他投资红顶，把自己打造成红顶商人，一时无人能出其右。

胡雪岩第一次红顶投资的是王有龄。在道光年间，王有龄就已捐了浙江盐运使，但无钱进京。后胡雪岩进行了500两银子的政治风投。王有龄发迹后资助胡雪岩自开钱庄，随后又委以"办粮械""综理漕运"等重任，几乎掌握了浙江一半以上的战时财经，为今后的发展奠定了良好的基础。然而好景不长，王有龄因为太平天国运动而畏罪自杀。

胡雪岩一时没了靠山，于是胡雪岩开始了人生的第二次政治风投。1862年，左宗棠继任浙江巡抚一职。左宗棠所部在安徽时饷项已欠近五个月，饿死及战死者众多。此番进兵浙江，粮饷短缺等问题依然困扰着左宗棠，令他苦恼无比。急于寻找新靠山的胡雪岩紧紧地抓住了这次机会：他在战争环境下，出色地完成了在三天之内筹齐十万石粮食这个几乎不可能完成的任务，在左宗棠面前一展自己的才能，得到了左的赏识并被委以重任。在左宗棠任职期间，胡雪岩管理赈抚局事务。这样，自清军攻取浙江后，大小将官将所掠之

① 曹凯风.轮船招商局：官办民营企业的发端[M].成都：西南财经大学出版社，2002：44.

物不论大小，全数存在胡雪岩的钱庄中。胡以此为资本，从事贸易活动，在各市镇设立商号，利润颇丰，短短几年，家产已超过千万。

导致胡雪岩失败的原因或许有市场风云变幻，有工业革命对传统农贸经济的打击，但最主要的原因是其成为政治斗争的牺牲品。胡雪岩可以说是：因商而兴，因官而亡。

(三) 泾渭并不分明的晚清商人

首先，官商一体之官也可大体分为三类：其一是盛宣怀，虽然亦官亦商但本质是官；其二是亦官亦商，周学熙是其代表，虽然周学熙亦官亦商，但仍是以商为主，官为商用，比如周氏能从事重工业的建设，而民间企业家张謇不行；其三，亦官亦商，以官为主，比如孙家鼐。

其次，由绅入商的张謇是典型代表，但他也是弃官入商的。他虽弃官入商，但他创办企业时不是利用他官员的地位与权力，而是利用了士绅与为官时的人脉关系，应该不算官员经商，不是官商，而是民间商人，比如，张謇没有官的身份与权势，只能举办轻工业。此外，这个民间商人也不是中国传统经商的商人，而是实业家，或者用现在最准确的界定，是企业家。

像张謇和严信厚这种，不仅放弃了官职，而且基本上成为了企业家。但他们没有丧失其官绅身份。传记作者张孝若这样写道："在中国的社会，要做事就和官脱离不了关系；他能帮助你，也能破坏你；如果民间做事，能得官力帮助，那自然就事半功倍了。"①

再次，传统商人转型创办实业，但也通过捐纳获得官衔，很难说是纯粹的商人。也可以说，各类商人都有官的要素。尽管经历了洋务运动、维新运动和清末新政的冲击，中国社会官本位的价值取向仍占主导地位。资本家在经营活动中不得不以"官"为依托，并借助于职衔、功名和封典的庇护来实现自身的转型

可以说，参与官督商办企业的商人的底色都是官色的，不过是深浅不同而已。特别要强调的是，这里我们从比较宽的视角介绍晚清各类与商相关的官员与商人，因为我们研究的官督商办企业聚焦在轮船招商局，所以，我们要聚焦在买办商人与官僚型商人上。

四、官督商办的多方博弈

(一) 官之策略

"官督"在中国传统王朝的经济体系中有着深远的历史，其最为成熟的形态是清代官督商销的纲盐制。② 在纲盐制之下，政府掌控食盐专卖权，但不直接参与食盐产运销各环节，而通过盐引③分配、引岸划分、专卖商资格认定，以及对商人税课缴纳和食盐运销情况进行稽查管理等方式实现控制。专卖商是一些家资殷实、能预先缴纳盐税的商人，他们

---

① 转引自陈锦江. 清末现代企业与官商关系[M]. 北京：中国社会科学出版社，2010：60.
② 陈锋. 清代食盐的运销体制[J]. 盐业史研究，2014(3)：61-71.
③ 古代官府在商人缴纳盐价和税款后，发给商人用以支领和运销食盐的凭证。

的名字和引岸范围、盐引数量都被政府登记于"纲册"中，并有"窝单"证明其经营资格，其食盐专卖权利可以世袭。各盐区专卖商又分为总商和散商，总商承担部分行政管理职能，具有亦官亦商的地位。①

李鸿章等洋务派知道必须要创办民用实业，而且不能官办之时，必然考虑到官商联合，由官为倡导，招徕民间资本的思路，以"商力佐官力之不足"。

策略之一：创建官督商办企业。即"由官总其大纲，查其利病，而听该商董等自立条议，说服众商。冀为中土开此风气，渐收利权"。"将来若有洋人嫉忌，设法出头阻挠"，官方可出面交涉，"以为华商保护"。

策略之二：给商人足够的尊重。为促使官督商办企业能帮助洋务运动的深入推进，李鸿章让盛宣怀带着自己的亲笔信奔赴上海。盛宣怀还在一次宴会上，向唐廷枢表达了李鸿章的诚意，晚宴结束后，唐廷枢决定北上面见李鸿章。由于李鸿章承诺最大限度地保证商人的经营权，最终于1873年二人达成合作，决定官督商办，李鸿章也接受了唐廷枢将"轮船招商官局"的"官"字予以剔除的建议。

策略之三：承诺"商办"。为了吸引商人，李鸿章承诺以商人的管理和丰厚的利润作为交换来代替全权的官方监督。

策略之四：首先，为官督商办企业提供资本。比如轮船招商局起步的时候，筹集不到资金，政府拿出了20万军费，否则难以启动。其次，可以为官督商办企业提供市场。比如招商局作为航运企业，就享受了垄断政府运输业务的"专利"，比如漕粮。招商局的运费大大高于外资航运公司，但政府要扶持它，还是选用它。

策略之五：为参与官督商办企业的商人提供身份。中国是一个官本位的社会，对商人的扶持，就包括给予企业家一定的政治身份。这种身份在企业家与官场打交道时，的确是一种极好的保护，可有效减少摩擦力。政治身份的授予或者获取，主要的渠道就是"捐纳"。捐纳者获得的仅仅是政治身份和礼遇。

(二) 商之策略

策略之一：不参与官督商办企业的商人博弈策略。

在官督商办企业的初期，传统商人中响应者寥寥可数。在外行垄断，初期资本投成本高、风险大的现实下，没有商人敢冒如此风险。

创办时，商人问：是官家说了算，还是商家说了算？官办生意，自然应该听官家的话。第一次招股不成功的原因，唐廷枢说，商人只有出钱的义务，却没有经营的权利。要是生意赚了，这还好说；如果生意做赔了，商家找谁去理论？总不能来个民告官吧？②

比如，最初在朱其昂操办轮船招商局时，其招商计划几乎没有进展。商人们除了认为朱其昂这个人不懂新兴船运业外，更主要的是害怕竞争压力大导致投资失败。胡雪岩也以"畏洋商嫉忌"而不肯入股，更别提商人自发组建船运公司了。

① 何炳棣. 扬州盐商：十八世纪中国商业资本的研究[J]. 中国社会经济史研究, 1999(2)：59-76.

② 曹凯风. 轮船招商局：官办民营企业的发端[M]. 成都：西南财经大学出版社, 2002：38.

策略之二：参与官督商办企业的商人博弈策略。

熟悉西方商务(虽然不是工业)管理的买办多参与官督商办企业反响强烈。因为，买办商人的策略是提供钱和专门知识。此外，参与官督商办企业的商人，除了出钱，也提供人才。当时，懂得船运业的人才大多也都在这几家垄断的洋行内，比如后来主管轮船招商局业务的唐廷枢。洋行自然不愿意放人，甚至承诺更多的报酬予以挽留。

策略之三：在官督商办企业中发挥"商办"作用。

唐廷枢上任后发挥"商办"作用的举措之一是对轮船招商局进行了改组。提出以西法经营，推出合股投资体制，实施股份转让，向社会公开发行股票，使招商局的股值一年之内翻了一倍半，开中国内地股市之先河。唐、徐二人以身作则，率先入股。唐廷枢还把自己原来附入洋行的轮船"南浔"带入局中经营。在唐、徐的影响下，一些香山买办入股，股资达五六十万两。

徐润也是参与轮船招商局的主要买办商人。徐润上任后，实行招股，首期招 100 万两白银，其本人认股 24 万两，又发动亲友入股，认股者踊跃，100 万两很快筹满，改变招商局仅存不足 20 万两白银的资金困难局面，到第二期再招 100 万两，其再次认股 24 万两，由其经手筹集的股金竟占招商局全部股金的一半以上。

举措之三是采用先进的经营管理方法开拓市场。唐廷枢提出要改变招商局原来"承接漕粮，兼顾客货"的经营方针，并规定招商局"揽载为第一义，运漕为第二义"。[①] 招商局不仅拥有了长江和沿海航运的大部分市场，还在菲律宾、泰国设立分局，拓展了南洋运输业务，同时远航英国、日本、新加坡、夏威夷和美国本土。[②]

举措之四是扩大规模，一是向外国船厂订购轮船；[③] 二是兼并美国旗昌航运公司。[④]

举措之五是拉长产业链。航运业是一个高风险的行业，当时中国国内尚无保险业。在徐润的主持下成立了中国第一个船舶保险公司"仁和保险公司"。徐润说：设立保险公司，招商局与保险公司互为依存，休戚与共，招商局如虎添翼。[⑤]

此外，为解决轮船招商局和北洋舰队的用煤问题，轮船招商局控股汉阳铁厂。汉阳铁厂原为官办企业，创办于 1891 年，因选址不当，矿石不良，燃料不给。轮船招商局接收汉阳铁厂，选定开发江西萍乡煤矿，以解决汉阳铁厂和招商局燃料供给。到 1908 年，汉阳铁厂、大冶铁矿、萍乡煤矿组为汉冶萍厂矿公司，是招商局对外投资中最大的一笔。郑观应指出："银行为百业总枢，聚通国之财，收通商之利；籍以维持铁厂、铁路大局，万不可迟。"招商局亦成为中国银行第一大股东。[⑥]

(三)官官博弈

在轮船招商局官与官的权力博弈中，最引人关注的莫过于李左之争与李刘之争，即李

① 曹凯风. 轮船招商局：官办民营企业的发端[M]. 成都：西南财经大学出版社，2002：45.
② 曹凯风. 轮船招商局：官办民营企业的发端[M]. 成都：西南财经大学出版社，2002：42.
③ 曹凯风. 轮船招商局：官办民营企业的发端[M]. 成都：西南财经大学出版社，2002：47.
④ 曹凯风. 轮船招商局：官办民营企业的发端[M]. 成都：西南财经大学出版社，2002：69.
⑤ 曹凯风. 轮船招商局：官办民营企业的发端[M]. 成都：西南财经大学出版社，2002：53.
⑥ 曹凯风. 轮船招商局：官办民营企业的发端[M]. 成都：西南财经大学出版社，2002：116.

鸿章与左宗棠之争及李鸿章与刘坤一之争。

先看李左之争。李鸿章与左宗棠都是晚清名臣，各有所长。左宗棠是楚军的统帅，李鸿章是淮军的统帅；这两人都是文武双全的人，也都是洋务派中的大臣，在洋务运动中都是求富、自强。左的长处是战略头脑和军事才华，李的长处是精通时务，为人干练，各有擅场。李左之争不仅是塞防与海防之争，也是权力派系之争。左宗棠借重胡雪岩，而李鸿章则借重盛宣怀、唐廷枢、徐润。

再看李刘之争。1862 年，李鸿章拉着一支 9000 多人的淮军离开曾国藩，到上海"单干"。从那时候开始，上海就逐渐变成李鸿章的"自留地"。李鸿章当了 5 年江苏巡抚，又署理了一年半两江总督。那时候，上海是两江总督和江苏巡抚的辖区。李鸿章进行人事整顿，免去了以上海道员杨坊为代表的一批旧官僚，将丁日昌、郭嵩焘等一批幕僚提拔起来，牢牢地掌控了上海。

而在轮船招商局内部，李鸿章以唐廷枢、徐润、盛宣怀担任总办和会办，将轮船招商局掌握在自己手里，不容外人涉足。

唯一能对李鸿章造成威胁的，是刘坤一。刘坤一是湖南新宁人，也是湘军中的一员。1875 年，两江总督李宗羲因病免除职务后，刘坤一曾经以江西巡抚的身份，署理两江总督一职。那时候，沈葆桢也想得到这一职务。刘坤一和沈葆桢争夺得很厉害。最终，在李鸿章的极力支持下，沈葆桢如愿以偿地被任命为两江总督，刘坤一垂头丧气地离开，出任两广总督。

1879 年，沈葆桢在两江总督任上去世。清廷为了弥补刘坤一在上一次争斗中的损失，迅速任命他为两江总督。

刘坤一借助翰林院侍讲王先谦在《招商局关系紧要议加整顿折》中指责此次收购根本不是国企对外企的成功商战，而是轮船招商局高层欺上瞒下、损公肥私的阴谋。唐廷枢事前暗中购买旗昌公司股票，事后大赚一笔，收购过程中，唐廷枢、徐润、盛宣怀收受美国人的商业贿赂，最重要的是收购资金竟然是盛宣怀从沈葆桢处"借"来的官银。唐廷枢、盛宣怀肆意妄为，目无国法，应该速速查办，慈禧让刘坤一调查此事。刘坤一到了轮船招商局，一手收买唐廷枢，另一手往死里打盛宣怀，请求朝廷将盛宣怀革职查办。打盛宣怀就是打李鸿章。你来我往的几番争论后，朝廷最后决定，将盛宣怀调任别处，其他事项一概不予追究。李鸿章和盛宣怀就这样被踢出轮船招商局，而李鸿章不甘示弱，全力保住盛宣怀。他坚信，只要盛宣怀不倒，轮船招商局就不会落到别人手里。

（四）官商博弈

陈锦江指出："对官督商办企业的控制权的争夺也形成了中国官与商之间关系的特点。"[①]在创办官督商办的轮船招商局初期，唐廷枢直接提出了由资本决定控制权和管理权的诉求，即完全商办，但最初没谈拢。最后李鸿章承诺最大限度地保证商人"商办"，但是，官方的监督人开始干预其公司的事务抉择，结果官督商办企业变成"官督"与"商办"的博弈。

---

① 陈锦江. 清末现代企业与官商关系［M］. 北京：中国社会科学出版社，2010：8.

　　"官督"在最初还是令企业获得了不错的效益。事实上，1885年轮船招商局再次被赎回，同样依靠着政府出面，最终迎来轮船招商局的"盛宣怀时代"，一直到1902年。在这段时期，轮船招商局达到鼎盛，从200两的资产增加至2000万两。然而，官商出现矛盾，唐廷枢、徐润、郑观应等人认为，"官款取官利，不负盈亏责任，实属存款性质"，如今企业已上轨道，政府自应退出，三人联名呈报李鸿章，希望将官银"依期分还"，政府不必再派官员，招商局的盈亏责任从此由商人承担。但李鸿章无法接受这一建议。在李鸿章看来，朝廷若从事商业，必须握有经营权，并成为最大的获益者，引进民间资本不过是权宜之计。

　　盛宣怀为此曾问计父亲盛康。其父言："你的前任能操纵商局，不外是借助商力，打着为股商谋利的旗号。而你现在是官委督办，凡事要突出一个'官'字，方能驾驭全局。"[①]

　　盛宣怀给李鸿章上书说："轮船招商局，非商办不能谋其利，非官督不能防其弊。从前奏明官督商办，颠破不破，惟官多隔膜，商多自私。"

　　郝延平在《中国近代商业革命》一书中指出："1883年以后不幸以盛宣怀为首的官僚紧紧掌握了官督商办企业（他们是中国工业化的早期先锋），在中国工业发展中，官僚主义开始比企业家精神起到更重要的作用。"[②]

　　但是，官办企业的弊病也很明显。其一，权力的过度介入，令这些企业在股票市场上出现了严重的投机化倾向和内幕交易现象，企业的信息透明度极低，暗箱操作居多。其二，作为企业内部治理最为重要的股东大会和董事会，基本虚置，尤其是企业高管的人事任免权，都集中在政府监管部门手中，股东包括大股东，对企业的核心问题缺乏发言权。其三，是人事腐败，高管们在企业内部任用私人，拉帮结派。其四，营私舞弊，因为在这类制度之下，实际出资人在企业中的权利缺乏制度化的保障，受委托的管理人获得了巨大的寻租空间。其五，政府的摊派，在政府看来，给了企业这么大的支持，在政府需要的时候，企业做些贡献，也是天经地义的。问题在于，如何摊派、摊派多少，都没有明确的规则。规则的缺乏，导致政府与企业双方博弈成本的升高，也给主事的官员提供了极大的寻租空间。

　　官督商办公司核心是借其实施"商办"经营。但中国传统的招商专卖形式，在经营层面仍是民间商业通行的家族合伙制。然而，家族合伙不过集合数家数姓之财力，不能满足开办新式工商业的资金需求。并且，新式工商业采用西方机器和技术进行生产，组织规模较大，家族合伙式的组织管理施诸其上难以奏效。

　　最后，买办和其他投资人逐渐醒悟，这就导致了他们停止新的投资，迫使那些已成为经理人的官方监督人越来越多地依赖于有限的国家收入和他们自己的个人资财。[③]官督商办企业都被弄得像附属的政府机构而导致停滞乃至完全失败。

　　官督商办企业的"官督"与"商办"的博弈还包括文化的博弈。官督盐销模式与西方现

①　曹凯风. 轮船招商局：官办民营企业的发端[M]. 成都：西南财经大学出版社，2002：93.

②　郝延平. 中国近代商业革命[M]. 上海：上海人民出版社，1991：373.

③　陈锦江. 清末现代企业与官商关系[M]. 北京：中国社会科学出版社，2010：8-9.

代公司嫁接的官督商办企业模式，存在传统中国儒家文化与西方基督教文化的冲突与博弈。官督盐销与现代西方股份公司分别生成于中国和西方两套迥异的文化系统，由不同的制度逻辑塑造而成，基本组织原则也不相同。官督盐销模式根植于中国儒家文化系统，由中国传统家族社会的王朝式国家逻辑所塑造，① 而荷兰发明的现代股份公司则是基督教文化的产物。现代股份公司的核心首先是人与人平等的思想，人不是皇权贵族的附庸；其次是契约精神，只有在那样的契约精神下，每一个个体都谨守自己的责任、义务；其三，提倡与世俗家族主义相背离的伦理要求和生活样式，以利益为目标而自愿成立的自治联盟的法团组织出现，用以解决社会活动中的冲突与合作问题。②

五、成 败 分 析

草创之际的招商局民族外商航运企业合力倾轧下，不但站稳了脚跟，而且营利逐年上升，呈现几何级数的增长。究其原因，得益于李鸿章、沈葆桢等洋务官僚的大力扶助，得益于唐廷枢、徐润等人锐意进取、经营有方。③

"官督"是官督商办企业的成功之处，但同时也埋下了失败的伏线。招商局内官督与股商之间的矛盾与生俱来，盛宣怀治下依然如此。官督商办体制注定了股商在局务上处于听任官方宰割的地位。那些官委总办，不论有无股份，都位尊而权重，专权擅事。而股商则位卑而权轻，只有听命的份儿。郑观应指出："官督之设，名为保商实剥商！"④

从制度经济学的视角看，其最大的问题是"所有制"问题，即"产权不明"，究竟是官府所有，还是民间所有？"官"给了这些企业诸如垫款、借款、减免税厘以及一定的垄断权等种种好处，这些企业必然也要受"官"管辖，由官府委任的督、总、会办管理，这样，许多人都是亦官亦商，具有"官""商"双重身份。如果管理者按商场规则经营，则企业发展顺利；如果以官场逻辑行事，则企业很快衰败。在早期，"商"大于"官"，故这些企业发展很快。随着这些企业带来丰厚的利润，"官"见有大利可图，于是加强了对企业的"管理"或曰干预，将这些企业视同"官产"。官场的任人唯亲、贪污腐败在这些企业迅速蔓延，安排的许多"总""皆不在其事，但挂名分肥而已"。

导致官督商办企业衰败的另一个重要原因是清政府从上到下都将其视为己产，予取予夺，经常无偿征索。如轮船招商局不得不经常低价甚至免费为清政府运兵运械，电报局对官府电报必须免费……更重要的是，这些企业必须向清政府提供"报效"，其实就是官府公开的财政勒索。如1894年为庆祝慈禧六十大寿，清政府命令招商局"报效"55000余两、开平矿务局"报效"30000两。尤其有意思的是，正是那些反对办任何新式企业的顽固派对这些企业的勒索最厉害。据统计，1884—1911年的27年间，轮船招商局和电报局这两个企业给政府的报效共350万两，相当于两局股本总额的60%。

① 李泽厚. 中国古代思想史论[M]. 北京：人民出版社，2009.
② 佘雪琼，王利平. 拼合视角下的晚清官督商办公司之形成[J]. 管理学报，2020(3).
③ 曹凯风. 轮船招商局：官办民营企业的发端[M]. 成都：西南财经大学出版社，2002：71.
④ 曹凯风. 轮船招商局：官办民营企业的发端[M]. 成都：西南财经大学出版社，2002：131.

从 19 世纪 90 年代起，尤其是甲午战争后，"官督商办"企业的官权越来越重，其内在矛盾越来越深、越来越尖锐。曾经大力主张并亲自实践"官督商办"的郑观应无奈地写下了《商务叹》："轮船招商开平矿，创自商人尽商股"，"办有成效倏忽变，官夺商权难自主"，"名为保商实剥商，官督商办势如虎"。它的历史使命，的确已经完成。

郑观应指出官督商办有三大弊端："一则股商无权，招商局虽谓之官督商办，其实商不能过问，迄今三十余年；二则官享其利，入七私囊；三则不利商战，中国不能与泰西竞争于世界舞台，日剧败退，皆源与此。"①

杨小凯在《百年中国经济史笔记》中曾指出：官督商办是没有严格定义的概念，就李鸿章的轮船招商局（1872）、开平矿务局（1877）、上海机器织布局（1878）而言，李作为官员是企业的老板，他用合股公司的形式从私商筹到资本，任命有捐纳的官衔或半官方地位的人做经理，很像政府有控股权或控制权的企业。这类企业的最大问题就是老板既是制定游戏规则的政府大官，又是参加游戏的主要成员，其双重地位造成的利益冲突使得国家机会主义制度化，公平和健全的市场秩序不可能建立，私人企业不能发展起来。

此外，商人也是一个矛盾的综合体。一方面，买办商人也有报国情怀。唐廷枢曾劝徐润参与轮船招商局时说："人过留名、雁过留声。人生在世，总要成就一番事业。即使不求万古流芳，也要做几件让后人称道的事。雨之适逢而立之年，正是创业立身的好时机，不可错过。做一辈子买办，为洋人打工，终非人生正途。报效国家，乃臣民分内之事。轮船招商局初设，正是你我大显身手的好时机。此时不出，更待何时！"②徐润正是在唐廷枢的劝说下参与轮船招商局的创建与运营的。

另一方面，正如张之洞评价说"中国商人趋利，近则明、远则暗，见小欲速，势散力微"③，这句话特别适合官督商办企业商人的博弈策略，当然，也包括张之洞作为封疆大吏对商人的蔑视，虽然到 19 世纪 90 年代后他有所转变。

后世很多人都将"官督商办"简单地认为是权力对资本的侵蚀，看成"官"这个"魔鬼"对"商"这个"天使"的侵害。实际情况当然并不这么简单，仔细看每个个案都会发现，这其中的利益纠葛十分复杂，不能简单地以官、商划线。至少在那种机制下，所有的当事人都是双重身份，很难说何人是官、何人是商。这就是我们对官督商办企业混改的博弈方浓墨重彩界定的原因。

杨小凯在《百年中国经济史笔记》中指出：洋务运动坚持官办、官商合办和官督商办的制度，以此为基础来模仿发达国家的技术和工业化模式。这种方法使得政府垄断工业的利益与其作为独立第三方发挥仲裁作用的地位相冲突，使其既是裁判，又是球员，因此利用其裁判的权力，追求其球员的利益。这种制度化的国家机会主义使得政府利用其垄断地位与私人企业争夺资源，并且压制私人企业的发展。

① 曹凯风. 轮船招商局：官办民营企业的发端[M]. 成都：西南财经大学出版社，2002：136.
② 曹凯风. 轮船招商局：官办民营企业的发端[M]. 成都：西南财经大学出版社，2002：43.
③ 转引自罗福惠. 张之洞对商人群体的扶持维护[J]. 华中师范大学学报（人文社会科学版），2003，42（2）：5-12.

参 考 文 献

1. 金桂兰. 近代绅商阶层产生的文化渊源[J]. 东疆学刊, 2014(4).

2. 王明. 官督商办企业的兴与衰：企业治理机制视角[J]. 中国经济问题, 2021(7).

3. 朱荫贵. 论近代中国股份制企业经营管理中的传统因素[J]. 贵州社会科学, 2018(6).

4. 佘雪琼. 拼合视角下的晚清官督商办公司之形成[J]. 管理学报, 2020(3).

5. 虞和平. 清末民初轮船招商局改归商办与官商博弈[J]. 历史研究, 2018(3).

6. 欧阳裕德. 中国近代商人与国家关系的变迁研究[J]. 探求, 2018(4).

7. 朱英. 清末商会"官督商办"的性质与特点[J]. 历史研究, 1987(6).

8. 朱荫贵. 早期中国企业经营管理中的官商关系[J]. 清华管理评论, 2015(6-7).

9. 朱荫贵. 中国早期现代化与日本的比较[J]. 中国社会科学, 2016(9).

10. 李东升, 等. 国企混改中股东与经营者利益关系博弈[J]. 会计之友, 2020(14).

11. 李婷婷. 论洋务运动时期官督商办中的官商关系[J]. 商, 2014(16).

12. 焦会琦. 洋务运动时期所办新式企业的再统计[J]. 生产力研究, 2015(2).

13. [美]陈锦江. 清末现代企业与官商关系[M]. 北京：中国社会科学出版社, 1977.

14. 李玉. 北洋政府时期企业制度结构史论[M]. 北京：社会科学文献出版社, 2007.

15. 曹凯风. 轮船招商局——官办民营企业的发端[M]. 成都：西南财经大学出版社, 2002.

16. 刘兰兮. 中国现代化过程中的企业发展[M]. 福州：福建人民出版社, 2006.

17. 唐力行. 商人与中国近世社会[M]. 北京：商务印书馆, 2006.

18. 张忠民. 艰难的变迁：近代中国公司制度研究[M]. 上海：上海社会科学院出版社, 2002.

19. 吴晓波. 历代经济变革得失[M]. 杭州：浙江大学出版社, 2016.

20. 苏小和. 从大历史看企业家[M]. 北京：东方出版社, 2016.

21. 杨黎光. 大国商帮：粤商发展史辩[M]. 广州：广东人民出版社, 2016.

22. 傅国涌. 大商人：追寻企业家的本土传统[M]. 北京：五洲传播出版社, 2011.

数字化转型：是飞蛾赴火还是凤凰涅槃^①

当今时代是一个"数字化转型"的时代。数字化转型成功可以帮助企业实现跨界发展，延伸产业链、供应链、服务链、信用链、资本链、价值链，可以进入新的产业，获得新的技术，形成新的业态，构建新的商业模式、组织模式与管理模式。

但数字化转型却难以成功。据不完全统计，99%的企业数字化转型以失败告终，84%的数字化转型项目未能达预期。Couchbase咨询了450名各国IT高管，80%以上遇见过数字转型失败、延迟或预期降低。国内数字化转型成功的企业也是凤毛麟角，只有华为、京东等少数企业走出了具有自身特色的数字化转型之路。

不转型的企业就是走向死亡的企业，转型势在必行，但转型的企业是飞蛾赴火还是凤凰涅槃，这是一个生与死的战略选择问题。本文试图从企业数字化转型的内涵、问题及举措探究这个生与死的问题。

一、企业数字化转型的内涵

企业数字化转型是指企业从业务、管理到运营的全面信息化。与传统企业信息化相比，数字化代表的是一种融合、高效、具有洞察力的企业运营模式。具体体现形式是行业软件将云计算、大数据、人工智慧、物联网等数字技术串联起来，应用于企业业务、管理和运营，推进组织架构、业务模式、商业模式转型。

普华永道关于企业数字化转型的定义则是：企业综合利用各种数字技术，与业务模式转型相结合，为企业解决问题、创造价值、提升企业业绩的持续性过程。这个定义里，数字化包括信息化、业务模式转型，也包括数字化、信息化、业务模式转型三者之间的关系。

二、企业数字化转型的问题

一是没有认识到数字化转型是企业发展的必由之路。改革开放以来，中国经济的核心竞争力在于成本优势。但随着工资、土地等生产要素成本持续上涨，成本和价格优势正在被削弱，劳动密集型制造业出现向东南亚、南亚等更低成本国家转移的现象，企业陷入苦苦挣扎的泥潭。没有认识到通过数字化转型，可以减少劳动力的投入、抵消生产要素成本上涨的影响，可以增强创新能力、改进产品质量、提高生产线柔性、降低能耗和污染物排

---

① 本文作者系北京德成经济研究院甘德安教授。

放，可以进行商业模式创新、服务化转型。

二是数字化战略方向不明。国家层面已经把数字化提升到国家战略层面，但是对于企业来说拆解目标是比较难的，很多企业都不知道为什么要数字化，处在数字化转型的门槛前，踌躇不前，根本的原因就是还没有清晰完整的数字化战略。数字化转型不仅仅是把线下搬到线上，其实也包括商业模式、组织结构的改变，管理体系、运营模式的变化。

三是公司高层缺乏对数字化转型的战略认识。企业高层管理人员对数字化转型的理解不深入，以为数字化转型只是对 IT 系统进行一个升级，没有认识到数字化转型不是依靠一个 IT 系统就能完成，需要领导作为转型的推动者，这是一个自上向下逐步推进、迭代的过程。

四是数字化团队难以建立。企业想快速开展数字化转型，必须有专业的数字化团队，但企业往往没有数字化人才。此外，企业高层存在一个误区，以为数字化团队就是做开发的技术人才，其实更准确的是产品和运营人才加上数字化技术的专业人才。

五是运营体系的建立。近几年火热的在线直播等，让不少企业入局线上，觉得通过直播带货就是完成了数字化。其实不然，线上商城、直播带货这些仅仅是形式，这些形式只是为企业数字化转型打下一个基础，完善的运营体系，持续性的运营驱动产品成长，不仅仅是一个工具的问题，更多的是体系建立的问题。此外，企业数字化转型还要克服企业组织的部门墙与数据孤岛问题。

六是数字化技术问题。现在市场上眼花缭乱的技术太多了，区块链、物联网、云计算，包括最近较为火爆的元宇宙都可以和数字化转型进行关联，但是哪些技术真正适合企业的发展并不清楚。其实，数字化转型需要整合技术、工具、管理，形成一个体系，并最终统一到企业运营中去。技术就像其中的螺丝钉，螺丝钉质量再好也没法自己应用，而是在合适的孔位才能体现价值。通过技术和业务的全链路打通，做到业务一体化，才能实现业务的降本增效与健康发展。

七是资金不足。由于世界经济格局的巨变，双循环变成内循环，加上营商环境等问题，导致很多企业利润非常低，资金严重不足，没有足够的资金投入推动数字化转型中。

三、保障企业数字化转型成功的举措

(一)形成数字化思维

数字化，首先是理念的转变，是行动的开端。与其说，数字化转型是一场技术革命，不如说是一场认知革命。思想必须走在行动的前面，实现数字化转型，关键是需要数字化思维。

(二)制定数字化转型战略

一是制定系统科学的发展战略。企业制定数字化转型战略是其进行信息化建设的首要环节。梳理公司战略和管控模式，分析公司各业务板块的业务流程和业务模式，制定符合企业经营管理现状和需要的数字化转型战略，对于指导企业数字化转型具有重要意义。

比如，武汉高科集团以数字化转型实现集团的使命与愿景，实现以产融结合、产城融合的两轮驱动，并通过数字化转型实现差异化竞争优势及参与战略新兴产业布局与投资。再如，山东能源树立"规划引领、前瞻布局"理念，大力实施数字化转型战略，引入 IBM 咨询团队，对企业管理和 IT 现状进行高阶诊断，制定企业管控、工业互联网建设战略目标和实施路线，涵盖战略管控设计、智慧煤炭、智慧化工、智慧营销、IT 规划等方面。中国铁物也提出"数字铁物"规划设计：第一步完成公司数字化整体布局，在线"数字铁物"运转顺畅；第二步数字化能力持续完善，不断整合行业资源，构建良好数字生态。

二是构建自上而下的治理体系。推进企业数字化转型，组建企业信息化管理委员会，设置专职 CIO，优化二三级公司 IT 管理部门，形成自上而下的 IT 组织架构，统一推进公司大数据工程、工业互联网建设及企业标准制定。

比如，中国电建集团通过成立数字公司、数字中心等方式，把数字化与企业的战略和管理充分融合；建立一把手负责制的企业数字化转型领导工作小组，统揽企业数字化转型工作，研究决定数字化转型路线图及关键工作，协调解决转型过程中的重大问题；提高信息技术研发、集成应用和运维保障等领域人员比例，增强信息服务部门保障能力；不断加强信息化、数字化专项资金投入，推进企业信息系统互联互通，以新技术应用投入引领企业业务数字化转型。

(三)依次做好数字化转型前期的数字化转换与升级

一是认识到数字化转型有三个层次。企业数字化转型是高层次转型，其下还有数字化转换与数字化升级两个层级。从内涵看，就是要从信息的数字化、流程的数字化到业务的数字化。三个层次都有成功的案例。信息数字化的成功案例有 IBM、微软与思科，流程数字化的成功案例有 SAP、Salesforce，而业务数字化的成功案例有亚马孙与苹果，如图 5.3.1 所示。

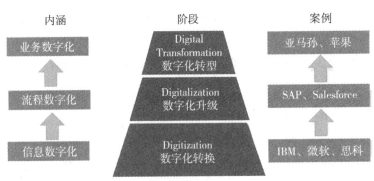

图 5.5.1　数字化转型的三层逻辑
(资料来源：百度百科)

二是要稳健地推进信息数字化。把信息存储到数据库中，会导致员工权力的丧失、工作习惯与方式的改变，以及新知识、新技术的不适应，以致产生暗地反对、抵触，甚至害怕等行动与情绪。所以，这个阶段最重要的是稳健，要做好员工的心理疏导及安抚工作，形成一种共情，保障转型贯彻始终。

三是要精准地推进数字化升级。企业的各种流程都非常重要，通过精准的数字化升级，改变企业的组织形式、业务流程、商业模式，创造新价值。

（四）坚持数据创新道路，推进业务数字化

一是要坚持数据运营观念。数据运营不仅可以改变业务的经营方式，还会改变整体组织的决策方式。先进的数据技术还可以帮助企业通过数据运营实现打造数据价值、分享数据红利的新境界。二是要坚持数据商业模式。数字化经济社会，企业间的差异主要体现在数据服务水平上。因此从高阶战略层视角出发，寻求适应企业数据战略的商业模式，最终实现构建高品质数据服务水平，从而打造企业差异化竞争力。比如，中国华能在2022年，形成全流程、全业务数据管理和全生命周期数据治理服务能力；到2023年，全面实现数字化转型，形成多产业链、多系统集成的智能化生产、管理、决策体系和生态。再如，武汉商贸集团改造传统物流，提升智能化经营能力，应用物联网、人工智能、无线射频技术（RFID）、地理信息系统（GIS）、卫星定位系统（GPS或北斗）、电子数据交换系统（EDI）等信息化和电子化技术对物流信息进行实时、准确地分析处理，优化运力和仓储空间，构建智能化仓储物流服务体系，以控制物流系统按照既定的方向和目标运行，以提升集团物流业务效率，降低运行成本，增加物流服务的附加值。

（五）探索因地制宜的数字化转型推进机制

依据企业对数字化转型的不同应用程度，数字化推进可采用"探索式""协调式""集中式""嵌入式"四种方式，如图5.3.2所示。

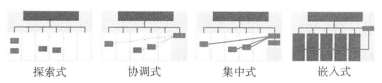

图 5.5.2　企业数字化转型推进的四种方式
（资料来源：普华永道思略特分析）

数字化转型初期，企业尚未确立整体推进方案，但局部试点的条件还是具备的，这时可采取探索式，鼓励各局部尝试；之后，随着企业对数字化的应用加深，跨部门的协调需求加剧，向着协调式、集中管理式过渡；最终实现的是嵌入式管理，全企业在顶层规划下进行数字化转型。

（六）加快营销数字化转型

商业企业要利用数字化管理工具将消费者隐性数据显性化，掌握数字化分析能力，学习数字化新营销，为商户提供数据导向，并不断优化消费者体验。在线上线下全渠道打通的新零售时代，传统的线下零售软件系统无法满足新的消费需求，于是催生出"数据中

台"的新角色。打造数据中台，将线上线下的商品、会员、库存、订单、价格和门店 IT 系统全部打通，前端需要具备 CRM 功能，通过微信小程序和线下门店服务客户，后端需要和企业仓储管理系统(WMS)、ERP 系统打通，形成企业高管、员工、伙伴共同参与和使用的数字化工作台，实现业务数据化与数据的资产化，提高快速响应客户的能力，构建竞争优势。

比如，武汉商贸集团以为消费者提供最佳消费体验为目标，对新产品推广、品牌营销、订单系统及供应链管理、客户服务、经销体系开发与管理、物流配套等方面进行线上线下一体化业务流程梳理，挖掘从供应端到配送端、从商品到消费者、从交易场景到消费行为等商业数据，构建以"消费者-商品-渠道"信息为数据资源的商业零售大数据库；多方式布局线上渠道、多举措深挖线上流量、多途径提升线上交易量；利用线上平台引导消费者购物习惯，提升消费者忠诚度，深化公众号粉丝营销、社群营销、直播展示等新兴推广手段，进一步优化消费体验，提升线上交易规模。

(七)打造企业上云工程

企业上云即企业应用大数据、云计算技术，是指企业通过互联网便捷地使用计算资源、存储资源、应用软件、服务及网络等需要的资源，是一种高度可扩展、灵活易管理的业务模式，具有大规模、虚拟化、高可靠及弹性配置等特点。企业上云有利于提高资源配置效率、降低信息化建设成本、促进共享经济发展、加快新旧动能转换。

企业上云包括基础设施上云、业务应用上云、平台系统上云、数据协同创新四大类，企业进行信息化建设主要涉及基础设施上云、业务应用上云以及可能存在的数据协同创新。推动企业人力资源管理、行政管理、财务管理等应用上云，可以提高工作、管理效率；推动企业采购管理、生产管理、销售管理、供应链管理、电子商务、客户资源管理等应用上云，可以提升企业运营管理效率；推动企业计算机辅助设计、产品开发上云，可以提升企业研发效率和创新水平。

比如，中国石化的总体思路和目标是：按照"数据+平台+应用"的新模式，大力推进数据中心、物联网、工业互联网等新型基础设施建设，建成覆盖全产业、支撑各领域业务创新的管理、生产、服务、金融"四朵云"，构建完善统一的数据治理与信息标准化、信息和数字化管控、网络安全"三大体系"，打造敏捷高效、稳定可靠的信息技术支撑和数字化服务"两大平台"(统称"432 工程")，夯实公司数字化发展的战略基石；深化大数据、人工智能、5G、北斗等技术应用，大力推进各领域业务上云用数赋智，促进和引领技术创新、产业创新和商业模式创新，提升全产业数字化、网络化、智能化水平，支撑新产业、新业态、新经济做强做优做大。

再如，武汉商贸在集团系统内推进企业数字化规划工作，明确集团与商业零售企业信息化改造标准，确保不同企业的信息系统具有较高兼容性和对接基础。识别数字化关键需求，统一各企业数字化规划的中长期目标。设计数字化体系架构，实现全局性的信息优化和整合。通过互联网与云计算手段连接内部零售、批发、仓储、物流等内部资源，共享服务与能力。

（八）坚持投资数据人才

数字化转型的关键资源是人才，不仅需要数字化转型的技术人才，需要熟悉数字化产业政策和产业生态知识的人才，还需要具有构建数字化商业模式和数值化经营、打造数字化产品和服务能力的人才。但数字化转型需要的人才，永远是企业不能全部具有的。除引进与共享外，培养数字化转型人才也是重要路径之一。

为了培养员工在数字化方面的思维和能力，普华永道投资 30 亿美元开展"New World. New Skills"的全球培训项目，结合不同业务部门需求为员工提供培训，同时还配备评估系统追踪员工的学习效果，再将培训后获得较高数字化技能的员工调配到各个团队去协助客户，改善用户体验和解决方案。

德国博世公司，提倡的是"学习敏捷力"，并打造定制化的学习项目和培训平台。例如，为技术员工提供虚拟现实（VR）工具，帮助他们学习新技术和设备零部件的维修；为工厂主管提供蓝领领导力培训项目；还鼓励员工根据特长和专业创作微课，共同丰富移动学习平台。再如，中广核集团认为，数字化转型的核心是人的认识和专业的团队，专业人才培养被定位为未来的重点任务之一。

混改后国企董监事职责及其如何有效履职①

我国实行的是以国有经济为主导的社会主义市场经济，国有企业在国民经济中占主导地位，在关系国计民生的社会责任担当上，国有企业方面具有不可替代的社会作用。但是，国企有时因其内在原因导致经营机制不如民营企业效率高，因此，为激发国有企业的活力，政府正在大力推进国有企业混合所有制改革，将国企混改分为国资控股、相对控股和参股三类推进实施。在国企混改中由国资派出的董监事高管的职责有哪些？他们如何才能实现有效履职呢？这些问题涉及公司治理中的治理机制建构、有效运行及董监事职责确定与董监事履职等，下面分别展开论述。

一、什么是公司治理？

(一)现代企业治理危机

从最早的 1720 年英国爆发的南海公司股票案，到 2000 年美国的安然事件，再到 2021 年中国的康美药业财务造假事件等大型公众公司的丑闻，揭示出公司内可能存在的一些问题与挑战：(1)管理层贪婪；(2)内幕交易及虚假信息；(3)有效的公司治理机制缺失等。那么现代公司应该建立怎样的一种制度体系从而使企业走向长治久安？这些公司丑闻中，管理监督机制为何没有发挥作用？这些都涉及现代公司治理问题。

最早的企业是个人业主制企业和合伙制企业，大量的市场主体是业主制或合伙制企业，占比超过 80%，这类企业的特点是单个人或少数人拥有企业，企业寿命有限，融资能力有限，企业和自然人合为一体，自然人对企业承担无限责任。而公司制企业是现代化大生产的产物，主要包括有限责任公司和股份有限公司，占市场主体的 20% 左右，主要特点是可以向投资人或进入资本市场融资，企业是一个独立的法人实体，出资人承担有限的法律责任。由于公司制企业的"公"代表产权的多元化，出资人的多元化，企业不再是自己的。公司使用了其他出资人的资金，因此公司就有了投资人的一份，公司就成为了公众公司。现代公司除了要生产和提供好的产品和服务满足"顾客"需求外，还要满足公司出资人的利益需求，满足出资人的需求就是公司治理的主要目的之一。上述安然事件、康美药业事件等都是因为公司的经营监管人员在公司治理中违背责任以及不履职导致公司出现治理问题，其原因是现代公司的出资人(所有人)不经营控制企业，将企业的经营控制

---

① 本文作者系北京德成经济研究院高级研究员，武汉工程大学管理学院教授/博士，硕士生导师朱永华，主要研究方向：战略管理、公司治理等。

权委托给职业经理人，但职业经理人的利益与出资人的利益并不一致，导致其产生"机会主义"或"背德行为"，如前案例中公司高管所为，以不惜损害出资人和公司利益为个人谋利。企业出现治理危机，这就提出了现代公司治理问题，公司治理就是要在公司内部建立一套体制机制，包括股东会、董监事会和高管团队等，并且通过实践探索不断改进完善，才有可能逐步实现现代企业规范化和科学化运作，保障出资人和顾客的利益。

(二)公司治理要素与基础

现代公司治理不只是结构的构建，更要靠机制来实现。而公司治理的核心要素主要包括三个：规则、合规和问责。

1. 规则

我们有太多的规则方面的教训，与外资或战略投资者合作，吃亏的往往是我们。问题经常出在规则方面，技术层面上也叫制度安排，对于股份公司而言，最基本的规则就是股权设计(与其相关的是投票权设计)和公司章程(也称公司宪法)。股权设计及其投票权设计怎样更为合理？京东创始人刘强东和阿里巴巴创始人马云的案例给我们不少启示。IPO前京东创始人刘强东通过其控股的公司合计持有京东23.64%的股份，而包括老虎基金、红衫资本在内的前五大投资机构共计持有的股份达到65%，仅老虎基金一家机构持有的股份就达到22%，所以只要机构联手，它们就可以实现对公司的绝对控制。为实现创始人对公司经营权的控制，刘强东在京东前往纳斯达克上市时，在公司章程中规定了创始人和投资人具有不同的公司股东会投票权：A/B股及不同的投票权，投资人持有A股，每股有1票投票权，创始人持有B股，每股有20票投票权，这样，即使创始人刘强东仅持有4.84%股份就可以拥有超过50%的投票权，实现对京东的绝对控股。控制了股东会投票权就意味着可以控制公司的董事会和高管团队，就控制了公司的经营权，而且创始人高投票权的设计，还给京东未来发展需要进一步融资提供了空间。马云在为阿里巴巴寻找上市地点时，也颇费周折。阿里巴巴最早想在香港上市，并与港交所高管进行谈判，希望港交所修改上市公司治理规则，允许阿里巴巴以合伙人制度控股公司，但港交所不愿进行改革(直到2020年，港交所看到中国许多科技型公司创始人为实现对公司的经营权控制转到美国上市，为留住这类科技型企业，港交所才修改了新兴科技型公司治理规定，允许此类企业可以设计A/B股投票权，创始人最多可拥有10倍的一般投资人股票投票权)，后来，马云又转到英国伦敦，也是因为合伙人制度问题没能与伦敦交易所达成协议，最后才转到美国纽约交易所上市，因为美国允许阿里巴巴以合伙人制度获得公司控制权，阿里巴巴在美国成功上市。IPO前创始人马云和蔡崇信共计持有公司12.4%的股份，而软银、雅虎分别持有34.1%和22.4%的股份，IPO之后，创始人马云和蔡崇信共计持有11%的股份，但在公司章程中规定创始人可以经阿里巴巴合伙人制度提名超过半数的董事会人选(IPO后占董事会11人中的6人)，并且马云与软银和雅虎签署了投票协议，软银和雅虎要投票赞成阿里合伙人提名的董事候选人，这样通过合伙人制度(马云和蔡崇信为公司永久合伙人)和投票协议制度，阿里巴巴创始人马云虽然只拥有公司少量股份，但实现了对公司董事会和管理层的控制。

2. 合规

合规就是要按照规则行事，否则就会遭到处罚。一般来说，中国企业至少要掌握三套规则。(1)上市公司规则。非上市公司一般不用进行公开信息披露，因此造假动机较小，上市公司法律要求严格，公司稍有不慎就有可能出现问题。如大家在财经新闻上经常看到关于上市公司财务造假、大股东或高管减持股份没有及时披露被问责甚至处罚等新闻。(2)国家关于国有企业治理的规则。例如，国有企业与国外合资时，国外企业是大股东，但既不要求担任董事长，也不要求任职总经理，只要求任监事长一职。因为，在公司章程中规定了公司重大决策都要经监事会批准，因此他们是只要权利不要责任，监事会成为权利中心，而一旦出问题一般不会累及监事会，这就需要我们对公司治理规则进行修改和完善。(3)国际规则和公司治理标准。企业即使不在海外上市，也会与国外企业竞争或合作，所以应熟悉和遵循国际规则。安然事件后，美国加强了公司治理要求，制定了新法案，如《萨班斯法案》，提出加大违规处罚成本。如果造假或公司治理上违规，严重的罚款100万美元以下，判刑十年；特别严重的，罚500万元以下，判刑二十年。《萨班斯法案》规定在美国上市的所有公司一视同仁，不得豁免。如中国某保险公司到美国上市，创IPO纪录，但股东对其提起诉讼。当时上市时，国家审计署正在公司审计，由于没有审计完，因此上市路演时没有披露相关信息。上市完成后，审计结果出来了，公司有违规使用资金现象，导致公司股价大跌。虽然后来公司宣布，违规使用资金后果不由海外上市公司承担，由集团承担。但投资人还是起诉赔偿，因为国际规则要求上市公司治理中披露信息要真实、完整和及时。最后，此诉讼达成庭外和解，公司耗费了100多亿美元。此案后，中国保监会对所有保险公司高管进行了公司治理的培训。

2021年康美药业财务造假案，我国法院对康美药业证券特别代表人诉讼一审宣判，相关被告被判承担投资者损失总金额达24.59亿元。具体包括康美药业作为上市公司，承担24.59亿元的赔偿责任；公司实际控制人马兴田夫妇及邱锡伟等4名原高管人员组织策划实施财务造假，属故意行为，承担100%的连带赔偿责任；另有13名高管人员按过错程度分别承担20%、10%、5%的连带赔偿责任。审计机构正中珠江会计师事务所未实施基本的审计程序，承担100%的连带赔偿责任，正中珠江合伙人和签字会计师杨文蔚在正中珠江承责范围内承担连带赔偿责任。据了解，该案是新《证券法》确立中国特色证券特别代表人诉讼制度后的首单案件，是迄今为止法院审理的原告人数最多、赔偿金额最高的上市公司虚假陈述民事赔偿案件。案例宣判后，上市公司出现不少独立董事辞职潮。此案例后国家还修改了《证券法》和上市公司独立董事规则等相关的法律，震慑了上市公司治理中的不合规行为乃至违法行为，推进了中国资本市场的法制化建设，增强了资本市场的信心。

3. 问责

公司治理问责强调个人问责，通常做法是集体决策、个人负责，而我国通常是集体决策、集体问责，这往往导致责任不明确。我国很多企业出问题就是因为问责不到位，导致决策失误，世界银行曾指出我国企业决策失误率为30%，而其他国家还不到5%，企业决策失误才是最大的腐败。安然公司董事长判刑126年，并且不得豁免减刑，导致其突发心脏病死亡，最后CEO和财务总监也被判刑。安然事件给美国企业造成恐慌，对此美国加大了法律制裁，重塑了企业和资本市场的信心。

4. 公司治理的科学内涵

公司治理可以从狭义和广义两方面理解，狭义的公司治理是指所有者，主要包括股东对经营者的一种监督与制衡机制，即通过一种制度安排，来合理地配置所有者与经营者之间的权力与责任关系。公司治理的目标是保证股东利益的最大化，防止经营者对所有者利益的背离，主要通过股东会、董事会、监事会及管理层所构成的公司治理结构等进行内部治理。广义的公司治理则不局限于股东对于经营者的制衡，而是涉及广泛的利益相关者，包括股东、债权人、供应商、雇员、政府和社区等与公司有利益关系的个人和群体。公司治理是通过一套正式或非正式的、内部或外部的制度与机制来协调公司与利益相关者的关系，以保证公司决策的科学化。因此，要理解公司治理的内涵，需要转变观念：一是要从权力制衡到决策科学的转变。传统的公司治理所要解决的主要问题是所有权和经营权分离条件下的代理问题。通过建立一套权力相互制衡的制度，即"三会一层"的公司治理结构实现公司的权力配置。但是公司治理并不是为了制衡而制衡，而是如何使公司有效可持续的运营，实现公司盈利以保证各相关利益人的利益得到满足。因此，要实现公司有效运营，公司治理的核心是确保公司决策科学并得以有效实施，所以，公司治理的目的是保证公司科学决策的方式、路径和途径等。二是要实现从推动治理结构完善到治理机制构建。通常讲，公司治理一般强调基于分权与制衡而停留在公司治理结构方面，但从科学决策角度看，仅有治理结构远不能解决公司治理中的问题，为实现决策科学，更需要超越治理结构的公司治理机制建构。公司的有效运营与科学决策不仅需要"三会一层"发挥作用的内部治理机制，更需要一系列通过证券市场、产品市场和经理市场等外部治理机制作用。

二、如何实现董事履职？

（一）公司有效运营的关键：董事会

董事会是公司治理的核心，其组织结构设计是否合理以及董事会能否高效运作是公司治理的最重要问题。前面讲过，公司制企业中的股份有限公司和有限责任公司是现代大生产实现后的产物，这类公司具有独立的法人资格，股份可以自由转让，出资人承担有限责任。随着公司的扩张，规模越来越大，股东越来越多，分散的股东导致公司的所有权和经营权高度分离，股东基于时间、能力与经验、精力等多种因素无力经营企业，只好从外部聘请经理层团队来经营公司，使公司所有权与经营权产生分离。这种分离同时带来了公司管理上的问题：股东能够放心将企业交给管理层经营吗？怎么能知道管理层是否损害股东的利益？由于股东人数众多，且每年举行仅有的几次股东会，无法对企业日常经营做出决策，公司需要一个常设机构来执行股东会的决议，并在股东会休会期间代表股东对公司的重要经营做出决策，并考核、监督和评价管理层的经营行为，这个机构就是董事会。董事会一方面受股东委托，是股东的代理人；另一方面，经理层受董事会委托，经理层是董事会的代理人。在股东、董事和经理之间，董事会是股东和经理间双层委托代理关系的"中枢"，同时承接了股东和经理层。

(二)董事会的职能

董事会的职能就是制定公司的战略决策与聘请、监督和考核管理层。我国《公司法》规定,董事会对股东会负责,行使职权包括:(1)召集股东会会议,并向股东会报告工作;(2)执行股东会决议;(3)决定公司的经营计划和投资方案;(4)制订公司的年度财务预算方案决算方案;(5)决定公司内部管理机构的设置;(6)决定聘任或者解聘公司经理及其报酬事项,并根据经理的提名决定聘任或者解聘公司副经理、财务负责人及其报酬事项;……(10)制定公司的基本管理制度;(11)公司章程规定的其他职权。而美国商业圆桌会议(美国企业总裁协会之一)代表美国大公司对董事会职责的描述为:(1)挑选、定期评估或更换首席执行官;决定管理层报酬;评估权力交接计划。(2)审查、审批财务目标、公司主要战略与发展计划。(3)为高层管理者提供建议与咨询。(4)挑选董事候选人并向股东会推荐候选人名单;评估董事会工作绩效。(5)评估公司制度与法律、法规的适应性。中美两国对于董事会职责界定虽各有侧重,但都涵盖了董事会的最基本职责。并且股东授权董事会代表股东对公司经营进行指导,董事是公司合法的管家。

(三)董事会成员

公司董事会必须设立董事长一人。此外,还包括执行董事、非执行董事、独立非执行董事(独董)。执行董事(也称内部董事)指同时承担董事和高级管理职责的人,以 CEO 为代表,包括 CEO 或其他高层管理者。与公司签订了雇佣合同,按合同规定提供劳务,获取报酬。非执行董事:不参与公司日常经营管理活动,同时也不是公司职员的董事,但是与公司存在着某种关系(可能是公司股东)。独立非执行董事(独董):具有超然独立的地位、态度和判断,在董事会审议过程中保持足够客观的态度。通常是别的企业的高管、已退休的政府要员、社会名流或知名专家等,独立董事可能给公司决策提供基于专业的判断、基于管理经验与知识的支持,或外部资源的支持等。

【小案例】

蚂蚁集团新提名 2 名独董,独董占比达到 50%,女性董事占比超三分之一①

蚂蚁集团管理层再现人事变动。

近日,蚂蚁集团更新官网信息,新聘杨小蕾、史美伦担任独立董事,董事会独立董事占比上升至 50%。此外股东代表董事从三位减少到两位,蒋芳不再在蚂蚁集团董事会任职。

公开信息显示,杨小蕾现任恒丰银行股份有限公司独立董事,曾任中国国际信托投资公司(现为中信集团)下属中信律师事务所律师、竞天公诚律师事务所合伙人、金杜律师事务所合伙人。

---

① 来源:界面新闻,https://baijiahao.baidu.com/s?id=1734409552051691388&wfr=spider&for=pc。

史美伦现为香港交易及结算所有限公司主席、香港特别行政区行政会议非官守成员，亦是中国证券监督管理委员会国际顾问委员会副主席及国际证券交易所联会董事、联合利华非执行董事、瑞典资产管理基金会的高级国际顾问及苏富比国际咨询委员会成员。

此次调整后，蚂蚁集团董事会呈"2+2+4"结构：两名执行董事，分别为井贤栋（董事长）、倪行军；两名非执行董事/股东代表董事，分别为蔡崇信、程立；四名独立董事，分别为郝荃、黄益平、杨小蕾、史美伦。

其中，独立董事占比为50%，郝荃、杨小蕾、史美伦均为女性，女性董事占比超过1/3。

值得注意的是，今年以来，蚂蚁集团几位技术高管离职，包括蚂蚁集团原副总裁漆远、蚂蚁集团计算存储首席架构师何昌华。而两位资深CTO仍在蚂蚁集团董事会之列：蚂蚁集团首席技术官倪行军和阿里巴巴首席技术官程立。

此外，春华资本集团创始人胡祖六不再担任蚂蚁集团独立董事。

据悉，未来蚂蚁集团还将进一步增加独立董事人数，逐步实现董事会中独立董事过半数。

从蚂蚁集团的董事会构成可以看出，8名董事中有2人是执行董事，2名非执行董事（是公司股东，不参与公司管理运营），4名独立董事，新提名的董事史美伦还是香港联交所主席，可以给公司上市提供专业指导和资源支持。

(四)对董事会的主要批评

管理者有时会利用权力来选择和奖励主管；对管理者出于个人目的提议的审批不严格；董事会成员与管理者的个人关系被利用；在雇佣和监督CEO行为方面缺乏足够的警惕性；对独立董事的数量和应起的作用存在意见分歧。独立董事：由于他们不参与公司的日常管理，对管理者和战略缺少足够的信息，因而强调财务控制，大量的独立董事也会造成一些问题。

(五)提高董事会的有效性

提高董事会成员背景的多样性(例如，在美国公司的董事会中，有更多的董事来自公共服务业、学术界和科研机构；有更多的少数民族和女性董事，以及来自不同国家的董事)；加强内部管理和财务控制系统建设，建立并持续使用正式的流程来评估董事会的表现；修改董事报酬，特别是减少或取消报酬组合中的股票期权；设立"领导董事"职位，该职位在制订董事会日程和监督非管理者董事会成员方面拥有很大的权力；要求独立董事拥有相当比例的所有权，从而能够更关注股东利益。此外，美国证券交易委员会提议，要求上市公司董事会必须包含一个由独立董事组成的审计委员会。

(六)董事制度

(1)董事资格。我国《公司法》采用消极资格描述方式的排除法。英国董事协会在调研的基础上提出董事应具备的个人品质和知识等积极资格描述。(2)持股制度。我国《公司法》没有规定。但在上市公司规则指引中提出："公司董事、监事、经理应当向公司申报所持有的本公司股份，并在任职期间不得转让。"这反映出对董事持股情况的重视，英美国家有强调董事持股的倾向。

(七)董事薪酬制度

这方面内容包括：(1)董事薪酬由谁决定？决定的内容？一般来说，董事报酬由股东大会决定，但向股东大会提出董事会报告的又是董事会，所以，事实是董事会(控股股东)决定了董事薪酬事项，如薪酬水准、薪酬总额和薪酬政策等。根据相关法律规定，独立董事报酬由董事会(控股股东)决定，这如何保证独立董事决策的独立性？所以有人提出公司单独拿出薪酬资金，由股东会直接给独董发放薪酬等，这又涉及日常操作层面是否可行等问题。国有企业派出下属相对控股和参股混改企业的董监高薪酬到底该如何发放？现有的做法是由所在企业发放，是否可以考虑由派出的集团发放，从而更有利于这类派出的董监高更好履职？(2)报酬分类：固定部分。按认股方式给予额外报酬、特别报酬等。薪酬一般包括基本薪酬和奖励薪酬，具体形式要参考企业历史、行业薪酬等。(3)报酬标准？参考服务价值、内部薪酬水平、同行业水平、盈利状况、兼顾税收合理性等。(4)监督和约束机制：如董监高薪酬的强制信息披露制度等。

(八)董事的权利与义务

董事权利：(1)召集股东会会议，并向股东会报告工作；(2)执行股东会决议；决定公司的经营计划和投资方案，制订公司的年度财务预算方案、决算方案⋯⋯决定公司内部管理机构的设置；决定聘任或者解聘公司经理及其报酬事项，并根据经理的提名决定聘任或者解聘公司副经理、财务负责人及其报酬事项；(10)制定公司的基本管理制度；(11)公司章程规定的其他职权。

董事义务：董事付出适当的时间和精力，关注公司经营，并按照股东和公司最佳利益谨慎行事。包括：(1)保证时间和关注。要求董事作为受托人，对公司事务付出一定的时间和精力，参加董事会会议，关注公司的经营。如法律规定，董事连续 3 次无故不参加董事会会议的应免去董事职务，独立董事无故连续 2 次不参加的，免去独董职务。(2)董事不作为与依赖他人。董事的决策要依赖公司相关人员，但在决策信息等方面依赖其他人与保持董事应有的作为是两件不同的事项，董事可以把某些任务进行委派，但是仍然对已委派任务的完成情况负有监督责任。(3)谨慎行事是勤勉义务的核心。美国《示范公司法》要求董事"以一个在相似的环境下处于相同位置的普通的谨慎的人行事"。我国《上市公司章程指引》中要求，董事谨慎、认真、勤勉地行使公司所赋予的权利。

(九)董事履职的核心：战略性参与

董事会的重要职能包括战略决策、监督管理层以及资源外取等，战略决策是最重要的和最基本的。一个有效的董事会要保证董事会成员将其能力和才智运用到真正需要董事会决策的事情上。

如何实现董事战略性参与，从董事会层面看：一个组织越具备应急战略或突显战略发展的特征，董事会和董事在其中的作用越小；决策过程越易变且决策信息越零散，非执行董事参与的可能性越小。因此，要注意以下几个方面：(1)重视管理层在战略规划中的重要性及作用。(2)董事会成员合理分工。设立负责企业战略规划的职责，推动并督促其落实。(3)特殊时期，可取代管理层改变战略规划。(4)加强年度计划和相关预算的编制审核等。

从董事个人层面看：董事会的职责是战略决策和监督管理层，董事参与战略决策是董事的基本职责。董事应关注影响公司长远发展的事件，经常性地深入讨论企业战略问题。董事战略性参与应有大局观，并常思考和剖析公司战略。

(十)董事履职需要的能力与个性品质

一个高效的董事会应该拥有具有多种经验的董事，这些经验来自不同背景和专业，董事战略参与需还要具备一定的个性、知识和能力平衡。

表5.6.1　　　　　　　　　　　董事的个人特征及涵义

个人特征	具体特征及解释
1. 决策制定	(1)批判能力。查明事实，质疑假设，辨别各种提议优劣势，提出相反证据，使讨论深入 (2)判断能力。考虑合理的假设，通过对论据的仔细斟酌做出明智的决策或建议 (3)决断力。决定并检查公司目标等
2. 沟通	(1)倾听技能。冷静、专心仔细地倾听 (2)坦诚。沟通时坦诚以及坦率，愿意承认错误及不足 (3)表达技能。表达想法、命令时要认同并理解听众的处境和感情 (4)做出响应。能够欢迎并接受反馈 (5)书面沟通技能。所写的事情易于理解
3. 与他人互动	(1)自信。意识到自己的优劣势，与人交往时充满自信 (2)协调技能。培育董事之间合作，实现高效的团队运作 (3)灵活性。采取弹性的方式与人互动，充分考虑他们的观点 (4)正直。诚实和可信赖 (5)激励。确保他人对需达成目标的理解，通过对他们承诺、鼓励和支持，激励其实现目标 (6)说服他人的能力。说服他人认可并作出承诺 (7)体谅。对别人的感觉和需要表示理解，愿意提供个人帮助
4. 信息分析和使用	(1)折中主义。从各种可能来源系统地搜寻各种可能信息 (2)计算能力。准确地吸收数字和统计信息，理解其差异并作出合理和可靠的解释 (3)问题意识。辨识问题和识别可能或实际的原因 (4)变革倾向。对变化需求保持警觉并做出回应，鼓励新政策等

个人特征	具体特征及解释
5. 战略洞察	(1)远见。能够想象公司未来环境中可能的状态与特征 (2)远景。能够超越当前的问题和处境看到更广阔的问题及启示 (3)创造力。创造并辨识富有想象力的解决方案和创新 (4)充分认识战略。能够意识到公司面临的机会、威胁、优势、劣势等 (5)充分认识组织。认识到组织的优劣势,以及董事会决策对其影响
6. 目标实现	(1)商业敏感性。有能力发现公司商业竞争的机会 (2)授权技能。正确区分其他人应该做的事情和自己该做的事情 (3)推动力。表现精力、活力和承诺 (4)高标准。为自己和他人设定具有挑战性的可实现的目标和标准 (5)顺应力。面对不幸、挫折或不公平情况,能够保持镇静 (6)承担风险。为获得期望的利益或优势,会采取涉及适当风险的行为 (7)坚韧。坚定立场使行动计划达到预期目标或做出适当调整

(资料来源:参考[美]约翰·哈珀. 董事会运作手册[M]. 李维安,李胜楠,牛建波,译. 北京:中国财政经济出版社,2006:101-127.)

(十一)董监事的知识和经验

董监事们所拥有的一般知识和经验主要包括经营、管理和董事会实践方面的经验,最好能够熟悉并掌握如下基本知识和方法:

(1)董事会和董事角色。公司董事、所有者和管理者之间的显著差异;公司治理问题;董事会的目标、任务、职责、结构及其有效运作方式等。

(2)董事会运作的法律框架。

(3)战略性经营方向。与战略规划、履职和控制公司等有关。

(4)一定的财务知识。基本的财务会计知识、看懂财务报表和财务分析报告等。

(5)人力资源的知识。拥有将人力资源战略与公司大战略结合起来思考和分析的能力。

(6)有效的市场战略。理解客户需求、分析市场趋势,将公司的产品与服务和市场战略结合进行思考等。

(7)领导并指导变革。认识到公司面临的变革压力与挑战等。

(8)有效的董事会决策。理解并推进董事会在决策制定中的职责以及提高决策制定有效性的方法,推进决策实施,并评估决策的履行情况等。

三、国有企业"三会一层"的权责关系

伴随国企改革,在推动中国特色现代企业制度实践落地过程中:一是把加强党的领导和完善公司治理统一起来,加快建立各司其职、各负其责、协调运转、有效制衡的公司治

理机制。二是国有企业党委(党组)把方向、管大局、保落实,董事会定战略、作决策、防风险,经理层谋经营、抓落实、强管理。各治理主体不缺位、不越位、不相互替代、不各自为政。

这个基本要求已经非常明确,需要进一步解决的就是如何在国企治理体系优化细化的实操中,把上述政策整体要求与企业具体治理结构和日常决策运营事项有机结合,使得党委(党组)、国有股东、董事会、经理层真正发挥功能,取得明显实效。

有没有什么更科学、更具象、更落地的管理工具能给这个中心任务保驾护航呢?到底该怎么样搞呢?这就是"四大权责清单"。具体来说包括:《党委前置决策清单》《国有股东授权清单》《董事会决策事项清单》《经理层经营权限清单》。

(一)"三会一层"功能再透视

要想把"四大权责清单"搞明白,就需要先对相关治理主体的功能和位置进行系统把握,这样结构才不会乱,重心才不会偏。

党委会、董事会、监事会、经理层,这个简称"三会一层"的国企治理体系结构,是我们对于单体国企进行思考时的对象。在单体国企内部,大家对于三会一层的分工和落地已经有了较为明确的认识。

在实践中,经常出现的问题会更为复杂一些。那就是在国企集团内部,由于有母公司的治理体系和管控机制,单体下属企业决策并不能单独进行,而是必须与母公司股东战略意图保持一致。

关于治理体系结构,第一层面是国企母公司的决策和管控组织;第二层面是国企自身的决策组织;第三层面是国企日常经营管理组织,由企业经理层牵头。这样的三层从集团到公司的管理层面架构,实际是告诉我们企业决策事项中,哪些是经营层面、哪些是治理层面、哪些是国有股东层面,要区分清楚。

关于党的领导层面。第一层面就是母公司党委与本企业党委的垂直领导;第二层面是母公司通过股东会、董事会对于本企业经营层的决策传导;第三层面是在日常经营中,母公司的经理层和职能层对于本企业经理层和职能体系的指导协调。

国有混合制企业治理的核心议题之一是把党组织、董事会、经理层三大主体功能作用界定清楚,关键是将领导作用、决策作用、执行作用区分清楚。党委起领导作用,把方向、管大局、保落实;董事会管决策作用,战略管理、科学决策、风险防控;经理层保执行作用,决策执行、日常管理、业务指挥。

(二)公司治理层面应用实操

就是制定并用好四个清单:《党委前置决策清单》《国有股东授权清单》《董事会决策事项清单》《经理层经营权限清单》。

1.《党委决策前置事项清单》

企业重大决策事项在提交董事会讨论之前,需要在党委先行讨论,形成一致意见后交董事会,这一点不仅是政策原则,也已经成为所有国企决策的基本流程。

但实际执行当中,企业的困惑也不少。一是哪些事项需要党委进行前置决策讨论?二是这些前置决策讨论意见有什么样的效力，董事会能有不同意见吗？

研究发现一些国企把党委重大事项前置决策变成了公司所有事项决策，事情无论大小，上到战略规划，下到职工午饭问题，都来讨论决策一番……

党委组织权限有两种：一是决定权。指在特定几个方面，党委意见是决定性的。具体来讲，涉及党的建设、落实党中央决策部署、企业重要人事任免等重大决策由党委研究决定，董事会、经理层按程序办理。二是把关权。指对于"三重一大"问题，党委的研究结论是提供讨论的。对于依据法律法规、监管机构要求和企业管控模式，应由董事会、经理层决定的重大经营管理事项，需由党委前置研究讨论。所以，一个完整的《党委决策前置问题清单》，包括决定的部分和把关的部分，国企要划分前述特定方面和"三重一大"问题，分别确定。

2.《国有股东授权清单》

做这个清单是因为：首先，如果是全资下属企业，母公司作为唯一股东，可以简化股东会程序，直接对下属企业董事会进行授权。但对于已经有多元股东的国企来说，控股的国有母公司只是其中一家占股比较大的股东，如果直接给控股企业的董事会进行所谓"授权"，就有逻辑问题了。不仅忽视了中小股东的权利，也越过了股东会法律边界。其次，国有股东的授权，一般是允许下属企业直接决策特定的事项。从法人治理的逻辑来说，下属企业该类决策很多是通过本企业董事会授权决策范围。

那么，国有股东到底授权给谁呢？不能直接给股权多元化的董事会授权，只能给下属企业董事会里本方派出董事们进行授权，让他们在董事会决策过程中代表国有股东发表意见。现在很多国企董事会难以发挥实质性作用，难在这些国有股东派出董事本身没有得到足够授权，只能在表决前当好二传手，请母公司职能部门走决策流程，然后再把决策意见反馈到董事会。所以，《国有股东授权清单》应该是这样一个清单，它是国有股东给派出董事授权，授权他们在清单事项范围内，直接组织和参与本人任职的国企董事会决策过程，以缩短决策流程，真正实现董事职能。

《国有股东授权清单》的具体内容，每家企业可根据自身情况进行个性化定制。一般可从六大方面帮助企业进行细化展开：（1）用人权：编制、招聘、干部任用、劳动合同；（2）分配权：工资总额、高管薪酬、股利分配等；（3）财务权：资金管理、财务信息系统、预算审批、融资、担保；（4）投资权：对外投资；（5）经营权：业务合同；（6）规划权：发展规划等。

3.《董事会决策事项清单》

一是依法，即依据《公司法》规定，董事会最少拥有十一项决策事项权利。二是依规。在相关国企改革的政策中，关于做实董事会，落实董事会职权等部分，对于需要董事会承担的职权也作出了明确说明。比如，在《中央企业混合所有制改革操作指引》中，规定"依法保障混合所有制企业自主经营权，落实董事会对经理层成员选聘、业绩考核和薪酬管理等职权"。企业落实董事会职权，需要把这些董事会行权的具体政策要求事项逐一明确。三是依理，就是要根据董事会在企业法人治理中的角色定位，来明确其决策范围。董事会作为公司决策中心，主要功能是定战略、做决策、控风险。所以，在重大战略事项、公司三重一大决策事项、重要风险控制事项等方面，需要根据每家企业的实际情况，明确本企业董事会的权责边界。

4.《经理层经营权限清单》

《公司法》规定的经理层职权包括8项：(1)主持公司的生产经营管理工作，组织实施董事会决议；(2)组织实施公司年度经营计划和投资方案；(3)拟订公司内部管理机构设置方案；(4)拟订公司的基本管理制度；(5)制定公司的具体规章；(6)提请聘任或者解聘公司副经理、财务负责人；(7)决定聘任或者解聘除应由董事会决定聘任或者解聘以外的负责管理人员；(8)董事会授予的其他职权。经理层成员，核心职责是落实和执行董事会的决议，接受和完成董事会制定的绩效考核综合目标，同时主持并负责日常经营管理各项事宜，并依规享有职权。

附　　录

2021 武汉企业 100 强、制造业企业 100 强、服务业企业 100 强分析报告

武汉企业联合会
武汉企业家协会
武汉发展战略研究院

2020 年，经历了突如其来的新冠肺炎疫情。武汉作为全国抗疫斗争的主战场、全省疫后重振的主支撑，在习近平总书记亲自指挥、亲自部署和亲临指导下，全市上下牢记嘱托、拼搏进取、艰苦奋战，坚持统筹疫情防控和经济社会发展，全力推动企业复工复产，帮助企业活下去、留下来、发展好。面临前所未有的挑战，武汉企业克服重重困难，主动作为、奋发图强、不负厚望，体现和承载了武汉经济的强大韧性。

武汉企业 100 强是全市的领军企业，是武汉各行业的杰出代表，其变化趋势在一定程度上反映了全市经济发展的走势。今年，按照国际通行做法，遵循企业自愿申报原则，依据申报企业 2020 年度营业收入，排出了涵盖各种所有制及行业的综合性 2021 武汉企业 100 强榜单(综合百强)、武汉制造业企业 100 强榜单(制造业百强)和武汉服务业企业 100 强榜单(服务业百强)。榜单反映出，百强企业扛住了疫情的巨大冲击，依然稳得住，并整体实现了格外可贵的稳中有升，为武汉经济社会秩序的恢复和发展作出了应有贡献，体现了大企业的担当和实力。

一、2021 武汉企业 100 强(综合百强)运行特征

(一)综合百强依然是武汉发展的"定盘星"，但发展后劲仍待提升

本届综合百强入围门槛为 36.53 亿元，比上届入围门槛提高 0.72 亿元，同比增长 2.01%，增幅同比回落 3 个百分点。

本届综合百强营收总额 27269.71 亿元，营收总额比上届百强略有提高，增幅同比回落 7.52 个百分点。

本届综合百强资产总额 46344.87 亿元，资产同比扩大 3.18%，增幅同比回落 6.53 个百分点。

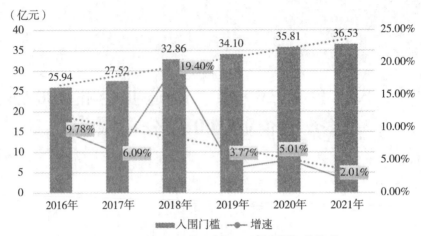

图 1　2016—2021 年武汉企业 100 强入围门槛情况

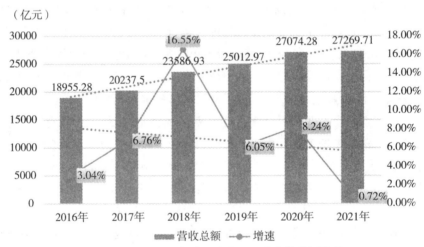

图 2　2016—2021 年武汉企业 100 强营收总额情况

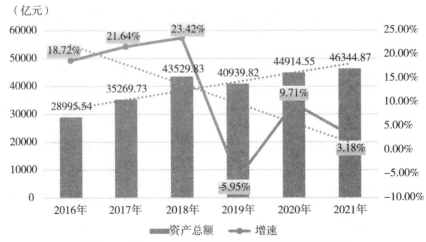

图 3　2016—2021 年武汉企业 100 强资产总额情况

尽管受新冠肺炎疫情影响，综合百强企业依然表现亮眼：

——各"总量指标"保持稳中有升，百亿、千亿企业数量有所增加。"千亿级"企业数量增至 6 家，比上届多 2 家。"百亿级"企业 49 家，比上届增加 3 家，百亿企业占据了综合百强的"半壁江山"，百亿企业总营收占综合百强企业总营收比例接近 9 成。

表 1   **2016—2021 年武汉企业 100 强"百亿级"企业基本情况**

营收过百亿企业	2016 年	2017 年	2018 年	2019 年	2020 年	2021 年
数量(家)	31	34	41	44	46	49
营业收入(亿元)	15833.85	17070.8	20575.07	21916.4	23820.97	24276.63
营业收入占比(%)	83.53	84.35	87.23	87.62	87.98	89.02
平均营业收入(亿元)	510.77	502.08	501.83	498.10	517.85	495.44

——本届新晋综合百强企业 16 家，其中制造业企业 6 家、服务业企业 7 家、建筑业企业 3 家。特别是一批互联网、技术服务、新零售、人力资源服务等新业态企业逆势获得高速发展，晋级百强，为百强队伍增添了新鲜血液。

——本届制造业百强有 16 家光电子产业企业入围，企业数量增长幅度达到 33%，制造业百强结构持续优化。

——本届服务业百强逆势发展，软件及信息技术服务业企业数量首次超过商贸服务业，产业升级态势明显。

看到成绩的同时，也应该看到些许不足：

——综合百强"总量指标"虽有所增长，但增幅均同比回落，增长乏力。且从近年来综合百强入围门槛、营收总额、资产总额的趋势线可以看出，综合百强"总量指标"逐年增长、增幅逐年放缓已成趋势。

——综合百强企业员工总数处于"下降通道"中，一方面体现了近年来我市大力推动企业技改取得一定成效，企业智能化、数字化生产经营能力不断提升；另一方面也反映出近年来用工成本高企、增长速度放缓，使得企业的就业吸纳能力逐步减弱，伴随企业转型发展出现的新情况、新问题同样值得加强研究。

但换一种角度理解，综合百强虽然是武汉企业的龙头翘楚、中坚力量，但依然有其自身的发展规律，不可能指望"老的"百强企业一直保持高速增长，下气力引导和促进更多的中小企业、高新技术企业、新兴业态发展壮大，进而拥有"百强"实力，这应该成为培育"百强"的应有之义。

(二)综合百强依然是履行社会责任的"排头兵"，但仍需适度松绑

本届综合百强企业利润总额 1097.32 亿元，同比下滑 19.40%，由于疫情影响，利润有一定幅度下滑也属情理之中。即便自身发展面临逆境，大企业也能勇于承担社会责任，为全市提供抗疫保障和生活保障；为中小民营企业减免房租；带动上下游企业实现协同复工复产；努力推进企业生产经营。大多数企业按照"目标不变，任务不减"的要求，制订 2020 年度经营目标计划，把疫情对生产经营的影响降到了最低。整个 2020 年，在市委、

市政府的正确领导和大企业的带动下，全市经济运行良好，可以说其中百强企业的"强支撑"功不可没。

本届综合百强企业纳税总额 1054.03 亿元，与上届相比减少约 230 亿元，疫情期间减税综合成效显著。但是一直以来，综合百强都是纳税大户，直到 2019 年全面减税降费政策的实施，企业纳税才逐步低于企业利润。虽然大企业要担当大的社会责任，但是税负沉重同样有碍于企业的快速发展和良好发展生态的形成。

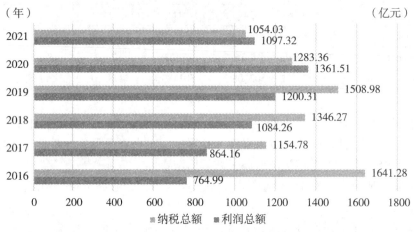

图 4　2016—2021 年武汉企业 100 强利润总额和纳税总额情况

(三) 国有企业依然是综合百强榜的"主旋律"，但民营企业发展势头强劲

本届综合百强国有企业 54 家，民营企业 45 家，其他类企业(外资、集体) 1 家。

从数量来看，国有企业的主导地位依然没有改变。但本届国有企业比上届减少 4 家，民营企业比上届增加 5 家，数量变化较大。新入围的 16 家企业，有 11 家民营企业，民营企业的发展势头不可小觑。

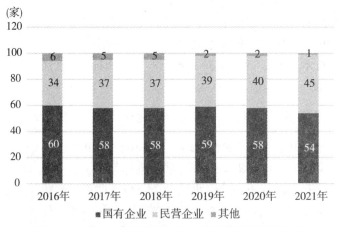

图 5　2016—2021 年武汉企业 100 强所有制情况对比

从规模来看，民营企业总营收 7611.52 亿元，占综合百强营收总额 27.91%，较上届上升 1.62 个百分点，国有企业总营收 19610.67 亿元，占综合百强营收总额 71.91%，较上届下降 1.29 个百分点。近五年来，民营企业总营收占比从不到 20%，连年上升，一方面，有更多的民营企业加入"百强队伍"，5 年间增加了 11 家，服务业百强中民营企业数量几乎占企业总量的 2/3；另一方面，民营企业综合实力不断增强，制造业百强中，民企利润增幅、研发投入增幅均大于国企。

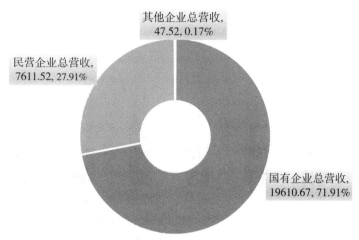

图 6 　2021 武汉企业 100 强国有、民营和其他类企业营收及占比情况

但民营企业也有其弱势，资产规模小，抗风险能力相对较弱。本届综合百强中民营企业总资产 4805.67 亿元，比上届将近低 700 亿元，仅占综合百强企业总资产的 10.37%。除了少量企业没有填报资产规模，最重要的还是因为面对突如其来的疫情，资产小的民营企业受到的负面影响相对要大一些。为了让民营企业能够有更公平的发展环境，推动一批优质民企加快成长，关键时刻能贷得了款、招得到人、有发展空间，还需要加倍努力。

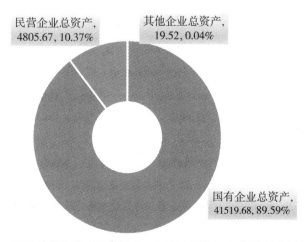

图 7 　2021 武汉企业 100 强国有、民营和其他类企业资产及占比情况

（四）服务业企业依然是综合百强的"绝对多数"，但提质增效仍任重道远

从三次产业来看，本届综合百强制造业企业 24 家，比上届减少 1 家；服务业企业 48 家，与上届持平；建筑业企业 28 家，比上届增加 1 家。整体来看，服务业企业数量仍占据绝对多数。

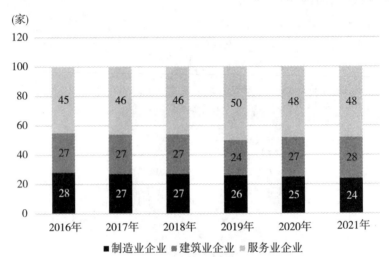

图 8　2016—2021 年武汉企业 100 强产业对比情况

从产业营收来看，制造业企业逐年减少，制造业营收比重占百强企业整体营收比重在逐年下降，本届略有回升。建筑业营收比重在波动上升，本届比上届跃升近 3 个百分点。服务业营收比重也处于波动上升趋势，但本届比上届有较大幅度的下滑。

图 9　2016—2021 年武汉企业 100 强产业营收占比波动情况

从产业利润来看，近年来，制造业利润占比一路走高，但本届有所下降。服务业企业

虽然数量在增加，体量也在扩大，但是利润占比处于波动向下的趋势中，本届综合百强服务业企业利润占比仅为 25.98%，同比减少超过 5 个百分点。建筑业企业利润占比急升至 32.25%，同比增加超过 7 个百分点。

究其原因，还是疫情对服务业影响更大，大项目的开工、上马又对建筑业有一定助益。综合百强中的服务业企业，盈利能力强的互联网、信息服务、新零售、金融、工程设计等企业普遍体量相对较小，有些体量较大的企业偏传统，附加值不高、盈利能力和应变能力不足、抗风险能力弱，遇到危机容易引起较大波动。推进服务业高质量发展，尤其是加快大的、有影响力的服务业企业转型升级，不仅关乎企业自身，更关乎城市形象、城市功能和城市地位。增强服务业的韧劲和核心竞争力，有利于推进武汉建设国家中心城市、长江经济带核心城市和国际化大都市的进程，百强企业任重道远。

图 10　2016—2021 武汉企业 100 强产业利润占比波动情况

从具体行业来看，本届综合百强中制造业企业主要分布在机械及装备制造、汽车及零部件、光电子、材料和新材料、家电、生物医药、钢铁、食品、石化、服装 10 个行业；服务业企业主要分布于商贸流通、金融保险、房地产、工程设计、能源生产及供给、电信及互联网、交通运输及物流、人力资源服务 8 个行业。与上届相比，行业分布多了服装和人力资源服务 2 个类别。近年来，百强行业分布基本趋于稳定，甚至一直以来偏于传统，一方面，说明武汉新产业、新业态的规模和竞争力不足；另一方面，武汉也有很多颇具发展前景的"隐形冠军""专精特新""行业翘楚"和引领时尚的新业态企业尚未被发掘，没有加入到百强行列中来，应该鼓励和引导这些企业成为武汉转型改革的中坚。

表 2　　　　　　**2019、2020、2021 年武汉企业 100 强具体行业分布情况**

所属产业	具体行业	2019 届企业数量（家）	2020 届企业数量（家）	2021 届企业数量（家）
制造业	机械及装备制造	10	7	9
	光电子	4	4	3

续表

所属产业	具体行业	2019届企业数量(家)	2020届企业数量(家)	2021届企业数量(家)
	家电	4	5	2
	汽车及零部件	2	2	3
	生物医药	2	2	1
	食品	1	1	1
	钢铁	1	2	1
	石化	1	1	1
	材料和新材料	1	1	2
	服装	0	0	1
建筑业	建筑业	24	27	28
服务业	商贸	16	17	15
	金融保险	11	10	6
	房地产	6	3	4
	工程设计	6	6	7
	能源生产及供给	5	4	4
	电信及互联网	4	5	6
	交通运输及物流	2	3	5
	人力资源服务	0	0	1

（五）综合百强创新投入力度加大，但"卡脖子"技术仍待克难攻坚

从创新投入来看，本届综合百强有创新投入的企业62家，比上届减少5家，但研发经费总额达448.80亿元，比上届多投入57.81亿元，同比增长14.79%。研发经费占营收比重1.65%，比上届提升0.2个百分点。有研发投入的企业平均投入研发经费7.24亿元，同比增长23.97%，创新投入力度在持续加大。研发投入超过3%的企业达到20家，其中超过5%的企业3家，超过10%的企业1家。虽然创新投入普遍加大，但发达国家技术上的掣肘仍然导致综合百强某些优势企业营收、利润下跌，"卡脖子"技术的克难攻坚道阻且长。

从企业申请专利情况看，本届综合百强拥有专利的企业55家，获得专利授权62216件，其中发明专利28171件，发明专利占比45.28%，与上届相比，专利、发明专利以及发明专利占比均有较大幅度提高。从行业标准制定情况看，本届综合百强共有38家企业参与制定各类行业标准，比上届减少6家。参与国家行业标准制定8427件，比上届多582件，国际标准139件，比上届减少29件。技术研发的深度、原始创新等相对较少，关键领域能自主可控的企业还不多，企业的国际话语权和国际地位还有待提升。

表3   **2016—2021年武汉企业100强研发投入、专利获得以及标准制定情况**

		2016	2017	2018	2019	2020	2021
研发经费状况	有研发经费开支的企业(家)	70	68	68	72	67	62
	研发经费总额(亿元)	325.34	338.8	372.26	355.2	390.99	448.80
	平均研发经费(亿元)	4.65	4.98	5.47	4.93	5.84	7.24
	研发经费占营业收入比重(%)	1.99	2.18	1.58	1.42	1.45	1.65
专利状况	拥有专利企业数(家)	60	66	68	66	65	55
	专利(项)	32734	30113	36079	49248	44073	62216
	发明专利(项)	6974	8267	10458	20322	13702	28171
	发明专利占比(%)	21.31	27.45	28.99	41.26	31.09	45.28
行业标准制定情况	参与制定行业标准的企业(家)	45	49	50	44	44	38
	参与国家行业标准制定(件)	8580	5341	6456	7258	7845	8427
	参与国际标准制定(件)	32	55	72	90	168	139

(六)面对严峻的内外环境,综合百强国内外扩张都有一定受阻

本届综合百强有海外收入的企业27家,比上届减少3家,海外收入总额510.03亿元,同比减少35.70%;有海外资产的企业25家,海外资产总额1063.52亿元,同比减少21.99%。本届综合百强企业有11家企业进行了52次并购重组活动,与往届相比也有一定幅度减少。

在疫情全球蔓延、依然得不到有效遏制的情况下,全球宏观形势的复杂性和不确定性增加,我国面临的外部环境更为严峻,不利于企业的国际化扩张。面对百年未有之大变局,我们要有应对变局的静气,也要有开拓新局的勇气。在未来一段时期内,企业要继续坚定国际化发展的信心,但在发展的过程中要更加强化风险的控制和管理,也要更多地着眼国内,布局国内大市场,构筑自身发展优势。

表4   **2016—2021年武汉企业100强国际化发展情况**

		2016	2017	2018	2019	2020	2021
海外收入状况	拥有海外收入的企业(家)	31	28	29	31	30	27
	海外收入总额(亿元)	701.63	772.34	868.86	807.77	793.17	510.03
	平均海外收入(亿元)	22.63	27.58	29.96	26.06	26.44	18.89
	平均海外收入占比(%)	9.01	12.33	5.5	5.23	4.60	1.87
海外资产状况	拥有海外资产的企业(家)	21	21	23	24	23	25
	海外资产总额(亿元)	585.96	689.19	857	1259.36	1363.31	1063.52
	平均海外资产(亿元)	27.9	32.82	37.26	52.47	59.27	42.54

二、2021武汉制造业企业100强运行特征

"十三五"期间，作为武汉城市圈的主引擎，武汉加速发展光电子信息、汽车及零部件、生物医药这三大世界级产业集群。2020年，武汉市以上述三大产业为着力点，全部工业增加值达到4085.48亿元，拥有规模以上工业企业2892家，其中产值50亿元以上的工业企业25家。

（一）制造业百强收入逐步回暖，民营企业表现亮眼

从营业收入总额指标看，受武汉经济全面复苏利好影响，本届制造业百强营业收入总额达到10827.03亿元，较上届上升3.3%。其中国有企业营收总额同比略有下降，达到8733.15亿元，在营收总额中的占比有所下降，达到80.66%。同时民营企业成绩斐然，营收突破2000亿元，在总营收占比即将达到20%。

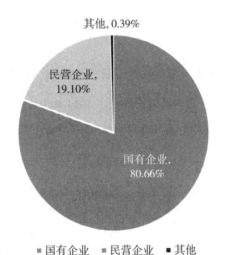

图11　本届制造业企业100强国有、民营和其他类企业营收占比情况

本届制造业百强营收门槛保持平稳上升，达到1.66亿元，比上届营收门槛提高3.8%；中位数为16.13亿元，恢复至疫情前水平。从营业收入超百亿的企业情况看，本届制造业百强过百亿企业达10家，高于上届，几乎保持疫情前的水准（11家）。其中民营企业数量由上届的1家增至4家，其他均为国有企业，民营制造业企业的带动效应逐步加强，企业成长速度加快。

从资产总额指标看，本届制造业百强资产总额达到12066.49亿元，与上届资产总额相比增长3.8%，低于上届的7.33%，资产总额增速放缓。其中国有企业资产总额和占比较上届保持稳定，分别达到10241.47亿元和88.15%；相比国有企业，民营制造企业资产份额达到11.27%，虽然未能撼动国有企业，但是较上届增长15.03%，达到1360.08亿元，民营制造企业的综合实力提升明显。

(二)制造业百强利润总额有所下降，民营企业盈利能力大幅提升

从经济效益指标看，受国有制造企业利润下降影响，本届制造业百强利润总额为519.96亿元，下降28.08%，降幅较大，远低于前两届的水平。其中，国有制造企业净利润实现414.58亿元；民营制造企业利润总额保持平稳增长，从上届的79.79亿元增长到100.55亿元，增长超过20%，并且超过了疫情前的水平(83.78亿元)，民营制造企业盈利能力表现喜人。尽管制造业百强的民营企业暂时不能在利润规模上与国企相比，但是在增长速度和发展活力方面占据明显优势。

同往届一样，武汉制造业百强中国有企业依然在营收、利润和创新方面占据压倒性优势，但是这些国有企业主要还是集中在结构偏重的传统制造行业，在转型升级和创新转化方面仍然存在转身过慢的问题，当国际和国内大的行业气候出现不景气时，这些国企也受到较大影响。例如，从本届制造业百强重点制造业企业的利润数据来看，排名前十的企业中，除了摩托罗拉(武汉)和人福药业两家民营企业利润总额较上届有所增加，其他八家企业利润表现都不如上届。受汽车、石化等产业大环境影响，东风汽车、三环集团和中韩石化利润均受到一定影响，甚至存在一定的亏损，反映出武汉制造业重点企业，特别是国有企业仍然面临较为严峻的发展压力。

从社会效益指标看，本届制造业百强员工总数37.75万人，比上届员工总数减少约2万人；纳税总额为576.85亿元，比上届纳税总额减少约172亿元，由于制造业百强营收保持稳步增长，反映出武汉市的减税综合成效显著。

(三)制造业百强结构持续优化，四大制造业产业集群加快形成

从行业分布看，本届制造业百强主要分布在机械及装备制造、汽车及零部件、光电子、家电、生物医药、钢铁、食品及烟草、石化、服装及纺织九大大行业，其中机械及装备制造和光电子领域共计42家，多于上届的37家。

行业高端化趋势进一步明朗，机械及装备制造、光电子、生物医药、汽车及零部件四大行业企业数量仍然位居九大行业前列。此外机械及装备制造、光电子两大行业保持增长势头，特别是光电子产业企业数量增长幅度达到33%，本届有16家企业入围。

表5　　本届制造业企业100强具体行业分布情况

具体行业	2020企业数量/家	2021企业数量/家
机械及装备制造	25	26
光电子	12	16
家电	5	5
汽车及零部件	13	10
生物医药	13	12
食品及烟草	12	7
钢铁	5	5

具体行业	2020 企业数量/家	2021 企业数量/家
服装及纺织	4	3
石化	8	11
其他	—	5

（四）制造业百强更加重视研发投入，科研创新取得跨越式发展

创新投入方面，本届制造业百强研发经费总额达 285.64 亿元，比上届增长 10.0%，其中民营制造企业研发经费总额为 39.18 亿元，比上届增长 35.9%，民营企业的研发投入快速增长；在研发经费占营业收入比重指标上，本届制造业百强是 2.6%，略高于上届的 2.47%。

从企业申请专利情况看，本届制造业百强拥有专利达到 59 家，虽然比上届减少 17 家，但是专利授权数和发明专利数比上届增长了 31% 和 141%，分别达到了 40976 件和 24494 件，其中发明占比接近六成，制造业百强企业科研创新成果取得了突破式发展。国有企业中的中国信息通信科技集团有限公司、东风汽车、航天三江科研成果数量名列前三甲，拥有专利数分别达 10961、4805 和 2925 件，较上届总数增长 61.09%，制造业国企创新能力优势尽显。同时民营制造业企业中拥有专利的有 40 家，数量虽然有所下降，但是在普遍加强科研投入后，民营制造业企业科研成果将逐步涌现。

从行业标准制定情况看，本届制造业百强共有 30 家企业参与制定国家和国际标准，比上届减少 11 家，但是参与国家行业标准制定 7524 件，国际行业标准 99 件，分别比上届增加 585 件和 5 件，其中中国信息通信科技有限公司和长飞光纤分别参与 73 项和 22 项国际行业标准制定，显示出武汉光电子信息产业创新方面的优势。

（五）制造业企业海外发展任重而道远，疫情影响下短期受阻

2020 年受制造业下行压力、疫情和中美贸易摩擦影响，本届制造业百强企业的海外发展普遍遭遇挫折。在海外收入总额指标上，本届制造业百强中有 21 家拥有海外收入，总收入为 165.98 亿元，比上届减少 74.34 亿元，下降超过 30%；在海外资产总额指标上，本届制造业百强为 484.43 亿元，虽然海外业绩遭受较大影响，与上届相比略微下降，但是海外资产总额持有相对保持稳定。总体来看，武汉制造业企业在海外发展的过程中，一方面受限于自己的发展和产品水平；另一方面由于疫情和国际贸易摩擦等原因，面临着人力短缺、资金周转受阻、物流成本高涨和原材料短缺等问题，产业链和供应链都遭遇了巨大压力，短时间内难以加速开拓和发展海外业务。

三、2021 武汉服务业企业 100 强运行特征

2020 年的新冠肺炎疫情中，武汉是受疫情影响最大的中心城市，全市消费性服务业及部分民生保障类服务行业受到重创，尤其是传统服务业因为其人员聚集的特点在疫情防

控要求下成为疫情冲击最直接的领域，需求端受到抑制，供给端运转停顿。但与此同时，武汉服务业以其在全市经济总量中超 60% 的占比，势必会对全市经济的疫后重振产生极为重要的影响，必须通过服务业大企业的带动尽快实现恢复发展。令人欣喜的是，全市经济恢复好于预期，经济总量位居全国城市前十，同比下降 4.7%，其中服务业增加值下降 3.1%，占经济总量的 61.8%，① 可以说，服务业降幅的迅速收窄对于稳住全市经济基本盘起到了非常重要的作用。从服务业百强企业的整体情况来看，在逆境中总体稳守，在全市大企业中率先展现出逐渐复苏、努力向前的发展面貌。

（一）服务业百强营收门槛提升，民营企业营收占比优势继续扩大

从营业收入总额指标看，受疫情影响，本届服务业百强企业营业收入总额为 8230.40 亿元，比上届服务业百强总营收减少 605.94 亿元，下降 7% 左右。服务业百强中国有企业 36 家，比上届减少 3 家，营业收入总额 3450.61 亿元，国有企业营业收入在服务业百强营收总额中的占比为 41.93%，与上届相比占比下降近 7 个百分点；民营企业 62 家，比上届增加 3 家，营业收入总额 4707.27 亿元，民营企业营业收入占比为 57.19%，比上届民营企业营收占比增加了 6 个多百分点，继续保持了民营企业营收占比超国有企业营收占比的格局，并进一步扩大了占比优势；其他企业 2 家，营业收入总额 72.52 亿元，营业收入占比为 0.88%。

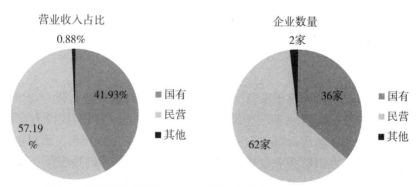

图 12　本届服务业百强国有、民营和其他类企业营收及数量占比

从本届服务业企业百强榜单的几个节点位置看，营收门槛与首位营收均有提升，营收中位数略有下降。本届服务业百强营收门槛为 3.34 亿元，比上届提升了 1.03 亿元；营收中位数为 32.38 亿元，比上届下降 1.43 亿元；本届服务业百强榜单首位营收为 1108.60 亿元，比上届提升了 113.63 亿元。从服务业百强中营业收入超百亿的企业情况看，本届过百亿企业达 20 家，比上届减少 2 家，民营企业与国有企业各占一半；排名前十的服务业百强企业中，民营企业和国有企业各有 5 家，民营企业分列第一、二、七、八、九位。

---

① 数据来源：2020 年武汉市国民经济和社会发展统计公报。

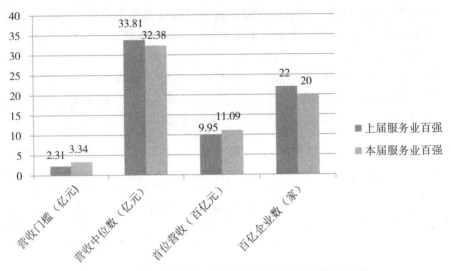

图 13　本届与上届服务业百强营收水平及规模数量比较

从资产总额指标看，根据 69 家企业提供的相关数据，本届服务业百强企业资产总额达到 22356.18 亿元，比上届提供相关数据的 69 家服务业百强企业资产总额减少了 2996.71 亿元，降幅接近 12%。其中国有企业资产总额 20380.35 亿元，比上届减少了 706.10 亿元，占服务业百强总资产的 91.16%，占比提升 8 个百分点；民营企业资产总额为 1948.18 亿元，比上届减少了 2311.42 亿元，下降幅度显著，在总资产中占 8.71%，占比几近腰斩。

从综合营收和资产两项规模指标看，受疫情冲击影响，服务业百强企业增长受挫，虽然门槛有所提升，但总体规模水平较上届有明显回落，尤其是资产规模方面缩水较为明显。同时，民营企业越来越成为服务业百强中稳定基本盘的主力担当，面对不利的疫情冲击和巨大的经营压力，在国有服务业企业营收下降 819.07 亿元的情况下，民营服务业企业营收实现了逆势增长，为总营收实现好于预期作出巨大贡献。

(二)服务业百强利润总额降幅较大，疫情冲击影响企业盈利

从服务业百强经济效益指标看，本届服务业百强企业中提供相关数据的 69 家企业实现利润总额 289.18 亿元，比上届服务业百强企业中提供相关数据的 69 家企业利润总额减少了 135.37 亿元。其中，服务业百强中国有企业实现利润 197.13 亿元，比上届减少 103.13 亿元；服务业百强中民营企业实现利润 89.38 亿元，比上届减少了 32.92 亿元。无论是国有服务业企业还是民营服务业企业，实现利润都大幅下滑，这与疫情所造成的损失密切相关，除第一季度停工停产造成的直接影响外，复工复产后受疫情影响所改变的市场环境，也导致企业面临经营成本增加、市场需求萎缩等困难，进而影响了全年服务业百强企业的盈利情况。

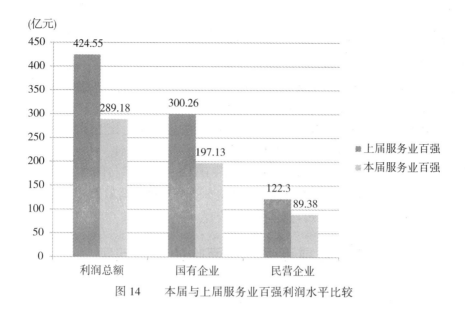

图 14　本届与上届服务业百强利润水平比较

(三)服务业百强新兴优势行业逆势成长，业态分布结构总体稳定

从本届服务业百强榜单中业态分布情况看，软件及信息技术服务业企业 23 家，商贸服务业(零售、批发、餐饮)企业 18 家，房地产及建筑施工企业 14 家，现代物流服务业(运输、仓储)企业 9 家，金融服务业(银行、投资、保险)企业 7 家，市政及公用事业服务企业 4 家，能源服务企业 2 家；特色业态方面，设计服务业(建筑、景观、基础设施)企业 10 家，专业服务业(会计、中介、人力资源)企业 6 家，健康(医疗)服务业企业 4 家，文化旅游服务业企业 3 家。与上届相比，本届服务业百强企业的业态分布结构总体保持稳定，值得注意的是，软件及信息技术服务业企业数量超过武汉传统优势服务行业的商贸服务业，成为服务业百强中企业数量最多的行业领域，展现了新兴优势服务行业在疫情冲击下具有更强的适应性和化危为机的能力。

(四)服务业百强榜单头部企业有所调整，经营状况反映整体趋势

从榜单的位次变动看，受武汉市新一轮国企改革中国有企业重组整合和疫情对不同行业冲击影响不同等因素影响，本届服务业百强头部企业名单出现了小幅调整，前十位的服务业百强企业中有 6 家为上届服务业百强前十，另外 4 家为新晋前十。具体来看，第一位和第二位的企业与上届保持不变，仍是九州通和卓尔；上届排名第四的武汉金融控股上升一个位次来到第三位；上届排名第七的湖北省交投上升至本届第四；上届排名第九的当代科技产业集团排名上升至本届第七；与上届相比，武汉商贸集团、合众人寿、奥山集团和武汉城市建设投资开发集团为新晋前十。从前十位企业的经营数据来看，排名前二和后三位的企业 2020 年营业收入较上一年度实现增长，位于中间的第三至第七位企业 2020 年营业收入比上一年度有所减少；从提供利润数据的企业情况来看，仅九州通一家实现了同比利润增长，其他的头部企业利润较上一年度呈不同幅度下降。

(五)服务业百强研发投入基本稳定,专利产出水平持续提升

从研发投入看,本届服务业百强中有41家企业提供了研发数据,研发经费总额达到36.26亿元,与上届42家提供研发数据的服务业百强企业研发经费总额38.92亿元相差不大,这在企业面临疫情冲击的不利影响导致利润大幅下降的情况下,显得格外难得。

从专利产出看,本届服务业百强企业拥有专利的达35家,比上届减少了4家,但获得专利授权9479件,比上届增加1909件,其中发明专利2495件,占比26.32%。

从行业标准制定情况看,本届服务业百强共有22家企业参与国家或国际行业标准制定,比上届增加了4家,依旧以设计企业为主,排在首位的仍然是中冶南方工程技术有限公司,其参与制定的国家或国际行业标准超140项。

四、当前百强企业面临的突出问题

2020年,疫情对武汉企业的生存发展造成了巨大的冲击,即便是综合百强、制造业百强、服务业百强这样的龙头大企业,也遭遇了前所未有的经营困境,外部环境的复杂性、不确定性和企业内部的瓶颈困难交织,表现为企业面临的一系列突出问题。

(一)经济下行压力下百强企业增长乏力

百强企业大多偏传统,在目前经济下行压力下,增长乏力已成趋势。从近年来百强入围门槛、营收总额、资产总额,以及员工总数等变化趋势可以看出,百强企业的扩张能力、发展动力和后劲亟待提升。一个城市百强企业的历史也是城市产业结构升级的历史,如果目前的百强企业不加快转型升级,在市场需求中调整自己,与时俱进,很快就会被新产业新业态赶超甚至淘汰。

(二)百强企业仍然承担着较重的税费包袱

大企业缴税多一直以来被认为是企业社会责任的体现,百强企业的税收逐年上升都是作为企业的优势被提及的,但税费规模太大确实给企业的发展和扩张带来了压力。一直以来,综合百强企业税收比利润还大,直到2019年全面减税降费政策的实施,企业纳税才逐步降低。疫情期间减税力度更大,企业税收又有所减小。从目前来看,企业税收在不断减少,如果疫情的减税政策能常态化,对企业来说不失为一个重大利好,毕竟企业负担小才能游刃有余地健康成长。

(三)民营企业发展环境仍有待进一步优化

民营企业资产规模小,即便是武汉最大的民营企业,综合百强中的民企平均资产不到国有企业平均资产的1/7。民营企业难以成长的背后,是欠缺公平的发展环境和不完善的产业生态。民营企业在招工、开拓市场、寻求金融支持、参与政府购买等方面都处于劣势,特别是遇到新冠肺炎疫情这样的突发事件,民营企业能够获得的帮扶也要小一些,更多的是靠自力更生。

（四）制造业缺乏行业领袖企业和隐形冠军企业

本届制造业百强中虽然有东风、长飞光纤等这样的知名企业，但是缺乏具有强大资源整合能力、具有全球竞争能力的世界级领先制造业企业。2020 年中国 500 个最具价值品牌的企业中，武汉仅有东风、马应龙、黄鹤楼和周黑鸭四家制造业企业上榜，而这四家企业分属汽车、医药、烟草及食品行业，在光电子信息、智能制造等产业中还缺乏品牌价值在全国甚至全世界出名的龙头企业。同时，重点行业中的中小制造业企业创新能力偏低，高端核心技术和产品能力较弱，难以成为细分领域里的隐性冠军企业。

（五）疫情反复等不确定性因素制约服务业企业复苏

一方面，尽管在多方努力下，服务业企业努力化解本轮疫情影响实现了一定程度的复苏，总体表现好于预期，但考虑疫情反复等不确定性因素的影响，市场环境变得更为复杂和敏感，服务业市场需求容易受到冲击进而出现较大波动，尤其是住宿餐饮、商务会展、文化旅游等服务业短期难以回到疫情前水平。另一方面，疫情冲击下，宽松流动性带动了房地产和金融业企业的较好表现，但随着政策调整，这样的表现也不可能长期持续。综合而言，在没有彻底战胜疫情之前，服务业的修复不会非常强劲，服务业企业继续复苏快速增长的难度很大。

五、促进百强企业高质量发展的对策建议

（一）政府方面

1. 优化营商环境，推进疫后百强企业持续稳健发展

一是培育百强企业成为现代产业链"链长"。实施优质百强企业培育工程，聚焦产业基础端、价值链中高端、供应链末端，制定百强企业产业链现代化清单，推进百强企业稳链、延链、补链、强链。强化百强企业发展"两库"建设。建好政策库，探索完善支撑百强企业高质量发展的政策体系。建好项目库，推进百强企业重点项目建设。

二是建立企业全生命周期服务机制。进一步优化全市营商环境，营造企业家健康成长的氛围，实施企业家成长计划，打造企业家投资兴业的热土。落实减税降费政策，建立惠企政策清单，全面推进百强企业的"补血造血"救助措施。强化精准服务，进一步提升服务企业效能，扩大企业包保覆盖面，用好"企业直通车"，完善"企呼我应"机制。

2. 借助"新基建"发展契机，推动疫后百强企业大发展

一是争取国家层面政策支持，加大"新基建"产业带动作用。加强对实体经济线上转型的支持，积极探索推行普惠性云服务支持政策，重点实施好"上云用数"，鼓励更多企业"上云"，更深层次推进大数据的融合运用，加大企业智能化改造的支持力度，推进人工智能与实体经济的深度融合，积极发展数字经济和线上经济。

二是依托"新基建"，打造新型制造业百强企业。争取加大"新基建"领域投资对武汉制造业百强企业的倾斜扶持力度，打造面向未来的新制造业态。积极推进武汉制造业百强

企业加快数字化升级，推动技术革新，优化工业流程，加速对落后产能的淘汰，加速扩张经济发展的新动力和新模式。

3. 着力解决融资难融资贵问题，减轻疫后百强企业负担

一是改善信贷管理制度，提高百强企业融资效率。简化信贷办理流程、调整信贷结构、提高放贷规模、完善信誉评级标准，特别是对优秀新"四军"群体精简申报材料、优化申报流程、提升放款效率。强化担保体系，探索实施精细化金融服务，缩短融资链条，降低融资成本，引导各类资本向高科技型企业集聚。

二是加强信用体系建设，提升政府金融引导机制。通过政府引导加快征信担保、再担保体系建设，发展第三方征信、信用评级机构，降低金融机构获取民营企业信用信息的成本。推动风险补偿体系建设，继续通过中小企业发展专项资金支持中小企业融资担保代偿补偿工作，开展贷款风险补充，降低金融机构为民营企业贷款的风险。

4. 加大企业领导力培训力度，拓展百强企业领导者管理视野

一是深研"数字经济"，提升百强企业管理者数字化管理水平。围绕"数字武汉"建设，提升百强企业负责人对数字时代敏锐度及数字化发展的把控能力，提高企业资源配置效率，增强企业数字化运营力。

二是聚焦焦点行业，提升百强企业管理者知识储备。聚焦工业和信息化重点领域，以工业互联网、人工智能、区块链为重点，推进以产业需求为导向，提升百强企业负责人在工业互联网、区块链应用方面的认识水平和参与动能。

(二) 企业方面

1. 积极培育"新基建"，提升百强企业国际竞争优势

一是推动产品智能化，提升百强企业核心竞争力。百强企业要主动创新，大力推动互联网、物联网、大数据、人工智能等数字技术与企业生产有机结合，加快人工智能在制造等领域应用的步伐，助推产品智能化转型，优化现有产品性能，打造具有技术、质量、价格综合竞争力的强劲产品，提升国际竞争优势，增强企业国际化发展有利因素。

二是加快供应链国产化，提升百强企业国际影响力。受疫情和贸易保护主义影响，全球产业链供应链重塑、关键技术及零部件遭遇封锁，汽车、通讯、医药等行业关键技术和进口零部件面临供应链中断风险。百强企业要逆境而上，强化关键技术突破，加大本土化采购力度，加速产业链向国内转移，加快零部件和原材料"国产化"替代步伐，保证关键技术和进口零部件的供应安全，实现百强企业国际化良性发展。

2. 加大科技研发力度，夯实百强企业发展之基

一是突破关键技术，增强百强企业抗风险能力。百强企业应积极对接政府及相关部门的扶持政策，优化供应链管理，主动融入国内大循环和国内国际双循环相互促进的新发展格局，不断创新关键技术，留住关键人才，充分挖掘扶持政策红利，增强百强企业的抗风险能力。百强企业应进一步增强技术研发意识，不断提升自身产品和服务的不可替代性，确保其在疫情防控常态化时期的竞争地位。

二是抓住疫情市场新需求，提升百强企业新动能。要加快对疫情防控常态化时期市场需求研究，精准分析疫情给客户、合作伙伴、行业、社会带来的挑战与需求，思考企业在这些方面的优势与突破点，在不丢掉传统市场领域的同时，洞察国内国外的新形势，重新布局产业。在常态化防疫背景下，百强企业应抓住疫情市场新需求，相关企业应聚焦防疫产品、中医药产品、生命健康产品的研发并提高其生产规模，从而保证其在疫情防控常态化时期的企业核心竞争力。

3. 调整产品服务结构，打造企业发展新模式

一是强化品牌战略，推动百强企业"走出去"。百强企业要确立品牌战略，推动产品宣传销售的多元化发展，有条件的企业应当加强市场调研，加快"走出去"步伐，创新异地营销等多种模式，深耕细分市场，拓展市场发展空间。

二是加快线下社区商业布局，推动服务业百强企业社区化。新冠肺炎疫情促使消费零售逐渐围绕数字化和社区化进行转型，社区商业在整个消费体系中的价值进一步凸显。商贸服务业百强企业应以防控疫情为契机，补强社区消费功能，促进社区生活服务业发展，大力发展便利店、社区菜店等社区商业，拓宽物业服务，加快 15 分钟社区便民商圈建设，更加贴近人们日常生活，有效补充大卖场在选址以及用户触达方面的空缺。

4. 强化人才战略，完善百强企业人力资源储备

一是聚焦高端人才，构建企业人力资源库。中高层次人才始终代表着企业的核心竞争力，疫情影响促使中高端人才"待机"现象普遍存在，百强企业要面向"待机"人才调整自己的人才获取策略，利用线上线下资源大力引进企业所需要的创新人才、急缺人才。

二是优化人员管理，创新企业用工模式。百强企业应更加重视关键人才管理，减少公司员工处于"闲置状态"，组织人员提前开展相关业务的研究和布局，及时组织人员线上学习与培训。根据企业自身需要，考虑引入非全日制用工、劳务派遣用工及短期"共享员工"等方式，减少企业用工成本，从而降低企业经营风险。

2021 年武汉企业 100 强排名

序号	企 业 名 称
1	东风汽车集团有限公司
2	中国建筑第三工程局有限公司
3	中国葛洲坝集团有限公司
4	九州通医药集团股份有限公司
5	中国宝武武汉总部
6	卓尔控股有限公司
7	中交第二航务工程局有限公司
8	中铁十一局集团有限公司
9	中国信息通信科技集团有限公司
10	摩托罗拉(武汉)移动技术通信有限公司
11	中铁大桥局集团有限公司
12	中国航天三江集团有限公司
13	山河控股集团有限公司
14	武汉金融控股(集团)有限公司
15	湖北省交通投资集团有限公司
16	湖北省工业建筑集团有限公司
17	中韩(武汉)石油化工有限公司
18	新八建设集团有限公司
19	新七建设集团有限公司
20	武汉商贸集团有限公司
21	武汉武商集团股份有限公司
22	中国一冶集团有限公司
23	新十建设集团有限公司
24	武汉当代科技产业集团股份有限公司
25	武汉城市建设集团有限公司

续表

序号	企 业 名 称
26	合众人寿保险股份有限公司
27	奥山集团有限公司
28	武汉市城市建设投资开发集团有限公司
29	武汉联杰能源有限公司
30	人福医药集团股份公司
31	宝业湖北建工集团有限公司
32	国药控股湖北有限公司
33	联想移动通信贸易(武汉)有限公司
34	中冶南方工程技术有限公司
35	中铁第四勘察设计院集团有限公司
36	三环集团有限公司
37	湖北省烟草公司武汉市公司
38	绿地控股集团华中房地产事业部
39	武汉物易云通网络科技有限公司
40	武汉农村商业银行股份有限公司
41	武汉市市政建设集团有限公司
42	中车长江运输设备集团有限公司
43	武汉建工(集团)有限公司
44	中铁武汉电气化局集团有限公司
45	熠丰(武汉)能源有限公司
46	美的集团武汉制冷设备有限公司
47	武汉东湖高新集团股份有限公司
48	小米之家商业有限公司
49	武汉市汉阳市政建设集团有限公司
50	武汉斗鱼网络科技有限公司
51	居然之家新零售集团股份有限公司
52	湖北恒泰天纵控股集团有限公司
53	湖北省港口集团有限公司
54	湖北纳杰人力资源有限公司
55	楚安建设集团有限公司
56	盛隆电气集团有限公司

序号	企 业 名 称
57	武汉航科物流有限公司
58	软通动力技术服务有限公司
59	良品铺子股份有限公司
60	长飞光纤光缆股份有限公司
61	太平人寿保险有限公司湖北分公司
62	民族建设集团有限公司
63	格力电器(武汉)有限公司
64	冠捷显示科技(武汉)有限公司
65	湖北中阳建设集团有限公司
66	长江勘测规划设计研究院
67	伟鹏集团
68	中国电信股份有限公司武汉分公司
69	中国五环工程有限公司
70	武汉市盘龙明达建筑有限公司
71	中国市政工程中南设计研究总院有限公司
72	中国人民财产保险股份有限公司武汉市分公司
73	中国移动通信集团湖北有限公司武汉分公司
74	武汉市水务集团有限公司
75	汉口银行股份有限公司
76	高品建设集团有限公司
77	湖北银丰实业集团有限责任公司
78	摩托罗拉(武汉)移动技术运营中心有限公司
79	武汉东方建设集团有限公司
80	益海嘉里(武汉)粮油工业有限公司
81	中国邮政集团公司武汉市分公司
82	武汉市燃气热力集团有限公司
83	武汉艾德蒙科技股份有限公司
84	湖北省农业生产资料控股集团有限公司
85	湖北国创高新材料股份有限公司
86	武汉天马微电子有限公司
87	武汉裕大华纺织服装集团有限公司

续表

序号	企 业 名 称
88	凌云科技集团有限责任公司
89	湖北高艺科技集团
90	武汉工贸有限公司
91	中国电力工程顾问集团中南电力设计院有限公司
92	武汉船用机械有限责任公司
93	湖北东峻实业集团有限公司
94	娲石水泥集团有限公司
95	南京医药湖北有限公司
96	湖北省新华书店(集团)有限公司
97	汉商集团股份有限公司
98	武汉常博建设集团有限公司
99	湖北省信产通信服务有限公司
100	航天电工集团有限公司

2021 年武汉制造业企业 100 强排名

序号	企 业 名 称
1	东风汽车集团有限公司
2	中国宝武武汉总部
3	中国信息通信科技集团有限公司
4	摩托罗拉(武汉)移动技术通信有限公司
5	中国航天三江集团有限公司
6	中韩(武汉)石油化工有限公司
7	人福医药集团股份公司
8	三环集团有限公司
9	中车长江运输设备集团有限公司
10	美的集团武汉制冷设备有限公司
11	盛隆电气集团有限公司
12	长飞光纤光缆股份有限公司
13	格力电器(武汉)有限公司
14	冠捷显示科技(武汉)有限公司
15	摩托罗拉(武汉)移动技术运营中心有限公司
16	益海嘉里(武汉)粮油工业有限公司
17	湖北国创高新材料股份有限公司
18	武汉天马微电子有限公司
19	武汉裕大华纺织服装集团有限公司
20	凌云科技集团有限责任公司
21	武汉船用机械有限责任公司
22	湖北东峻实业集团有限公司
23	娲石水泥集团有限公司
24	航天电工集团有限公司
25	武汉中原电子集团有限公司

序号	企 业 名 称
26	华能武汉发电有限责任公司
27	武汉高德红外股份有限公司
28	武汉苏泊尔炊具有限公司
29	迪斯科化工集团股份有限公司
30	武汉协卓卫生用品有限公司
31	金牛世纪实业控股集团有限公司
32	马应龙药业集团股份有限公司
33	武汉海尔电器股份有限公司
34	健民药业集团股份有限公司
35	湖北长江电气有限公司
36	国网电力科学研究院武汉南瑞有限责任公司
37	武汉长利新材料科技股份有限公司
38	华大生物科技(武汉)有限公司
39	湖北周黑鸭企业发展有限公司
40	武汉金发科技有限公司
41	武汉精测电子集团股份有限公司
42	湖北大明金属科技有限公司
43	武汉有机实业有限公司
44	武汉统一企业食品有限公司
45	湖北鼎龙控股股份有限公司
46	武汉方鼎汽车部件制造有限公司
47	武汉第二电线电缆有限公司
48	湖北恒畅材料技术集团有限公司
49	联塑科技发展(武汉)有限公司
50	武桥重工集团股份有限公司
51	武汉华中数控股份有限公司
52	武汉中海粮油工业有限公司
53	武汉航达航空科技发展有限公司
54	武汉攀升鼎承科技有限公司
55	武汉中森医疗用品有限公司
56	武汉高芯科技有限公司

续表

序号	企 业 名 称
57	海波重型工程科技股份有限公司
58	湖北人人大经贸有限公司
59	武汉科前生物股份有限公司
60	武汉长兴集团有限公司
61	武汉三源特种建材有限责任公司
62	武汉回盛生物科技股份有限公司
63	中电建武汉铁塔有限公司
64	武汉恒发科技有限公司
65	湖北省电力装备有限公司
66	武汉中秦金属材料有限公司
67	武汉泛洲机械制造有限公司
68	黄鹤楼酒业有限公司
69	武汉一冶钢结构有限责任公司
70	武汉中人瑞众汽车零部件产业有限公司
71	国药集团中联药业有限公司
72	武汉启瑞药业有限公司
73	富诚汽车零部件武汉有限公司
74	武汉武湖电缆有限公司
75	武汉奥克化学有限公司
76	武汉中元华电科技股份有限公司
77	稳健医疗(武汉)有限公司
78	武汉新华扬生物股份有限公司
79	武汉大安制药有限公司
80	武汉宁美国度科技有限公司
81	森织汽车内饰(武汉)有限公司
82	武汉华源电气设备有限责任公司
83	武汉径河化工有限公司
84	武汉龙净环保科技有限公司
85	武汉武新电气科技股份有限公司
86	武汉天鸣集团有限公司
87	湖北金贵中药饮片有限公司

续表

序号	企 业 名 称
88	武汉市东西湖自来水公司
89	湖北雷迪特冷却系统股份有限公司
90	武汉旭东食品有限公司
91	武汉市武昌电控设备有限公司
92	武汉市黄鹤电线电缆一厂有限公司
93	武汉同济现代医药科技股份有限公司
94	武汉宏海科技股份有限公司
95	武汉晨龙电子有限公司
96	武汉市武食食品有限公司
97	霍立克电气有限公司
98	武汉铁盾民防工程有限公司
99	武汉昊诚锂电科技股份有限公司
100	湖北华亿电气有限公司

2021 年武汉服务业企业 100 强排名

序号	企 业 名 称
1	九州通医药集团股份有限公司
2	卓尔控股有限公司
3	武汉金融控股(集团)有限公司
4	湖北省交通投资集团有限公司
5	武汉商贸集团有限公司
6	武汉武商集团股份有限公司
7	武汉当代科技产业集团股份有限公司
8	合众人寿保险股份有限公司
9	奥山集团有限公司
10	武汉市城市建设投资开发集团有限公司
11	武汉联杰能源有限公司
12	国药控股湖北有限公司
13	联想移动通信贸易(武汉)有限公司
14	中冶南方工程技术有限公司
15	中铁第四勘察设计院集团有限公司
16	湖北省烟草公司武汉市公司
17	武汉物易云通网络科技有限公司
18	武汉农村商业银行股份有限公司
19	熠丰(武汉)能源有限公司
20	小米之家商业有限公司
21	武汉斗鱼网络科技有限公司
22	居然之家新零售集团股份有限公司
23	湖北省港口集团有限公司
24	湖北纳杰人力资源有限公司
25	武汉航科物流有限公司

续表

序号	企 业 名 称
26	软通动力技术服务有限公司
27	良品铺子股份有限公司
28	太平人寿保险有限公司湖北分公司
29	长江勘测规划设计研究院
30	中国电信股份有限公司武汉分公司
31	中国五环工程有限公司
32	中国市政工程中南设计研究总院有限公司
33	中国人民财产保险股份有限公司武汉市分公司
34	中国移动通信集团湖北有限公司武汉分公司
35	武汉市水务集团有限公司
36	汉口银行股份有限公司
37	湖北银丰实业集团有限责任公司
38	中国邮政集团公司武汉市分公司
39	武汉市燃气热力集团有限公司
40	武汉艾德蒙科技股份有限公司
41	湖北省农业生产资料控股集团有限公司
42	武汉工贸有限公司
43	中国电力工程顾问集团中南电力设计院有限公司
44	南京医药湖北有限公司
45	湖北省新华书店(集团)有限公司
46	汉商集团股份有限公司
47	湖北省信产通信服务有限公司
48	湖北京邦达供应链科技有限公司
49	中交第二公路勘察设计研究院有限公司
50	湖北建科国际工程有限公司
51	湖北顺丰速运有限公司
52	中国联合网络通信有限公司武汉市分公司
53	中信建筑设计研究总院有限公司
54	湖北腾飞人才股份有限公司
55	武汉东本储运有限公司
56	塞力斯医疗科技股份有限公司

序号	企 业 名 称
57	中贝通信集团股份有限公司
58	武汉运盛集团有限公司
59	中审众环会计师事务所(特殊普通合伙)
60	武汉掌游科技有限公司
61	武汉锦绣人才管理顾问有限公司
62	武汉华中通信广场有限责任公司
63	武汉佰钧成技术有限责任公司
64	领航动力信息系统有限公司
65	武汉市佳阳商贸发展有限公司
66	大成科创基础建设股份有限公司
67	富德生命人寿保险股份有限公司湖北分公司
68	湖北凌志科技集团
69	武汉市政工程设计研究院有限责任公司
70	武汉联想建筑装饰工程有限公司
71	武汉微派网络科技有限公司
72	武汉市银翰艺术工程有限公司
73	武汉建工安装工程有限公司
74	武汉百捷集团百度推广服务有限公司
75	常相伴(武汉)科技有限公司
76	湖北三新文化传媒有限公司
77	武汉市公共交通集团有限责任公司
78	武汉友芝友汉口汽车服务有限公司
79	当代建筑装饰集团有限公司
80	湖北龙泰建筑装饰工程有限公司
81	光谷技术有限公司
82	联想移动通信进出口(武汉)有限公司
83	武汉市德邦物流有限公司
84	湖北华中电力科技开发有限责任公司
85	武汉理工数字传播工程有限公司
86	宝信软件(武汉)有限公司
87	湖北晶通钢铁供应链有限公司

续表

序号	企 业 名 称
88	湖北安捷物流有限公司
89	武汉创高建装股份有限公司
90	武汉天黎轮胎有限公司
91	湖北丰太投资控股集团有限公司
92	武汉旅游体育集团有限公司
93	武汉慧联无限科技有限公司
94	武汉三特索道集团股份有限公司
95	武汉湖锦娱乐发展有限责任公司
96	湖北科艺建设集团有限公司
97	中工武大设计研究有限公司
98	湖北永业行评估咨询有限公司
99	武汉金山办公软件有限公司
100	武汉光庭信息技术股份有限公司